X.media.interaktiv

Springer

*Berlin
Heidelberg
New York
Barcelona
Budapest
Hongkong
London
Mailand
Paris
Singapur
Tokio*

Herausgeber
Ass. Jur. Oliver Merx

Mit Beiträgen von
Alexander Felsenberg
Dr. Martin J. Eppler
Dr. Peter H. Weidermann
Dr. Florian Korff
Dr. Helmut Degen
Anna Stylianakis
Uwe Greunke
Carsten Dierks
Professor Dr. Norbert Drees
Kevin Brian Moore
Eckhard Reimann
Heinz Peters
Anja Bauer
Tanja Wallrabenstein
Thomas Rosenstiel
Dr. Christian Bachem
Dirk Buddensiek
Jean Paul Schmetz
Dr. Hans Jürgen Croissant
Dr. Gernot Eckel
Professor Dr. Klaus Mainzer
Andreas Vichr
Professor Peter Stephan
Professor Dr. Hermann Rösch
Peter Sleegers
Hans-Joachim Heusler

Oliver Merx (Hrsg.)

Qualitätssicherung bei Multimedia-Projekten

Mit 83 Abbildungen und 5 Tabellen

Springer

Herausgeber
Ass. Jur. Oliver Merx
Am Höhenpark 18
D-83075 Bad Feilnbach

ISBN-13: 978-3-540-65409-4 e-ISBN-13: 978-3-642-60075-3
DOI: 10.1007/978-3-642-60075-3
Die Deutsche Bibliothek – CIP-Einheitsaufnahme
Qualitätssicherung bei Multimedia-Projekten / mit Beitr. zahlr. Experten. Hrsg.: Oliver
Merx. – Berlin; Heidelberg; New York; Barcelona; Hongkong; London; Mailand; Paris;
Singapur; Tokio: Springer, 1999
(X.media.interaktiv)
ISBN 3-540-65409-7

Umschlaggestaltung: Künkel + Lopka Werbeagentur, Heidelberg
Computer to plate: Mercedesdruck, Berlin
Bindearbeiten: Stürtz, Würzburg
SPIN: 10699754   33/3142 – 543210

1. Vorwort

Konkreter Handlungsbedarf bei der Qualitätssicherung im neuen Medien- und Kommunikationsmedium „online/offline-Multimedia" (CD-ROM, DVD, Online-Dienste, Internet) besteht schon geraume Zeit. Ihre Bedeutung schlägt sich bereits in der ersten Satzung des Deutschen Multimedia-Verbands (dmmv) vom 13.11.1995 nieder. In § 3 Nr. 3 d. der Satzung des dmmv steht diese Aufgabe nach wie vor an oberster Stelle.

Die Bedeutung eines Themas sagt aber allein noch nichts darüber aus, wann tatsächlich der richtige Zeitpunkt gekommen ist, um mit einer erfolgversprechenden Aufarbeitung zu beginnen. Anläufe zur Konkretisierung wurden in der Vergangenheit häufiger unternommen. Doch die Qualitätssicherung von Multimedia-Angeboten, Produkten und Multimedia-Projekten ist ein sehr komplexes Thema, das man nicht im Alleingang von oben herab bestimmen kann, es muß vielmehr von Praxis, Kunden und Lehre gemeinsam, ja geradezu demokratisch und mit Sensibilität erarbeitet werden.

Darüber hinaus bedarf es der Identifikation von Einzelpersonen mit dem Thema, die es mit Engagement moderieren und zielorientiert lenken. Schließlich darf man nicht vergessen, daß die Ergebnisse noch niedergeschrieben und veröffentlicht werden müssen, damit sie die Grundlage für eine inhaltliche Weiterentwicklung bilden können. All dies sind Arbeiten, die von den Autoren dieses Buches neben dem Alltagsgeschäft bewältigt wurden – und das Alltagsgeschäft in der Multimedia-Branche ist hart!

Der Übergang von der Versuchsphase zur erfolgreichen Inangriffnahme der Multimedia-Qualitätssicherung ist mit diesem Buch endgültig vollzogen. Es bildet die erste zusammenhängende Abhandlung zu einem der künftig wichtigsten Bereiche des neuen, vierten Mediums „Multimedia". Es hat einer Vision Gestalt verliehen.

Mit dem Springer-Verlag hat zudem einer der renommiertesten Fachverlage den Grundstein gelegt. Er eröffnet der Thematik für spätere Auflagen internationale Perspektiven. Auf diesem Fundament aufbauend haben sich hochkarätige Beteiligte gefunden, darunter viele Mitglieder des dmmv, die der Sache Inhalt und Konturen verleihen konnten. Allen Beteiligten sei an dieser Stelle mein persönlicher Dank ausgesprochen.

In Anbetracht der schwierigen Umstände und der kurzen Zeit, in der das Buch entstanden ist, muß aber vor allem die Leistung hervorgehoben werden, die speziell die erste Auflage ausmacht: Sie bildet die handgreifliche Grundlage für eine umfassende und langfristige Diskussion des Themas.

Mag der eine oder andere in diesem Buch geäußerte Standpunkt nicht der einzig vertretbare sein, Qualitätssicherung zu begreifen, so bildet doch jede der vertretenen Auffassungen einen Inhalt, mit dem man sich argumentativ auseinandersetzen kann und muß: Man hat etwas, um darauf aufzubauen, um einen koordinierten Gedankenaustausch zu vollziehen!

Die Zukunft der Qualitätssicherung von Multimedia-Projekten hat also erst begonnen. Es wird künftig einen eigenen Arbeitskreis und längerfristig auch eigene Ausbildungsangebote des dmmv zu diesem Thema geben – auch ein eigenes Zertifizierungsmodell des dmmv für bestimmte Angebote, Produkte und Leistungen dieses vierten Mediums wird eines Tages Realität sein.

Lesen Sie dieses Buch in dem Bewußtsein, daß es das erste Werk zu diesem Thema ist, auf dessen Grundlage alle weiteren Entwicklungen, Diskussionen und Aktionen zu verstehen sind.

Düsseldorf, Juni 1999
Alexander Felsenberg
Geschäftsführer
Deutscher Multimedia-Verband (dmmv)

2. Vorwort

In der Ökonomie gibt es entsprechend der Transaktionskosten-theorie nur zwei grundlegende Mechanismen, um wirtschaftliche Aktivitäten zu koordinieren: Märkte und Hierarchien. Dazwischen existieren Mischformen.

In Hierarchien wird durch zentrale Anweisung koordiniert. Außer den Kosten der Hierarchen entstehen keine Transaktionskosten. Märkte gelten als effizienter bei der Ressourcenallokation, doch die Suche nach Geschäftspartnern, ihre Bewertung, Geschäftsverhandlungen und Vertragsabschlüsse verursachen erhebliche Transaktionskosten.

Je transparenter die Märkte werden – unter anderem durch verbesserte Kommunikation und Deregulierung wichtiger Industrien –, desto stärker setzen volks- und betriebswirtschaftliche Systeme auf Marktmechanismen, um ihre Aktivitäten zu koordinieren. Hierarchische Planwirtschaften und monolithische Unternehmen werden nach Wertschöpfungsstufen strukturiert und zerlegt. Dadurch entstehen spezialisierte Unternehmen und Märkte mit eigener Dynamik, Profit- und Service-Center sowie Netzwerke kooperierender Unternehmen entlang der Wertschöpfungsketten und Ebenen der Fertigungstiefe.

Vor allem die Digitalisierung von Informationen (Print, Audio, Video) und die höhere Kommunikationsgeschwindigkeit durch Einsatz standardisierter TCP/IP-basierter Kommunikationsnetze (Internet) führen zu immer effizienteren Marktstrukturen und am Ende zur „eEconomy".

Die eEconomy ist die bisher transparenteste, effizienteste und transaktionskostengünstigste Form von Märkten oder Koordinationsmechanismen. Die Veränderung ist so gewaltig, daß von einem „Paradigmenwechsel" gesprochen wird: dem Wechsel von der Industriegesellschaft zur Informationsgesellschaft.

Die eEconomy wendet Netzwerk-Prinzipien auf jeder Organisationsebene an. Individuen, Geschäftsbereiche, Unternehmen, Börsen, Volkswirtschaften und viele andere Akteure koordinieren sich kostengünstig und schnell mit Hilfe des digitalen, multimedialen Informationsaustauschs über moderne Kommunikationsnetze.

Wer seine eigene Leistungsfähigkeit transparent macht, bindungs- und kooperationsfähig ist und obendrein noch schnell agiert, dem bietet die eEconomy erhebliche Vorteile – sowohl auf der Kosten- als auch der Angebotsseite.

Die in der neuen eEconomy erforderlichen Fähigkeiten und Eigenschaften – Transparenz, Vernetzung, Schnelligkeit – wachsen den Marktteilnehmern nicht automatisch zu. Sie werden durch „Trial and Error" zum Teil aufwendig erlernt.

Oft beginnt dieser Prozeß mit der Produktion teurer Insellösungen, von der multimedialen CD-ROM bis hin zur Website für Angebote, Geschäftsberichte oder Pressemeldungen. Erst allmählich fügen sich einzelne Aktivitäten zu durchgängigen Maßnahmen mit klarer Strategie und Zielsetzung zusammen.

Andersen Consulting, eine internationale Unternehmensberatung für Management und Technologie, sieht die Veränderungen und Lernprozesse von Unternehmen und Gesellschaft auf dem Weg zur eEconomy in drei Stufen vor sich gehen:

- **eEnterprises:** Als erstes entwickeln Unternehmen die Fähigkeit, Nutzen und Werte (Geld, Güter, Services, Informationen) in digitaler Form elektronisch auszutauschen.

- **eCommerce:** Im Stadium des eCommerce sind die Geschäftsprozesse der eEnterprises, ihrer Partner und Kunden bereits darauf ausgerichtet, die Vorteile hoher Markttransparenz und Echtzeit-Interaktion über Kommunikationsnetze systematisch auszuschöpfen.

- **eEconomy:** Diese ist erreicht, sobald ein globales Geschäftsumfeld entstanden ist, in dem sich die neuen Spielregeln des eCommerce duchgesetzt haben, und Unternehmen mit Partnern und Kunden durchgängig eCommerce betreiben.

Auf dem Weg zur eEconomy können Anbieter und Kunden in hohem Maße Lehrgeld sparen, wenn sie die Erfahrungen von Vorreitern nutzen und dabei von Anfang an auf strategische, taktische und produzierte Qualität der Entwicklungsschritte achten. Wer bei Multimedia- und eCommerce-Projekten systematisch Qualität absichert, der vermeidet Fehlentwicklungen und Enttäuschung über das Produkt.

Die Qualitätssicherung kann mit System in Projekte eingebaut werden. Der Wandel wird dadurch verbilligt und beschleunigt, eCommerce von Kunden, Geschäftspartnern und Mitarbeitern schneller akzeptiert. Außerdem eröffnet sich die Möglichkeit, die für den Übergang zur eEconomy erforderliche Weiterentwicklung eines Multimedia-Produkts zu einem echten Nutzenangebot von vornherein in die Entwicklungsstrategie mit einzubeziehen.

München, Juni 1999
Dr. Peter H. Weidermann
Partner
Andersen Consulting

3. Vorwort

Die umfassende Thematik „Qualitätssicherung bei Multimedia-Projekten" entzieht sich der Möglichkeit, schematisch von A bis Z dargestellt zu werden. Ihre vielen unterschiedlichen Bestandteile erfordern vielmehr die Bereitschaft zu einer mehrdimensionalen Betrachtung. Die 25 Kapitel dieses Buches sind vor diesem Hintergrund in vier verschiedene Themenabschnitte unterteilt.

- **Erster Abschnitt: Kapitel 1–4**
  Grundlagen der Qualitätssicherung
- **Zweiter Abschnitt: Kapitel 5–17**
  Beiträge zu spezifischen Fragen der projektbezogenen Qualitätssicherung
- **Dritter Abschnitt: Kapitel 18–24**
  Persönliche Statements u.a. zu Qualitätsnormierung und Gütesiegeln
- **Vierter Abschnitt: Kapitel 25 und Anhang**
  Leitfaden zur aktiven Umsetzung, Autorenverzeichnis, Index

Die Beiträge können entweder der Reihe nach, abschnittsweise, aber auch crossover – entsprechend persönlicher Themenpräferenzen – in individueller Reihenfolge durchgearbeitet werden. Hervorheben möchte ich aber auch die Möglichkeit, sich zunächst im Inhalts- oder Autorenverzeichnis einen Überblick darüber zu verschaffen, welche Autoren an der Erstellung dieses Buches mitgewirkt haben. Anschließend wählt man gezielt ein bestimmtes Kapitel aus.

Was sind nun die wesentlichen Ergebnisse?

Zunächst ist jeder Beitrag eine Bestätigung für die große Bedeutung, die dem Thema in Zukunft ohne Frage zukommen wird. Das Buch gibt darüber hinaus aber auch konkrete Vorschläge, wie dieser Herausforderung im eigenen Unternehmen begegnet werden kann. Es gibt durch führende Köpfe der Branche Antworten auf die

Frage des „Ob" als auch des „Wie" der Qualitätsorientierung. Damit ist die Diskussion um diesbezügliche Aufgaben und Inhalte aber nicht beendet, sondern auf Grundlage einer umfassenden Abhandlung eröffnet.

Jeden Leser dieses Buches möchte ich dazu auffordern, die Diskussion und Fortentwicklung des Themas aktiv zu unterstützen – durch konstruktive Kritik, durch mutige Diskussionsbeiträge, aber natürlich auch durch die Formulierung jeglicher Art von themenbezogenen Anregungen.

Ein spezifisches Online-Diskussionsforum zur Qualitätssicherung von Multimedia-Projekten ist bereits in Vorbereitung. Auf der Website des dmmv wird über die Eröffnung dieses Forums rechtzeitig berichtet werden. Ein regelmäßiger Blick ins Internet unter „http://www.dmmv.de" lohnt sich aber ohnehin, um über den Gang der Dinge in der Multimedia-Branche informiert zu bleiben. Beim Präsidium als auch den beteiligten Arbeitskreisleitern des dmmv möchte ich mich für Ihre Unterstützung ausdrücklich bedanken.

An dieser Stelle möchte ich noch kurz weitere Danksagungen aussprechen: Zunächst betrifft dies Herrn Gregor Reichle vom Springer-Verlag, Heidelberg. Aufgrund seiner Initiative, Unterstützung und Flexibilität war es möglich, aus der gegenständlichen Thematik das vorliegende Buchprojekt (trotz des kontinuierlich gewachsenen Umfangs) unbürokratisch zu verwirklichen.

Besonders bedanken möchte ich mich außerdem bei allen Personen und Unternehmen, die dieses Buch inhaltlich mitgeprägt haben. Der Dank betrifft gleichermaßen die hervorragenden fachlichen Beiträge, die mutigen Statements und natürlich auch die anregenden Diskussionen (bis teilweise spät in die Nacht). Erst das Engagement und die Fachkenntnisse der vielen Co-Autoren haben dazu beigetragen, die bislang eher verschwommenen Konturen des Themas „Qualitätssicherung/Qualitätsmanagement in den Neuen Medien" zu konkretisieren.

Einen individuellen Dank will ich noch an diejenigen Personen richten, denen ich mich aus persönlichen Gründen besonders verpflichtet fühle: Dies sind zum einen meine beiden früheren „Lehrmeister" Karl Edmund Hemmer und Achim Wüst für vieles, was ich von ihnen in knapp sieben Jahren über Strategie, Projekt- und Unternehmens-Management gelernt habe. Zum anderen gilt dieser Dank Herrn Dr. Gernot Eckel für die vielen interessanten Gespräche zu Inhalt, Zweck und Hintergründen der branchenübergreifenden Qualitätsdiskussion. Abschließend sei vor allem den beiden Menschen mein Dank ausgesprochen, ohne deren umfängliche und aktive Unterstützung die Erstellung dieses Buches unmöglich

gewesen wäre: meinem Vater, Peter Merx, und meiner Frau
Michaela.

Bad Feilnbach, Juni 1999
Oliver Merx
Herausgeber und Co-Autor

Inhalt

1 Multimedia und Qualität

1.1
Die Bedeutung der Qualität im Wettbewerb

„Qualität" ist innerhalb des Multimedia-Wettbewerbs ein häufig gebrauchter Begriff, doch versteht fast jeder, der ihn verwendet, darunter etwas anderes: Mal soll „Qualität" Ausdruck grafischer Güte oder gesamtheitlicher Harmonie sein, dann der Maßstab außergewöhnlicher Kreativität oder der Beleg für hochwertige Programmierung. Andere verwenden den Begriff überwiegend im Sinne von Spannung, Unterhaltung oder der richtigen Benutzerführung.

unterschiedliche Verwendung von „Qualität"

Vergleichbare Eingrenzungsprobleme hat es bereits in anderen Branchen gegeben. Branchen, die gerade wegen der Interpretationsvielfalt von „Qualität" vor die Aufgabe gestellt waren, ein einheitliches Verständnis zu entwickeln.

Das Bemühen um spezifische Qualitätsmaßstäbe ist vor allem für das Vertrauen der Kunden in die Branche und die Festigung eines anerkannten Preis-/Leistungs-Verhältnisses von Bedeutung. Die Präzisierung der Qualität ist deshalb eine von vielen Seiten geforderte Maßnahme. Eine Vereinheitlichung hilft, den Mißbrauch des Begriffs einzudämmen, denn schon die bloße Qualitätsbehauptung verschafft Wettbewerbsvorteile – vorausgesetzt, daß man sie nur selbstbewußt genug vorträgt.

Vereinheitlichung wichtig für Wettbewerb

Für die Multimedia-Branche besteht die Gefahr der Verunsicherung potentieller Kunden insbesondere bei Berücksichtigung des rasanten Aufkommens von neuen, kreativen, aber ebenso oft unerfahrenen Multimedia-Unternehmen. Hinzu kommen viele, sich ständig ändernde Produktionstechniken sowie unzählige Sicherheitsrisiken (Stichwort „Firewalls"), deren Kenntnis auch bei alteingesessenen Unternehmen ein stetiges Dazulernen erfordert – andernfalls wird man trotz vorhandener Erfahrung schnell wieder zum Anfänger.

Gefahr der Verunsicherung und des Mißbrauchs

Benötigt wird in dieser ständigen multimedialen Veränderung die Kontinuität im Wandel, die Basis des Vertrauens, eben die Greifbarkeit der Qualität.

Zum Vergleich: Gerade in der Automobilindustrie hat die Qualitätsfrage wegen dem starken internationalen Wettbewerb der Zulieferer rasant an Bedeutung gewonnen, denn die sogenannten „Billigländer" liefern auf den ersten Blick die gleichen Produkte wie teure Hightech-Standorte.

Um die Frage zu beantworten, wer wirklich Qualität liefert, wurde zunächst die branchenübergreifende Norm DIN EN ISO 9000 ff. angewendet. Weil diese jedoch spezifische Probleme nur bedingt lösen kann, wurden in jüngerer Zeit zusätzliche Qualitätsnormen erarbeitet, die speziell auf die Automobilindustrie zugeschnitten sind. Beispiele dafür sind die deutsche VDA 6.1 und die amerikanische QS 9000, deren Harmonisierung gegenwärtig erarbeitet wird.

Grafik: Werbung mit Qualität multimedialer Produktionen – Wahrheit oder verzerrende Behauptung?

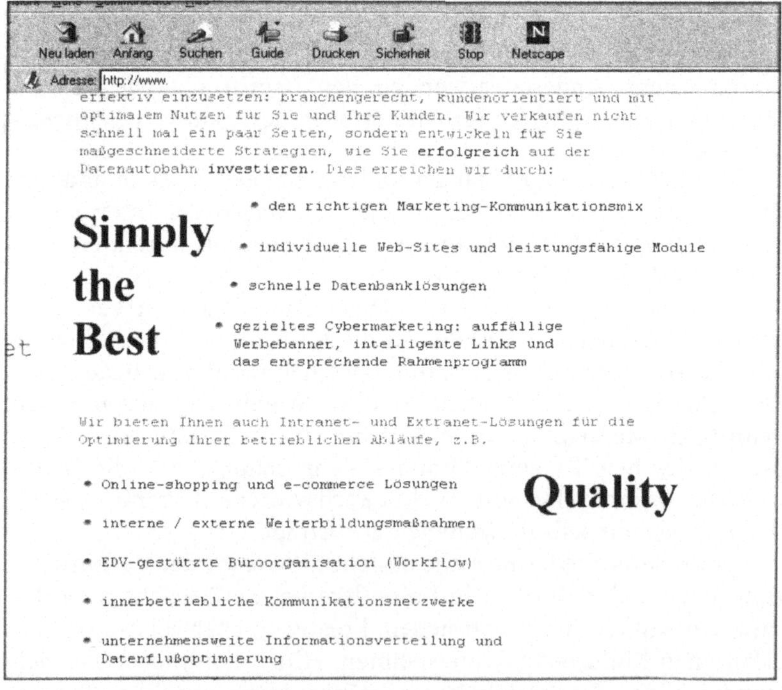

Alles Qualität? Im Internet finden sich unzählige Multimedia-Unternehmen, die eine Spezialisierung in mehr als vier oder fünf Projektbereichen behaupten. Dabei wird auch noch gerne darauf hingewiesen, wie hoch die Qualität der jeweiligen Projekte sei, die man nicht einmal vorgestellt bekommt. Andere Unternehmen bieten angeblich hochwertige Dienste zu betriebswirtschaftlich haltlosen Dumping-Preisen.

Davon unabhängig beklagt sich der Handel, daß unzählig viele CD-ROM-Produktionen zu teuer und gleichzeitig noch unverkäuflich schlecht wären, und der Mangel an qualifiziertem Personal wird nahezu überall ausdrücklich beklagt. Mancher Kenner der Szene behauptet, daß ein Teil dieses Bedarfs durch billige und zudem unerfahrene Praktikanten gestillt werde, deren Arbeit man nach außen teuer in Rechnung stelle.

Ärgerlich ist diese immer unübersichtlicher werdende Entwicklung sowohl aus Sicht der New-Media-Kunden wie auch aus Sicht solcher Multimedia-Dienstleister, die hochwertige Projekte zu wirtschaftlich angemessenen Preisen anbieten.

Es geht bei der Frage nach der seriösen Qualitätsorientierung deshalb vor allem darum,

- in einem ersten Schritt den Begriff „Qualität" so zu prägen, daß er für Multimedia-Projekte nachvollziehbar definiert ist,

- um darauf basierend eine erfolgsorientierte „Qualitätssicherung" tatsächlich zu ermöglichen.

Folgende Fragen können helfen, die Relevanz einer Qualitätsorientierung für die eigenen Projekte festzustellen:

Checkup: Fit for Quality	Trifft zu: nein ◄——► ja					
Kunden lassen sich vom Begriff der "Qualität" beeinflussen						
Multimedia-Kunden wollen vor allem kreative Projekte						
Kunden bevorzugen Anbieter mit denen andere zufrieden sind						
Der effektive Schutz vor Haftungsrisiken wird immer wichtiger						
Der Multimedia-Wettbewerb wird künftig insgesamt härter werden						
Mitbewerbern bringt eine seriöse Qualitätsorientierung Vorteile						

Die Diskussion um den Inhalt der Qualität von Multimedia-Projekten ist vor diesem Hintergrund kein Selbstzweck, sondern ein notwendiges und bewährtes Kriterium im Wettbewerb sowie die Grundlage einer erfolgreichen und langfristigen Marktstrategie exzellenter Unternehmen.

Die Qualitätsorientierung ist damit auch „Chefsache", nicht zuletzt, weil die Qualitätsphilosophie des Unternehmens Einfluß hat auf

- die Neukundengewinnung (Vertriebsargument), dazu 1.1.1,

- die finanzielle Seite der Produktion (Ertragsargument), dazu 1.1.2,

- das Fehler- und Haftungsrisiko (Sicherheitsargument), dazu 1.1.3,

- die Kundenbeziehung (Zufriedenheitsargument), dazu 1.1.4.

1.1.1
Neukundengewinnung durch Qualität

Ein Kunde, der beispielsweise eine sechsstellige Summe in eine Multimedia-Produktion investiert, muß die damit verbundenen Risiken kalkulieren können. Handelt es sich bei dem Auftraggeber um einen (angestellten) Ressortleiter, so hat er gegenüber der Geschäftsführung die Pflicht, die Auswahl des Multimedia-Dienstleisters positiv begründen zu können.

In dieser Situation ist im Wettbewerb derjenige Multimedia-Dienstleister im Vorteil, der es schafft, die Qualität seiner Projekte nachvollziehbar bzw. meßbar zu machen und diese als Verkaufsargument sinnvoll einzubringen. Das gelingt langfristig allerdings nur dann, wenn nicht nur eine schlichte Qualitätsbehauptung, sondern ein anerkanntes Qualitätsverständnis als Maßstab verwendet wird.

In diesem Buch werden Modelle vorgeschlagen, welche die Qualität von verschiedenen Multimedia-Projekten meßbar machen. Wer sie umsetzt und dem Kunden verdeutlicht, hat gegenüber seinen Mitbewerbern Vorteile bei der Neukundengewinnung.

1.1.2
Ertragssicherung durch Qualität

Multimedia-Anbieter betonen gerne ihre Kreativität. Geschäftskunden denken aber in erster Linie wirtschaftlich. Sie wollen ein kalkulierbares return on investment (roi). Selbst die brillantesten Multimedia-Spiele sind aus Sicht der Finanziers Investitionen, die den Regeln der Marktwirtschaft unterliegen.

Eine bei vielen Kunden beliebte, wenngleich beim Dienstleister gefürchtete Formel zur vermeintlichen Minimierung der Investitionsrisiken lautet: „So billig wie möglich produzieren". Die Produzenten kommen dabei allerdings ebensowenig auf ihre Kosten wie der Kunde selbst. Bei einem solchen Deal sind am Schluß alle Beteiligten unzufrieden.

Daß Qualitätsorientierung nicht nur kostet, sondern ein wichtiges Mittel zur beiderseitig fairen und erfolgreichen Preisgestaltung sowie zur betriebswirtschaftlich erfolgreichen Projektabwicklung ist, wird in diesem Buch ebenfalls dargestellt. Mit der richtigen Argumentation wird Qualität im Bereich der Multimedia-Produktion zum entscheidenden Merkmal für die Zufriedenheit des Kunden, verbunden mit einer Ertragssicherung des Multimedia-Dienstleisters.

1.1.3
Minderung von Fehler- und Haftungsrisiken durch Qualität

Ein wichtiges Argument für Qualitätsorientierung bei Multimedia-Projekten ist in Anbetracht steigender Komplexität von Projekten die Reduzierung von Fehler- und damit auch von Haftungsrisiken.

Gleich ob bei der Überschreitung von Zeitvorgaben, der Integration urheberrechtlich geschützter Elemente oder bei der Erstellung fehlerhafter Software: Wer nicht sorgfältig plant, recherchiert und produziert, arbeitet meist fahrlässig und macht sich dadurch in der Regel nicht nur für Mangel-, sondern sogar für sogenannte Mangelfolgeschäden haftbar.

Verletzt z.B. der Inhalt einer CD-ROM als Zeitschriftenbeilage das Jugendschutzgesetz, so muß die CD-ROM gegebenenfalls von der gesamten Zeitungsauflage entfernt werden (passiert bei einer führenden deutschen Computerzeitschrift, Heft 10/97; Auflage über 300.000). Ist in solchen Fällen die Verletzung fahrlässig erfolgt, haftet der Produzent der CD-ROM zusätzlich zu den Beseitigungskosten auf Schadensersatz gegenüber dem Projekt-Kunden.

Gleiches gilt, wenn eine E-Commerce-Produktion falsch programmiert wurde und Beträge nicht richtig abgebucht bzw. aktualisiert werden. In diesem Fall macht sich der Dienstleister umfänglich haftbar, wenn ihn ein Verschulden trifft.

Durchdachte Qualitätstechniken helfen nicht nur, mögliche Fehler im voraus aufzuspüren und zu vermeiden, sie sind auch eine wichtige Entlastung im Hinblick auf die rechtliche Verschuldensfrage.

Die in diesem Buch vorgestellten Modelle zur Qualitätssicherung beinhalten Methoden, um Fehler- bzw. Haftungsrisiken zu erkennen, zu kalkulieren und ebenso erfolgreich zu bewältigen.

1.1.4
Kundenbindung durch Qualität

Eine der grundlegenden Qualitätsregeln lautet: Qualität ist gegeben, wenn der Kunde zurück kommt und nicht das Produkt.

Erfolgreiche Unternehmen der Multimedia-Branche legen deshalb großen Wert auf einen hohen Anteil von Stammkunden, die mit der bisherigen Arbeit des Dienstleisters zufrieden sind, dies dokumentieren und damit zur wichtigsten Grundlage einer langfristigen Investitionskalkulation werden. Sie bringen die notwendige „Entspannung und Souveränität" in Vertragsverhandlungen mit Neukunden.

Wichtigste Voraussetzung dafür ist aber, daß die Stammkunden mit dem Multimedia-Dienstleister tatsächlich zufrieden sind und dies darüber hinaus auch bestätigen.

Ein wichtiger Teil des Buches besteht darin, solche Techniken aufzuzeigen, die es ermöglichen, tatsächliche Kundenzufriedenheit zu erzielen, zu steigern, langfristig zu wahren und zuverlässig zu ermitteln.

1.1.5
Zusammenfassung

Es bestehen gewichtige Argumente für eine seriöse Qualitätsorientierung im Bereich der Neuen Medien. Zur erfolgreichen Umsetzung müssen ihre komplexen Grundlagen und Inhalte formuliert und systematisch dargelegt werden.
Aufbauend auf dieser Überlegung sind deshalb nacheinander drei Fragen zu beantworten:

- Welche Reichweite hat der Begriff „Multimedia"?

- Was bedeutet „Qualität" von Multimedia-Projekten?

- Wie kann die Qualität von Multimedia-Projekten „gesichert"
  werden?

Im folgenden wird ein Qualitätsmodell für Multimedia-Projekte vorgestellt, das diese drei Fragen beantworten will und Leitlinie für die eigene Umsetzung sein soll.

1.2
Definition von Multimedia

Grundlage aller Ausführungen zum nachfolgenden Qualitätsmodell ist die Definition des Begriffs „Multimedia".

Multimedia umfaßt nach gängiger Definition (vgl. dmmv)

> ... alle computergestützten, interaktiven Online-, Offline- und Kommunikationsmedien bzw. -produkte, die mindestens drei Darstellungsformen wie z.B. Text, Bild, Bewegtbild und Ton beinhalten.

Ein Internetauftritt wird dieser Definition allerdings nicht immer gerecht, da er aus der bloßen Kombination von Text, Bild und Interaktivität bestehen kann. Gleiches gilt für eine Katalog-CD-ROM. Dennoch werden beide Varianten umgangssprachlich als „Multimedia" bezeichnet. Zutreffender sind in diesem Fall die weitergehenden Begriffe „Neue Medien" oder „Electronic Publishing", die zusätzlich jene Produktfallgruppen umfassen, die jedenfalls grundsätzlich geeignet sind, die engeren Multimedia-Kriterien zu erfüllen.

Dies sind unter anderem:

- Internet-/Intranet-Publishing (Kapitel 10)

- E-Commerce (Kapitel 11)

- Hybrid-Produktionen (Kapitel 12)

- POI- und POS-Systeme (Kapitel 13)

- Computer-Based-Training (Kapitel 14)

- Spiele-Programmierung (Kapitel 15)

Die nachfolgenden Ausführungen beziehen sich auf all diejenigen Produktionsarten, die jedenfalls die potentielle Eignung besitzen, im engeren Sinne multimedial dargestellt zu werden – ohne allerdings im konkreten Einzelfall tatsächlich drei Darstellungsformen kombinieren zu müssen. Werden weniger Darstellungsformen genutzt, so gelten die folgenden Ausführungen zumindest entsprechend.

Checkup: Knowledge about Quality	Trifft zu: nein ◄ ► ja					
Ich verwende das Wort Qualität gegenüber meinen Kunden						
Ich kann den Inhalt von Qualität gut und nachvollziehbar erklären						
Ich weiß, wie andere den Begriff verwenden						
Ich kenne den Bezug von Qualität und Leistung						
Ich weiß, was Qualitätssicherung üblicherweise bedeutet						
Meine Mitbewerber haben Vorteile bei besserer Kenntnis						

1.3
Definition von Qualität

Die inhaltliche Definition von Qualität hat nicht die Änderung des umgangssprachlichen Gebrauchs zur Folge. Für ein in sich geschlossenes Qualitätsmodell wäre dies auch nicht sinnvoll, denn dieses will sich gerade von der vagen, undefinierten, umgangssprachlichen Qualitätsbehauptung abgrenzen und setzt diese deshalb weiterhin voraus.

1.3.1
Produktbezogener Ursprung

Der Qualitätsbegriff leitet sich vom lateinischen „qualitas" ab und beschreibt die Beschaffenheit eines konkreten, handgreiflichen Produkts. Eine gute materielle Beschaffenheit und Ergonomie des Produkts entspricht bei diesem Verständnis auch einer guten Qualität.

Im zunehmend dienstleistungsgeprägten Wettbewerb kann es aber nicht mehr allein auf das produktorientierte Beschaffenheitsverständnis ankommen, vielmehr muß Qualität gegenwarts- und wettbewerbsbezogen definiert werden. Sie muß die tragfähige Grundlage eines diesbezüglichen Preis-/Leistungs-Vergleichs sein. Die ausschließlich produktbezogene Definition der Qualität ist deshalb nicht mehr ausreichend.

Qualität früher: Beschaffenheit von Produkt

1.3.2
Definition nach ISO 8402

Eine international Gültigkeit beanspruchende Definition des Qualitätsbegriffs versucht vor diesem Hintergrund die Internationale Standardisierungs-Organisation (ISO) zu geben. In der DIN EN ISO 8402 wird der Begriff branchenübergreifend folgendermaßen definiert:

übergreifendes Verständnis

> „Qualität ist die Gesamtheit von Merkmalen einer Einheit bezüglich ihrer Eignung, festgelegte und vorausgesetzte Erfordernisse zu erfüllen".

Das Neuartige dieser Definition ist zunächst die Erweiterung von Qualität auf produktunabhängige Faktoren wie die Dienstleistung. Ermöglicht wird dies insbesondere durch die definitorische Verwendung des Begriffs „Einheit", der sowohl Dienstleistungen als auch Produkte erfaßt. Zudem wurde durch die Relevanz der „Erfordernisse" der kundenorientierte Ansatz der Qualität manifestiert.

„Einheit" ist nicht nur Produkt

Der ISO-Definition wird trotz ihrer inhaltlichen Stärke wohl berechtigt vorgeworfen, in der konkreten Formulierung zu abstrakt und deshalb nur bedingt pragmatisch umsetzbar zu sein.

Definition zu abstrakt

1.3.3
Leistungsbezogene Qualität

Zieht man die inhaltlichen Ansätze der klassischen produktorientierten und der moderneren branchenneutralen Definition zusammen, so ergibt sich die inhaltlich wohl geläufigste Auffassung von Qualität, die drei wichtige Eigenschaften besitzt:

- Kundenorientierung

- produktbezogene Anwendbarkeit

- dienstleistungsbezogene Anwendbarkeit

Da Qualität somit eine Eigenschaft ist, die sowohl Produkte wie auch Dienstleistungen gleichermaßen betreffen kann, ist es für eine pragmatische Umsetzung notwendig, einen gemeinschaftlichen Zuordnungspunkt dieser beiden Eigenschaftsträger zu definieren. Der nachfolgend vorgeschlagene Zuordnungspunkt ist das Prinzip der Leistung. Sie bildet die tragfähige Basis für eine allgemeingültige und zugleich pragmatisch verwertbare Definition.

Grafik: Genereller Bezugspunkt der Qualität ist die Leistung

Wichtig ist bei dieser Definition die Antwort auf die Frage:

- Was ist unter „Leistung" zu verstehen?

Gerade die spezifischen Umstände der Multimedia-Branche sind geeignet, darauf eine Antwort zu geben, denn Leistung ist ein Synonym für die „fitness for use", also die Gebrauchstauglichkeit, die ein Produkt, ein Dienst oder die Kombination von Produkten und Diensten besitzt.

Eine Bitmap-Grafik kann z.B. die Farbtiefe von 1-bit (zwei Farben) 4-bit (16 Farben), 8-bit (256 Farben), 16-bit (tausende Farben) und mehr haben. Jede dieser Grafiken hat eine andere Leistung, nämlich eine andere Fähigkeit bzw. Unfähigkeit.

Eine 1-bit-Grafik hat z.B. wesentlich weniger Bytes als eine 32-bit-Grafik. Sie kann deshalb bei gleichen Maßen (z.B. 20 x 100 Pixel) schneller über das Internet versendet werden. Eine 32-bit-Grafik kann dafür detailliertere Inhalte darstellen, also z.B. gestochen scharfe Fotos wiedergeben – vorausgesetzt die Grafikkarte und der Bildschirm spielen mit. Jede dieser Grafik-Farbformate hat deshalb Leistungsmerkmale, die ein anderes Format nicht hat.

Die „Leistung" einer Sound-Datei kann ebenso objektiv beurteilt werden: So hat eine Wave-Datei bei 44 kHz, 16-bit-stereo eine detailliertere Klangvielfalt als ein 11 kHz, 8-bit-mono-Sound. Dennoch kann letzterer besser über das Internet eingesetzt werden. Beide Varianten haben individuelle Fähigkeiten, die das jeweilige Pendant nicht besitzt.

Die „Leistung" ist eine neutrale Beurteilung von Fähig- bzw. Unfähigkeiten, die per se weder ausschließlich gut noch schlecht sind. Ihre weitergehende Bewertung ist nicht nur bei Produkten, sondern auch bei Diensten einzig und allein davon abhängig, welche konkreten Anforderungen an die Leistung gestellt wurden. Festgehalten werden diese Leistungsmerkmale im Pflichtenheft bzw. Projektleistungsplan.

Es ist eine Kunst, ein „spannendes" Multimedia-Drehbuch zu schreiben. Es vermag eine spröde Materie kurzweiliger oder ein Spiel faszinierender werden lassen. Bei der Darstellung von Sachinformationen kann aber ein weniger spannendes Drehbuchskript vorteilhafter sein. Jede Variante hat ihre Leistung und kann etwas, was durch die andere Dienst-Alternative nicht so gut erreicht wird.

Ebenso die „kreative", also neuartige Benutzerführung. Sie führt bei aufgeschlossenen Benutzern von Multimedia-Projekten oft zu erhöhter Aufmerksamkeit. Neuartige Dinge sind aber nicht immer und überall gleichermaßen willkommen, manchmal sogar störend. Auch der Konservativismus ist eine Leistung, die ihre Vorteile hat.

Die positive Feststellung von vielen Leistungsmerkmalen ist eine gute Grundlage, aber noch kein sicheres Indiz für Qualität. Letztere ist vielmehr ein über die Fähigkeiten hinausgehendes, vergleichendes Werturteil, das darüber Auskunft gibt, ob die erbrachte „Leistung" die passende Antwort auf eine konkret zu bewältigende „Aufgabe" darstellt.

Wenn ein 3-D-Quicktime-Video aufwendig und technisch gut gemacht ist, so hat dieses zwar interessante Leistungsmerkmale. Es hat aber nicht automatisch zur Folge, daß dieser Film auch tatsächlich die „Qualität" einer Multimedia-Produktion bewirkt. Möglicherweise hätten einfache Grafiken die an das Projekt gestellte Aufgabe und damit die Kundenanforderung eher erfüllt.

Zusammenfassend ist deshalb folgendes festzustellen:

■ Leistung ist eine neutral feststellbare Eigenschaft eines Produkts, einer Dienstleistung oder deren Gesamtheit.

■ Qualität ist ein weitergehendes Werturteil, das darüber Auskunft gibt, ob sich die erbrachte Leistung mit den Anforderungen deckt.

Daß die Leistung ein geeigneter Anknüpfungspunkt für Qualität ist, ergibt sich auch aus dem übergreifend verwendeten Begriff vom Preis-/Leistungs-Verhältnis, das sowohl bei Produkten wie auch bei Diensten anerkannt wird. Relevant ist dabei die Gegenüberstellung von den Leistungseigenschaften und den dafür anfallenden Kosten eines Produkts oder eines Dienstes bzw. deren Gesamtheit.

■ Die Festlegung von detaillierteren Leistungsmerkmalen von Multimedia-Projekten ist im wesentlichen eine gemeinschaftliche Aufgabe der Fachwelt (dazu unten nach Kapitel 5).

1.3.4
Qualität von Multimedia-Projekten

Kombiniert man nun den kundenorientierten Ansatz der ISO mit dem für Multimedia-Projekte sinnvollen Zuordnungspunkt der Leistung, so ergibt sich daraus diejenige Definition von Qualität, die auch für den Multimediabereich insgesamt wohl am zweckmäßigsten ist:

> „Qualität ist eine Eigenschaft, die jeder Art von Leistung (sowohl in Form eines Produktes, eines Dienstes als auch deren Kombination) zugeordnet werden kann. Sie wird erzielt durch die Erfüllung der leistungsbezogenen Kundenanforderungen und Kundenerwartungen".

■ Das kundenorientierte Verständnis von Qualität, das mittlerweile in fast allen Branchen verwendet wird, sollte schon allein aus Gründen branchenübergreifender Einheitlichkeit zugrundegelegt werden. Der Integration multimediaspezifischer Inhalte steht die Kundenorientierung in keinem Fall entgegen.

- Daß der Kunde mitunter Laie ist und nicht wissen kann, was er überhaupt fordern soll, spricht nicht gegen die Kundenorientierung, sondern für die Notwendigkeit qualifizierter Beratung (vgl. dazu Kapitel 1.3.5-1.3.7)! Projekte ohne Kundenanforderungen sind jedenfalls keine Lösung der Qualitätsproblematik.

Qualität ist dann gegeben, wenn sich die Kundenanforderungen und Kundenerwartungen zusammengefaßt mit der Leistung decken. Nur in diesem Falle kann die Kundenzufriedenheit tatsächlich erreicht werden.

Grafik: Entstehung von Qualität

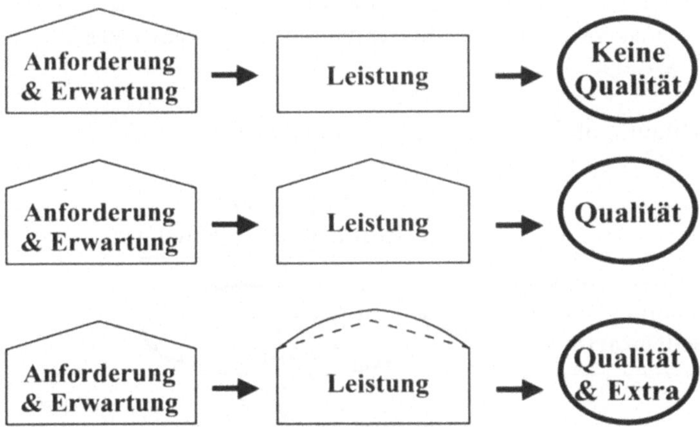

Geht die Leistung über die Anforderungen und Erwartungen hinaus, wird also ein Extra („Sahnehäubchen") geleistet, so ist dieses nicht Qualität im Sinne der Definition. Das Extra selbst kann jedoch ein Kriterium dafür sein, daß die Begeisterung des Kunden für das Projekt erhöht wird. Begeisterung ist dabei sogar ein höherer Wert als die Qualitätserwartung.

Bietet ein Dienstleister z.B. freiwillig eine gegenüber der gesetzlichen Gewährleistung verlängerte Garantiezeit, so ist dies für die Entstehung von Qualität im Sinne der Definition keine Voraussetzung, aber gewiß ein erfolgversprechendes Instrument, um die Begeisterung des Kunden für das Projekt zu fördern.

Andererseits ist ein vom Dienstleister freiwillig besonders aufwendig erstellter Web-Auftritt nicht per se von höherer Qualität als ein nüchterner Web-Auftritt, der den ausdrücklichen Kundenanforderungen voll und ganz entspricht.

Relevant ist hingegen, wenn nicht mehr, sondern weniger oder etwas anderes geleistet wird. Die Nichterfüllung von Kundenanforderungen bezeichnet man im Qualitätskontext als „Fehler". Ist dieser Fehler aus Sicht des Kunden relevant, spricht man von „Mangel". Ein relevanter Mangel ist aber auch dann gegeben, wenn die Kundenzufriedenheit deshalb ausbleibt, weil seine Erwartungen nicht erfüllt werden. Selbst die „Übererfüllung" der Anforderungen kann (allerdings nur im Einzelfall) ein Mangel sein, wenn sie aus Sicht des Kunden unwirtschaftlich ist und damit seine Unzufriedenheit bewirkt.

Eine „knallige" Web-Seite, die höchste grafische Ansprüche erfüllt, kann deshalb das regelrechte Gegenteil von Qualität sein. Die Güte der Grafik allein sagt nämlich nichts über die Leistungsfähigkeit des Projekts im konkreten Benutzerkontext aus. Gerade im kommerziellen Business-to-Business-Bereich wird die Leistung nicht nur in grafischer Vielfalt, sondern vor allem in informationeller Geschwindigkeit und mit dem betriebswirtschaftlichen Kosten/Nutzen-Maßstab gemessen.

Grafik: Qualität und Leistung bei Multimedia-Projekten

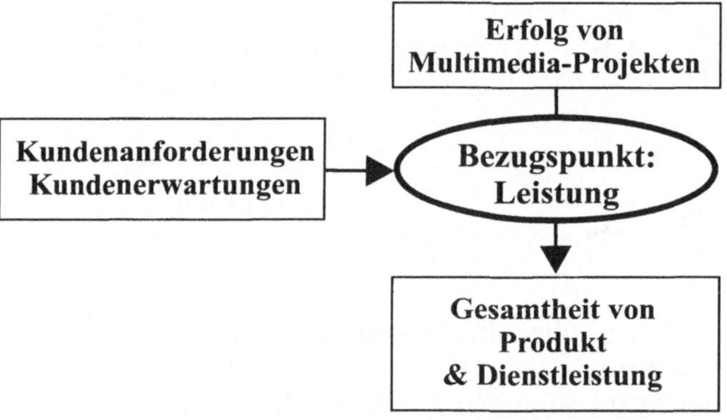

Damit einer neutral zu bewertenden Leistung tatsächlich Qualität zugeordnet werden kann, muß im folgenden untersucht werden, was sich hinter den Kundenanforderungen und Kundenerwartungen verbirgt.

1.3.5
Kundenanforderungen

Unter den Kundenanforderungen sind solche Merkmale zu verstehen, die ausdrücklich im Hinblick auf die Leistung vereinbart wurden. Anders formuliert wurden sie also vom Kunden „bestellt".

Anforderungen sind ausdrücklich vereinbart

So ist die Festlegung der Systemvoraussetzungen (geeignet für 468er Pentium, 256 Farben, 640/480 Pixel) eine Kundenanforderung, wenn sie explizit Gegenstand des vereinbarten CD-ROM-Auftrags ist. Bei einem Internetauftritt kann eine Forderung darin liegen, daß keine „Frames" verwendet werden oder daß ein Eintrag der Website in eine bestimmte Anzahl von Suchmaschinen erfolgt. Werden diese Anforderungen nicht erfüllt, so ist die Leistung nicht erfüllt und Qualität zu verneinen: Einmal, weil das „Produkt" nicht die vereinbarten Eigenschaften besitzt, zum anderen, weil die zusätzlich vereinbarte „Dienstleistung" nicht korrekt erfüllt wurde.

Kundenanforderungen können nur dann zum tatsächlichen Maßstab von Qualität werden, wenn der Kunde zuvor die echte Möglichkeit hat, projektbezogen sinnvolle und realisierbare Anforderungen zu stellen.

nur sinnvoll bei Sachkenntnis des Kunden

Im Multimedia-Bereich ist der typische Kunde aber meist gar nicht in der Lage, die Systemvoraussetzungen selbst vorzugeben oder sich für oder gegen „Frames" zu entscheiden, gerade dann, wenn er über ihren Sinn und Zweck, über Vor- und Nachteile, also ihre Leistungsmerkmale, nicht richtig informiert ist.

Einer der Kernpunkte bei der Frage nach der Qualität von Multimediaproduktionen liegt deshalb darin, daß ausdrückliche Kundenanforderungen nur dann wirklich den Inhalt von Qualität bestimmen können, wenn der Kunde eigene Fachkenntnis besitzt oder jedenfalls zuvor qualifiziert beraten wurde. Nur dann kann er selbst relevante „Anforderungen" formulieren.

Anforderungen sind bei Multimedia problematisch

Ist dies nicht der Fall, haben die Anforderungen keinen Einfluß auf die Kundenzufriedenheit. Sie bestimmen nur noch über die rechtliche Risikoverteilung. Deshalb verschiebt sich die Frage nach dem Inhalt von Qualität bei unzureichenden Anforderungen auf die Ebene der Erwartungen.

Abgrenzung zu Erwartungen notwendig

- Um den Begriff „Anforderungen" vom ebenfalls gängigen juristischen Begriff der vertraglichen „Forderungen" zu unterscheiden, sollte im Hinblick auf Qualitätsfragen auch bewußt von „An"-forderungen gesprochen werden! Forderungen bestimmen die Rechtslage. Realisierbare Anforderungen sind dagegen ein wichtiger Teil der Kundenzufriedenheit. Der Inhalt beider Begriffe muß nicht identisch sein.

1.3.6
Kundenerwartungen

Gerade weil der Multimedia-Bereich noch eine junge, sich schnell entwickelnde Branche mit vielen unbekannten Regeln und Problemen ist, sind die (unterbewußten) Kundenerwartungen an das Projekt oft wichtiger als die ausdrücklichen Kundenanforderungen.

Viele Multimedia-Kunden werden auch in Zukunft absehbar keine konkrete Vorstellung von den Möglichkeiten und Problemen einer Multimedia-Produktion besitzen. Mehr noch: Mitunter bestehen auf Seiten des Kunden inhaltlich, technisch und finanziell kaum realisierbare Vorstellungen. Deshalb ist dem Bereich der Kundenerwartungen besondere Aufmerksamkeit zu widmen.

1.3.6.1
Typische Kundenerwartungen

In den Erwartungen des Kunden schlagen sich häufig solche Gedanken nieder, deren Begriff innerhalb der laufenden Qualitätsdiskussion häufig zu hören ist:

- Das Produkt/Projekt soll erfolgreich sein.
- Das Produkt/Projekt soll einmalig sein.
- Das Produkt/Projekt soll möglichst fehlerfrei sein.
- Das Produkt/Projekt soll nicht zu teuer sein.
- Der Dienstleister soll einen guten Service haben.
- Der Dienstleister soll mich als Kunden besonders schätzen.
- Dem Dienstleister will ich langfristig vertrauen können etc.

Gerade die Aspekte „Erfolg" und „Fehlerfreiheit" sind also nicht als Alternative zu dem hier vertretenen Qualitätsverständnis aufzufassen, sondern als deren Element! Allerdings gehören sie häufig zum eher verschwommenen Bereich der Erwartungen.

1.3.6.2
Bewertung der Kundenerwartungen

Neben der Antwort auf die Frage „Welche Erwartungen des Kunden bestehen eigentlich?" besteht ein darüber hinausgehendes Problem darin, die Bedeutung einzelner Erwartungen richtig zu bewerten.

Da Multimedia-Projekte gegenwärtig boomen und immer häufiger geradezu unglaubliche „Erfolgsmeldungen" in den Medien auftauchen, wird es künftig immer schwieriger, die diesbezüglichen Erfolgserwartungen des Kunden einzuschätzen. Speziell im Bereich des E-Commerce bestehen zum Teil immense Erwartungen auf Kundenseite, die mit den tatsächlichen Möglichkeiten nicht immer in Einklang stehen.

Diese offensichtlichen Erwartungen lenken zudem häufig von parallel bestehenden Erwartungen ab. Die tatsächliche „Erwartungs-toleranz" des Kunden ist mitunter unberechenbar.

Ein Beispiel: Der Kunde toleriert eine längere Zeit die Fehlerhaftigkeit seines Produkts, ohne diese Fehler ausdrücklich zum Gegenstand entsprechender Forderungen zu machen. Doch plötzlich – vom Dienstleister unerwartet – ist schlagartig die fehlerbezogene Geduld am Ende. Trat die Fehlerfrage zunächst hinter der Erfolgsfrage zurück, drängt sie sich plötzlich und nahezu ausschließlich in den Vordergrund.

Auslöser für ein solches „Umkippen" der Erwartungen können im geschilderten Fall einzelne Geschehnisse sein, z.B. ein besonders gravierender Fehler im ungünstigen Moment, der das sprichwörtliche Faß zum Überlaufen bringt. Dies gilt besonders dann, wenn bereits ein einzelner Fehler den gesamten Erfolg des Projekts gefährdet: So kann bereits ein einziger rechtlich nicht gesicherter Link innerhalb eines Web-Angebots zu erheblichen Spannungen mit Dritten, mitunter auch zu einem Prozeß mit ihnen führen. Sofort ist das Verhältnis Dienstleister/Kunde erheblich belastet.

1.3.6.3
Umgang mit Erwartungen

Einer der wichtigsten Aspekte der Kundenerwartungen ist ihre generelle Unbestimmtheit. Deshalb muß zunächst damit begonnen werden, möglichst viele unbestimmte Erwartungen in definierte Anforderungen umzuwandeln. Diese fixierten Erwartungen ermöglichen in späteren Phasen einen klaren Soll/Ist-Vergleich.

Bevor dies geschehen kann, muß jedoch der Kunde ein Gespür dafür bekommen, daß durch die Verwendung eines neuen Mediums seine bisherigen Erfahrungen allein nicht mehr ausreichen und die Übertragung der Erfahrungen aus anderen Medien nicht unbedingt dazu führt, daß ein erfolgreiches bzw. leistungsstarkes

Multimedia-Projekt entsteht. Der Kunde ist diesbezüglich zu beraten.

- Eine der Haupterkenntnisse innerhalb der Neuen Medien ist die Feststellung, daß z.B. Printprodukte nicht eins zu eins als Multimedia-Projekt umgesetzt werden können, weil dies vom User nicht gewünscht wird. Deshalb ist die Erfahrung des Kunden z.B. mit seiner Leserschaft nur bedingt geeignet, die Basis für ein gutes Multimedia-Projekt zu bilden.

- Die Erfahrung zeigt aber auch, daß Multimedia-Projekte – entgegen dem Verständnis vieler Dienstleister – nicht in jeder Hinsicht völlig anders gestaltet sein sollten als das, was der Kunde aus seiner Sicht für relevant und sinnvoll hält.

- Die Lösung liegt darin, die Erfahrungen und Überzeugungen beider Seiten zu vereinen und möglichst als Anforderung zu formulieren.

1.3.7
Zusammenfassung

Im Multimedia-Bereich wird Qualität durch Kundenanforderungen und Kundenerwartungen konkretisiert. Dabei kommt den Kundenerwartungen in der Regel eine höhere Bedeutung zu als dies bei anderen Branchen durchschnittlich der Fall ist.

elementar:
Gute Aufklärung
und Beratung
Die gewissenhafte Wahrnehmung der Aufklärungspflichten gegenüber dem Kunden ist vor diesem Hintergrund eine Dienstleistung, welche die Qualität des Multimedia-Projekts maßgeblich mitbestimmt. Qualität kann deshalb bei Multimedia-Projekten nicht im klassischen Sinne produktbezogen definiert werden. Der Bezugspunkt der Qualität von Multimedia-Projekten, nämlich die Gesamtleistung, besteht vielmehr aus der Erfüllung von dienstleistungsbezogenen und produktbezogenen Kundenanforderungen und Kundenerwartungen.

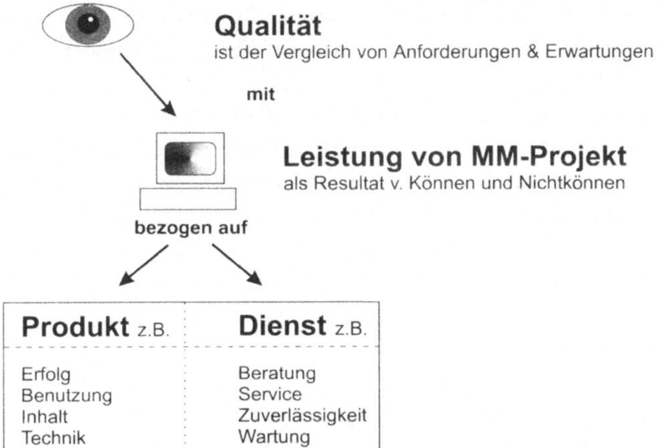

1.4
Qualitätsmanagement und -sicherung

„Qualitätsmanagement" und „Qualitätssicherung" sind zwei Begriffe, deren Inhalt nicht ohne weiteres identisch sein muß. Es ist deshalb wichtig, ihren Inhalt auf Grundlage der leistungsbezogenen Qualitätsdefinition zunächst zu beschreiben. Anschließend ist zu prüfen, welcher Begriff im Bereich der Neuen Medien welche Aussage haben kann bzw. haben sollte.

Abgrenzung: QS/QM

1.4.1
Qualitätsmanagement

Bereits durch die Berücksichtigung unterschiedlicher Elemente wie Produktion und Dienstleistung wird die Qualitätsfrage komplex und damit quasi von selbst zur Managementaufgabe. Die zeitgemäßen Methoden zur Qualitätserzielung bedienen sich deshalb des sogenannten Qualitätsmanagements (QM).

QM: Vielzahl von Q-Faktoren führt zu Management

1.4.1.1
ISO-Definition

Nach DIN EN ISO 8402 umfaßt das Qualitätsmanagement

> ... alle Tätigkeiten der Gesamtführungsaufgabe, welche die Qualitätspolitik, Ziele und Verantwortungen festlegen sowie diese durch Mittel wie Qualitätsplanung, Qualitätslenkung, Qualitätssicherung und Qualitätsverbesserung im Rahmen des Qualitätsmanagementsystems verwirklichen.

Hervorzuheben ist bei dieser Definition das Prinzip der Führungsaufgabe. Zugleich verdeutlicht sie die Vielschichtigkeit des Qualitätsmanagements.

Das Umsetzungsproblem dieser ISO-Definition liegt (ähnlich wie bei der Qualitätsdefinition der ISO) in ihrer Abstraktheit und fehlenden Konturenschärfe. Dies gilt umsomehr, weil innerhalb der Definition Begriffe verwendet werden, die fast genauso klingen wie der Begriff, der definiert werden soll. Andererseits verdeutlicht die Definition, daß die Qualitätssicherung nach der ISO als Bestandteil des Qualitätsmanagements aufzufassen und deshalb nicht mit diesem identisch ist.

- Viele Anwendungs- und Interpretationsprobleme der ISO resultieren speziell im deutschsprachigen Raum aus Ungenauigkeiten in der einzigen und offiziellen Übersetzung ins Deutsche (vgl. Wagner).

- Der Begriff des Qualitätsmanagements sollte aber unabhängig davon nicht an die Einhaltung bestimmter Normen gebunden sein! Entscheidend ist der Inhalt der Tätigkeit als kundenorientierte Führungsstrategie, nicht die Form oder die Bezeichnung.

- Jede individuelle Methode ist deshalb auch dann, wenn sie nicht nach der branchenübergreifenden Norm DIN EN ISO 8402, 9000 ff. erstellt und nicht dokumentiert wurde, ein taugliches Mittel des Qualitätsmanagements – vorausgesetzt, sie hat das Ziel, Qualität im Sinne der Kundenorientierung zu gewährleisten und das Unternehmen auf dem Weg zum gemeinsam akzeptierten Unternehmensziel ständig zu verbessern.

1.4.1.2
Intuitives Qualitätsmanagement

Nahezu jede mittlere bis größere Firma besitzt heute Methoden und Modelle für das Qualitätsmanagement. Nur werden diese nicht immer so bezeichnet. Allerdings erfolgt die Aufstellung und Durchführung solcher Methoden und Modelle nicht selten „nach Gefühl".

Diese Vorgehensweise ist flexibel, leistungsfähig und durchaus erfolgreich, sie hat jedoch den Nachteil, gerade wegen der Beliebigkeit von Änderungen für Außenstehende und neue Mitarbeiter häufig kaum verständlich und nachvollziehbar zu sein. Im Wettbewerb mit anderen Unternehmen bringt ein ausschließlich intuitives Qualitätsmanagement selten langfristige Erfolge.

Die Ansprüche an das Qualitätsmanagement wachsen mit der Größe des Unternehmens. Bei einer Ein-Mann-Multimedia-Firma wird das dokumentierte Qualitätsmanagement weitgehend verzichtbar sein, weil die Abläufe lediglich im inneren Dialog einer Person stattfinden. Kommt es aber zur intensiven Zusammenarbeit z.B. mit einer Mehrzahl freier Mitarbeiter, so entsteht selbst bei kleinen Firmen die Notwendigkeit des nachvollziehbaren Qualitätsmanagements. Es müssen Regeln aufgestellt werden, die eine zielgerichtete Zusammenarbeit erst ermöglichen.

- Die schriftliche Dokumentation ist nach der hier vertretenen Auffassung kein unbedingtes Wesensmerkmal des Qualitätsmanagements. Selbst für die ISO-Normen wird die Ansicht vertreten, daß „Dokumentation" in der Orginalfassung der ISO eher „Bestätigung" bedeutet (vgl. Wagner). Gleichwohl ist sie nach allen Auffassungen ein wichtiges Instrument, um sowohl im Innen- wie im Außenverhältnis eines Unternehmens eine glaubhafte Gewähr für die langfristige Gültigkeit eines QM-Systems zu erbringen.

1.4.1.3
QM als Unternehmens-Führungsstrategie

Faßt man die Kritik an der ISO-Definition und die Möglichkeit des intuitiven Qualitätsmanagements zusammen, so macht es Sinn, Qualitätsmanagement zu begreifen als

> ... eine Unternehmens-Führungsstrategie, bei der mit der Erfüllung von leistungsbezogenen Kundenforderungen und -erwartungen (= Qualität) der langfristige Unternehmenserfolg sichergestellt werden soll.

Qualitätsmanagement in diesem Sinne ist damit eine Übertragung der Kundenorientierung auf wesentliche Unternehmensprozesse. Die Absicht, diese Übertragung auf Unternehmensprozesse im Wege der genannten Definition zu perfektionieren, bezeichnet man als „Total Quality Management" (TQM).

- Qualitätsmanagement ist bei Unternehmen aller Branchen die Grundlage erfolgreicher Arbeit!

QM als
Führungsstrategie

bezogen auf
Prozesse des
Unternehmens

1.4.2
Qualitätsmanagementsystem

Ein Qualitätsmanagementsystem (QMS) ist ein System, welches die Prozesse dieser Führungsstrategie beinhaltet und koordiniert. Es regelt und dokumentiert nachvollziehbar das Zusammenwirken von Menschen, Prozessen, Methoden und Werkzeugen des Unternehmens mit dem Ziel, sowohl das Unternehmen selbst als auch die Produkte des Unternehmens (kontinuierlich) zu verbessern. Das Qualitätsmanagementsystem ist damit ein Instrumentarium zur langfristigen Unternehmenssicherung und Unternehmensorganisation.

Grafik: Ziele und Aufbau eines Qualitätsmanagementsystems

■ Ausführlich und anschaulich zu QMS und ISO 9000 unter der URL: http://www.kconsult.de/info/ISO9000.htm

Zentraler Bestandteil eines Qualitätsmanagementsystems sind die wichtigsten Geschäftsprozesse. Eine von vielen möglichen Varianten, ein Qualitätsmanagementsystem zu dokumentieren, liefern die Normen der DIN EN ISO 9000 ff. Sie sind das Resultat einer Zusammenstellung von Erfahrungen aus vielen Branchen. Sie beinhalten alle bekannten Elemente von unterschiedlichsten Qualitätsmanagementsystemen. Dabei wird allerdings auch deutlich, daß die Dokumentation eines QM-Systems nach diesen Normen branchenspezifischen Ansprüchen nur bedingt gerecht werden kann. Die Norm orientiert sich nicht an branchenspezifischen Prozessen, sondern an 20 branchenneutralen Elementen wie z.B.

- Verantwortung der Leitung
- Designlenkung,
- Schulung
- Vertragsprüfung etc.

Der wesentliche Vorteil dieses Elemente-Systems liegt in der Meßbarkeit des Erfüllungsgrads und damit in der Zertifizierbarkeit. Das Attest „Qualitätsmanagement im Sinne der ISO 9000" sagt aber per se nichts darüber aus, ob Unternehmensprozesse tatsächlich ergebnisorientiert optimiert sind. Die vielen externen QM-Berater helfen vor allem dabei, eine Unternehmens-Organisation „zertifizierungstauglich" zu machen. Eine branchenspezifische Prozeßoptimierung können sie hingegen regelmäßig nur dann fördern, wenn sie über entsprechendes Knowhow verfügen. Gleiches gilt für den Zertifizierer, also denjenigen, der darüber entscheidet, ob die Dokumentation eines QM-Systems den Anforderungen der ISO entspricht.

ISO ist keine Garantie für Prozeßqualität

- Es wird der Standpunkt vertreten, daß die Zertifizierung eines QM-Systems speziell von Softwareunternehmen nach DIN EN ISO 9000 ff. gegenwärtig kaum empfehlenswert bzw. aussagekräftig ist *(vgl. Stelzer)*. Begründet wird dies vor allem mit der Interpretationsbreite dieser Normen, die keine Auskunft darüber geben, wie die branchenspezifischen Prozesse ausgestaltet wurden.
- Für Multimedia-Produzenten ist der Nutzen einer Zertifizierung nach diesen Normen noch genau zu prüfen. Zwar bekundet ein zertifiziertes Unternehmen im positiven Sinne seine Qualitätsorientierung. Für ein inhaltlich aussagekräftigeres Zertifikat wird es jedoch künftig wohl notwendig sein, daß zusätzlich zur DIN EN ISO 9000 ff. speziellere Maßstäbe bestehen. Ausführlicher dazu die Statements ab Kapitel 18.

Neben den ISO-Normen gibt es auch andere Qualitätsmanagement-Modelle. Darunter solche, die sich besonders auf die Prozeßoptimierung konzentrieren. Dies ist z.B. das EFQM-Modell (European Foundation for Quality Management), ein gegenüber der ISO

TQM-Modelle mit Selbstbewertung

gesteigertes und sehr anspruchsvolles TQM-Modell (Total Quality Management). Solche TQM-Modelle lassen sich aber in der Regel nicht zertifizieren, vielmehr beruhen sie auf einer Selbstbewertung durch das Unternehmen, die in Wettbewerben (Awards) mit anderen Unternehmen freiwillig überprüft werden. TQM-Modelle bauen in der Regel auf der Optimierung des bereits intern vorhandenen Qualitätsknowhows auf.

Nur vergleichsweise wenige Firmen machen von TQM-Modellen Gebrauch, da die Selbstbewertungssysteme nicht einfach umzusetzen sind und regelmäßig voraussetzen, daß man sich zuvor längerfristig mit Qualitätsmanagement auseinandergesetzt hat. Als Einstieg in das Qualitätsmanagement sind TQM-Modelle weniger geeignet.

Neben den unterenehmensbezogenen ISO- und TQM-Modellen gibt es aber noch eine weitere Möglichkeit, Qualität erfolgreich zu managen – nämlich projektbezogen, sogenanntes „Projektbezogenes Qualitätsmanagement" (PQM). Diese ergebnisorientierte Vorgehensweise wird z.B. im Bereich des Bauwesens praktiziert *(vgl. Kellenberger/Müller)*, weil es hier in erster Linie darauf ankommt, eine Dienstleistung projektbezogen optimal zu erfüllen. Das PQM wird auch in der Baubranche auf einer leistungsbezogenen Grundlage praktiziert. Der Ansatz des PQM ist zwar vergleichsweise neu, bildet aber für die Neuen Medien eine vielversprechende Basis für erfolgsorientierte „Qualitätssicherung".

- Die Qualitäts-Herausforderung im Bereich der Neuen Medien kann gegenwärtig nicht allein darin bestehen, Unternehmen anders zu führen und verstärkt Arbeits- bzw. Verfahrensanweisungen zu produzieren. Wichtig ist vielmehr, die Ergebnisse, also die Projekte zu optimieren. Deshalb sollten nach der hier vertretenen Auffassung jedenfalls gleichzeitig zu unternehmensbezogenen Qualitätsaktivitäten auch typische Erfolgsfaktoren und projektbezogene Kernprozesse definiert werden.

- Von den allgemeineren ISO-Normen können diese überwiegend projekt- bzw. produktbezogenen Prozesse nicht vorgegeben werden. Die Normen bilden aber in einem späteren Stadium eine sinnvolle Ergänzung und zugleich eine wichtige Hilfestellung zur Ausarbeitung von relevanten Prozessen und Zertifizierungsmaßstäben.

1.4.3
Abgrenzung zur Qualitätssicherung

Der Begriff der Qualitätssicherung (QS) bildet den Ursprung des Qualitätsmangements, und sein Inhalt bestand früher vor allem darin, Produkte im nachhinein im Wege der Qualitätskontrolle auf die Einhaltung von produktbezogenen Qualitätsmerkmalen zu überprüfen.

Als Qualitätssicherung im Sinne der ISO bezeichnet man hingegen den Umsetzungs- und Dokumentierungsprozeß des unternehemensbezogenen Qualitätsmanagements (QM). Gemäß der Definition in der DIN EN ISO 8402 umfaßt die Qualitätssicherung

> ...alle geplanten und systematischen Tätigkeiten, die innerhalb des Qualitätsmanagementsystems verwirklicht sind und die wie erforderlich dargelegt werden, um angemessenes Vertrauen zu schaffen, daß eine Einheit die Qualitätsforderung erfüllen wird.

Die Formulierung „erfüllen wird" verdeutlicht den präventiven Charakter der Qualitätssicherung. Unter Qualitätssicherung versteht man also branchenübergreifend nicht mehr allein die nachträgliche Qualitätskontrolle, sondern auch und gerade die präventive Vorbeugung gegenüber Produktfehlern. Damit wird die eigenständige Verwendung des Begriffs aber dem Grunde nach überflüssig, weil die präventive Tätigkeit bereits das Wesensmerkmal des Qualitätsmanagements ist. Qualitätssicherung und Qualitätsmanagement können also prinzipiell auch gleichbedeutend verwendet werden.

- Wenngleich nach der ISO ein Synonym für die Dokumentation des Qualitätsmanagements, so umschreibt die Qualitätssicherung in vielen Betrieben nach wie vor das klassische Verständnis der überwiegend produktbezogenen Tätigkeit (Arbeit in Zusammenhang mit Maschinen = „Sichern"), das Qualitätsmanagement hingegen eine organisatorische Tätigkeit (unternehmensbezogene Arbeit am Schreibtisch = „Managen").

- Viele Techniker sehen sich selbst gewiß weniger als „Manager". Regelmäßig bevorzugen sie den Begriff der „Qualitätssicherung". Er wird ihrem Selbstverständnis als Praktiker eher gerecht (auch dann, wenn die Tätigkeit letztendlich am Schreibtisch durchgeführt wird).

1.4.4
Qualitätssicherung und Multimedia

Fraglich ist, wie der Begriff der Qualitätssicherung im Zusammenhang mit Multimedia-Projekten zu verstehen ist. Maßstab sollte dabei das erfolgsorientierte Ergebnis stehen: Die Zufriedenheit des Kunden mit dem konkreten Projekt. Andererseits sollte berücksichtigt werden, daß im Bereich der Neuen Medien bereits aktiv „Qualitätssicherung" betrieben wird.

1.4.4.1
Bislang typisches Verständnis von Qualitätssicherung

Der Begriff „Qualitätssicherung" wird bei Multimedia-Projekten in Anlehnung an die Software-Qualitätssicherung gegenwärtig bereits im Hinblick auf die technischen Aspekte wie Performance einer Applikation, deren Programmierung, Laufsicherheit und Fehlerfreiheit verwendet. Die „Qualitätssicherung" im Sinne der Dokumentation einer Führungsstrategie spielt dagegen bislang eine unbedeutende Rolle – ebenso wie die Zertifizierung nach DIN EN ISO 9000 ff.

Relevanz hat der Begriff „Qualitätssicherung" also bereits bei Anwendungstests bzw. bei der nachträglichen Qualitätskontrolle sogenannter Beta-Versionen von New Media-Produkten. So sollte zum Beispiel ein Internetauftritt unter verschiedenen Darstellungsbedingungen getestet werden: Wie verhält sich das Produkt bei verschiedenen Browsern, z.B. Internet-Explorer oder Netscape, bzw. Macintosh oder Windowsplattformen im Hinblick auf die Schriftarten, die Farben oder die Übersicht bei unterschiedlichen Bildschirmauflösungen.

Bei CD-ROM-Produktionen muß die Lauffähigkeit des Produkts ebenfalls unter verschiedenen Plattformvoraussetzungen überprüft werden. Im Falle einer CBT-Software müssen denkbar viele unterschiedliche Antwortvarianten ausprobiert werden, um sicherzustellen, daß eine richtige Antwort nicht übersehen wird bzw. eine falsche Antwort nicht aus programmiertechnischen Gründen als richtig bewertet wird und damit das Lernergebnis verfälscht. Auch Konflikte von Farbpaletten müssen aufwendig unter verschiedenen Voraussetzungen herausgefunden werden, gerade weil die Produktionsbedingungen in der Regel wesentlich besser sind als die Plattformvoraussetzungen des Endusers.

Der Inhalt der überwiegend prüfenden Qualitätssicherung orientiert sich in allen Branchen, auch bei New Media-Projekten, vor allem an den bereits existierenden, meist technischen und inhaltlichen Kundenanforderungen. Nach diesem Verständnis muß Qualitätssicherung also gewährleisten, daß die im Pflichtenheft festgehaltenen technischen Kriterien des Produkts letztlich erfüllt sind.

Je genauer die Inhalte und Merkmale der Produktion definiert sind, desto genauer kann die Qualitätssicherung ihre Aufgabe wahrnehmen.

1.4.4.2
Probleme beim Fehlen von Anforderungen

Probleme bestehen bei der klassischen „Qualitätssicherung" dann, wenn die Kundenanforderungen in ihrer Bedeutung hinter den unpräziseren Kundenerwartungen zurückstehen. Dies deshalb, weil die Qualitätssicherung nur etwas tatsächlich sicherstellen kann und will, was zuvor als vereinbartes Kriterium im Sinne einer Anforderung festgelegt wurde.

Probleme beim Fehlen von Anforderungen

So fordert die Automobilindustrie z.B. bei Kolben vom Zulieferer die Garantie, daß die herzustellenden Teile mit einer minimalen, gegen Null tendierenden Größendifferenz hergestellt werden. Hier ist die Qualitätssicherung des Zulieferers gefordert, den produktionsbezogenen Prozeß entsprechend den genauen Vorgaben zu planen, dem Kunden gegenüber darzulegen und im Falle des Auftrags entsprechend durchzuführen.

Fehlen entsprechende Maßvorgaben, so produziert der Zulieferer auf Verdacht. Dies hat die Konsequenz, daß die gelieferten Teile nicht zu den von anderen Zulieferern hergestellten Kolben-Teilen passen werden. Notwendig sind deshalb explizite Forderungen für eine erfolgreiche Qualitätssicherung!

Bei Multimedia-Projekten ist wegen der besonders wichtigen Kundenerwartungen die Gefahr, ohne klare und relevante Anforderungen „ins Blaue hinein" zu produzieren, besonders groß. Ein falsch bzw. an den Kundenbedürfnissen vorbei geplantes Projekt, das technisch einwandfrei läuft, braucht aber keiner! Es ist auch nicht geeignet, Qualität im Sinne der Kundenzufriedenheit zu bewirken.

Gefahr der Fehlproduktion

Will man dem im Multimedia-Bereich bereits geläufigen Begriff der Qualitätssicherung eine sinnvolle, andererseits auch pragmatisch durchsetzbare Aussagekraft geben, so ist deshalb ein anderes als das prüftechnische Verständnis geboten. Wiederum ist das bisherige Verständnis von Qualitätssicherung so weit vom Inhalt der „Unternehmens-Führungsstrategie" entfernt, daß es auch keinen Sinn macht, Qualitätssicherung mit Qualitätsmanagement definitorisch gleichzusetzen. Beide Begriffe brauchen eine eigene Aussagekraft.

Maßstab für QS ist Kunde, nicht Technik

Eine inhaltliche Gleichsetzung von Qualitätssicherung und Qualitätsmanagement würde aus jedem heute bereits existierenden „Qualitätssicherer" im Bereich der Neuen Medien theoretisch einen „Unternehmens-Führungsstrategen" machen. Das klassische Verständnis der Qualitätssicherung wird aber – wie es gerade die Software-Branche vorlebt – selbst bei größten Bemühungen nicht wirklich gleichbedeutend mit Qualitätsmanagement werden.

- Die „normative Kraft des Faktischen" bringt man nicht dadurch aus der Welt, daß man „QM" und „QS" durch theoretische Gleichsetzung identisch sein läßt. Das haben bereits andere Branchen erfolglos versucht – und in der Praxis nur ein undurchdringbares Wortgewirr verursacht.

- Pragmatisch sinnvoller ist es, eine inhaltliche Lösung zu finden, die der unterschiedlichen Verwendung in der Praxis Rechnung trägt – und trotzdem ein in sich geschlossenes System ermöglicht. Dies ist, wie im folgenden dargestellt wird, relativ unproblematisch möglich.

1.4.4.3
Umfassend projektbezogene Qualitätssicherung

<table>
<tr><td>Abgrenzung von
QM und QS</td><td>Wenngleich die benannten Umstände eine Abgrenzung der engeren Qualitätssicherung vom umfassenderen Qualitätsmanagement erschweren, so ist es gleichwohl möglich, beide Begriffe im Bereich der Neuen Medien so zu begreifen, daß sie einander ergänzen.</td></tr>
<tr><td>keine synonyme
Verwendung</td><td>Es macht sogar aus mehreren Gründen Sinn, den einprägsamen Begriff der Qualitätssicherung für Multimedia-Projekte bewußt und gezielt neben dem Begriff des Qualitätsmanagements zu verwenden:</td></tr>
</table>

- Zur Abgrenzung unternehmensweiter- und projektbezogener Qualitätsaufgaben

- Zur Transparenz der innerorganisatorischen Aufgabenverteilung

- Zur Verdeutlichung der Geschäftsprozesse insgesamt

<table>
<tr><td>nicht produkt-,
sondern umfassend
projektbezogenes
QS-Verständis</td><td>Gelöst wird die Gesamtproblematik, wenn man den klassischen Ansatz der (handgreiflich) „produktbezogenen" Qualitätssicherung gegen den Begriff der „projektbezogenen" Qualitätssicherung austauscht. In diesem Falle umfaßt die Qualitätssicherung alle Fragen eines Projekts von der Dienstleistung bis hin zu produkt- bzw. hardwarespezifischen Problemstellungen, entspricht also weitgehend dem Ansatz des PQM (s.o. Kapitel 1.4.2).</td></tr>
</table>

Durch die Kombination mit der leistungsorientierten Qualitätsauffassung bedeutet projektbezogene Qualitätssicherung aber nicht allein, ein Projekt im Sinne der Kundenzufriedenheit bestmöglich abzuwickeln, sie verlangt darüber hinaus die Beachtung von objektiven Leistungsmerkmalen, also branchenintern definierten Erfolgsfaktoren. Ziel ist also auch hier das gute, erfolgreiche, aber nicht unbedingt handgreifliche „Endprodukt".

Das Qualitätsmanagement hingegen bezieht sich auf Fragen, welche die Qualität des Unternehmens als solches betreffen, z.B. die Festlegung einer Unternehmenspolitik und/oder einer Mitarbeiterorientierung, die projektunabhängige Regelung vom Schulungsbedarf für Mitarbeiter etc.

Grafik: Qualitätsmanagement und Qualitätssicherung für den Bereich der Neuen Medien im Überblick:

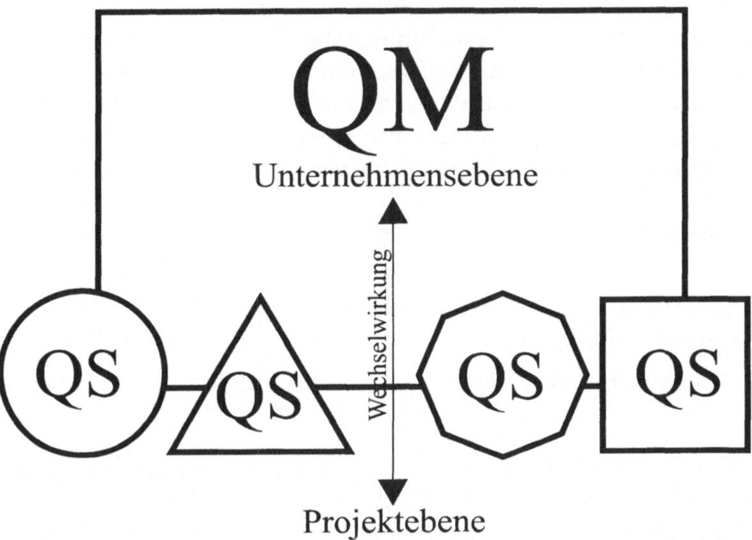

Die projektbezogene Qualitätssicherung ist je nach Projekt unterschiedlich, da ihr konkreter Inhalt abhängig von der Projektart ist (Internet, CD-ROM, Hybrid etc.; hier dargestellt durch verschiedene Projektsymbole). Das Qualitätsmanagement ist hingegen die Regelung und Organisation unternehmensweiter Prozesse. Es schlägt sich nieder in einem kunden- und mitarbeiterorientierten Führungsstil.

- Das Qualitätsmanagement ist eine unternehmensweite, alle Prozesse und Projekte des Unternehmens umfassende, koordinierende und nach Möglichkeit dokumentierte Führungsstrategie.

- Die Qualitätssicherung ist die Umsetzung dieser Strategie innerhalb eines bestimmten Projekts. Davon umfaßt sind die in dem jeweiligen Projekt notwendigen Prozesse zur Fixierung und Umsetzung der projektbezogenen Kundenanforderungen sowie die Beachtung und Umsetzung anerkannter Erfolgsmerkmale.

- Für jedes Projekt stellt sich deshalb die Aufgabe der Qualitätssicherung individuell. Die für die Koordination der Qualitätssicherung zuständige Person muß in alle Teile des Projekts intensiv eingebunden sein.

- Die Qualitätssicherung von Multimedia-Projekten ist damit im wesentlichen eine (Teil-)Aufgabe des Projektmanagements oder projektbegleitender QS-Spezialisten.

1.4.4.4
Dreistufiges QS-Verständnis

erfolgsorientiertes Verständnis

Bei erfolgsorientiertem Verständnis von Qualitätssicherung sollte diese zwar Bestandteil eines umfassend kundenorientierten Qualitätsmanagements sein, setzt also normalerweise die Kundenorientierung als Führungsstrategie voraus. Andererseits gelten bei der Qualitätssicherung viel konkretere Spielregeln, die sich vor allem aus der Erfahrung mit bisherigen Projekten ergeben, z.B. durch

- Ausarbeitung relevanter Erfolgsmerkmale typischer Projektvarianten,

- Einbeziehung bewährter Techniken zur Risikoanalyse und Risikobewältigung,

- projektorientierte Kosten- und Nutzenoptimierung.

drei QS-Stufen

Um Qualität im Sinne der Erfüllung von leistungsbezogenen Kundenanforderungen tatsächlich sichern zu können, muß sich der Prozeß der Qualitätssicherung von Multimedia-Projekten in solchen Abläufen widerspiegeln, die ein erfolgreiches Multimedia-Projekt üblicherweise ausmachen: Der Sicherstellung von erfolgversprechenden Kundenanforderungen, der Sicherstellung ihrer anschließenden Umsetzung sowie der Kundenbetreuung nach Übergabe des Projekts.

- Anders als bei vielen anderen Branchen, beginnen die Herausforderungen der Qualitätssicherung von Multimedia-Projekten, nachdem das Projekt seine „Jungfernfahrt" vollzogen hat. Viele Multimedia-Projekte ähneln nämlich mehr einem langfristigen „Dauerschuldverhältnis" als einer einmaligen Kaufsituation. Die

1 Multimedia und Qualität

dritte Stufe „Betreuung" bildet deshalb eine Besonderheit der Neuen Medien, der bereits im Rahmen der Qualitätssicherung gezielt Rechnung getragen werden muß!

- Die Betreuung bildet darüber hinaus ein Bindeglied zwischen projektbezogener Qualitätssicherung und unternehmensweitem Qualitätsmanagement. Der Grund: Die Koordination der Betreuung bei einer Mehrzahl von Projekten ist nach der eigentlichen Erstellungsphase (erste und zweite QS-Stufe) eine auf andere Projekte einwirkende Tätigkeit (vgl. ausführlicher Kapitel 16).

Grafik: Dreistufige Qualitätssicherung bei Multimedia-Projekten

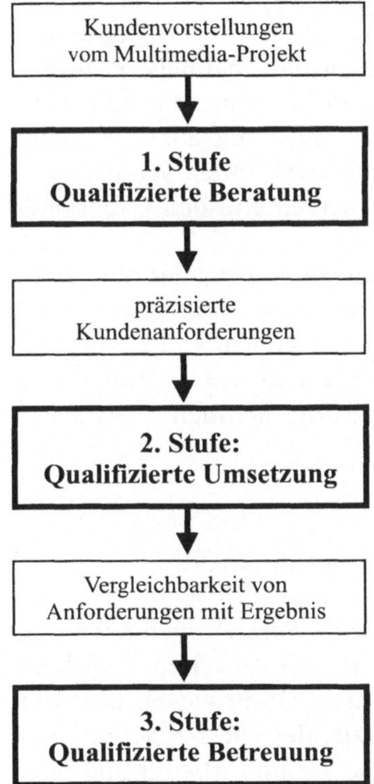

1.4.5
Wege zur erfolgreichen „Projektqualität"

Reihenfolge von
QS und QM

Mit der Definition der Qualitätssicherung als dreistufige projekt-bezogene Umsetzung eines unternehmensweiten Qualitätsmanagements stellt sich die Frage nach der richtigen Reihenfolge: Konkretisiert das unternehmensweite Qualitätsmanagement die Prozesse der Qualitätssicherung, oder ist es eher umgekehrt?

1.4.5.1
Projektqualität durch Unternehmensorganisation?

QM sagt wenig über
QS aus

Würde man allein ein Qualitätsmanagementsystem für ein Multimedia-Unternehmen z.B. nach der DIN EN ISO 9000 ff. dokumentieren und darauf aufbauend das Wesen der ebenfalls wichtigen projektorientierten Qualitätssicherung definieren, so würde man den Rückschluß aus abstrakten Normen auf konkrete und zudem individuell sehr unterschiedliche Projektvarianten versuchen – dies wäre der Rückschluß von der branchenneutralen Generalität auf die projektspezifische Spezialität.

Ein ausschließlich auf dieser Grundlage vollzogenes Vorgehen erscheint gegenwärtig weniger sinnvoll, zumal die gegenwärtig vorhandenen Normen des Qualitätsmanagements überwiegend aus dem Bereich der Massenproduktion von Waren stammen und ohnehin nur bedingt auf Dienstleistungsunternehmen übertragbar sind.

1.4.5.2
Unternehmensorganisation durch Projektqualität!

praktische QS ist
gute Grundlage
für QM

Erfolgversprechender ist im Multimedia-Bereich vielmehr der Rückschluß von tatsächlich erfolgreich abgewickelten Projekten auf die Ausgestaltung projektspezifischer QS-Prozesse, also der Rückschluß von der erfolgreichen Praxis, der „best-practice", auf die erfolgsorientierte Methodik. Die Analyse und Abstraktion relevanter Erfolgsfaktoren kann sich daran anschließend umso eher in einer gelungenen Unternehmensorganisation widerspiegeln, die selbstverständlich nach der ISO dokumentiert werden kann.

QS als Kondensat
erfolgreicher
Projekte

In diesem Sinne ist im Bereich der Neuen Medien die Festlegung eines projekt- und erfolgsorienterten Qualitätssicherungsprozesses die beste Vorstufe für die Ausarbeitung unternehmensbezogener Qualitätsregeln.

Ein erfolgreiches Qualitätsmanagement baut ebenfalls auf der Analyse von Wechselwirkungungen zwischen verschiedenen Projekten auf. Um Wechselwirkungen von Projekten unternehmensweit „in den Griff" zu bekommen, müssen jedoch zuvor isolierte Projektprozesse und projektbezogene Erfolgsfaktoren erkennbar definiert sein.

Grafik: Wechselwirkung zwischen verschiedenen Projekten

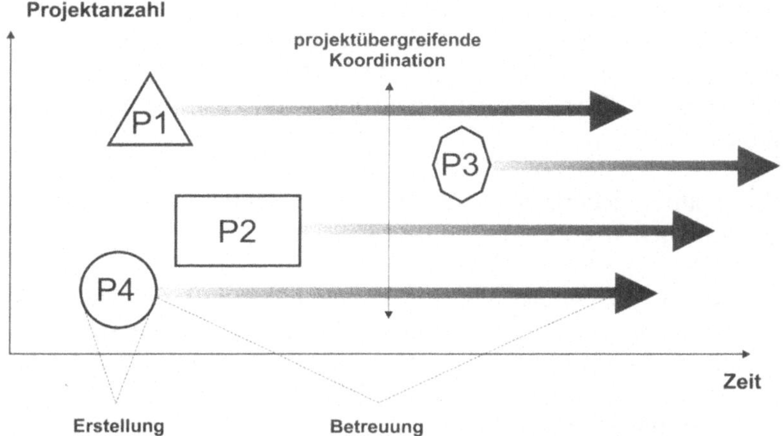

Der Ausgleich von Wechselwirkungen verschiedener Projekte mit unterschiedlichen Anforderungen im Rahmen der Erstellung als auch der Betreuung ist Aufgabe der Unternehmensführung. Diese Tätigkeit setzt allerdings die Kenntnis spezifischer Projektprozesse und Notwendigkeiten voraus. Gegenwärtig besteht die Hauptaufgabe deshalb vor allem darin, projektbezogene Kernprozesse und Erfolgsmerkmale isoliert zu definieren. Ihre Wechselwirkung im Sinne eines unternehmensweiten Qualitätsmanagements baut auf diesen Erkenntnissen auf.

Im Ergebnis beruhen sowohl die projektbezogene Qualitätssicherung als auch das unternehmensbezogene Qualitätsmanagement auf dem Kondensat der „best practices" unterschiedlicher Projektvarianten.

1.4.5.3
Analyse erfolgreicher Projekte ergänzt durch Methode und Dokumentation

Die überwiegende Orientierung an in der Vergangenheit erfolgreichen Projektverläufen entspricht dem Prinzip: „Blick zurück nach vorn". Damit die Ergebnisse der Vergangenheit für die Zukunft auch wiederholbar werden, müssen sie sich allerdings in einer Sy-   *Erfolg mit Methode* stematik niederschlagen, die sowohl methodisches Vorgehen als auch projektbegleitende Dokumentation ermöglicht.

1.4.6
Zusammenfassung

Die Qualitätssicherung ist im Bereich der Neuen Medien eine in ihren Inhalten definierbare Aufgabe. Sie grenzt sich von der umfassenderen Aufgabe des Qualitätsmanagements dadurch ab, daß sie projektbezogen ist und damit einen wichtigen Teil des Projektmanagements darstellt. Ihr spezifischer Inhalt ist die Erzielung der vollständigen Zufriedenheit des Kunden mit einem erfolgreichen Projekt.

Die Qualitätssicherung von Multimedia-Projekten besteht dabei im wesentlichen aus drei Abschnitten:

- Zuerst ist der Kunde über inhaltliche und technische Leistungs- bzw. Erfolgsmerkmale qualifiziert zu beraten. Die Beratung bildet dabei die Basis für die Fixierung von konkreten Kundenanforderungen und damit auch die Basis für die letztendliche Güte des Projektkonzepts.

- Nach erfolgreicher Konzeption ist das Projekt sorgfältig zu realisieren. Dabei ist die Projektabwicklung so zu organisieren, daß sich die zu erbringende Leistung bestmöglich mit Kundenanforderungen und -erwartungen deckt.

- Schließlich ist das Projekt je nach konkreter Ausgestaltung zu aktualisieren, zu warten und zu pflegen, also langfristig zu betreuen.

Im folgenden Kapitel werden die drei Stufen der Qualitätssicherung in einem projektbezogenen QS-Modell für Multimedia-Projekte zusammengefaßt.

Anwendungskompass
Kapitel 1

1. Überlassen Sie den Bereich der Kunden- und Leistungs-
orientierung nicht ohne weiteres Ihren Mitbewerbern!

2. Grenzen Sie sich ausdrücklich von solchen
Mitbewerbern ab, die Qualität nicht näher definieren!

3. Weisen Sie Kunden und Mitarbeiter darauf hin, daß für
Multimedia-Qualität ein definiertes Verständnis existiert!

4. Verwenden Sie den Begriff der Qualität immer im Sinne
der kundenorientierten Leistung!

5. Nutzen Sie den Begriff der "Qualitätssicherung" für
Projekte und "Qualitätsmanagement" für das Unternehmen!

6. Verdeutlichen Sie Kunden und Mitarbeitern, daß Qualitätssicherung für Multimedia-Projekte drei Stufen besitzt!

Literatur zu Kapitel 1:

[1.1] Brauer, J.P. und Kühme, E.U. (1996): DIN EN ISO 9000-9004 umsetzen (Pocket Power). München: Hanser.

[1.2] Danzer, H.H.: Qualitätsmanagement im Verdrängungswettbewerb; in: Q-Agenda 1996 – Das Jahrbuch zur Qualität, S. 88. Gossau: Reaprint-Verlag.

[1.3] Kaminske, G. F. und Brauer, J.P. (1996): ABC des Qualitätsmanagements (Pocket Power). München: Hanser.

[1.4] Kellenberger, M. und Müller, U.: Projektbezogenes Qualitätsmanagement in der Baubranche; in: Q-Agenda 1996 – Das Jahrbuch zur Qualität, S. 215. Gossau: Reaprint-Verlag.

[1.5] Pfeifer, T. (1996): Praxishandbuch Qualitätsmanagement. München: Hanser.

[1.6] Pfeifer, T. (1996): Qualitätsmanagement: Strategien, Methoden, Techniken. München: Hanser.

[1.7] Theden, P. und Colsmann H. (1996): Qualitätstechniken (Pocket Power). München: Hanser.

[1.8] Wagner, H.: Was die Väter der ISO und ihre Übersetzer nicht bedachten ...; in: Q-Agenda 1996 – Das Jahrbuch zur Qualität, S. 94. Gossau: Reaprint-Verlag.

[1.9] Im Internet zur Qualität: http://www.quality.de; http:/www.efqm.org; http:/www.quality.org (mit umfassenden Links)

2 Projektbezogenes QS-Modell

Wenn man die „best-practice" verschiedener Projekte zur Grundlage einer projektbezogenen systematischen Qualitätssicherung machen will, dann bedarf es dafür der Aufstellung von entsprechenden Strukturen, welche die Erfahrungen der Vergangenheit auch für das noch unbestimmte Projekt der Zukunft nutzbar machen.

projektbezogenes QS-Modell

Solche Regeln schlagen sich nieder in einem QS-Modell. Dieses ist nicht mit dem auf die Unternehmensführung ausgerichteten Qualitätsmanagementsystem identisch, sondern ein isolierbarer Teil davon. Das im folgenden vorgeschlagene QS-Modell dient allein der Transparenz projektbezogener Abläufe, die bei einer Vielzahl von unterschiedlichen Multimedia-Projekten in etwa gleich sind.

Abgrenzung zu QMS

Grafik: Abgrenzung von Qualitätsmanagementsystem und projektbezogenem QS-Modell

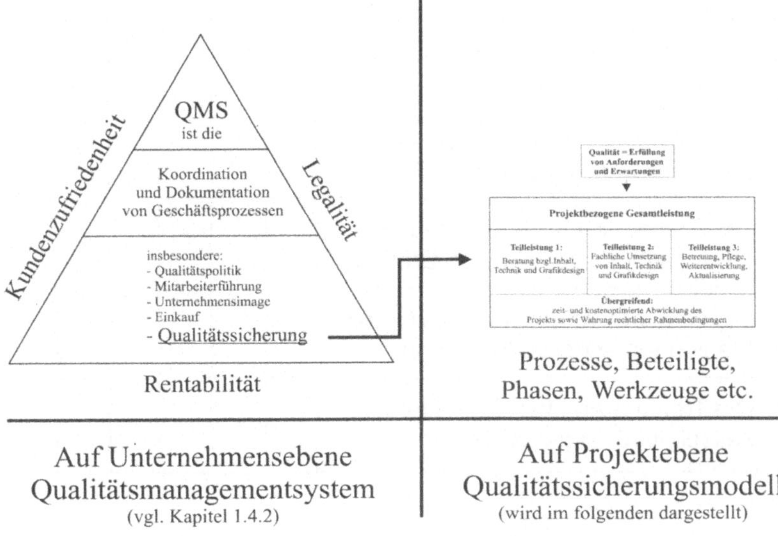

Das QS-Modell konkretisiert die Aufgabe der projektbezogenen Qualitätssicherung. In dem nachfolgend erläuterten QS-Modell spiegeln sich wesentliche Elemente des typischen Multimedia-Projekts wider. Es hilft dabei, QS-Aufgaben zu koordinieren und transparenter zu gestalten. Ergebnisse der projektbezogenen Qualitätssicherung können besser verglichen und ausgewertet werden und damit letztlich auch für die Unternehmensorganisation hilfreicher sein.

- In den Kapiteln 3-17 erfolgen überwiegend Ausführungen zur projektbezogenen Qualitätssicherung. Die Ausführungen können in das nachfolgende Modell an unterschiedlichen Stellen eingeordnet werden. Statements zum unternehmensbezogenen Qualitätsmanagement finden sich dagegen überwiegend im dritten Abschnitt des Buches (ab Kapitel 18).

mehrfache Relevanz

Für die Qualitätssicherung von Multimedia-Projekten stellt sich die Frage nach einem QS-Modell in dreierlei Hinsicht:

- Welchen exakten Zweck hat ein solches System?
- Welchen Umfang sollte ein pragmatisches System haben?
- Welche Strukturen und Prozesse sollte das System beinhalten?

Checkup: Wie wichtig ist ein QS-Modell?	Trifft zu: nein ◄———► ja					
In den Neuen Medien muß jeder selbst wissen, was er zu tun hat						
Mich interessiert die Arbeitsweise meiner Mitbewerber						
Den Kunden interessiert die Arbeitsweise meiner Mitbewerber						
Der Kunde vergleicht die Neuen Medien mit seiner eigenen Branche						
Die Gerichte vergleichen die Neuen Medien mit anderen Branchen						
Die Transparenz von Projektprozessen wird immer wichtiger						

2 Projektbezogenes QS-Modell

2.1
Welchen Zweck hat ein QS-Modell?

Die Qualitätssicherung multimedialer Projekte entwickelt sich in Zukunft nicht allein durch die Umsetzung innerhalb eines einzelnen Unternehmens weiter, sondern sie gewinnt vor allem durch den Erfahrungsaustausch und die Kommunikation verschiedener QS-Spezialisten untereinander. Ein projektbezogenes QS-Modell fördert dabei den Erfahrungsaustausch durch Strukturen, die eine übersichtliche Zuordnung projektbezogener Erfahrungswerte ermöglichen.

Grafik: Hauptaufgaben eines projektbezogenen QS-Modells

Projektbezogenes QS-Modell
für die Neuen Medien ermöglicht und fördert:

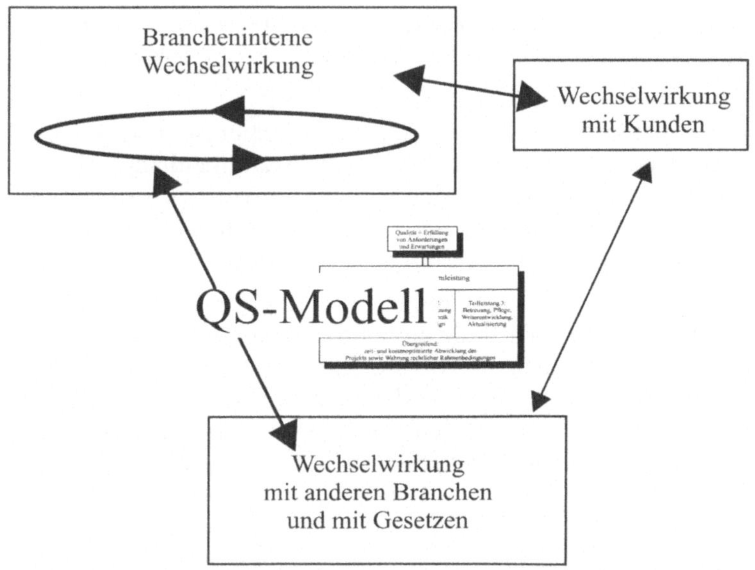

Das QS-Modell hat die Aufgabe, den Prozeß der projektbezogenen Qualitätssicherung möglichst für diejenigen transparenter zu machen, die Multimedia-Projekte abwickeln oder anderweitig mit den Neuen Medien in Kontakt stehen.

Es ist damit ein wichtiges Hilfsmittel für

- das Projektteam als Grundlage der Aufgabenverteilung,

- den QS-Spezialisten als Grundlage für einen Erfahrungsaustausch,

- den Kunden als Auftraggeber und Kostenträger,

- den Kunden als aktiv Beteiligten am Projekt (z.B. Intranet),

- den Juristen als Schlichter im Streitfall,

- artverwandte Branchen (z.B. Informatik und Verlagswesen).

Ein QS-Modell für die Neuen Medien sollte vor diesem Hintergrund jedenfalls keine ausschließlich branchenintern orientierte „Insider-Lösung" sein. Dies auch deshalb, weil sich die Neuen Medien mittlerweile erfolgreich zum Massenmedium entwickelt haben. Damit sind sie automatisch dem starken Einfluß branchenfremder Kräfte ausgesetzt, mit denen kooperiert werden muß. Folgende Grundsätze sind für ein QS-Modell zu beachten:

- Der kundenorientierte Ansatz des heute geläufigen branchenübergreifenden Qualitätsverständnisses ist die beste Grundlage für eine Wechselwirkung der Neuen Medien mit dem Kunden.

- Bestimmte Elemente der DIN EN ISO 9000 ff. sind eine gute Basis für externe Wechselwirkungen. Erfahrungswerte und QS-Werkzeuge anderer Branchen, die in Zusammenhang mit den ISO-Normen entstanden sind, sollten deshalb prinzipiell Beachtung finden. Mitunter helfen sie, das System für Außenstehende transparent und verständlich zu machen.

- Die Normen der ISO sind aufgrund ihrer Abstraktheit allerdings weniger geeignet, die brancheninterne Wechselwirkung, insbesondere die speziellen Prozesse und Leistungsmerkmale der Neuen Medien zu definieren oder zu optimieren. Es ist vor allem die Aufgabe der aktiv an den Neuen Medien beteiligten Kreise, diesbezügliche Standards zu bilden.

2.2
Welchen Umfang hat ein QS-Modell?

Die Modellierung und Kodifizierung eines geregelten QS-Modells für die Multimedia-Projekte ist nur in dem Umfang erstrebenswert, der tatsächlich greifbare Vorteile entstehen läßt. Es muß folglich anwendungsbezogen und gebrauchstauglich sein, um im Sinne der Neuen Medien eine positive Stabilität nach innen und außen bewirken können.

Grafik: Faustregel für Gebrauchstauglichkeit und Stabilität von ko-
difizierten Systemen im allgemeinen

Instabilität Inpraktikabilität	Stabilität Praktikabilität	Instabilität Inpraktikabilität
chaotische Kräfte	komplexes System	regelnde Kräfte
keine Regeln	Ausgewogenheit	zuviele Regeln

Stabile komplexe Systeme sind weder überreguliert, noch chaotisch. Beides ist auf
seine Art und Weise abschreckend und inpraktikabel. Um Ausgewogenheit zu erzielen, sollte deshalb zunächst eine Standortanalyse erfolgen: Fehlt es bei einem
komplexen System eher an Regeln oder gibt es innerhalb des Systems schon zuviele
Regeln?

- Einer der häufigsten und verständlichsten Bedenken der Praxis
  gegenüber einem QS-Modell für Multimedia-Projekte ist der
  grundsätzlich zutreffende Einwand, daß überregulierte System-
  lösungen inpraktikabel sind. Für eine kreative und sich schnell
  entwickelnde Branche gilt dies umso mehr.

- Im Bereich der Neuen Medien besteht zur Zeit jedoch ein evi-
  denter Mangel an sinnvollen Standards. Dies betrifft sowohl Begrifflichkeiten der Qualität als auch Fragen der Ausbildung, des
  Preisgefüges, der Technik etc. Die Schaffung von Qualitätsstandards ist vor diesem Hintergrund ein Beitrag in Richtung Stabi-
  lisierung und nicht in Richtung einer Überregulierung.

- Die Aufgabe eines QS-Modells für die Neuen Medien ist die Bildung einer ausgewogenen, für andere verständlichen und zugleich praktizierbaren Grundlage zur Abwicklung von Multimedia-Projekten mit sinnvollen Mindeststandards.

Der Umfang eines QS-Modells beschränkt sich deshalb auf ele-
mentare, projektbezogene Grundprozesse und deren Definition. Es
bietet die Freiheit, von Multimedia-Dienstleistern mit eigenen
Tools und Erfahrungswerten präzisiert zu werden. Andererseits
gibt es einer gemeinschaftlichen Weiterentwicklung von QS-
Knowhow den dafür notwendigen Rahmen.

*Grundprozesse und
Definitionen*

2.3
Welche Prozesse beinhaltet ein QS-Modell?

Diese Fragestellung nach Strukturen und Prozessen unterteilt sich in drei Abschnitte:

- Welche Kernprozesse hat das QS-Modell?
- Welche Personen sind an diesen Prozessen beteiligt?
- Welche Werkzeuge können die Prozesse unterstützen?

2.3.1
Kernprozesse eines QS-Modells

Grundlage des QS-Modells ist typisches Projekt

Da sich die Qualitätssicherung auf die erfolgreiche Abwicklung eines konkreten Projekts aus Sicht des Kunden bezieht, ist die projektbezogene Gesamtleistung der wichtigste Anknüpfungspunkt für die Festlegung der Systemstruktur sowie der entsprechenden Prozesse.

Da sich das QS-Modell zudem auf eine Vielzahl unterschiedlicher Multimedia-Projekte übertragen lassen muß, ist es wichtig, gemeinsame Elemente als Anknüpfungspunkt für Sicherungsprozesse zu verwenden. Wichtige gemeinsame Prozesse sind dabei

- die qualifizierte und umfassende Beratung,
- die qualifizierte inhaltliche Gestaltung des Projekts,
- die qualifizierte Gestaltung im Sinne des Grafikdesigns,
- die qualifizierte technische Gestaltung des Projekts,
- die qualifizierte organisatorische Abwicklung des Projekts,
- die qualifizierte Lösung projektbezogener Rechtsfragen,
- die qualifizierte Betreuung des Projekts.

Nahezu jedes Projekt braucht Lösungswege für die bezeichneten Herausforderungen. Fraglich ist allerdings, in welchem Verhältnis diese Prozesse zur dreistufigen kundenorientierten Qualitätssicherung stehen (vgl. Kapitel 1.4.4).

  2 Projektbezogenes QS-Modell

2.3.2
Projektprozesse und Kundenorientierung

Ein wichtiges Element der Qualitätssicherung ist die Kundenorientierung. Sie muß in plausiblen Zusammenhang mit den zuvor bezeichneten Prozessen stehen. Nachfolgend wird ein Lösungsmodell vorgestellt, das diesen Zusammenhang verdeutlicht und auf dem typischen Ablauf eines Multimedia-Projekts beruht.

Kombination mit Kundenorientierung

Grafik: Das typisierte Multimedia-Projekt enthält folgende QS-Prozesse

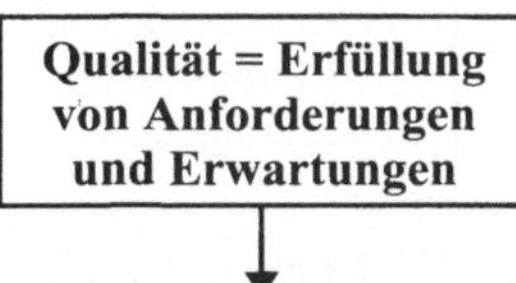

Nahezu jedes Projekt muß diesen Anforderungen und Erwartungen gerecht werden. Der Beratungsprozeß entspricht dabei der ersten QS-Stufe, die inhaltlich-technische Realisation der zweiten QS-Stufe, also der Umsetzung, die dritte Teilleistung der Betreuung. Die organisatorische Abwicklung und die Lösung von Rechtsfragen sind hingegen in der Regel Begleitprozesse, die sowohl auf der ersten wie auch der zweiten oder dritten Stufe eine wichtige Rolle spielen können.

2.3.3
Beteiligte an den QS-Prozessen

Bezieht man die an diesem Projekt-Prototyp beteiligten Personen mit ein, so verdeutlicht sich, welche Teammitglieder regelmäßig an welchen QS-Prozessen beteiligt sind.

personelle Aufgabenverteilung

Grafik: Personeller Bezug projektbezogener QS-Prozesse

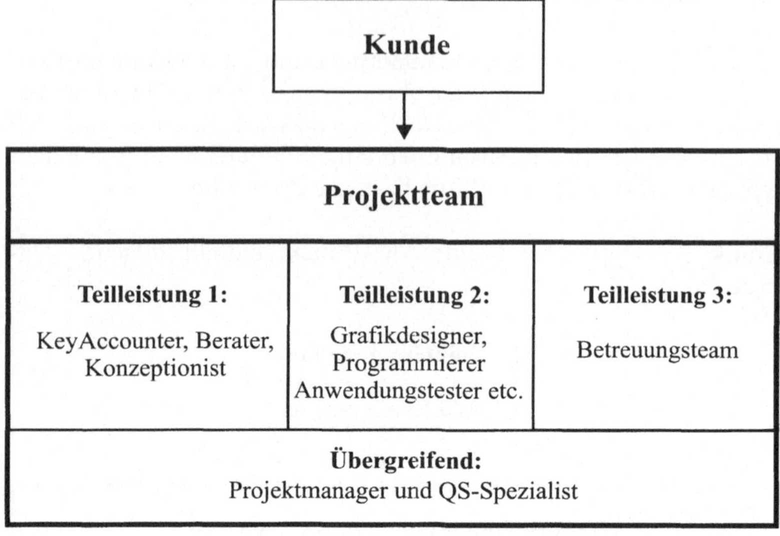

Im Extremfall kann das Projektteam natürlich aus einer Einzelperson bestehen, welche die Aufgaben von Akquise bis Programmierung allein ausführt. Bei Groß-projekten mit einer Vielzahl von Teammitgliedern verdeutlicht sich jedoch, auf welcher QS-relevanten Stufe welches Teammitglied welche Aufgaben typischerwei-se beachten und bewältigen muß. Beiden Projektvarianten wird diese Struktur ge-recht.

2.3.4
Konkretisierende Inhalte für das QS-Modell

QS-Modell als „Spiegelbild" des Projekts

In diesem Buch werden zu den verschiedenen Abschnitten des QS-Modells an unterschiedlichen Stellen Ausführungen gemacht. Die nachfolgende Übersicht hilft dabei, die entsprechenden Kapitel des Buches dem Modell zuzuordnen. Die Kapitel 1 bis 17 fließen also quasi in den Bahnen dieses QS-Modells.

Das QS-Modell ist gleichsam die systematische Grundlage für den Aufbau einer themenspezifischen Archivierung der Quali-tätsentwicklung. Das Modell gibt vor, wo zu welchen Bereichen der Qualitätssicherung man Informationen zuordnen und abrufen kann.

Grafik: Konkretisierung einzelner QS-Abschnitte

<table>
<tr><td colspan="3" align="center">QS-Modell
für
Multimedia-Projekte</td></tr>
<tr><td colspan="3" align="center">Projektbezogene Grundlagen und Definitionen
(Kapitel 1-2)</td></tr>
<tr>
<td align="center">QS-Methoden und Erfolgsmerkmale für Beratung & Planung
(Kapitel 3; 5-15)</td>
<td align="center">Projektspezifische Leistungsmerkmale
(Kapitel 5-15)</td>
<td align="center">QS-Methoden für Projektbetreuung und Wartung
(Kapitel 16 und 17)</td>
</tr>
<tr><td colspan="3" align="center">QS-Methoden für Projektmanagement und Bewältigung von Rechtsproblemen
(Kapitel 3 und 4 sowie 5-17)</td></tr>
</table>

Die Kapitelangaben verdeutlichen bei diesem Modell, für welche QS-Abschnitte welche Kapitel dieses Buches besonders wichtig sind. Zentrale Bedeutung besitzt die organisatorische Abwicklung der Qualitätssicherung jedenfalls gegenüber dem Projektmanagement, dessen Aufgabe es ist, QS-Maßnahmen zu initiieren und zu koordinieren (näher dazu Kapitel 4).

2.4 Erfolgsfaktoren und QS-Werkzeuge

Bei Methoden und Prozessen zur Sicherung spezieller Leistungs-merkmale von Multimedia-Projekten empfiehlt sich die Berück-sichtigung umfassender Erfahrungswerte folgender Quellen:

zusätzlich interne Lösungen notwendig

- Untersuchungen von Multimedia-Verbänden
- Ergebnisse von fachlich versierten Workshops
- Knowhow von führenden Multimedia-Unternehmen
- Knowhow von Pionierunternehmen und Spezialisten
- Fachveröffentlichungen
- Hochschuluntersuchungen
- Awards

2.5
Zusammenfassung

Das vorgestellte QS-Modell bildet eine tragfähige Grundlage für interne und externe Wechselwirkungen im Zusammenhang mit der projektbezogenen Qualitätssicherung. Es reduziert sich auf Grundprozesse, deren Definition und die Verdeutlichung ihres Zusammenhangs.

Das vorgestellte QS-Modell für Multimedia-Projekte wird im folgenden in unterschiedlicher Hinsicht konkretisiert:

- Durch die Darstellung relevanter Erfolgsfaktoren verschiedener Multimedia-Projekttypen und deren Sicherungsprozesse (Besonderer Teil – Kapitel 5 bis 17).

- Durch die Darstellung von grundlegenden QS-Techniken sowie die Darstellung des Zusammenspiels von Qualitätssicherung und Projektmanagement (Allgemeiner Teil – Kapitel 3 und 4).

- Durch damit in Zusammenhang stehende Fragen wie Qualitätsmanagement, Kundenbeteiligung und Zukunft der Qualitätsorientierung (Dritter Teil, ab Kapitel 18).

Anwendungskompass
Kapitel 2

1. Verdeutlichen Sie Mitarbeitern und Kunden, daß Standards wesentlich für die Wiederholbarkeit von Erfolg sind!

2. Nutzen Sie das vorgestellte QS-Modell, um Mitarbeitern ihre Rolle bei der Qualitätssicherung zu verdeutlichen!

3. Verwenden Sie das QS-Modell, um Ihren Kunden die Komplexität von Multimedia-Projekten greifbar zu machen!

4. Organisieren Sie künftige Projekte auf Grundlage des QS-Modells, um interne Erfahrungswerte zu schaffen!

5. Profitieren Sie von den Erfahrungswerten anderer, in dem Sie auf Grundlage des Modells Erfahrungen austauschen!

6. Nutzen Sie diese Erfahrungswerte auch zur Organisation Ihres Unternehmens im Sinne des Qualitätsmanagements!

3 Einsatz von QS-Werkzeugen

Die Qualitätssicherung arbeitet auf der operativen Ebene mit Qualitätstechniken bzw. Qualitätswerkzeugen. Diese meist auf präventive Fehlervermeidung abzielenden Techniken zeichnen sich durch ein strukturiertes und methodisch-wiederholbares Vorgehen bei der Abwicklung spezifischer Projektphasen aus.

operative QS-Ebene

Nachfolgend werden Variationen von branchenübergreifend bewährten QS-Werkzeugen vorgestellt. Diese Werkzeuge sind generelle Hilfsmittel, die auch bei jeder Art von computergestützten Multimedia-Projekten sinnvoll eingesetzt werden können. Aufgrund ihrer übergreifenden Bedeutung ist es angebracht, sie als Basic-Tools der Qualitätssicherung zu bezeichnen.

allgemeine und speziellere QS-Werkzeuge

Checkup: Tools for Qualityassurance	Antwort: nein ◄ ► ja					
Ich habe Methoden zur Erfassung der Kundenvorstellungen						
Ich habe Werkzeuge zur präzisen Planung von Multimedia-Projekten						
Ich habe eine Systematik zur Kalkulation von Risiken						
Ich nutze bewährte Methoden zur Fehlererkennung und Beseitigung						
Ich kann diese Hilfsmittel Mitarbeitern und Kunden gut erklären						
Gerichte und Kunden begrüßen den Einsatz anerkannter Werkzeuge						

3.1
Vorüberlegungen

Vor der näheren Auseinandersetzung mit QS-Werkzeugen sollte
man einige Grundüberlegungen beachten.

3.1.1
Einordnung in den Gesamtkontext

QS-Werkzeuge, gleich welcher Art, können das in Kapitel 2 darge-
stellte projektbezogene QS-Modell nur gemeinsam, also in Zusammenhang mit dem Besonderen Teil (Kapitel 5-17) präzisieren.
Die nachfolgend dargestellten Techniken dienen als Hilfestellung,
um die im Besonderen Teil gewonnenen Erkenntnisse bestmöglich
und unter maximaler Fehlervermeidung umzusetzen. Die aktive
Umsetzung der dargestellten Werkzeuge in der Multimedia-Praxis
setzt deshalb grundsätzlich die Kenntnis projektspezifischer Lei-
stungs- und Erfolgsmerkmale voraus.

- Beachten Sie zur entsprechenden Einordnung von QS-Werkzeugen in den Gesamtkontext der Qualitätssicherung die Ausführungen als auch die aussagekräftige Grafik von Eppler in diesem Buch (Kapitel 6.3, Abb. 2) zur Informationsqualität. Die im
  folgenden dargestellten Tools sind im weitesten Sinne ein solches Bindeglied zwischen Mensch, Technik und Organisation.

- Zielgruppe von Kapitel 3 und 4 sind in erster Linie das Projektmanagement und Spezialisten der Qualitätssicherung bzw. solche Teammitglieder, die in der operativen QS-Ebene arbeiten.

- Die Einordnung der QS-Werkzeuge im Allgemeinen Teil resultiert aus ihrer projektneutralen Anwendbarkeit und ihrem Bezug zum Projektmanagement. Für die Umsetzung des Besonderen Teils sind sie zwar nicht notwendig, aber eine sinnvolle Ergänzung. Umgekehrt ist es für das richtige Verständnis der vorgeschlagenen QS-Werkzeuge hilfreich, zunächst die projektspe-
  zifischeren Leistungs- und Erfolgsmerkmale des Besonderen
  Teils (Kapitel 5-17) zu bearbeiten.

3.1.2
Rentabilität von QS-Methoden

Das Statement „Real Programmers don`t make Profit" betrifft im Rahmen der neuen Medien keinesfalls nur Programmierer im engeren Sinne. Der Ausage liegt die Erfahrung zugrunde, daß Computer-Spezialisten häufig andere Werte und Ziele haben als ein typischer „erfolgsorientierter" Geschäftsmann. In den Augen des „Insiders" und der Branchenpioniere sind es deshalb nach wie vor die immateriellen Werte, die Multimedia-Spezialisten „der alten Schule" ausmachen.

Grafik: Das Multimedia-Klischee von leeren Pizzaschachteln und angetrockneten Kaffeetassen

Insider-Kommentar zu betriebswirtschaftlichem Desinteresse und fehlender Ordnungsliebe vieler Multimedia-Produzenten (www.hightext.de): Es gilt die Regel „Real Programmers don't make Profit". QS-Methoden haben es in kreativer Umgebung tatsächlich nicht einfach, weil es Instrumente sind, die durch Regelung von Abläufen in besonderem Maße betriebswirtschaftliche Rentabilität bezwecken.

Geregelte QS-Methoden setzen beim Durchführenden kaum echte Kreativität voraus. Vielmehr sind es Hilfsmittel für eine ordnende, dokumentierende Tätigkeit, die wenig Freiraum zur Selbstverwirklichung läßt, diesen Freiraum sogar teilweise kontrolliert oder eingeschränkt. „Kundenorientierung" bedeutet aber gerade nicht „Selbstverwirklichung", sondern „Erfüllung von leistungsbezogenen Kundenanforderungen"!

Der regulierende Inhalt von QS-Methoden, die ihrer Bezeichnung tatsächlich gerecht werden wollen, steht in diesem Zusammenhang offensichtlich im Konflikt zu einem wichtigen Motivationselement speziell bei Multimedia-Projekten: dem Fun-Faktor.

Es ist kein Geheimnis, daß eine Vielzahl von Mitarbeitern der Multimedia-Branche in der Faszination des Mediums einen wichtigen Ausgleich für überdurchschnittlich lange Arbeitszeiten findet. Spaß an der Arbeit und das Gefühl der Selbstverwirklichung sind sogar relativ häufig der Motor insbesondere kleinerer Unternehmen, die durchaus bereit sind, preisliche Einbußen bewußt hinzunehmen. Viele „Selbstverwirklicher" arbeiten nach dem Motto:

- „Ich mache in erster Linie das, was mir Spaß macht. Dafür verlange ich als Ausgleich wesentlich weniger, teilweise sogar kein Geld!"

Für ein betriebswirtschaftlich/kundenorientiertes Unternehmen muß das Motto hingegen lauten:

- „Dafür, daß ich sorgfältig berate, realisiere und vor allem dokumentiere, was im Interesse des Kunden ist, verlange ich ein angemessenes Entgelt!"

Die Verwendung geregelter QS-Methoden ist in diesem Zusammenhang ein taugliches Instrument, um die behauptete Kundenorientierung tatsächlich nachvollziehbar und meßbar zu machen. Dadurch entsteht eine Dienstleistung mit begründbarem Mehrwert.

Die Bereitschaft des Kunden, diesen Mehrwert tatsächlich angemessen zu bezahlen, resultiert meist aus der Erfahrung, daß sorgfältige Arbeit die beste Methode ist, Fehler gar nicht erst entstehen zu lassen. Die Fehlervermeidung ihrerseits ist in frühen Projektphasen wesentlich günstiger ist als die Fehlerbeseitigung in späteren Abschnitten.

- „Fehlerfreiheit" ist natürlich nur eines von mehreren Attributen, die ein Qualitätsprodukt/-projekt ausmachen – Erfolg ist gewiß unterm Strich wichtiger. Ist dieser allerdings einmal eingetreten, sind es gerade die Fehler, deren Vermeidung und Beseitigung in den Vordergrund tritt! Wer ohnehin mit Erfolg rechnet, sollte deshalb im Hinblick auf spätere Phasen frühzeitig vorbeugen!

Grafik: Generelle Kostenspirale der Fehlereliminierung

Ermittlung und Vermeidung potentieller Fehler		Entdeckung und Beseitigung interner Fehler		Entdeckung und Beseitigung externer Fehler
Kosten DM/Fehler →		10,-	100,-	1000,-
1,-				
Produkt-entwick-lung	Prozeß-planung	Beschaf-fung	Fertigung	Nutzung
Hersteller				**Kunde**

Gerade zur Entdeckung potentieller Fehler ist es notwendig, systematisch, also geregelt zu arbeiten. Eine ähnliche Spirale besteht im Hinblick auf die zeitliche Dauer der Fehlereliminierung: Je später, desto länger und aufwendiger ist in der Regel die Fehlerbeseitigung.

Multimedia-Dienstleister, die bei der Wahl von QS-Methoden auf betriebswirtschaftliche Gesichtspunkte achten, sollten deshalb folgende Thesen gegenüber Mitarbeitern und Kunden verdeutlichen:

Grundsätze beachten!

- Die Anwendung von QS-Methoden hat einen betriebswirtschaftlichen Wert für beide Seiten: Der Kunde bekommt ein für ihn meßbar maßgeschneidertes Ergebnis, und der Dienstleister wahrt zugleich die Rentabilität seiner Arbeit!

- Der Einsatz von QS-Werkzeugen ist bereits im Rahmen der Angebotsphase von Multimedia-Projekten von Bedeutung. Abwägen muß man hier die Mehrkosten der sorgfältigen Arbeit und die überproportional ansteigenden Kosten einer ggf. notwendigen Fehlerbeseitigung. Hierzu Vichr/Lehmann (1999, Kap. 5.2)

- Im Aufwand kalkulierbar und rentabel sind insbesondere solche QS-Werkzeuge, die bereits praxisbewährt und bestenfalls durch wissenschaftliche Untersuchungen in ihrem tatsächlichen und wirtschaftlichen Wert belegt sind, also bereits einen Marktwert besitzen. Ihr Einsatz bietet die beste Gewähr für ein kalkulierbares return on investment aus Sicht des Dienstleisters wie aus Sicht des Kunden!

3.2
Drei branchenneutrale Basic-Tools

QS-Werkzeuge für alle Branchen

Die drei im folgenden vorgestellten QS-Methoden werden aufgrund der damit bereits erzielten Erfolge in nahezu jeder Branche eingesetzt, in der kundenorientierte Qualitätssicherung praktiziert wird. Sie gehören nicht nur zum Grundvokabular der Qualitätssicherung, sie sind vielmehr aufgrund ihrer Logik ein Leitbild für die Ausgestaltung jeglicher Art von QS-Werkzeugen im Bereich der Neuen Medien. Gemeint sind:

- „Quality Function Deployment" (QFD), dazu 3.2.3

- „Failure Mode and Effects Analysis" (FMEA), dazu 3.2.4

- „Fehler-Beseitigungs-Prozeß" (FBP), dazu 3.2.5

Die Variationen dieser Werkzeuge werden entsprechend der nachfolgenden Übersicht dargestellt:

Aufbau \ Werkzeug	QFD	FMEA	FBP
QS-relevante Problemstellung	Kapitel 3.2.1	Kapitel 3.2.1	Kapitel 3.2.1
Beteiligte & Einsatzweise von Werkzeug	Kapitel 3.2.3.1	Kapitel 3.2.4.1	Kapitel 3.2.5.1
Prozeß & Wirkung von Werkzeug	Kapitel 3.2.3.2	Kapitel 3.2.4.2	Kapitel 3.2.5.2
Vorgehensweise für Werkzeugeinsatz	Kapitel 3.2.3.3	Kapitel 3.2.4.3	Kapitel 3.2.5.3

3.2.1
QS-relevante Problemstellungen

Die Tatsache, daß es Werkzeuge gibt, die mit Erfolg branchenübergreifend eingesetzt werden können, ist auf das grundlegend gemeinsame Qualitätsverständnis dieser Branchen zurückzuführen.

Jede auf der kundenorientierten Definition basierende Qualitätssicherung benötigt nämlich Werkzeuge zur Vermeidung und Beseitigung von solchen Fehlern, die sich auf die Differenz einer Leistung zu den dazugehörigen Kundenanforderungen beziehen. Benötigt und eingesetzt werden deshalb insbesondere Methoden zur

- bestmöglichen Erfassung der Kundenwünsche

  (Beratungsphase)
- bestmöglichen Planung des Projekts im Sinne der Anforderungen

  (Beratungsphase, Realisierungsphase)
- bestmöglichen Umsetzung der Anforderungen
  (Realisierungsphase)

Bei der kundenorientierten Qualitätssicherung von Multimedia-Projekten bestehen diese drei Herausforderungen ebenso. Werkzeuge, die in anderen Branchen erfolgreich eingesetzt werden, um diese Aufgaben zu meistern, können deshalb auch im Bereich der Neuen Medien Anwendung finden.

3.2.2
Verhältnis von QFD, FMEA und FBP

Ein wesentliches Merkmal der drei benannten Methoden ist ihr Verhältnis zueinander, denn sie sind darauf angelegt, im gemeinschaftlichen Zusammenwirken Qualität im Sinne der Kundenzufriedenheit so zu erzielen, daß ein möglichst geringes Fehler- bzw. Fehlerkosten-Risiko besteht.

Diese drei Basic-Tools werden zunächst in ihrer generellen, aufeinander abgestimmten Funktionsweise vorgestellt. Darüber hinaus werden Modifizierungen der Werkzeuge vorgeschlagen, die im Bereich der Neuen Medien einen möglichst praxisgerechten Einsatz ermöglichen.

- Theorie und Praxis der dargestellten Tools divergieren auch in anderen Branchen erheblich. Regelmäßig liegt dies daran, daß die „ideale" Theorie für die Praxis zu aufwendig und damit kaum effizient umsetzbar ist (vgl. Literaturangaben am Ende dieses Kapitels).

- Die nachfolgenden Ausführungen orientieren sich deshalb weniger an dem theoretischen Ideal (vgl. dazu ebenfalls die Literaturangaben am Ende des Kapitels), vielmehr konzentrieren sie sich auf das in der Multimedia-Praxis notwendige Maß.

Grafik: Das Verhältnis von QFD, FMEA und FBP bei der Qualitätssicherung

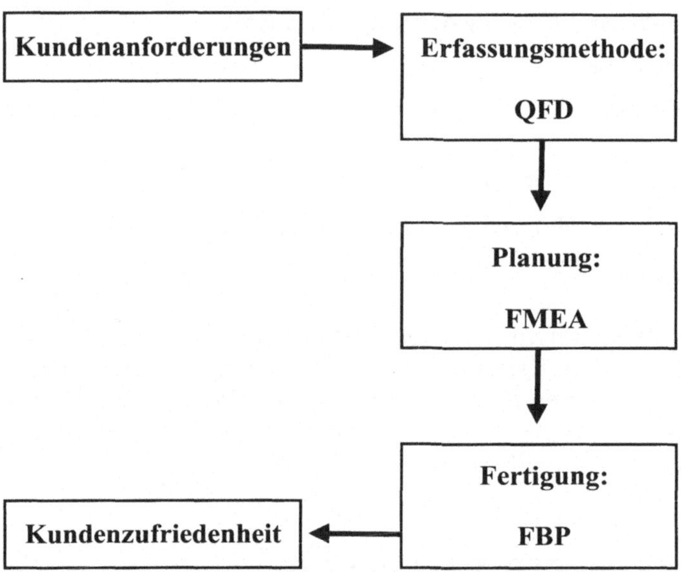

3.2.3
Quality Function Deployment (QFD)

Erfassung von Vorstellungen mit QFD

Das Quality-Function Deployment bzw. die Qualitätsfunktionen-Darstellung (QFD), ist ein QS-Tool, um die oft unklaren Kundenwünsche (Stimme des Kunden) in fachspezifische Informationen umzuwandeln (Stimme des Fachmanns). Die QFD hilft aufgrund ihrer Systematik, die Gefahr von Beratungs- und Planungsfehlern im Hinblick auf Vollständigkeit und Interpretation der Kundenanforderungen zu mindern.

Der QFD liegt die Überlegung zugrunde, daß man Kundenerwartungen am besten erkennt, wenn man nicht gleich in die Fachsprache wechselt, sondern den Kunden zunächst in seiner eigenen Sprache Vorstellungen vom Produkt formulieren läßt. Kundenerwartungen konkretisieren sich zudem häufig erst im Vergleich mit bestehenden (Konkurrenz-)Produkten.

Insbesondere die Multimedia-Kunden sind gegenwärtig noch abwartend und wollen erst einmal sehen, was die Konkurrenz macht. Anschließend orientieren sie sich an den bereits vorhandenen Projekten ihrer Mitbewerber, also am Erfolg bzw. Mißerfolg. Die QFD wird diesem Aspekt besonders gerecht.

- Zur QFD existieren mittlerweile aussagekräftige wissenschaftliche Untersuchungen aus der Praxis der Software-Entwicklung. Die Ergebnisse sind positiv und regen zum verstärkten Einsatz dieser oder ähnlicher Methoden im Software-Bereich an (vgl. Herzwurm/Schockert/Mellis).

- Abgesehen davon, daß Multimedia-Projekte ebenfalls einen wichtigen softwarebezogenen Part enthalten, ist das Prinzip der QFD auch deshalb für Multimedia-Projekte zu empfehlen, weil es gerade hier auf die möglichst präzise Übersetzung und Fixierung der eher vagen Kundenvorstellungen ankommt.

3.2.3.1

Beteiligte und Einsatzzeitpunkt der QFD

Die QFD ist ein Kommunikations- und Planungsinstrument, das vom Kundenberater bereits beim erstem Kontakt mit dem Kunden eingesetzt werden kann, und spätestens dann eingesetzt werden sollte, wenn der Kunde Vorgaben für das Projekt tätigen muß. Fehlerquellen, die zu diesem Zeitpunkt entstehen, z.B. zu hohe Erwartungen, versteckte Unklarheiten oder Mißverständnisse, sind besonders tückisch, weil sie sich auf das gesamte weitere Projekt negativ auswirken.

Im weiteren Verlauf der QFD wirken alle Mitglieder des Projekts mit, soweit es auf ihre spezielle Fachkenntnis bei der Bewertung der Kundenvorstellungen ankommt.

3.2.3.2
Prozeß und Wirkung der QFD

Der Prozeß der QFD beginnt mit der Formulierung von Kundenvorstellungen. Beendet wird er mit der Fixierung von expliziten Kundenanforderungen.

Grafik: Prozeß der QFD

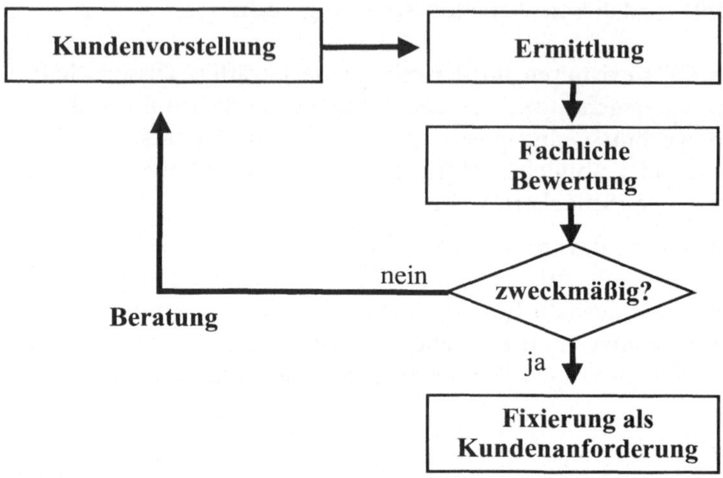

Die Kundenvorstellungen entsprechen der Stimme des Kunden. Ihr Inhalt muß ermittelt, anschließend fachlich übersetzt und dann vom Projektteam fachlich bewertet werden. Erweisen sich die Vorstellungen nach einer Bewertung als nicht sinnvoll oder realisierbar, so ist der Kunde darüber aufzuklären sowie über Alternativen zu beraten. Erst dann, wenn die Kundenvorstellungen aus fachlicher Sicht in Ordnung gehen, sollten sie als Kundenanforderungen formuliert werden.

Die QFD besteht aus mindestens drei wichtigen Abschnitten (je nach Betrachtungsweise kann die QFD auch in mehr als drei Abschnitte unterteilt werden):

- Ermittlung von Kundenvostellungen und anschließende Dokumentation.

- Fachliche Bewertung der Kundenvorstellungen und anschließende Dokumentation.

- Synthesebildung von Vorstellungen und fachlicher Bewertung sowie anschließende Dokumentation der Wechselwirkungen.

Ein wesentliches Merkmal aller QS-Werkzeuge ist das Prinzip der Dokumentation, das auch bei den drei Abschnitten der QFD unbedingt notwendig ist. Wichtig an der QFD ist deshalb nicht so sehr die Frage „Worüber berate ich den Kunden am besten?" (dazu Vorschläge Kapitel 5-17), sondern vielmehr die Frage „Wie dokumentiere ich das Ergebnis der Beratung am besten, um darauf weiter aufbauen zu können?".

Das im weiteren näher vorgestellte QFD-Dokument erfüllt dabei mehrere Zwecke gleichzeitig:

■ Es besitzt eine Kontrollfunktion

Der Kundenberater kann so feststellen, ob alle wesentlichen Gegenstände der Beratung tatsächlich abgeschlossen und für die Planung des Projekts berücksichtigt sind. Zusätzlich wird deutlich, ob für jede Anforderung eine technische Lösung besteht.

■ Es besitzt eine Ordnungs- und Nachweisfunktion

Gegenüber dem Kunden und auch bei Rechtsstreitigkeiten ist das QFD-Dokument eine aussagekräftige Urkunde, die einerseits beweist, daß man planvoll arbeitet und andererseits verdeutlicht, wie man mit dem Kunden verblieben ist.

■ Es besitzt eine Planungsfunktion

Für die weitere Planung des Projekts bildet das QFD-Dokument die Basis, denn es verdeutlicht planungsrelevante Schwerpunkte, Wechselwirkungen und Eckpunkte des Projekts.

Die aufwendige Anfertigung einer Matrix ist trotz des guten Grundgedankens der QFD nicht immer möglich (Zeitaspekt) und zudem nicht immer sinnvoll (Kostenaspekt). Insbesondere für Multimedia-Projekte sollte das QFD-Dokument modifiziert werden. Nachfolgend erfolgt ein von der Theorie etwas abweichender Vorschlag, wie eine an pragmatischen Notwendigkeiten der Multimedia-Branche orientierte Modifizierung aussehen kann. Angelehnt an die Begriffe E-Commerce, E-Community, E-Business etc. wird diese Modifizierung im folgenden als „e-QFD" bezeichnet.

■ Unbedingt empfehlenswert: Ausführliche Hinweise zur QFD, ihrer Bedeutung in anderen Branchen, ihrer Theorie und angrenzenden Themen finden sich im Internet unter der Adresse: http://www.qfd-id.de

Grafik: Beispiel einer weitgehend der Theorie entsprechenden QFD-Übersicht aus dem Software-Bereich (sogenanntes „House of Quality", HoQ)

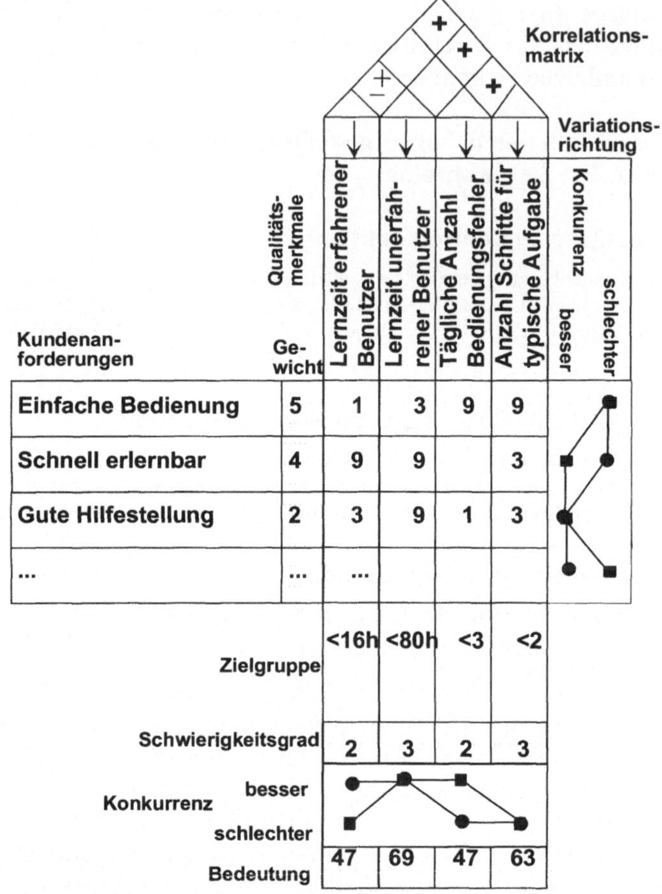

Die Dokumentation der eher aufwendigen Theorie der QFD und ihre pragmatische Handhabung in der Praxis liegen teilweise weit auseinander. Bei besonders sicherheitsempfindlichen Projekten, bei denen jeder Fehler zu unkalkulierbaren Risiken führen kann, nähert sich allerdings die Praxis der anspruchsvollen Theorie (vgl. Mellis/Herzwurm) immer näher an. Das theoretische Ziel der QFD, nämlich das sogenannte „House of Quality" (HoQ), verdeutlicht dabei, wie hier in der Übersicht, die Wechselwirkungen zwischen verschiedenen Qualitätsmerkmalen und Kundenanforderungen. Nachfolgend wird die Variante der „e-QFD" vorgestellt.

3.2.3.3
Vorgehensweise bei der „e-QFD"

Eine auf die Ansprüche „normaler" Multimedia-Projekte zugeschnittene „e-QFD" kann relativ einfach und dennoch wirkungsvoll durchgeführt werden, also ohne die Anfertigung eines perfek-
tionierten „House of Quality". Bei der e-QFD empfiehlt sich folgendes Vorgehen:

„e-QFD"

3.2.3.3.1 Erstellung einer e-QFD-Matrix

Zuerst erfolgt die Erstellung einer leeren Matrix mit einem Grafik-
oder Textverarbeitungsprogramm:

Matrix

- Am linken Rand der Matrix ist eine breite Spalte zur Auflistung
  der Kundenvorstellungen zu erstellen (dieser Bereich kann noch
  thematisch untergegliedert werden, z.B. Kundenvorstellungen
  zu Strategie, Marketing, Technik und Inhalt etc.).

- Es folgt eine schmalere Spalte zur Bewertung dieser Vorstellungen durch den Kunden.

- Daran anschließend sollten mindestens zwei etwas breitere
  Spalten zur Bewertung bereits bestehender Projekte angefügt
  werden.

- Den Abschluß bildet eine Spalte zur Dokumentation verschiedener inhaltlich/technischer Lösungsmöglichkeiten. Für die Gegenüberstellung mehrerer Alternativen können auch mehrere
  Spalten nebeneinander für diesen Punkt vorgesehen werden.

Grafik: Grundmuster für Formblatt einer „e-QFD"

Kundenwünsche	Bew.	Projekt 1		Projekt 2		Lösungs-vorschläge
		schlecht	gut	schlecht	gut	

Aus Gründen der Übersicht sollten nicht mehr als 15 oder 20 Felder in vertikaler
Ausdehnung angelegt werden.

3.2.3.3.2 Ermittlung von Kundenvorstellungen

Gemeinsam mit dem Kunden werden auf Grundlage dieser Matrix die Ergebnisse der Beratung festgehalten und ausgewertet.

Grafik: Teilweise ausgefüllte e-QFD-Matrix

Kundenwünsche	Bed.	Konkurrent 1		Konkurrent 2		Lösungs-vorschläge
		schlecht	gut	schlecht	gut	
Firmen CI	10					Paletten-Farben def.
Übersicht	9					Frames (+)
Schnelligkeit	7					nur Gifs kein Java
Konstanz, Ruhe	5					keine Anim.
Inhalte	7					etc.
Spaß, Spannung	3					
Links zu anderen	6					
usw.						

Beim Ausfüllen ist folgendermaßen vorzugehen:

■ Die nach der ersten Beratung erkennbaren Kundenvorstellungen und -wünsche werden in der Sprache des Kunden in die linke Spalte eingetragen. Äußert der Kunde nach der Beratung Wünsche, die kaum erfüllbar oder ratsam sind, so ist dies natürlich eine sehr wichtige Erkenntnis! Die Aufgabe des Beraters liegt dann darin, die Beratung fortzusetzen (bei unentschlossenen Kunden sollte man vorgehen wie dies unten in Kapitel 3.2.3.4 vorgeschlagen wird).

■ Jede der fixierten Vorstellungen wird anschließend vom Kunden in ihrer subjektiven Bedeutung bewertet (1 = weniger wichtig; 10 = sehr wichtig).

■ Anschließend vergleicht der Kunde sein „Wunschprojekt" mit bereits existierenden Multimedia-Produkten. Dies sollten in der

Regel Projekte der Kundenkonkurrenz sein, da sie auch später mit seinem Projekt konkurrieren werden. Dabei gibt der Kunde darüber Auskunft, was ihm am Projekt der Konkurrenz gut oder weniger gut gefällt.

- Die notwendigen Voraussetzungen für einen entsprechenden Vergleich zu schaffen (Auswahl und Vorstellung vergleichbarer Projekte mit Laptop oder Screenshots), ist die Aufgabe des Dienstleisters.

Der Kunde gibt in der zweiten Spalte Auskunft über die innere Gewichtung seiner Vorstellungen. Anschließend prüft und bewertet er solche Projekte, die mit seinem Wunschprojekt vergleichbar sind. Richtschnur seiner Bewertung sind die Kriterien, deren Wahrung er für das eigene Projekt wünscht. Die Kundenbewertung wird hier durch schwarze Punkte markiert. Die grauen Markierungen sind die fachliche Bewertung desselben Projekts durch das Projektteam. Erkennbar wird dabei, was aus Sicht des Kunden und was aus Sicht des Teams gelungen und damit empfehlenswert ist. Je mehr sich die Bewertungen angleichen, desto vorteilhafter ist dies für die Projektplanung.

3.2.3.3.3 Fachliche Bewertung und Lösungssuche

Nach der Fixierung und Gewichtung der Kundenvorstellungen erfolgt im zweiten Schritt die Bewertung dieser sich als relevant herausgestellten Vorstellungen durch das Projektteam.

Bewertung durch Team

Ist der Berater fachlich ausreichend versiert, um eine erste Beurteilung selbst und in Gegenwart des Kunden zu vollziehen, so sollte dies bereits an Ort und Stelle geschehen. Die Bewertung im Projektteam sollte sich dann auf solche Fragen reduzieren, welche die Fachkenntnis der Teammitglieder ausdrücklich voraussetzen.

Im Anschluß an die Bewertung sind Lösungsalternativen für die Kundenvorstellungen zu überlegen, insbesondere muß dabei gefragt werden, welche Medien tatsächlich geeignet sind, die Kundenvorstellungen zu erfüllen. Zudem ist eine Lösung im Hinblick auf Design und Benutzerführung zu überlegen. Bestehen mehrere Alternativen (z.B. beim Internet eine Website mit oder ohne Frames), so sind mehrere Lösungsalternativen zu fixieren und gegeneinander abzuwägen.

Lösungen ermitteln

Die vorgeschlagenen Lösungen müssen sich vor allem an den projektspezifischen Erfolgs- bzw. Leistungsmerkmalen orientieren (vgl. Kapitel 5-17).

Nacheinander sind also folgende Schritte zu tätigen:

- Kritische Bewertung der Vergleichsprojekte zunächst durch den Kundenberater und anschließend durch das Projektteam.

- Didaktisch/technische Übersetzung der festgehaltenen Vorstellungen durch das Projektteam. In der rechten Spalte sind unter Berücksichtigung projektspezifischer Erfolgsmerkmale die fachlich übersetzten Lösungsvorschläge einzutragen.

- Kontrolle, ob für jede relevante Kundenanforderung tatsächlich eine technische bzw. inhaltliche Lösung vorhanden ist.

- Anschließende Beurteilung der einzelnen Lösungen im Hinblick auf Kosten, Schwierigkeitsgrad sowie ihre Vereinbarkeit untereinander.

3.2.3.3.4 Synthese aus Ergebnissen beider Phasen

Untersuchung von Abweichungen

Das Ergebnis dieser an Leistungsmerkmalen orientierten fachlichen Beurteilung kann von Wunschvorstellungen des Kunden erheblich abweichen. Der Grund der Abweichung muß dem Kunden argumentativ verdeutlicht werden, damit er seine Erwartungen ggf. reduziert oder mit den realisierbaren Forderungen anderweitig in Einklang bringt. Der Reihe nach ist im dritten Abschnitt folgendes zu tun:

- Abwägung der dokumentierten Kundenvorstellungen und tatsächlichen inhaltlich/technischen Möglichkeiten.

- Integration von Zeit- und Kostenüberlegungen zu den möglichen Lösungen. Vergleichende Betrachtung mit den bestehenden Rahmenmöglichkeiten.

- Verdeutlichung gegenüber dem Kunden, welche seiner Vorstellungen als realisierbare Kundenanforderungen fixiert werden können und sollten.

- Fixierung der Kundenforderungen im Projektleistungsplan bzw. Pflichtenheft (dazu Kapitel 4.5)

Im Idealfall der QFD (House of Quality) sind in dieser Phase die Wechselwirkungen unterschiedlicher Kundenanforderungen in der QFD-Matrix zu integrieren. Dies ist bei anspruchsvollen Multimedia-Projekten durchaus sinnvoll und machbar. Zum Einsatz der QFD im Bereich des E-Commerce vgl. den jeweiligen Stand unter http://www.qfd-id.de!

3.2.3.4
Umgang mit unentschlossenen Kunden

Vielen Kunden fällt es schwer, sich im Hinblick auf eigene Anforderungen in irgendeiner Art festzulegen. Was also ist zu tun, wenn der Kunde die Verantwortung für die Konkretisierung des Projekts dem Dienstleister als „Fachmann" weitgehend überlassen will („Machen Sie das mal so, wie sie es für richtig halten")?

Hier sollte man folgende Grundsätze beachten:

- Wirkt der Kunde nicht von sich aus mit, sind Streitigkeiten über das spätere Projekt vorprogrammiert, wenn das spätere Werk dem Kunden doch nicht gefällt! Solche Angebote sind deshalb besonders heikel und erst recht genau zu dokumentieren.

- In diesen Fällen kann und sollte ebenfalls eine Art QFD durchgeführt werden. Dazu muß der Berater versuchen, sich in die Situation des Kunden zu versetzen und seine Denkweise annähernd zu adaptieren. Dies erfordert Einfühlungsvermögen sowie die Fähigkeit, Projekte in der Ideenphase ähnlich wie der Kunde zu beurteilen.

- Das im Selbstdialog entstandene QFD-Dokument verdeutlicht dem Kunden und ggf. auch den Gerichten die gewissenhafte Auseinandersetzung mit der Materie und ihrer Gestaltung. Es hilft, zielgerichtet zu planen. Schließlich ist es ein nützliches Instrument, um gegenüber dem Kunden das letztendliche „Produkt" argumentativ zu rechtfertigen.

- In diesem Fall allein auf undokumentierte „Intuition" zurückzugreifen ist jedenfalls fahrlässig und der beste Weg, um später vermeidbaren Ärger zu haben.

3.2.3.5
Zusammenfassung der QFD

Die vorgeschlage Variante einer „e-QFD" ist für Multimedia-Projekte ein einfach umzusetzendes und zudem sehr wirkungsvolles QS-Tool. Sie hilft, die projektbezogenen Kundenanforderungen zu fixieren und anschließend mit den projektspezifischen Erfolgsmerkmalen in Einklang zu bringen. Der durch sie verursachte Mehraufwand steht im mehr als angemessenem Ergebnis zu dem damit erreichbaren Ziel der Projektoptimierung. Nur in sehr sicherheitsempfindlichen Projekten und auf besonderen Kundenwunsch dürfte es gegenwärtig sinnvoll und notwendig sein, über die e-QFD hinaus die Wechselwirkung unterschiedlicher Qualitätsfaktoren im Wege eines House of Quality darzustellen. Für diese Fälle existiert allerdings ausreichend Literatur zur eigenständigen Vertiefung (vgl. Angaben am Ende des Kapitels sowie im Internet http://www.qfd-id.de).

Für durchschnittlich komplexe Projekte bietet jedenfalls die vorgestellte „e-QFD" handfeste Vorteile. Zudem hilft sie auch dann, wenn einmal ein Teammitglied ausfallen sollte: Für die Ersatzperson besteht so ein erkennbarer Anknüpfungspunkt, um die Kundenanforderungen weiter erfolgreich umzusetzen.

- Die QFD bildet aufgrund ihrer Logik sowie ihrem systematischen Zusammenhang mit weiteren QS-Tools einen sehr guten Einstieg zur Entwicklung firmeneigener QS-Methoden. So ist sie z.B. Bestandteil der „Method/1" der weltweit agierenden Unternehmensberatung Andersen Consulting (vgl. www.qfd-id.de).

3.2.4
Failure Mode and Effects Analysis (FMEA)

präventive Vermeidung von Fehlern (FMEA)

Die Failure Mode and Effects Analysis bzw. Fehlermöglichkeitsund Einflußanalyse (FMEA) hilft, mögliche Probleme sowie deren Risiken und Folgen zu erkennen und zu bewerten. Sie beruht auf der Überlegung, daß Fehlervermeidung günstiger ist wie Fehlerbeseitigung.

Die Fehlervermeidung besitzt unter bestimmten Voraussetzungen gar keine Alternative, denn Fehler sind teilweise nicht mehr korrigierbar, insbesondere dann, wenn schon ein einziger Fehler fatal ist (wie z.B. beim Raketen- und Flugzeugbau). Planungswerkzeuge wie die FMEA resultieren deshalb insbesondere aus besonders sicherheitsempfindlichen Produktionsbereichen. Hier ist die Präzision der Fehlervermeidung von elementarer Wichtigkeit. Die FMEA ist dabei selbst in anspruchsvollen Fällen ein bewährtes und zuverlässiges QS-Werkzeug. Die Logik der FMEA hilft auch bei der Fehlervermeidung im Rahmen von sicherheitsempfindlichen Multimedia-Projekten.

- Die FMEA ist auch ein taugliches Werkzeug des Riskomanagements, wenn man dieses als Oberbegriff zur Fehlervermeidung betrachtet.

Ziel der FMEA ist es, Fehlerrisiken verschiedener Planungsalternativen zu kalkulieren, um diejenige Projektvariante zu ergründen, die unter bestmöglicher Wahrung der Kundenvorstellungen das geringste Fehlerrisiko birgt.

Im wesentlichen wird bei der FMEA das Prinzip von trial- and error gegen ein analytisch-planvolles System eingetauscht. Dies geschieht im Wege der Zusammentragung unterschiedlicher Erfahrungen der Teammitglieder zur präventiven Fehlervermeidung. Eine wichtige Voraussetzung der FMEA ist deshalb die Offenheit des Projektteams für gegenseitige Anregungen.

Zusammentragung von Erfahrungen

- Die FMEA ist bei der Entwicklung von Software bereits erfolgreich eingesetzt worden (z.B. SAP; vgl. Boseniuk). Ihr diesbezüglicher Nutzen wurde wissenschaftlich untersucht und nachgewiesen. Die im folgenden vorgeschlagene e-FMEA-Variante ist – ähnlich wie im Falle der bereits dargestellten e-QFD – eine etwas modifizierte Version, die bei Multimedia-Projekten mit durchschnittlichen Fehlerrisiken mit vertretbarem Aufwand eingesetzt werden kann.

3.2.4.1
Beteiligte und Einsatzzeitpunkt der e-FMEA

Sind nach der Durchführung einer e-QFD die Anforderungen an das Projekt präzisiert, beginnt die Konzeptions- und Planungsphase. In diesem Stadium sollte die e-FMEA zum Einsatz kommen. Dabei wird es regelmäßig zu zeitlichen Überschneidungen von e-QFD und e-FMEA kommen.

zeitliche Überschneidung von e-QFD u. e-FMEA

An der e-FMEA ist von Beginn an das gesamte Projektteam zu beteiligen. Bei Multimedia-Projekten ist sie besonders wichtig, wenn das Projektteam in der konkreten Zusammensetzung zum ersten Mal ein Projekt abwickelt: Hier hilft die e-FMEA vor allem dabei, die Erfahrungen und die tatsächliche Leistungsfähigkeit des Teams zu ergründen.

e-FMEA durch das gesamte Projektteam

3.2.4.2
Prozeß und Wirkung der e-FMEA

Die e-FMEA untergliedert sich der Reihenfolge nach in die Abschnitte der Fehlerrisiko-Analyse, der Fehlerrisiko-Bewertung und der anschließenden Risikominimierung.

drei Abschnitte der e-FMEA

Grafik: Genereller Ablauf der e-FMEA

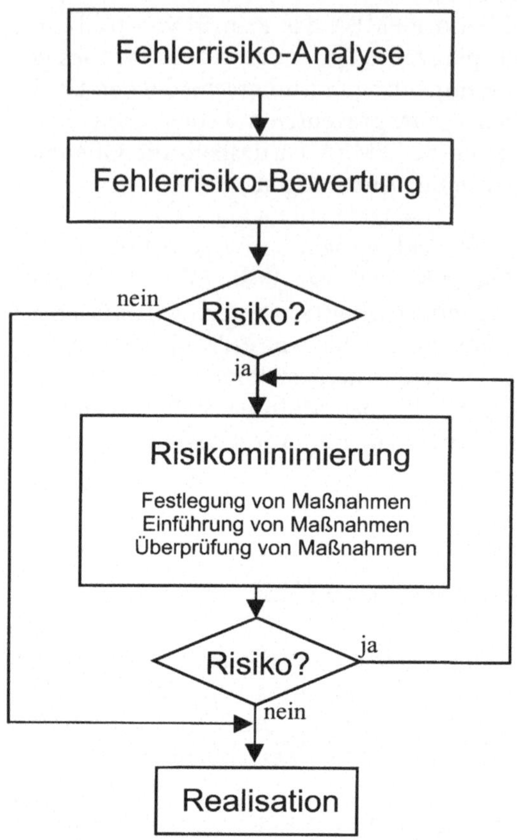

<table>
<tr><td>Hilfsmittel der
Fehleranalyse</td><td>Wichtig ist speziell für die Fehleranalyse die Bestimmung, welche Faktoren als Fehlerursachen oder Risiken im Sinne der e-FMEA in Betracht kommen.</td></tr>
</table>

3.2.4.2.1 Bestimmung von Fehlerquellen

<table>
<tr><td>grds. „5 M" als
relevante
Fehlerquellen</td><td>Zur Bestimmung von relevanten Fehlerquellen besteht ein branchenübergreifend zweckmäßiger und hilfreicher Maßstab: Die sogenannten „5 M", die ihren Namen vom gemeinsamen Anfangsbuchstaben haben.</td></tr>
<tr><td>bei Multimedia-
Projekten sind es
sogar „6 M"</td><td>Die klassischen 5 M, nämlich Maschine, Mensch, Material, Methode und Milieu, sollten im Bereich von Multimedia-Projekten um ein sechstes „M" erweitert werden, nämlich um die potentielle Fehlerquelle „Medien".</td></tr>
</table>

Grafik: Die „6 M" zu möglichen Fehlerursachen und Risiken bei Multimedia-Projekten

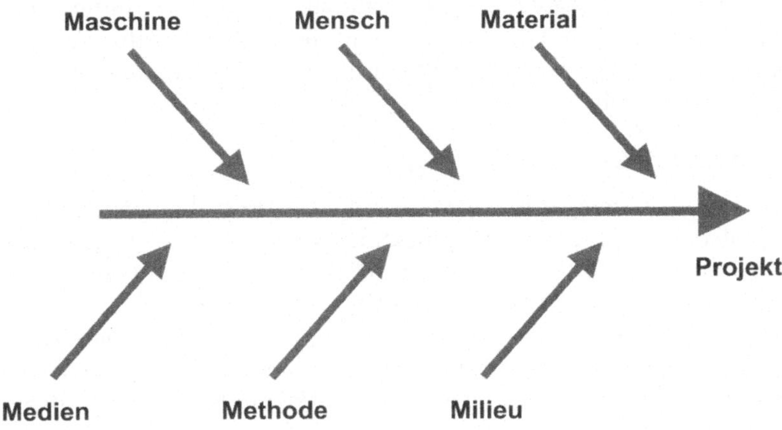

Diese Übersicht dient bei einer e-FMEA im Rahmen multimedialer Projekte dazu, die wichtigsten Fehlerquellen für eine Fehlerrisiko-Analyse zu berücksichtigen.

3.2.4.2.2 Die „6 M" in alphabetischer Folge

Jede der sechs Faktoren kommt für sich allein als Fehlerquelle in Betracht. Zudem können Fehlerquellen durch ein Zusammenwirken verschiedener „M-Faktoren" entstehen. Nachfolgend werden die Faktoren im einzelnen kurz dargestellt.

die einzelnen „M-Faktoren"

3.2.4.2.2.1 Maschine

Ursprünglich bezieht sich diese Fehlerquelle auf Produktionsmaschinen, mit denen gegenständliche Sachen angefertigt werden. Im Bereich von Multimedia-Projekten bezieht sich „Maschine" überwiegend auf Hardware-Komponenten, die zur Software-Herstellung oder Digitalisierung einzelner Medien benötigt werden. Zu prüfen ist deshalb, ob alle notwendigen Hardwaretools vorhanden sind und zuverlässig arbeiten. Erstellungsprogramme (z.B. Photoshop oder Director) sind zwar keine Hardware, machen diese aber erst gebrauchstauglich. Sie sind deshalb ein kaum trennbarer Teil der Maschine, zählen also im weiteren Sinne dazu. Davon unabhängig ist auch die Anwender-Hardware im Sinne der Systemvoraussetzugen als „Machine" zu berücksichtigen.

Hardware von Producer und User

3.2.4.2.2.2 Material

zu bearbeitende
Orginale

Dieser Fehlerfaktor bezieht sich insbesondere auf das zu verarbeitende, meist handgreifliche Rohmaterial. Gerade bei Multimedia-Projekten kann die Findung, Auswahl, Beschaffenheit und rechtliche Absicherung von Orginalbildern, -videos oder -sounds eine Fehlerquelle sein.

3.2.4.2.2.3 Medien

digitalisiertes
Material

Dieses neue Element bezieht sich auf das bereits digitalisierte Material, das z.B. in Form von Quicktime-Movies, Wave-Dateien oder BMP- bzw. PICT-Bildern vorliegt. Diese müssen ggf. überarbeitet, optimiert oder aneinander angepaßt werden. Zusätzlich erfaßt davon sind Dateien, die Vor- oder Endstufen des Projekts darstellen (z.B. Director-Movies, Html-Seiten etc.) und in deren Quellcode Interaktionsstrukturen integriert sind. Programme, in denen diese Medien erstellt werden (z.B. Photoshop oder Director) sind in der Regel keine Medien, sondern zählen eher zum Faktor Maschine (s.o.) – die Übergänge sind hier aber gewiß fließend. Hauptsache ist, daß Grenzfälle überhaupt berücksichtigt werden.

3.2.4.2.2.4 Mensch

Fehlerquelle Nr.1

Der Mensch ist wohl die Fehlerquelle Nr.1! Ob Streß, Überlastung, mangelnde Qualifikation oder unproduktives Miteinander, Nachlässigkeit und Krankheit usw. Es ist gewissenhaft zu prüfen, ob das Projektteam die Kundenanforderungen im vorgegebenen Rahmen tatsächlich umsetzen kann.

3.2.4.2.2.5 Methode

Produktion und
Didaktik

Bei Multimedia-Projekten sollte dieser Punkt zum einen auf die Didaktik einer Produktion bezogen werden, zum anderen aber auch auf die Art und Weise der Herstellung, also die Herstellungsprozesse. Bei letzterer kann z.B. ein falsches Zeitmanagement eine zentrale Fehlerquelle sein. Deshalb sollte z.B. die Reihenfolge bei der Erstellung unterschiedlicher Medien als Fehlerquelle nicht unterschätzt werden.

3.2.4.2.2.6 Milieu

Umfeldfaktoren

Milieu-, also Umfeldfaktoren wie interne oder externe Kommunikation sind zwar besonders schwierig zu erfassen, aber gerade deshalb in der Praxis besonders problematisch. Das Milieu bietet zugleich eine Auffangfunktion für solche Fehlerquellen, die nicht eindeutig einer anderen Variante zugeordnet werden können.

3.2.4.3
Vorgehensweise bei der „e-FMEA"

Die für ein Projekt relevanten Fehlermöglichkeiten, deren Art, Folge und Ursache sowie Maßnahmen und Verantwortung werden bei
der e-FMEA in eine Vorlage eingetragen, die damit einen ersten
Überblick über anfallende Probleme gibt.

Eintragung in Formular

3.2.4.3.1 Anfertigung einer e-FMEA-Matrix

In einem Grafik- oder Textverarbeitungsprogramm ist eine Matrix
zu erstellen. Empfehlenswert ist das Layout als Querformat DIN A
4. Diese Matrix enthält wenigstens die in der nachfolgenden Grafik
dargestellten Elemente.

Matrix

Grafik: Grundmuster für e-FMEA-Formblatt bei MM-Projeken

Komponente	Möglicher Fehler			Maßnahmen	Verantwortung	Ergebnis
	Art	Folge	Ursache			

3.2.4.3.2 Risikoanalyse, -bewertung und -minimierung

- Die Komponenten, die unter Verwendung der „6 M" als Fehlerquellen analysiert wurden, müssen zuächst im Wege eines
  Brainstormings im Team zusammengetragen und untersucht
  werden.

- Die tatsächlich im konkreten Projekt relevanten Faktoren müssen bezeichnet und in die linke Spalte der Matrix eingetragen
  werden.

- Die Bewertung und Auswirkung der Fehlermöglichkeiten erfolgt
  in den nächsten drei Spalten. Dabei ist die Art des Fehlers, ihre
  möglich Folge sowie die Ursache zu bezeichnen.

- Daran anschließend ist für jede Fehlergefahr eine Gegenmaßnahme festzulegen sowie eine entsprechende Verantwortung einer oder mehrerer Personen zu bestimmen.

- Werden die Maßnahmen durchgeführt, so ist das Ergebnis entsprechend zu protokollieren.

Grafik: Fehlerquellen und Bewertung im Rahmen eines Multimedia-Projekts

Komponente	Möglicher Fehler			Maßnahmen	Verantwortung	Ergebnis
	Art	Folge	Ursache			
Bitmaps	Paletten-konflikte	Falsche Farben	256 Farben Zuordnung	Superpalette	Grafiker	i.O. 20.3.
Sound	Instabil bei 32 bit	Sound stolpert	Xtra	Umwandlung in Movie	Technik	
QT-VR	passende Bilder	Übergang unschön	fehlende Erfahrung	Profi suchen	Projektleitung	i.O. 23.3.
Link zu Internet	Adresse fehlt	Fehler-meldung	nicht aktualisiert	Hinweise	Technik	
Shockwave	Perfomance	langsam	Konzept	Formate genau definieren	Technik	
Kalkulation	Rechen-Fehler	Falsche Ergebnisse	Programm	einkaufen	Projektleitung	i.O. 19.3.
Target Area	Position	keine Interaktion	Variablen	Struktogramm	Technik	
Spiel	Ausdruck v. Urkunde	geht nicht	Funktion fehlt	xtra testen ggf. kaufen	Technik	

Das e-FMEA-Dokument hilft bei der bewußten Erkennung von Fehlerquellen sowie der Lösung und Kontrolle dieser Problemstellung im Team. Durch die durchgängige Dokumentation mehrerer Projekte entsteht zudem ein dokumentierter Erfahrungsschatz, auf dem bei Folgeprojekten aufgebaut werden kann. Schließlich ist das Dokument ein aussagekräftiger Beweis für sorgfältige Arbeitsweise, das gerade in Rechtsstreitigkeiten wertvolle Hilfe leistet.

3.2.4.3.3 Rückkopplung mit Kundenanforderungen

ggf. Korrektur der Anforderungen notwendig

Lassen bestimmte Faktoren trotz Fehlerwahrscheinlichkeit keine erkennbaren Gegenmaßnahmen zu, so muß der Kunde auf diesen Umstand hingewiesen werden.

■ Ist zu diesem Zeitpunkt die mitunter parallel verlaufende e-QFD (vgl. oben Kapitel 3.2.3) noch nicht abgeschlossen, so greift dieses Ergebnis der e-FMEA auf der Ebene der fachlichen Bewertung durch das Projektteam korrigierend in die e-QFD ein.

■ Ist die e-QFD bereits abgeschlossen und sind Kundenanforderungen bereits fixiert worden, so müssen die Kundenanforderungen an die geänderten Umstände angepaßt und umformuliert werden.

3.2.4.4
Zusammenfassung der e-FMEA

Die Logik der e-FMEA kann bei jeder Art von Multimedia-Projekten helfen, Fehlerrisiken im voraus zu erkennen. Sie ist als „e-FMEA" auch ein taugliches QS-Tool zur Bewältigung von normalen Sicherheitsrisiken, insbesondere bei Zugrundelegung der als „6 M" zusammengefaßten Fehlerquellen.

Wichtige Funktionen und Folgen der e-FMEA auf einen Blick:

- Wenngleich der Anfangsaufwand steigt, so kann mit der Durchführung einer e-FMEA die Gesamtdauer eines Projekts verkürzt werden. Die Methode, Fehler allein im Wege von „trial and error" zu entdecken, ist gerade bei termingebundenen Projekten unverantwortlich und damit fahrlässig.

- Mit einer sorgfältigen e-FMEA mindern sich die Haftungsrisiken für das Unternehmen und das Projektteam. Bei der „intuitiven" Vorgehensweise sind und bleiben Haftungsrisiken fast immer unkalkulierbar.

- Wird innerhalb einer e-FMEA ersichtlich, daß ein nur mit unverhältnismäßigem Zeit- oder Kostenaufwand zu lösendes Problem besteht, so ist dies dem Kunden frühzeitig mitzuteilen. Nur so können die Kundenanforderungen entsprechend angepaßt werden.

- Die e-FMEA hilft neben der Erkennung technischer Probleme auch bei der rechtzeitigen Ermittlung von Konfliktpotential im Projektteam.

- Für eine vertiefte Anwendung der e-FMEA steht genügend Literatur zu Verfügung (vgl. Literaturangaben am Ende dieses Kapitels).

3.2.5
Fehler-Beseitigungsprozeß (FBP)

Bereits mit dem Beginn der Produktion stellt sich erneut die Frage nach Methoden der Qualitätssicherung. Trotz einer sorgfältigen e-FMEA wird eine Null-Fehlerplanung nur in den seltensten Fällen absolut erfolgreich umgesetzt werden können. Deshalb gilt es, die dennoch auftretenden Fehler zu erfassen und zu beseitigen. Um dies bestmöglich gewährleisten zu können, ist die Festlegung eines projektbezogenen Fehlerbeseitigungsprozesses unumgänglich.

■ Im Bereich der Massenfertigung von Teilen wird der Fehlerbeseitigungsprozeß meist durch statistische Methoden ergänzt. Dazu bestehen die Werkzeuge der Statistischen Versuchsplanung (SVP) sowie der Statistischen Prozeßregelung (SPR). Hinzu kommen diverse Qualitätswerkzeuge in Form einer Erfassungs- oder Übersichtsmatrix (Q 7). Zu diesen Werkzeugen besteht ausreichend Fachliteratur.

■ Auf Multimedia-Projeke ist eine statistische Verfahrensweise meist nicht übertragbar und regelmäßig zu aufwendig (zu Ausnahmen vgl. Bauer, Kapitel 15). Schließlich besteht speziell bei Software-Fehlern kaum eine Fehlertoleranz, da schon kleinste Ungenauigkeiten eine große Wirkung haben. Zudem lassen sich Fehler in der Didaktik nicht mit einer Schublehre messen.

■ Der FBP besteht deshalb bei Multimedia-Projekten in erster Linie aus einer Grundsystematik, die verdeutlicht, wie die nachträgliche Qualitätskontrolle von Multimedia-Projekten organisatorisch sinnvoll abgewickelt werden kann, um gerade bei Rechtsstreitigkeiten entlastend zu wirken.

3.2.5.1
Beteiligte und Einsatzzeitpunkt des FBP

FBP stets bei nachträglicher Fehlerkontrolle

Der FBP überschneidet sich zeitlich teilweise mit der e-FMEA, vorausgesetzt, daß diese ebenfalls durchgeführt wird. Während die e-FMEA allerdings die präventive Fehlervermeidung bezweckt, werden im gezielten FBP überwiegend solche Fehlerquellen im Wege des Testens und Prüfens erfaßt, die im voraus nicht unbedingt erkennbar sind.

Durchgeführt wird der FBP von denjenigen Personen, deren Zuständigkeit vom Projektmanagement bestimmt wurde. Da sich dieser Prozeß auch als Teil der nachträglichen „Qualitätskontrolle" bezeichnen läßt, macht es durchaus Sinn, diesbezügliche Spezialisten ins Team zu integrieren.

3.2.5.2
Prozeß und Wirkung des FBP

Bei Multimedia-Projekten ist der spezifische Fehlerbeseitigungs-prozeß zwar sehr stark abhängig vom konkreten Inhalt des Pro-jekts. Dennoch gibt es ein „Grundgerüst", das bei allen Arten von Multimedia-Projekten annähernd gleich ist.

Grafik: Grobschema für Fehlerbeseitigungsprozeß

Der FBP beginnt nicht erst mit der Existenz einer Beta-Version. Vielmehr handelt es sich gemäß dem Grundsatz der frühstmögli-chen Fehlerbeseitigung um einen Dauerprozeß, der mit der Auf-nahme der Produktion beginnen kann und bis zur endgültigen Freigabe des Projekts andauern sollte. Er beginnt jedenfalls mit der Entdeckung eines Fehlers – gleich ob auf Grundlage einer Prüfung oder durch zufällige Fehlererkennung. Allerdings bildet der Pro-jektabschnitt der Kontrolle der Beta-Version einen entscheidenden Schwerpunkt des FBP.

Mit Abschluß des FBP muß das Projekt den Kundenanforde-rungen soweit wie möglich entsprechen.

- Wenngleich der FBP durch jeden (zufälligen) Fehler in Gang gesetzt werden sollte, ist er jedenfalls dann anzuwenden, wenn gezielte Fehlerprüfungen erfolgen, da in diesem Fall mit sehr hoher Wahrscheinlichkeit mit dem Entdecken von Fehlern zu rechnen ist – und folglich auch mit der Notwendigkeit ihrer Beseitigung.

- Die Durchführung von Prüfungen und Tests ist zwar kein notwendiger Bestandteil des FBP, aber ihr regelmäßiger Anlaß. Aus diesem Grunde werden im folgenden Ausführungen zur Anordnung von Prüfverfahren in die Darstellung des FBP mit eingebunden.

3.2.5.3
Vorgehensweise beim FBP

dokumentieren! Der FBP ist umfassend zu planen und zu dokumentieren.

3.2.5.3.1 Prüfungsbeteiligte und -ablauf festlegen

Ablauf festlegen Es muß bestimmt sein, was, wann, von wem und mit welchen Verfahren geprüft werden soll.

- Die Ausarbeitung und Verbreitung anerkannter Testverfahren für Multimedia-Projekte ist für die Zukunft eine wichtige Aufgabe. Entsprechende Testverfahren existieren bereits vielerorts; sie können sogar teilweise direkt über das Internet eingesetzt werden (vgl. http://www.mediasupervision.de).

Grafik: Aufbau einer FBP-Matrix

Prüfer:		Datum:	Testverfahren:		Dauer:	Testcomputer:	
Fehlerbeschreibung		**Fehlerbewertung**			**Maßnahmen**	**Verantwortung**	**Erfolg**
wo	**wie**	**Faktor**	**Wdh.**	**Ursache**			

Neben den Angaben zu den Prüfungsumständen, insbesondere den Angaben zum Test-PC mit Systemvoraussetzungen, gehört die Fehlerbeschreibung sowie die Fehlerbewertung zum FBP. Als „Faktor" bezeichnet ist hier die Bedeutung des Fehlers. (Bei einem Wert von 1 bis 5 ist darüber zu urteilen, wie gravierend ein Fehler bzw. wichtig die Beseitigung des Fehlers ist). Bei wiederkehrenden Fehlern sollte zudem die Wiederholungshäufigkeit eingetragen werden.

3.2.5.3.2 Fehlererfassung

Bei der gezielten Fehlersuche ist es in der Regel von Vorteil, einzelne Prüfer nach ganz bestimmten Fehlerkriterien suchen zu lassen, die vorher konkret umschrieben werden. Anstatt eine Person mit drei Fehlergruppen gleichzeitig zu beschäftigen, sollten also lieber drei Personen nach jeweils einer zuvor definierten Fehlergruppe Ausschau halten.

gezielte Suche

- Gegenstand der Fehlerprüfung sind z.B. Übersicht, Didaktik, Verständlichkeit, Grafik, Video, Sound, Interaktion, Performance etc.

- Erkannte Fehler müssen in diese Fehlersammelliste eingetragen und nach Art und Erscheinungsort bzw. -zeitpunkt genau bestimmt werden.

3.2.5.3.3 Fehlerbedeutung bewerten

Sensibilität erfordert die Bewertung eines Fehlers: Bloße „Schönheitsfehler" sind anders zu bewerten als ein „Fatal error", der das Programm zum Absturz bringt. Es sollte jedenfalls in der Bewertung zum Ausdruck kommen, wann ein (z.B. graphischer) Fehler eher eine Geschmacksfrage oder ein echter Patzer ist.

*einmalige und
wiederkehrende Fehler*

- Bewertet werden sollte deshalb im Hinblick auf die Bedeutung und Dringlichkeit der Fehlerbeseitigung mit einer Skala von 1 = „Schönheitsfehler" bis 5 = „unbedingt beseitigen". Die Reihenfolge bei der Fehlerbeseitigung wird damit bei solchen Projekten erleichtert, für die nicht mehr viel Zeit zur Fehlerbeseitigung besteht. So kann z.B. bei der Produktion einer CD-ROM festgelegt werden, daß Fehler der Kategorie „1" erst in der 2. Auflage korrigiert werden.

- Zudem ist zu bestimmen, ob ein „Ausreißer" oder ein sich stets wiederholender Fehler gegeben ist. Diese Bewertung gibt häufig einen Hinweis auf die Fehlerursache.

3.2.5.3.4 Fehlerursachen erforschen

Nach der Erfassung muß genau geprüft werden, welche Ursache(n) ein Fehler hat. Dies kann vor allem bei technischen Problemen des Entwicklungstools sehr lange dauern. Zu beachten sind dabei auch Diskussionsforen im Internet, die häufig Hinweise auf typische Fehlerursachen bei Autorensystemen geben (siehe dazu z.B. die Website www.macromedia.com)

*effiziente
Ursachenforschung*

- Läßt sich innerhalb eines vertretbaren Zeitraums keine genaue Fehlerursache erkennen, so sollte überprüft werden, ob eine weitergehende Fehlersuche aufwendiger ist als eine (teilweise) Neuerstellung oder Neuplanung.

- Die Ermittlung einer Fehlerursache ist regelmäßig eine gemeinschaftliche Aufgabe, die eine Zusammenarbeit der Qualitätskontrolle mit den Fachkräften (z.B. Programmierer oder Drehbuchautor) notwendig macht.

- Liegt die Fehlerursache in der mangelnden Arbeitsleistung eines Teammitglieds, so sollte man bei der Umschreibung der Ursache stets sachlich bleiben!

3.2.5.3.5 Maßnahmen zur Fehlerbeseitigung treffen

Gegenmaßnahmen Gegenmaßnahmen geben den bisherigen FBP-Schritten die erforderliche „Außenwirkung".

- Sie bergen ihrerseits Fehlerrisiken und sind oft selbst der Anlaß für neue Fehler. Maßnahmenvorschläge sind deshalb bei besonders sicherheitsempfindlichen Projekten mit einer erneuten e-FMEA zu überprüfen.

- Zu beachten ist weiterhin das Verhältnismäßigkeitsprinzip im Sinne einer Zweck-Mittel-Relation: Ist eine vollständige Fehlerbeseitigung aus Zeit- oder Kostengründen nicht möglich, so ist die Gegenmaßnahme zu wählen, die eine Fertigstellung des Projekts (mit vertretbarem Ergebnis) am ehesten ermöglicht. Dies kann im Extremfall das ersatzlose Streichen eines Elements sein. (Die Gefahr besteht allerdings darin, daß dadurch die Kundenanforderungen nicht erfüllt werden können, Qualität also ausbleibt. Andererseits werden die Anforderungen „bestmöglich" gewahrt).

- Zur Festlegung von Maßnahmen gehört auch die Bestimmung von dafür verantwortlichen Personen sowie einem Zeitraum, in dem die Maßnahmen durchgeführt werden müssen.

3.2.5.3.6 Prozeß verbessern

Erfolg bewerten Sind die Maßnahmen durchgeführt, so ist ihr Erfolg zu beurteilen. Konnte die Fehlerursache nicht behoben werden, so ist zu vermerken, welche Ersatzmaßnahmen getroffen wurden.

- Es muß eine „Lehre" aus den bewältigten Fehlern gezogen werden, die eine Wiederholung des gleichen Fehlers möglichst ausschließt. Eine Nacharbeit der Kontrollphase im Team ist deshalb stets geboten.

- Auch bei Multimedia-Projekten gilt die alte Fußballregel „Nach dem Spiel ist vor dem Spiel". Für ein neues Projekt oder eine folgende Projektetappe muß das Fehlerergebnis Bestandteil der folgenden e-FMEA werden. Diesbezüglich sind Vorschläge für das künftige Vorgehen zu erarbeiten und festzuhalten.

3.2.5.4
Zusammenfassung FBP

Der Fehlerbeseitigungsprozeß entspricht im wesentlichen der Aufgabe der Qualitätskontrolle. Konkretisiert wird der FBP durch spezifische Testverfahren, die sich aus der jeweiligen Projektart ergeben. Unabhängig von dem durchgeführten Testverfahren gewährleistet der FBP im Bereich von Multimedia-Projekten, daß die erfaßten Fehler beseitigt werden. Seine sorgfältige Dokumentation ist ein wichtiges Hilfsmittel zur Reduzierung von Verschuldensvorwürfen im Streitfall.

FBP häufig bei Qualitätskontrolle

3.3
Zusammenfassung von QFD, FMEA und FBP

Die generellen Methoden der e-QFD, e-FMEA und FBP sind hilfreiche Werkzeuge der Qualitätssicherung von Multimedia-Projekten. Sie helfen mit vertretbarem Aufwand sowohl bei der Erkennung als auch der Umsetzung relevanter Kundenanforderungen. Weiterhin verdeutlichen sie gegenüber dem Kunden ein durchdachtes und planvolles Vorgehen. Somit sind sie geeignete Grundlage für das Vertrauen des Kunden in die Kontinuität einer hochwertigen Dienstleistung mit entsprechendem Marktwert.

Abstimmung verschiedener Werkzeuge

Die Methoden helfen weiterhin, Haftungsrisiken frühzeitig zu erkennen und im nachhinein zu minimieren: Ein dokumentiertes Vorgehen bei der Fehlererforschung und -beseitigung ist gerade im Falle von Rechtsstreitigkeiten ein wirksamer und nachprüfbarer Entlastungsbeweis, der den Verschuldensvorwurf erheblich reduzieren kann.

Dokumentation ist wichtig

Die inhaltliche und begriffliche Vereinheitlichung von grundlegenden Qualitätssicherungsmethoden hat zudem eine Reihe von Vorteilen:

Vereinheitlichung ist sinnvoll

- Der Vielzahl von Kunden wird das Bemühen um Transparenz bei der Abwicklung multimedialer Projekte verdeutlicht.

- Gegenüber dem Gesetz bestehen nachvollziehbare und verifizierbare QS-Methoden, die eine praxisbewährte Entlastungswirkung besitzen.

- Die Vereinheitlichung von Terminologien für projektneutrale QS-Methoden vereinfacht mittel- und langfristig das Zusammenspiel innerhalb der Multimedia-Projektteams.

- Schulungsmaßnahmen können vereinheitlicht werden, und der durch Qualitätssicherung entstehende Schulungsbedarf bei Mitarbeitern wird insgesamt geringer.

3.4
Abschlußüberlegung: Datenbank oder Papier

Ganz gleich, welches QS-Werkzeug man im Multimedia-Bereich einsetzt, es stellt sich stets die Frage, ob man die Ergebnisse in Form von Papierdokumenten fixiert oder aber in einer Datenbank festhält.

Beide Varianten haben Vor- und Nachteile:

- Eine Datenbank muß überhaupt erst einmal erstellt sein. Zudem kann diese nur im Wege des „Multi-Tasking" verwendet werden. Ist dies nicht möglich, muß sogar ein separater Computer neben dem Testcomputer vorhanden sein und zudem in unmittelbarer Nähe stehen, damit die Prüfungsergebnisse eingetragen werden können. Dies ist nicht immer möglich.

- Vorteil der Datenbank ist allerdings die dauerhafte Verwahrung und Archivierung sowie die Möglichkeit der gezielten Suche innerhalb des Archivs.

- Die Einführung einer Q-Datenbank wird jedenfalls erst für solche Firmen sinnvoll sein, die bereits Erfahrungen mit dem Papier gesammelt haben. Die Durchführung von QS-Maßnahmen scheitert jedenfalls nicht daran, daß keine entsprechende Datenbank vorhanden ist. Im Anfangsstadium erleichtert das Vorgehen mit Dokumenten sogar regelmäßig die Arbeit.

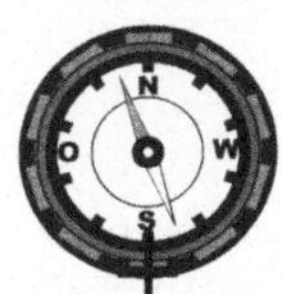

Anwendungskompass
Kapitel 3

1. Beachten Sie bei der operativen Qualitätssicherung die Notwendigkeit methodischer Dokumentation!

2. Verwenden Sie nur Methoden, deren Systematik für Teammitglieder und Kunden nachvollziehbar ist!

3. Vermitteln Sie ihren Mitarbeitern, daß Q-Tools generell notwendig sind - zu entscheiden bleibt, welche dies sind.

4. Diskutieren Sie mit Ihren Teammitgliedern Chancen und Probleme beim Einsatz von e-QFD, e-FMEA und FBP!

5. Teilen Sie den Mitgliedern aller Projektteams mit, daß operative QS letztlich jeden von ihnen betrifft!

6. Führen Sie Anwendungsübungen durch, bevor Sie die Werkzeuge im Ernstfall einsetzen!

7. Geben Sie sich und den Projektteams genügend Zeit und Freiraum für individuelle Anpassungen der Methoden!

Literaturangaben zu Kapitel 3:

[3.1]   Ahlemeier, G. und Herzwurm, G. (1998): Erfolgsfaktoren von QFD-Projekten; in Studien zu Systementwicklung, Bd. 14; Lehrstuhl für Wirtschaftsinformatik, Universität Köln.

[3.2]   Boseniuk, A. (1998): Eignung der FMEA für den Einsatz in der Softwareindustrie, Diplomarbeit, Lehrstuhl für Wirtschaftsinformatik, Universität Köln.

[3.3]   Herzwurm, G; Mellis, W.; Schockert, S. (1995): Kundenorientierte Planung von Softwareprodukten und -prozessen mit Qulitiy Function Deployment (QFD); Lehrstuhl für Wirtschaftsinformatik, Universität Köln.

[3.4]   Müller, U. (1998): Prüfen und Testen von Software in Deutschland; Stand der Praxis – Ergebnisse einer Umfrage; Lehrstuhl für Wirtschaftsinformatik, Universität Köln.

[3.5]   Pfeifer, T. (1996): Qualitätsmanagement: Strategien, Methoden, Techniken. München: Hanser.

[3.6]   Stelzer, D. (1996): Interpretation der ISO 9000-Familie bei der Zertifizierung von Qualitätsmanagementsystemen für die Softwareentwicklung, ; Lehrstuhl für Wirtschaftsinformatik, Universität Köln.

[3.7]   Theden, P. und Colsmann H. (1996): Qualitätstechniken (Pocket Power). München: Hanser..

[3.8]   Warneke, G.; Förster, H.; Schülke, P. (1998): Kundenorientierung durch externes Fehlermanagement; http://www.cck.uni-kl.de/~foerster/veroff/vdi/vdi.html.

4 Qualitätssicherung und Projektmanagement

Die Verantwortung für die Organisation und Durchführung von Qualitätssicherungsmaßnahmen trägt im wesentlichen das Projektmanagement (vgl. Kapitel 1.4.4.3). Der Projektmanager ist demzufolge zuständig für die Auswahl, Anwendung und Dokumentation von QS-Werkzeugen. Wichtig ist dabei die Antwort auf die Frage, wie das Projektmanagement konkret vorzugehen hat, damit der Einsatz operativer QS-Maßnahmen tatsächlich zum gewünschten Erfolg führt.

Zur Beantwortung dieser Frage müssen zunächst generelle Phasen und Aufgaben des Projektmanagements näher definiert werden.

4.1 Projekt und Projektmanagement

Als Projektmanagement bezeichnet man die Art und Weise, wie ein Projektteam geführt und in die Struktur- und Ablauforganisation eines Unternehmens eingegliedert wird. Für jedes Projekt wird grundsätzlich eine individuelle, meist hierarchische Organisationsform geschaffen, die mit dem Ablauf des Projekts endet.

Definition des Projektmanagements nach DIN EN ISO 69901

> „Projektmanagement ist die Gesamtheit der Organisationseinheiten und der aufbau- und ablauforganisatorischen Regelungen zur Abwicklung eines bestimmten Projekts."

Ein typisches Merkmal speziell von Multimedia-Projekten ist die Zusammensetzung aus internen (angestellten) und externen (freiberuflichen) Mitarbeitern. Der Projektmanager selbst kann sowohl interner als auch externer Mitarbeiter sein.

4.1.1
Sechs typische Phasen von
Multimedia-Projekten

Gleich ob Online oder Offline: Multimedia-Projekte haben ähnliche Phasen und Abschnitte. Dabei bestehen wenigstens sechs zeitlich aufeinanderfolgende Grundphasen von Multimedia-Projekten aller Art. Dies sind:

- Beratung/Consulting
- Konzeption
- Produktion
- Kontrolle
- Realisation
- Betreuung/Service

Diese Phasen können je nach Betrachtungsweise auch mit anderen Begriffen bezeichnet werden. Ihre Reihenfolge und ihr Inhalt wird dadurch jedoch nicht tangiert.

4.1.1.1
Beratung/Consulting

Diese Phase stellt die erste QS-Herausforderung für das Projektmanagement dar. Teilphasen dieses Abschnitts sind sowohl Briefing und Akquise als natürlich auch die inhaltlich/technische Beratung.

4.1.1.2
Konzeption

Der Übergang von Beratung und Konzeption kann nahtlos erfolgen. Die Konzeptionsphase enthält die Erstellung eines Projektleistungplans (Pflichtenheft) über das Projekt. Dieser ist seinerseits die Grundlage für die konkrete Planung als Teil der Konzeptionsphase.

4.1.1.3
Produktion

Sie besteht aus der projektbezogenen Verarbeitung und Erstellung der verschiedenen Medien entsprechend der Konzeption. Als Zwischenergebnis entsteht ein Prototyp des Endprodukts, die sogenannte Beta-Version.

4.1.1.4
Kontrolle

Die Beta-Version ist im Hinblick auf Inhalt und Technik genau zu kontrollieren, bevor die Endversion realisiert wird. Bei festgestellten Korrekturnotwendigkeiten müssen die vorherigen Phasen ggf. noch einmal durchlaufen werden.

4.1.1.5
Realisation

Die Realisation beinhaltet die Erstellung und Veröffentlichung, also das „Rollout" der Endversion, z.B. das Pressen einer CD-ROM oder den Transfer von Html-Seiten mit der Administrationssoftware zum Provider.

4.1.1.6
Betreuung und Service

Der Service besteht aus Aktualisierung, Wartung und Anpassung der Endversion. Der Übergang zur Initiierung eines Neuprojektes ist mitunter fließend.

4.1.2
Aufgaben des Projektmanagements

Das Projektmanagement von Multimedia-Projekten umfaßt regelmäßig interne, externe sowie doppelt relevante (hybride) Aufgaben.

mehrere Arten von Aufgaben

Grafik: Aufgaben des Projektmanagements

Übertragung von Aufgaben möglich

Je nach Firmenorganisation und Projektvolumen können einzelne Aufgaben des Projektmanagements wie z.B. Akquise und Beratung an diesbezügliche Spezialisten übertragen werden.

4.1.3
Handwerkzeug des Projektmanagements

Handwerkszeug des Managers

Erfolgreich bewältigt wird die Organisation, Koordination und Abwicklung dieser Phasen mit dem Handwerkzeug des Projektmanagements. Dazu zählen insbesondere:

- Kommunikationsfähigkeit
- Menschliches Einfühlungsvermögen
- Organisationstalent
- Präsentationserfahrung
- Wille zur Dokumentation
- Durchsetzungsvermögen

- Erfahrung im Zeitmanagement
- Kenntnisse von Kostenkalkulation und Controlling
- Wirtschaftliche Denkweise und Rechtskenntnis
- Berurteilungsfähigkeit technischer Fragestellungen

Die Methoden und Werkzeuge des Projektmanagements sind erkennbar die Hilfsmittel des Generalisten, denn sie müssen in jeder Projektphase anwendbar und für eine Vielzahl von Multimedia-Projekten mit unterschiedlichen Schwerpunkten und Mitarbeitern gleichermaßen geeignet sein.

4.1.4
Zusammenspiel von Projektmanagement und Qualitätssicherung

Die Frage, wie sich der Prozeß der operativen Qualitätssicherung auf das Projektmanagement auswirkt, beantwortet sich insbesondere durch Inhalt und Funktionsweise der QS-Werkzeuge. Bezogen auf die Basic-Tools der Qualitätssicherung, e-QFD, e-FMEA und FBP kommt es beispielsweise zu einem zeitlichen Nebeneinander mit dem Projektmanagement. Die organisations- und qualitätsbezogenen Aufgaben schließen sich also nicht aus, sondern ergänzen einander.

- Natürlich hat das Projektmanagement in jedem Falle auch die Aufgabe, projektbezogene Leistungsmerkmale zu erforschen und projektbezogen umzusetzen (vgl. Kapitel 5-17). Die Aufgabe der operativen Qualitätssicherung, insbesondere der Art und Weise der Dokumentierung des konkreten Vorgehens, bleibt davon allerdings unberührt.

Operative Qualitätssicherung führt folglich nicht automatisch zu einem zusätzlichen Abschnitt im Rahmen der Projektabwicklung und des Projektmanagements, vielmehr ist die hier vorgeschlagene dreistufige Qualitätssicherung (Beratung, Umsetzung & Betreuung) grundsätzlich eine begleitende Tätigkeit, die im Rahmen der ohnehin üblichen sechs Projektphasen zu bewältigen ist.

Das Verhältnis von Projektmanagement und operativer Qualitätssicherung verdeutlicht sich z.B. anhand der drei Basic-Tools: Qualitätsfunktionen-Darstellung (QFD), Fehlermöglichkeits- und Einflußanalyse (FMEA) sowie der Fehler-Beseitigungsprozeß (FBP). Sie sind spezifische Hilfsmittel in bestimmten Projektphasen.

Anordnung spezieller Methoden

Bestehen darüber hinaus speziellere QS-Methoden, die sich auf einzelne Elemente wie z.B. die Programmierung beziehen, so sind diese untrennbarer Teil des jeweiligen Einzelprozesses. Die Verantwortung für ihren Einsatz trägt aber ebenfalls das Projektmanagement.

4.1.5
Zusammenfassung

wichtige Aspekte

Folgende Aspekte sollten im Hinblick auf das Verhältnis von Projektmanagement und Qualitätssicherung beachtet werden:

- Die Qualitätssicherung ist keine zusätzliche Phase des Projektmanagements, sondern eine in allen Projektphasen methodische und hilfreiche Vorgehensweise.

- Die Qualitätssicherung stellt dem Projektmanagement für jede Projektphase bestimmte Werkzeuge zur Verfügung, um die Kundenanforderungen bestmöglich zu erfüllen.

- Jede individuelle Methode der Qualitätssicherung dabei ist zulässig. Es müssen nicht die hier vorgeschlagenen Methoden (e-QFD etc.) und deren Bezeichnung verwendet werden. Sie können durch andere Methoden ersetzt oder ergänzt werden.

4.2
Initiierung von QS-Maßnahmen

Der Einsatz von QS-Werkzeugen muß vom Projektmanager im jeweiligen Projekt beschlossen und gemeinsam mit dem Team durchgeführt werden. Dabei ist für jede der sechs Projektphasen separat zu prüfen,

„Kickoff" für QS-Maßnahmen

- ob überhaupt QS-Werkzeuge eingesetzt werden sollten,

- welche QS-Werkzeuge eingesetzt werden sollten,

- in welcher Intensität QS-Werkzeuge eingesetzt werden sollten.

Für jede dieser Fragestellungen muß das Projektmanagement eine Systematik besitzen, die hilft, eine auf das Projekt bezogene sachgerechte und nachvollziehbare Entscheidung zu fällen. Die schriftliche Fixierung dieser Systematik dokumentiert sowohl gegenüber dem Kunden als auch gegenüber der Geschäftsleitung und den Mitarbeitern des Dienstleisters, warum welche QS-Tools mit welchem Arbeitsaufwand eingesetzt wurden bzw. nicht eingesetzt wurden.

Entscheidungssystematik

4.2.1
Wann QS-Werkzeuge einsetzen?

Die Entscheidung für die Anwendung von QS-Werkzeugen benötigt grundsätzlich einen oder mehrere Anlässe, die in der Regel außerhalb der willkürlichen Entscheidungsfreiheit des Projektmanagements liegen. Der Projektmanager trägt die Verantwortung dafür, daß mehrere denkbare Anlässe zum Einsatz von QS-Werk-

Anlaß für QS-Maßnahmen notwendig

zeugen genau geprüft werden. Im folgenden werden wichtige Gründe dargestellt.

4.2.1.1
Qualitätspolitischer (Service-)Grundsatz

Ein wichtiger interner Anlaß in diesem Sinne ist z.B. eine qualitätspolitische Entscheidung der Geschäftsführung, daß bestimmte Projektphasen grundsätzlich nur unter Anwendung von QS-Werkzeugen durchgeführt werden. Eine solche Entscheidung kann auf betriebswirtschaftlichen Erwägungen (Ertragssicherung), aber auch auf Kundenservice beruhen (Marketinginstrument). Eine entsprechende Weisung liegt regelmäßig auch dann vor, wenn der Dienstleister generell eine besonders lange Garantie auf seine Projekte gibt, die über die gesetzliche Garantie hinausgeht.

In diesen Varianten steht der Einsatz von QS-Werkzeugen nicht zur Disposition des Projektmanagements, selbst dann nicht, wenn im konkreten Einzelfall ein nur relativ geringes Fehler- bzw. Sicherheitsrisiko besteht.

4.2.1.2
Ausdrückliche Kundenforderung

Ein wichtiger externer Anlaß ist die ausdrückliche Forderung des Kunden, daß sein Projekt (in bestimmten Phasen) unter Anwendung von QS-Methoden durchgeführt werden soll. Grundlage dieser Forderung kann die schlechte Erfahrung des Kunden mit vorherigen Projekten sein, aber auch der generelle Wunsch, für sein Geld eine optimierte Leistung zu bekommen. Ein weiterer Grund solcher Forderungen kann darin liegen, daß der Kunde in seiner eigenen Branche sehr viel Wert auf Qualitätssicherung legt und diese deshalb auch von seinen Business-Partnern im operativen Bereich erwartet.

In diesem Fall hat das Projektmanagement keine Wahlfreiheit – es muß QS-Werkzeuge einsetzen.

4.2.1.3
Hohes Fehler- bzw. Sicherheitsrisiko

Liegt weder ein zwingender interner, noch externer Anlaß vor, muß der Projektmanager eigeninitiativ prüfen, ob der Einsatz von QS-Werkzeugen geboten ist. Zu erforschen ist also insbesondere, welches Fehler- und Sicherheitsrisiko in den jeweiligen Projektphasen besteht. Kann ein offensichtlich hohes Risiko festgestellt werden, so indiziert dies die gesteigerte Notwendigkeit, QS-Werkzeuge einzusetzen.

Zwar hat der Projektmanager in diesem Fall noch ein gewisses Ermessen, ob er Werkzeuge einsetzt oder nicht, doch erfordert die Ablehnung von QS-Maßnahmen in dieser Variante eine ausführliche sowie hieb- und stichfeste Begründung – andernfalls ist sein persönliches Verschulden in Haftungsfällen indiziert.

4.2.1.4
Sonstige Gründe

Ist das erkennbare Fehlerrisiko eher durchschnittlich, so hat das Projektmanagement mehr Spielraum, QS-Maßnahmen nur in begründeten Fällen zu verwenden. Ein Einsatz kann dann aber aus Wettbewerbsgründen geboten sein (Mithalten mit der Konkurrenz), aus Forschungszwecken (Durchführung von Pilotprojekt) oder auch aus Schulungszwecken (Routinierung). Schließlich sinkt selbst bei einfacher wirkenden Projekten das Fehlerrisiko, wenn QS-Werkzeuge sinnvoll eingesetzt werden.

Gründe bei durchschnittlichem Risiko

4.2.1.5
Entscheidungsmatrix

Für jede der sechs Projektphasen ist anhand einer Entscheidungsmatrix separat zu prüfen, ob einer der beschriebenen Anlässe besteht, QS-Werkzeuge zu verwenden.

Matrix hilft, die Entscheidung zu dokumentieren

Grafik: Entscheidungsmatrix zum Einsatz von QS-Werkzeugen

Phase \ Gründe	Qualitäts-service		Wunsch des Kunden		Besonders hohes Risiko		sonstige Gründe	E
	ja	nein	ja	nein	ja	nein		
Consulting/ Beratung	X			X		X		ja
Planung/ Konzeption	X			X		X		ja
Produktion/ Erstellung		X		X	X			ja
Kontrolle/ Tests		X	X			X		ja
Realisation/ Finishing		X		X		X	Forschungs-zwecke	ja
Service/ Wartung		X		X		X		nein

In der linken Spalte werden die sechs Projektphasen aufgelistet. In der zweiten Spalte ist zu prüfen, ob die Durchführung aufgrund einer internen Weisung der Geschäftsführung erfolgt. Bei der dritten Spalte werden Kundenanforderungen geprüft. Bei der vierten Spalte sonstige Gründe. In der rechten Spalte der Matrix ist schließlich das Gesamtergebnis der Entscheidungsprüfung zu fixieren.

Die Entscheidungsmatrix verdeutlicht, daß nicht unbedingt in jeder Phase des Projekts QS-Methoden eingesetzt werden müssen. So kann z.B. allein ein Anlaß für eine QFD in den ersten beiden Abschnitten des Projekts bestehen. FMEA und FBP werden folglich nicht angeordnet und durchgeführt. Gleiches gilt für Anlässe, die nur eine Durchführung der FMEA oder des FBP rechtfertigen. Qualitätssicherungsmaßnahmen sind also phasenbezogen flexibel anzuwenden.

Das Ergebnis dieser Matrix ist auf eine Folgematrix zu übertragen, die bei der Entscheidungsfindung hilft, welche QS-Werkzeuge von mehreren möglichen in einer bestimmten Phase eingesetzt werden sollten.

■ Das Verwenden einer solchen Entscheidungsmatrix mag auf den ersten Blick wie ein überflüssiger Formalismus erscheinen, da es im Moment der Erstellung nur eine bedingte Hilfe ist. Der Zweck des Dokuments wird aber spätestens dann deutlich, wenn Projekte wieder „aufgerollt" werden müssen, die bereits seit längerem abgeschlossen sind. Dies gilt umso mehr, wenn unbeteiligte Dritte (z.B. ein Anwalt oder Richter) das Projekt und seinen Ablauf nachvollziehen müssen.

4.2.2
Welche QS-Werkzeuge einsetzen?

Für jede Projektphase, in der ein QS-Werkzeug eingesetzt werden soll, muß das richtige QS-Werkzeug ausgewählt werden. Auch diese Entscheidung kann anhand einer vorgefertigten Matrix vereinfacht werden. Jedenfalls sollte der sich darin widerspiegelnde Gedankengang der nachfolgenden Matrix entsprechen.

Grafik: Auswahl des richtigen QS-Werkzeugs

Tools / Phase	Anlaß	Basic Tools?		andere Tools?	
		Auswahl	Gründe	Auswahl	Gründe
Consulting/ Beratung	ja	QFD X FMEA / FBP /	QFD ist bekannt und bewährt	/	/
Planung/ Konzeption	ja	QFD X FMEA / FBP /	QFD ist bekannt und bewährt	statt FMEA eigenes Tool	eigenes Tool ist bekannt und bewährt
Produktion/ Erstellung	ja	QFD / FMEA / FBP /	/	statt FMEA eigenes Tool	eigenes Tool ist bekannt und bewährt
Kontrolle/ Tests	ja	QFD / FMEA / FBP X	spezielle Tools nach FBP-System durchführen	Softwaretest Anwendertest etc.	/
Realisation/ Finishing	ja	QFD / FMEA / FBP X	spezielle Tools nach FBP-System durchführen	Golden Master Verpackung	/
Service/ Wartung	nein	QFD / FMEA / FBP /	/	/	/

- Zunächst ist das Ergebnis der vorherigen Matrix zu übertragen (2. Spalte). Nur bei den Phasen, bei denen ein Anlaß besteht, muß noch die Art des Werkzeugs untersucht werden.

- Bei der Wahl von QS-Werkzeugen muß man zunächst von der Einsatzmöglichkeit eines oder mehrerer Basic-Tools ausgehen (3. Spalte). Dies schon allein deshalb, weil sie dem Grunde nach bei jeder Projektart anwendbar sind – auch und gerade dann, wenn vom Team noch keine spezielleren QS-Tools angewendet wurden. Die dunkel gedruckten Basic-Tools sind in der dazugehörigen Phase als Regelwerkzeug grundsätzlich einsetzbar. Die grau gedruckten Tools sind eher selten in der jeweiligen Phase.

- Die Entscheidung für oder gegen ein Basic-Tool sollte begründet werden (4. Spalte), weil ansonsten der Eindruck willkürlicher Entscheidungsfindung entsteht.

- Für den Fall, daß neben einem Basic-Tool ein spezielleres Werkzeug eingesetzt werden kann (5. Spalte), sollte man sich überlegen, ob beide Tools ergänzend oder alternativ einzusetzen sind. Insbesondere der FBP ist regelmäßig in Kombination mit spezielleren Testverfahren einzusetzen – und nicht alternativ dazu!

- Verlangt der Kunde ein bestimmtes Werkzeug oder ist dies in der Qualitätspolitik des Dienstleisters festgelegt, so ist natürlich dieses Werkzeug einzusetzen.

- In anderen Fällen ist zu prüfen, welche Anwendungserfahrung bei einem Werkzeug besteht, welche Rentabilität zu erwarten ist oder welche Leistungsfähigkeit bzw. Zuverlässigkeit eines Werkzeugs in schwierigen Fällen besteht. Auch hier ist die Entscheidungsfindung kurz zu begründen (6. Spalte).

4.2.3
Wie intensiv QS-Werkzeuge einsetzen?

entscheidend ist das richtige Maß

Die Entscheidung, bestimmte QS-Werkzeuge überhaupt einzusetzen, sagt noch nichts darüber aus, mit welchem Aufwand der letztendliche QS-Prozeß durchgeführt werden kann, sollte oder müßte. Für den Erfolg von QS-Maßnahmen ist die Beantwortung dieser Fragestellung vielleicht am wichtigsten.

- Bevor die Frage beantwortet werden kann, in welchem Umfang QS-Werkzeuge eingesetzt werden könnten oder sollten, ist es natürlich notwendig, den Projektumfang insgesamt abschätzen zu können. Sehr zu empfehlen in dieser Hinsicht: Vichr/Lehmann (1999); Die Angebotsphasen in der Multimedia-Produktion.

4.2.3.1
Relevante Beurteilungsfaktoren

Merkmale der Intensität

Zu prüfen ist zunächst, anhand welcher Faktoren die Intensität von QS-Maßnahmen überhaupt beurteilt werden kann

Sie äußert sich unter anderem im:

- Beratungsaufwand ggü. Kunden

- (Fehler-)Forschungsaufwand

- (Fehler-)Kontrollaufwand

- Korrekturmaßnahmenaufwand

- Personalaufwand

- Schulungsaufwand

- Kommunikationsaufwand

- Organisatorischem Aufwand

- Dokumentationsaufwand

Relevante Entscheidungskriterien, die den Aufwand und die Intensität von QS-Maßnahmen beeinflussen und bestimmen, sind insbesondere:

- Das absehbare Fehler- bzw. Sicherheitsrisiko

- Der zur Verfügung stehende Zeitrahmen

- Das zur Verfügung stehende Gesamtbudget

- Die Routine des Teams im Einsatz von QS-Werkzeugen

- Die Motivation des Teams zum Einsatz von QS-Werkzeugen

4.2.3.2
Weniger ist gerade am Anfang mehr

Vergleiche mit anderen Branchen, insbesondere der Software-Entwicklung (vgl. Müller) legen den Rückschluß nahe, daß die sogenannten „Softfakts" wie Mitarbeitermotivation, Akzeptanz von QS-Maßnahmen innerhalb des Teams sowie die Glaubwürdigkeit qualitätsbezogener Statements der Geschäftsführung für den Erfolg der Qualitätssicherung im Dienstleistungsbereich fast wichtiger sind wie die Wahl des richtigen Werkzeugs.

Die tatsächliche Intensität und Wirksamkeit von QS-Maßnahmen kann vor diesem Hintergrund nicht allein daran gemessen werden, welche konkreten QS-Maßnahmen festgelegt und wieviel Budget dafür zur Verfügung gestellt wird. Vielmehr kommt es besonders auf die Routine, Motivation und Homogenität des Teams an.

Beim Einsatz von QS-Tools sollten folgende Grundsätze unbedingt beachtet werden:

- Die erstmalige Durchführung von entsprechenden Projekten ist regelmäßig komplizierter und aufwendiger als der darauffolgende Einsatz. Gerade aus diesem Grund sollte man den Anfangsaufwand so gering wie möglich halten und „step by step" vorgehen (also nicht alle Stufen auf einmal nehmen wollen). Dies selbst dann, wenn die Rahmenbedingungen einen umfangreicheren Einstieg theoretisch ermöglichen würden. Die Selbstbeschränkung auf das im Projekt nötigste QS-Werkzeug ist hier angebracht.

- Der Projektmanager sollte bei der Auswahl der Mitarbeiter eines Projektteams unbedingt auf die Offenheit gegenüber QS-Prozessen achten. Überzeugungsarbeit am Anfang kostet dabei zwar Zeit, ist aber unbedingt wichtig für den späteren inhaltlichen Erfolg sowie die weitere Akzeptanz von QS-Maßnahmen!

- Den tatsächlichen Aufwand eines QS-Werkzeugs abzuschätzen, erfordert unbedingte Erfahrung. Diese setzt wiederum Freiraum für experimentelles Vorgehen voraus. Ohne eine aktive und ehrliche Unterstützung der Geschäftsführung wird eine solche Routine kaum Wirklichkeit werden.

- Seriöse Kundenorientierung ist eine langfristige Strategie und keine Hauruck-Methode! Deshalb sollte man Geduld mit anderen und natürlich auch mit sich selbst haben.

Grafik: Aufwand und Nutzen von QS-Maßnahmen # 1

Der Einsatz eines QS-Tools ist nur soweit sinnvoll, wie das Verhältnis von Erwartung, Aufwand, Routine und Motivation annähernd ausgeglichen ist. Ist dieses Verhältnis tatsächlich ausgeglichen, bieten sogar einfache Werkzeuge einen hohen Nutzen.

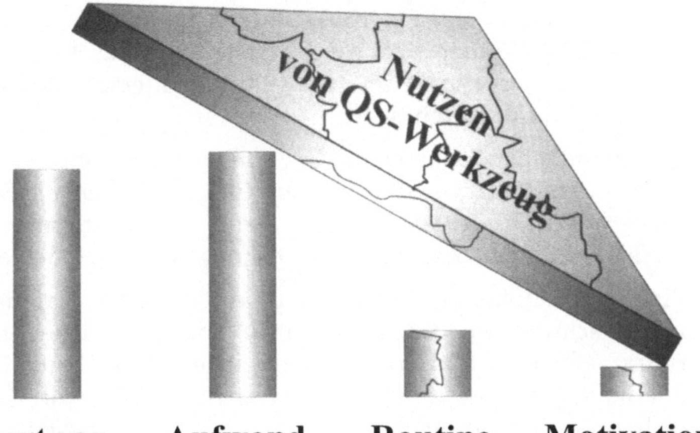

Typische Aufwands-Fehlkalkulation: Zu hohe Erwartungen führen regelmäßig zu einem entsprechend überhöhten Aufwand, der mit der Routine und der Motivation des Teams ohnehin nicht mehr in Einklang steht. Im Ergebnis ist der Nutzen gering.

4.2.4
Zusammenfassung

Es steht nicht im freien Ermessen des Projektmanagements, ob ein Projekt mit QS-Maßnahmen durchgeführt wird. Entscheidend sind diesbezüglich Anweisungen der Geschäftsleitung, Kundenforderungen und das erkennbare Fehlerrisiko.

gebundenes Ermessen

Mehr Freiheit hat das Projektmanagement im Hinblick auf die Frage der Auswahl unter verschiedenen Werkzeugen für unterschiedliche Phasen des Projekts. Sowohl die Entscheidung, ob eine QS-Maßnahme ergriffen wird, als auch die Entscheidung, welche Maßnahme getroffen wurde, sollte anhand einer Matrix dokumentiert werden.

Dokumentation der Entscheidung

Die Intensität der gewählten QS-Maßnahmen steht in Zusammenhang mit interner und externer Erwartung sowie der Routine und der Motivation des Teams. Sind die Erwartungen der Geschäftsführung oder des Kunden „zu hoch" im Verhältnis zu Routine und vor allem zur Motivation, so führt nicht die Erhöhung des Aufwands, sondern in erster Linie die Erhöhung von Motivation und Routine zu einem positiven Ergebnis.

Ausgleich wichtiger als Aufwand

Dies hat folgende Konsequenzen für den Projektmanager:

- Vor jeder QS-bezogenen Kundenberatung muß in etwa klar sein, welche Routine und welche Motivation das Projektteam bzw. das Unternehmen im Hinblick auf unterschiedliche QS-Methoden tatsächlich besitzt.

- Darauf aufbauend müssen die Erwartungen des Kunden auf ein realistisches Niveau geführt werden. Gleiches gilt für die Erwartungen der Geschäftsführung, wenn sie bestimmte QS-Methoden als zusätzliche Service-Leistung anbieten möchte.

- Ein Organisationsverschulden wiegt im Falle einer Haftung genauso schwer wie das Versäumnis, überhaupt keine Sicherungsmaßnahmen zu treffen. Wer ohne Aussicht auf Erfolg übermäßig viel Aufwand betreibt, steht deshalb vor Gericht nicht unbedingt besser da!

- Da sich die Qualitätssicherung von Multimedia-Projekten gegenwärtig noch in ihren Kinderschuhen befindet, ist es für kein Projektteam eine Schande, mit kleinen Schritten zu beginnen.

- Wer vor allem eine langfristig gute Beziehung zu seinen Kunden wünscht und zugleich wirkungsvoll Fehlerrisiken minimieren will, sollte sich in erster Linie kontinuierlich entwickeln und deshalb den Anfangsaufwand den tatsächlichen Möglichkeiten anpassen – und dies entsprechend gegenüber dem Kunden offensiv rechtfertigen!

- Der Erfolg von QS-Maßnahmen steht und fällt deshalb mit der richtigen Vorbereitung und Vermittlung durch das Projektmanagement.

4.3
Der Projektmanager als Changemanager

Veränderung als Grundlage für erfolgreiche QS

Die erstmalige Durchführung von operativen QS-Maßnahmen ist der Startschuß für einen Veränderungsprozeß. Mitarbeiter müssen dabei bisherige Vorgehensweisen modifizieren und aufeinander abstimmen. Das erfolgreiche Changemanagement ist damit ein wesentlicher Faktor für den Erfolg der projektbezogenen Qualitätssicherung. In dieser Hinsicht ist der Projektmanager ebenfalls gefordert.

- Wenngleich die projektbezogene Qualitätssicherung nicht mit dem unternehmensbezogenen Qualitätsmanagementprozeß identisch ist, so setzt es diesen jedenfalls in Grundzügen voraus! Qualitätssicherung ist zwar „nur" die projektbezogene Umsetzung einer unternehmensweiten Führungsstrategie, soweit diese aber noch nicht einmal in Gedanken besteht, macht es auch wenig Sinn, das Pferd von hinten aufzuzäumen.

- Um projektbezogene QS-Maßnahmen einzuleiten, muß der dafür notwendige unternehmensweite Rahmen vorhanden sein. Zwar ist es nicht die Aufgabe des Projektmanagements, diesen Rahmen zu schaffen, gleichwohl ist es notwendig, daß es den gegebenen Rahmen prüft und den Mitarbeitern anschließend projektbezogen vermittelt.

- Bestenfalls wird das Pilotprojekt, bei dem QS-Tools erstmalig verwendet werden, aktiv von der Unternehmensführung unterstützt und begleitet.

4.3.1
Glaubwürdige Qualitätsphilosophie

Im Hinblick auf den Einsatz von projektbezogenen QS-Methoden ist es demzufolge notwendig, daß zuvor eine projektübergreifende, unternehmensweit kundenorientierte Qualitätsphilosophie ausgearbeitet wird. Ohne eine entsprechend klare Unternehmenspolitik würde das Projektmanagement ausschließlich „auf eigene Faust" QS-Methoden anwenden – die Motivation des gesamten Teams, diese Entscheidung umzusetzen, darf bezweifelt werden.

Festlegen von eigenen Standpunkten

Eine Unternehmensphilosophie in diesem Sinne muß kein Buchwerk sein. Es reicht gerade am Anfang aus, wenn die Kundenorientierung als Ziel glaubwürdig verbal formuliert wird.

Da das Projektmanagement vor und während dem Einsatz von QS-Methoden die Aufgabe hat, den Teammitglieder diese Qualitätsphilosophie zu erläutern, sollte es von Seiten der Geschäftsleitung bei der Ausarbeitung einer pragmatischen Qualitätsphilosophie unbedingt beteiligt werden.

Einbeziehung der Mitarbeiter

- Eine Qualitätsphilosophie „von oben" ist nur bei streng hierarchisch organisierten Unternehmen praktikabel – dort allerdings meist notwendig. Besteht hingegen eine flache Struktur, die auf der Eigeninitiative der Mitarbeiter aufbaut, setzt Glaubwürdigkeit voraus, daß mehrere Verantwortungsträger aktiv an der Konkretisierung mitwirken.

- Bei der Darlegung der Qualitätsphilosophie gegenüber den Mitarbeitern sollte vor allem betont werden, daß es sich dabei um eine Maßnahme handelt, die eine langfristige Stabilität des Unternehmens bezweckt. Dies wiederum ist die beste Voraussetzung für die Schaffung und den Erhalt von Arbeitsplätzen.

- Einzelpersönlichkeiten, deren Identifikation mit Kundenorientierung glaubwürdig vorgelebt wird, können selbst bei „Global Playern" über den Erfolg oder Mißerfolg eines Veränderungsprozesses entscheiden. Dies gilt umso mehr bei kleineren Unternehmen. Die spürbare Übereinstimmung von innerer Überzeugung und Anforderungen an das Team ist die beste Voraussetzung für das Gelingen von kundenorientierten Projekten.

4.3.2
Schulungen veranlassen

fachliche Kompetenz setzt Übung voraus

Damit QS-Methoden überhaupt angewendet werden können, müssen die davon betroffenen Teammitglieder geschult werden. Das betrifft in erster Linie den Projektmanager selbst, da dieser als Moderator und Leiter über den Einsatz und die Durchführung der QS-Maßnahmen befindet. Meist ist er es dann, der sein Wissen an die Teammitglieder weitergibt.

- Eine wichtige Voraussetzung für den langfristig erfolgreichen Einsatz von operativen QS-Werkzeugen ist die künftige Ausarbeitung entsprechender Schulungslehrgänge für die Neuen Medien. Sie müssen auf die Besonderheiten dieser Branche zugeschnitten sein.

- Hilfreich ist jedenfalls der intensive Austausch mit solchen Personen, die in anderen Multimedia-Unternehmen für die Durchführung der Qualitätssicherung verantwortlich sind. Die Einrichtung eines Online-Diskussionsforums zum Thema Qualität ist ebenfalls eine wichtige Herausforderung für die nähere Zukunft.

- Die Aufstellung eines Schulungsplans für die Qualitätssicherung ist langfristig betrachtet die Aufgabe des Personalbereichs bzw. der Unternehmensführung und weniger des Projektmanagements. Letzteres muß sich dann darauf verlassen können, daß eine Vielzahl von Mitarbeitern jedenfalls grundsätzlich in der Lage ist, QS-Maßnahmen durchzuführen.

- An dieser Stelle verdeutlicht sich, wie sich unternehmensbezogenes Qualitätsmanagement und projektbezogene Qualitätssicherung sinnvoll ergänzen können. Das langfristige Ziel der

„Qualität" erreicht vor allem das Unternehmen, das in beide Bereiche investiert.

4.3.3
Zusammenfassung

Die operative Umsetzung der Qualitätssicherung ist keine Tätigkeit, die man durch schlichtes Bücherlesen erlernen kann. Man muß sie sowohl als Projektmanager wie auch als anderweitiges Teammitglied schlichtweg üben. Dieser Prozeß stellt allerdings eine Veränderung bereits eingeübter Verhaltensweisen dar. Er kann deshalb durch ein gezieltes Changemanagement begünstigt werden. Das Projektmanagement trägt dabei eine nicht unerhebliche Mitverantwortung.

Veränderung eingeübter Verhaltensmuster

4.4
QS-orientiertes Zeit- und Kostenmanagement

Zeit- und Kostenmanagement stehen bei der Projektarbeit in wechselseitiger Beziehung. Bereits während der Beratung haben Zeit- und Kostenrahmen einen prägenden Einfluß auf die Festlegung von tatsächlich realisierbaren Leistungsanforderungen. Umgekehrt bestimmen diese Kosten und Zeit des Projekts. Das Management dieser Faktoren steht deshalb von Anfang bis Ende des Projekts in unmittelbarem Zusammenhang mit der Qualitätssicherung.

Wechselbeziehung von Zeit, Budget und Leistung

Hat der Kunde wenig Zeit und zusätzlich wenig Geld, so sind die unter diesen Umständen realisierbaren Leistungsinhalte auf ein Minimum begrenzt. Hat er viel Zeit und viel Geld, so ist quasi alles möglich.

Besteht für ein Projekt bei gleichem Leistungsanspruch vergleichsweise weniger Zeit, wird die Produktion in der Regel kostenintensiver.

Orientiert sich der Kunde vor allem an der Realisierung der gestellten Anforderungen, so muß er im Hinblick auf Zeit und Budget den entsprechenden Rahmen schaffen.

optimales Gesamtergebnis durch QS

■ Operative QS-Methoden bilden regelmäßig eine gute Abrechnungsbasis für Multimedia-Projekte. Der Vorteil liegt darin, daß die anfallenden Kosten transparent einer bestimmten Tätigkeit zugeordnet werden können. Zudem bilden die erstellten Dokumente stets eine gute Grundlage für einen Soll/Ist-Verlgeich.

Grafik: Wechselwirkung zwischen Zeit/Budget und Leistungsanforderungen

- Die Kundenzufriedenheit bleibt aus, wenn die Leistungsanforderungen nicht erfüllt werden. Sie bleibt aber auch dann aus, wenn die Zeit- oder Budgetvorgaben ohne wichtigen Grund nicht eingehalten werden.

- Ein zentrales Ziel der Qualitätssicherung von Multimedia-Projekten ist es, die leistungsbezogenen Eckdaten des Projekts zu fixieren und mit Zeit und Kosten in ein passendes und pragmatisches Verhältnis zu stellen. Die drei Phasen der e-QFD helfen z.B. dabei, ein optimales Gesamtergebnis zu konzeptionieren.

- Zu diesen und damit in Zusammenhang stehenden Fragestellungen ausführlich Vichr/Lehmann (1999); Die Angebotsphase in der Multimedia-Produktion.

Wichtig ist für die erfolgreiche Kalkulation natürlich auch das Preisniveau des Dienstleisters. Wertbildende Faktoren sind dabei Referenzen, Erfahrung, Service und die Konkurrenzsituation am Ort des Kunden. Mehr Geld impliziert dabei grds. auch mehr Leistung.

Von Bedeutung ist weiterhin das gute Zeit-/Leistungsverhältnis: Ist der Dienstleister z.B. im Besitz hochwertiger Module, so kann er einen an sich langwierigen

Prozeß wesentlich verkürzen und so teilweise sogar dazu beitragen, das Budget zu schonen. Fertige Module sind preislich aber nicht unbedingt billiger als Neuentwicklungen. Dafür haben sie den Vorteil, bereits praxiserprobt zu sein. Eine Neuentwicklung hat diese Probezeit regelmäßig noch vor sich.

4.4.1
Zeit- und Kostenrahmen festlegen

Bestehen Zeit- und Budgetvorgaben seitens des Kunden, so ist es für den Erfolg des Projekts wichtig, diese Vorgaben möglichst früh zu kennen. Diesbezügliche Aussagen des Kunden braucht man nicht abzuwarten, man kann vielmehr offensiv und direkt danach fragen.

Zeit- und Geldthemen sind aus Sicht vieler Dienstleister besonders heikel: Einerseits will man nicht den Eindruck erwecken, zuviel Zeit zu haben oder billig zu sein. Andererseits möchte man sich einen Auftrag auch nicht „durch die Lappen gehen lassen". Die Versuchung, in dieser Hinsicht zu pokern, ist groß. Ein routinierter Berater hat aber kaum Hemmungen nach dem finanziellen und zeitlichen Rahmen zu fragen, weil die Antworten wichtig für das Niveau des Projekts und der Beratung selbst sind.

- Die unmittelbare Reaktion des Kunden auf die Frage nach finanziellen und zeitlichen Rahmenbedingungen ist oft ein Indiz für seine langfristigen „Erwartungen", aber auch seine Ängste im Hinblick auf das geplante Multimedia-Projekt.

Die jeweiligen Antworten des Kunden zu Zeit- und Budgetrahmen sollten bis zur Erstellung des Projekleistungsplans (Pflichtenhefts) unmittelbar (z.B. auf dem e-QFD-Dokument) festgehalten werden. Diesbezügliche Angaben sind bei der leistungstechnischen Beurteilung der Kundenanforderungen durch das Projektteam von zentraler Bedeutung.

4.4.2
Additions- und Subtraktionsplanung

Hat der Kunde Zeit- bzw. Budgetvorgaben gemacht, so sollte mit dem Team im Wege einer „subtraktiven Planung" ermittelt werden, welche Leistung der Kunde mit dem eröffneten Rahmen maximal erwarten kann. Das Budget ist dabei in Verhältnis zu der zur Verfügung stehenden Zeit zu stellen.

Zuvor ist jedoch in einem additiven Verfahren zu ermitteln, was die Wunschvorstellung des Kunden kosten würde und wieviel Zeit man dafür benötigt.

Abschließend ist aus den beiden Resultaten ein gemeinsames Ergebnis zu erarbeiten: Die im Rahmen der Möglichkeiten beste Leistungsvariante wird im Projektleistungsplan (Pflichtenheft) festgehalten.

4.4.2.1
Additives Verfahren

Leistungen optimaler Lösung addieren

Anhand der Beratungsergebnisse (insbesondere nach Durchführung einer e-QFD) ist zu ermitteln, wie die bestmögliche Realisierung der Kundenvorstellungen, also die „Traumvorstellung" aussehen würde.

Grafik: Der Prozeß bei Additions- und Subtraktionsplanung

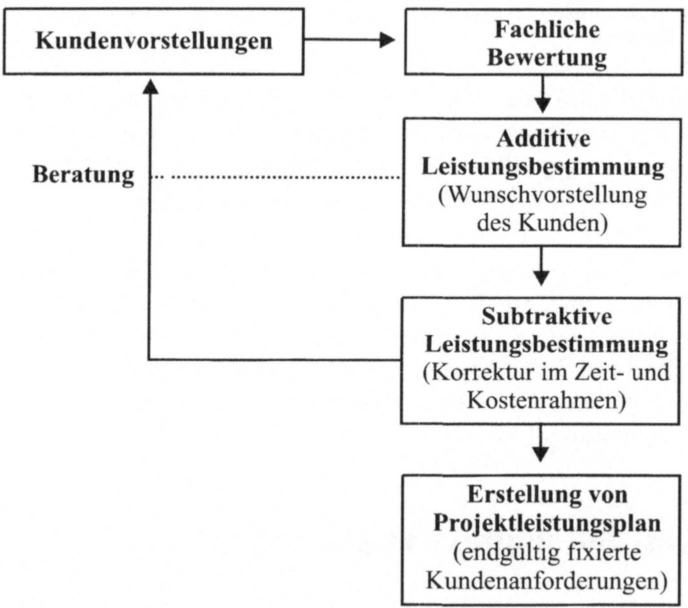

4.4.2.1.1 Berechnung von Leistungsaufwand

Zeit und Kosten für Einzelelemente schätzen

Zunächst wird durch die jeweiligen Team-Spezialisten für jede Kundenvorstellung eine technische Lösung erarbeitet und als Teil des letztendlichen Projekts fingiert.

Man schätzt mit den Teammitgliedern den Aufwand, der notwendig wäre, dieses Idealergebnis zu realisieren. Da jede Phase des Projekts zeit- und kostenintensiv ist, bekommt sie einen kosten- und zeitbezogenen Schätzwert.

Grafik: Die projektbezogene Addition der Zeit- und Kostenaspekte

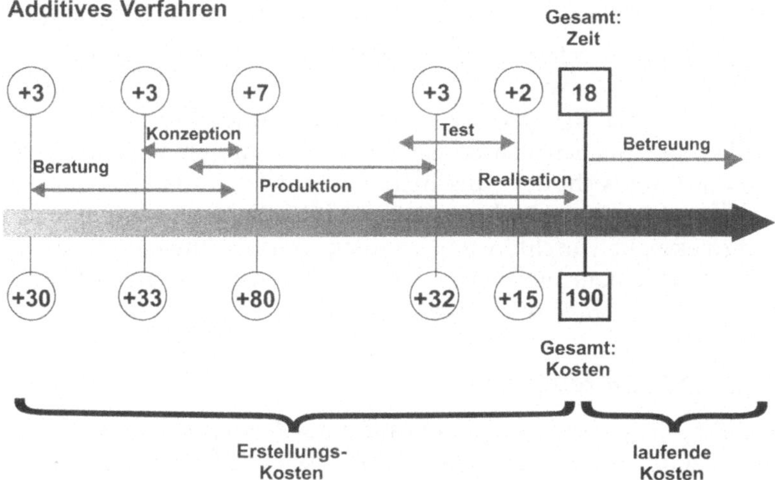

Jede Projektphase bekommt einen Zeitwert zugeordnet (hier von links nach rechts Consulting = 3, Konzeption = 3, Produktion = 7, Test = 3, Realisation = 2). Dies können Tage, Wochen oder sogar Monate sein, je nachdem, wie umfangreich das Projekt ist. Gleichzeitig wird jeder Phase ein Kostenwert zugeordnet (Consulting = 30, Konzeption = 33, Produktion = 80, Test = 32, Realisation = 15).

Regelmäßig überlappen sich verschiedene Zeitphasen des Projekts. Dies kann durch Zeitpfeile verdeutlicht werden. Kommen bestimmte Dienste über einen längeren Zeitraum nur unregelmäßig vor (z.B. mehrere Beratungsgespräche in zwei Monaten), so sollten Beginn und Ende der Phase entsprechend dokumentiert werden.

Die Werte werden von links nach rechts addiert. Das Ergebnis des Zeitrahmens wäre im Fall z.B. 18 Wochen, das dazugehörige Ergebnis der Kosten ist 190 TDM.

4.4.2.1.2 Berechnungshilfen

Wichtig ist die Antwort auf die Frage, mit welchen Hilfsmitteln und Erfahrungswerten die einzelnen Projektphasen sowohl finanziell als auch zeitlich zu berechnen sind.

Hilfsmittel

4.4.2.1.2.1 Kostenkalkulation

Eine wertvolle Hilfe für die Kostenkalkulation ist neben den firmeninternen Erfahrungswerten und Stundensätzen der offizielle bundesweite Honorarleitfaden des dmmv. In diesem Leitfaden werden für die verschiedenen Projektphasen und Einzelmedien des Projekts Richtwerte genannt.

bzgl. Kosten z.B.
Leitfaden des dmmv

Die Aussagekraft dieser Richtlinien resultiert aus der Befragung einer Vielzahl von Multimedia-Dienstleistern aus Deutschland, der Schweiz und Österreich. Berücksichtigt wurden dabei Angaben von Unternehmen unterschiedlicher Größenordnung und Spezialisierung.

Zur Transparenz der eigenen Kostenkalkulation kann der Honorarleitfaden der Planungsdokumentation beigefügt werden. Weicht die Kostenkalkulation von den diesbezüglichen Richtwerten in großem Umfang ab, sollte dies begründet werden können.

■ Von der hier vorgeschlagenen Methode sind selbstverständlich alle tatsächlichen Phasen eines Projekts umfaßt, auch wenn sie in der Übersicht der typischen Phasen nicht vorhanden sind. Ist also z.B. nach der technischen und inhaltlichen Erstellung eines Projekts die Durchführung von Benutzerschulungen notwendig (z.B. bei einem Intranet), so dürfen die entsprechenden Phasen natürlich nicht in der Kalkulation fehlen.

4.4.2.1.2.2 Zeitkalkulation

bzgl. Zeit team- und modulabhängig

Die Frage, wie aufwendig ein bestimmtes Mediaelement zu erstellen ist, kann nicht generalisiert werden. Wichtig ist hier die Routine der Ersteller als auch die Möglichkeit, auf vorhandene Module zurückgreifen zu können. Diesbezüglich sind die Teammitglieder in ihrer konkreten Zusammenstellung das wichtigste Kriterium. Sie sind in die Zeitkalkulation intensiv einzubinden.

Richtlinien des abstrakten Schwierigkeitsgrades einzelner Multimediaelemente können den folgenden Fachkapiteln dieses Buches entnommen werden.

4.4.2.1.3 Zusammenfassung

Addition in jedem Fall durchführen

Gleich ob Zeit-/Budgetvorgaben des Auftraggebers bestehen oder nicht: Das additive Verfahren ist in jedem Fall durchzuführen. Für den Fall, daß keine Zeit- und Budgetvorgaben bestehen, ist es sogar die Grundlage der Projekt-Kalkulation als solches. Die Kalkulation muß dann bereits in diesem Stadium für den Projektleistungsplan näher präzisiert werden.

■ Problematisch ist stets die Berücksichtigung von Eigenleistungen des Auftraggebers im Hinblick auf Zeit und Kosten. Ihre Kalkulation bedarf der sorgfältigen Beurteilung im Einzelfall (näher zur Problematik unten 4.6). Beachten Sie hierzu auch die Ausführungen in Vichr/Lehmann (1999, Kap. 5.3)!

4.4.2.2
Gegenkorrektur durch phasenbezogene Subtraktion

Die Frage, ob die Ideallösung innerhalb des vorhanden Rahmens zu verwirklichen ist, kann im Wege einer subtraktiven Gegenkalkulation überprüft werden. Zu prüfen ist dabei, welchen Phasen im Rahmen des bestehenden Budgets welcher Anteil zukommen kann.

Korrektur anhand Rahmen

Der Vorteil dieser Vorgehensweise: Zum einen ist es sinnvoll eine Kürzung phasenbezogen zu kalkulieren. So kann z.B. bei dem Material der Verpackung regelmäßig weniger gespart werden als bei der Produktion. Die Auswirkungen einer Kürzung auf das Gesamtbudget bzw. die Gesamtzeit („Was bleibt zur Neuverteilung übrig?") sind sofort erkennbar.

bessere Übersicht durch Vergleich

Grafik: Subtraktive Zeit- und Kostenkalkulation

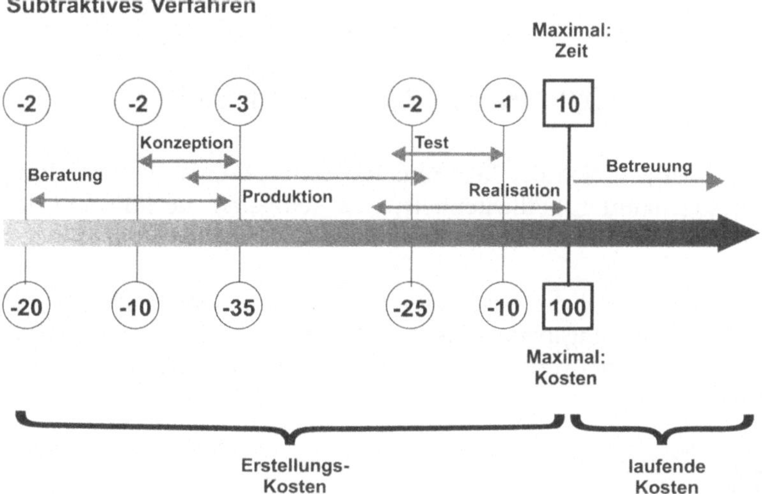

Im vorgegebenen Beispiel hat der Auftraggeber 10 Zeiteinheiten (z.B. 10 Wochen) und hundert Kosteneinheiten (z.B. 100 TDM) als Rahmen vorgegeben. Verglichen mit der addiviten Ideallösung (vgl. vorherige Grafik) ist also ein Minus festzustellen: Die Ideallösung kann nicht durchgeführt werden, sie muß phasenbezogen an die Rahmenbedingungen angepaßt werden. Diesbezüglich muß also der vorhandene Rahmen subtraktiv auf „Null" zurückkalkuliert werden.

Weiterhin ist bei der Gegenüberstellung von additiver und subtraktiver Kalkulation eine gute Beratungsgrundlage gegenüber dem Kunden vorhanden: Der Kunde erhält erhält transparent dargelegt, was er bei einer Anpassung von Zeit- und Budgetrahmen mehr erhält.

Die subtraktive Methode verdeutlicht natürlich auch den Fall, daß mehr Zeit und Geld vorhanden ist, als für die bisherige Ideallösung veranschlagt wurde. Dann bestehen im positiven Sinne Spielräume.

■ Das methodische, zweistufige Vorgehen bei der Zeit- und Kostenkalkulation ist eine gute Grundlage zur Bildung von aufeinander aufbauenden Erfahrungswerten. Es bildet auch eine sinnvolle Grundlage zur realistischen Planung von Festpreisvereinbarungen.

■ Weichen die tatsächlichen Kosten eines Projekts von der Kalkulation in unerwartetem Umfang ab, so ist es für eine kontinuierliche Verbesserung wichtig, den Ursachen der Abweichung auf den Grund zu gehen. Durch die mehrfache Durchführung des Systems bei verschiedenen Projekten erhält man schließlich ein gutes Gespür für Kalkulationsfallen.

4.5
Pflichtenheft/Projektleistungsplan erstellen

Fixierung in „Pflichtenheft" oder PLP

Der Übergang von der Beratung zur Konzeption ist die Erstellung des sogenannten „Pflichtenhefts". Es beinhaltet die Pflichten des Dienstleisters, aber auch seine Rechte und Freiheiten.

■ Eine ausführliche Beschreibung von Inhalt und Aufbau eines Projektleistungsplans findet sich bei Vichr/Lehmann (1999). Nachfolgend werden nur Grundzüge dieser Thematik dargestellt.

4.5.1
Begriff, Inhalt und Bedeutung

Das „Pflichtenheft", im folgenden „Projektleistungsplan" (PLP) genannt, ist die Grundlage der vertraglichen Vereinbarungen über das Projekt.

PLP-Elemente

Empfehlenswerte Bestandteile des PLP sind:

■ Kurzbeschreibung des Projekts und des Projektzieles (Abstract)

■ Ablaufstruktur (Interaktionsplan)

■ Leistungsinhalte (Grafik, Technik, Didaktik etc.)

- Zeitplan (inkl. Zwischenabnahmen)
- Budgetplan

Der PLP dient nicht nur der externen Klärung von Vertragsinhalten, er ist zugleich eine interne Vorgabe des Projektablaufs. Ein Art PLP ist deshalb bei der qualitätsorientierten Dienstleistung immer notwendig, gleich ob es der Kunde will oder nicht, denn er ist der Kompaß zur internen Aufgabenverteilung.

- Zur Berücksichtigung von Eigenleistungen des Kunden im Rahmen des Projektleistungsplans vgl. unten Kapitel 4.6

4.5.2
Teamorganisation auf Grundlage des PLP

Auf Grundlage des PLP muß die Teamorganisation festgelegt werden. Diese beinhaltet vor allem das Nacheinander einzelner Prozesse wie der Erstellung von Grafiken, Texten, Sounds, Videos usw. Die Teamorganisation ist im Idealfall keine Delegierung seitens der Projektleitung, sondern eine auf der Ebene der Gleichordnung erfolgte Vereinbarung der Projektmitglieder.

Ein Teil der Teamorganisation besteht darin, für jedes Teammitglied eine Arbeits- sowie eine Verfahrensanweisung zu erstellen. Darin enthalten sind Ausführungen zu Zeitplan, Gegenstand und Umfang der Arbeiten (Arbeitsanweisung) sowie Verhaltensregeln z.B. im Falle von Problemen oder Störfällen (Verfahrensanweisungen).

4.6
Rechtsfragen/Vertragsgestaltung

Gleich ob im Hinblick auf Haftungsfragen, im Hinblick auf die Beratung oder die Produktion, die Einbindung von freien Mitarbeitern, die Erstellung eines Projektleistungsplans oder die Erbringung von Leistungen durch den Kunden: Projektmanagement und Qualitätssicherung sind immer eine Schnittstelle zu rechtlichen Fragestellungen.

Verdeutlicht wird die Relevanz der Gesetze im Hinblick auf die Qualitätssicherung auch durch ein ähnliches Vokabular, das bei „Anforderungen" und „Forderungen" beginnt und bei „Leistungen" endet. Von Bedeutung ist deshalb die Frage, wie sich das auf

Qualitätssicherung gestützte Projektmanagement in rechtlicher Hinsicht am besten verhält, wie es am wirksamsten vorgeht.

Grafik: Projektrelevante Rechtsverhältnisse

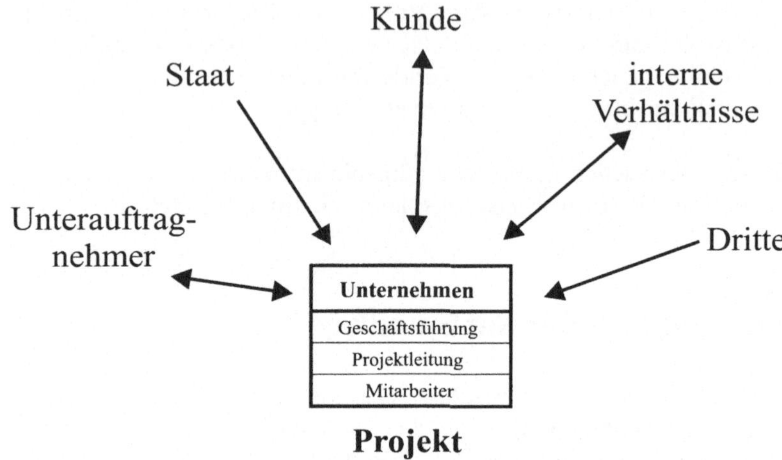

Zwar ist Träger des Projekts regelmäßig ein Unternehmen, doch befindet sich das Projektmanagement an einer wichtigen Schnittstelle zwischen Geschäftsführung, Kunden und Mitarbeitern. Besonders relevant ist dabei das Rechtsverhältnis des Projektteams zum Unternehmen (häufig Dienst- und Arbeitsrecht) als natürlich auch das Verhältnis des Unternehmens zum Kunden (häufig Werkvertragsrecht). Hinzu kommen Urheberrechtsfragen gegenüber Dritten sowie ggf. Fragen der Unterauftragsvergabe. Nicht zu vergessen ist die Relevanz staatlicher Rahmenvorgaben wie z.B. das sogenannte „Multimedia-Gesetz".

Die Durchführung von Maßnahmen der Qualitätssicherung hilft dem Projektmanagement effizient und wirkungsvoll bei der Bewältigung dieser Herausforderungen. Voraussetzung dafür ist allerdings stets die richtige Einordnung juristischer Grundstrukturen.

4.6.1
Richtiges Verständnis juristischer Grundstrukturen

bewährte Prinzipien des Rechts gelten auch weiterhin

Juristerei ist die gewachsene Erfahrung über das verträgliche Zusammenleben von Menschen in einer Gesellschaft. Niedergeschrieben wird diese Erfahrung in Gesetzen. Im Sinne der Zeit interpretiert werden die Gesetze durch die aktuelle Rechtsprechung und die Juristische Lehre. Diese dienen ihrerseits als Grundlage zur Ausarbeitung speziellerer Gesetze. Dieses Prinzip hat sich seit Generationen bewährt. Es wird auch in Zukunft die Juristerei prägen.

Wenngleich viele Menschen dies nicht glauben wollen: Fast immer ist eine rechtliche Weichenstellung das Ergebnis des gesunden Menschenverstandes. Die Kunst der Juristerei liegt dabei allerdings darin, rechtliche Wertungen nicht monokausal, sondern umfassender und unter Berücksichtigung von möglichen Wechselwirkungen zwischen Grundwertungen zu vollziehen. Meist gelingt dies auch – vorausgesetzt, die der Wertung zugrundeliegenden Umstände verändern sich nicht zu schnell. Dies ist ein zentrales Problem der Juristerei mit den Neuen Medien.

4.6.1.1
Kontinuität vs. Neue Medien

Ziel eines Rechtssystems ist nicht zuletzt langfristige Rechtssicherheit. Sie wird bewirkt durch ein hohes Maß an Kontinuität und gerade nicht durch ständige Veränderung. Juristerei ist deshalb im positiven Sinne konservativ, weil schneller Wandel im negativen Sinne Unberechenbarkeit und Unsicherheit bedeutet.

Ziel langfristiger Rechtssicherheit

Die Neuen Medien stellen das juristische System intensiv auf die Probe, da sie die eher langsame Wertungsjurisprudenz aufgrund ihrer rasant zunehmenden Komplexität einerseits, andererseits aufgrund ihrer besonders hohen gesellschaftlichen Bedeutung stark belasten.

Neue Medien sind nur schwer rechtlich greifbar

Grafik: Entwicklungstempo von Neuen Medien und Gesetzen

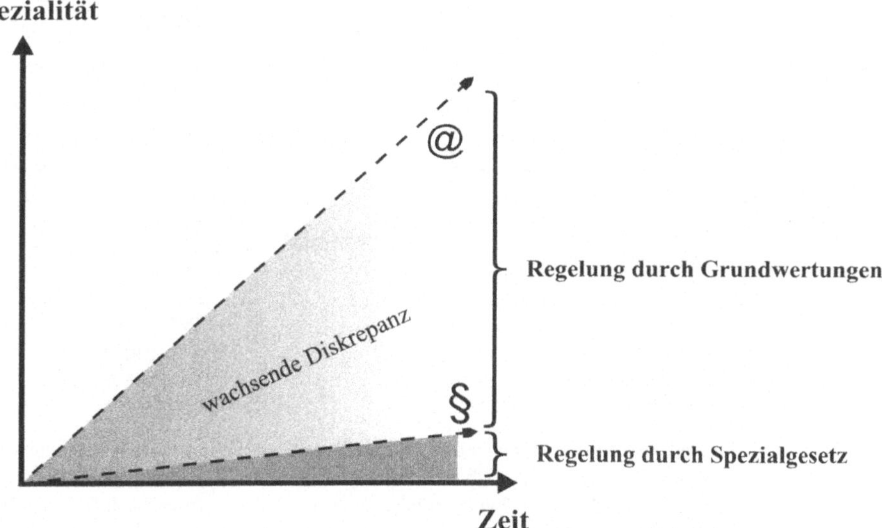

Die Geschwindigkeit, mit der sich die Spezialisierung der Gesetze überhaupt entwickeln kann, muß bereits aus Gründen der Kontinuität wesentlich geringer sein als die Geschwindigkeit, mit der sich die Neuen Medien entwickeln. Dies führt unweigerlich dazu, daß die Lücken bei fehlenden Spezialgesetzen durch langfristige rechtliche Grundwertungen oder Analogien ergänzt werden. Gerade die sorgfältige Beachtung relevanter rechtlicher Grundwertungen ist deshalb eine sinnvolle Schutzstrategie bei Multimedia-Projekten.

- Rechtsstreitigkeiten brauchen mitunter Jahre. Juristen können Rechtsstreitigkeiten aus den Neuen Medien deshalb fast nie „up to date", sondern allenfalls im „Review-Modus" beurteilen. Sie verwenden deshalb unabhängig von der konkreten Gesetzeslage ihr bewährtes Handwerkzeug, um Prozesse zu entscheiden. Vor diesem Hintergrund kann die Qualitätssicherung erheblich helfen, das Recht letztlich zu gewinnen.

4.6.1.2
Beachtung von Grundwertungen mit Qualitätssicherung

wesentliche Grundsätze Wenngleich sich die Juristerei mittlerweile mehr oder weniger gezwungen sieht, scheinbar eherne Grundsätze für die Neuen Medien aufzugeben (Bsp.: elektronische Unterschrift), so hält sich die Sympathie der Juristen gegenüber diesen Neuerungen verständlicherweise in Grenzen. Andere wesentliche Grundsätze des Rechts, insbesondere Regeln der Beweislast sowie der Sorgfaltsgrundsatz, werden hingegen langfristig Bestand haben.

Grafik: Nutzen der Qualitätssicherung in Rechtsfragen

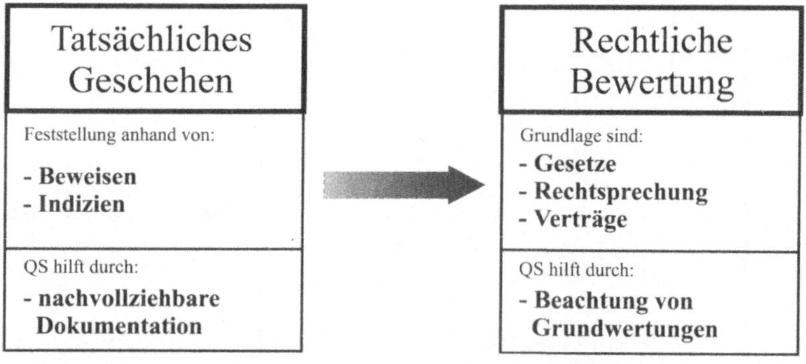

Ein Rechtsstreit hat zwei wichtige Fragestellungen: Was ist tatsächlich passiert? Wie ist dieses Geschehen rechtlich zu bewerten? Auf beiden Ebenen hilft die Qualitätssicherung, denn durch nachvollziehbare Dokumentation werden Sachverhalte, die in der Vergangenheit liegen, glaubwürdig nachvollziehbar. Bei der rechtlichen Beurteilung haben zudem die QS-Prinzipien „Vorbeugung und Kontrolle" eine hohe Relevanz, denn sie entscheiden insbesondere über die Frage des „Vertretenmüssens" in Haftungsfragen.

4.6.2
Verträge ersetzen keinesfalls saubere Arbeit

Für die Qualitätssicherung relevant sind vor allem zwei juristische Fragen:

relevante Fragen

- Bekomme ich das vereinbarte Entgelt für meine Arbeit?
- Muß ich für Fehler meiner Arbeit ggf. haften?

Die Antworten auf beide Fragen kann die Qualitätssicherung positiv beeinflussen, ohne besonders juristisch beschlagen zu sein: Durch bloße Sorgfalt bei der Planung und der Durchführung des Projekts – und durch die Dokumentation dieser Sorgfalt!

durch Sorgfalt beeinflußbar

Selbst raffinierte Winkeladvokaten tun sich schwer mit sorgfältigen Menschen, da der Trick des Rechtsverdrehers in der Regel nur darin besteht, eigentlich klare Sachverhalte bis zur Unkenntlichkeit so zu verklausulieren, daß sie günstig wirken, ohne wirklich günstig zu sein. Das Gesetz schützt diese Vorgehensweise mit dem Hinweis auf die Selbstverantwortlichkeit volljähriger Menschen. Zu recht, denn der beste Schutz ist die gründliche Prüfung von Verträgen mit dem gesunden Menschenverstand.

grds. gilt Prinzip der Selbstverantwortung

Die Frage, die sich dabei eröffnet, ist regelmäßig die gleiche: Nicht so problematisch ist, ob dieser Schutz funktioniert – das tut er! Wichtiger ist, ob dieser Schutz auch tatsächlich angewendet wird oder ob man aus Nachlässigkeit darauf verzichtet.

aktive Prüfung der Verträge

- Auch die besten Rechtsanwälte kennen nicht alle Gesetze auswendig. Sie haben aber einen geschärften „gesunden Menschenverstand", wann eine (vertragliche) Regelung fragwürdig ist. Erst anschließend blicken sie in das Gesetz. Dort werden sie z.Z. aber nur bedingt fündig. Das richtige „Rechtsgefühl" wird auch in Zukunft noch eine wichtige Rolle spielen.

- Je weniger Zeit dem Gesetzgeber bleibt, um spezielle Regelungen von langfristigem Bestand zu schaffen, desto bedeutender werden Grundwertungen und Analogien.

4.6.2.1
Durchsetzung von Forderungen

Grundlage für eine eigene Forderung, insbesondere der Geldleistung, ist zunächst das Bestehen eines Schuldverhältnisses. Der Anspruch ist durchsetzbar, wenn:

- Keine Einwendungen und Einreden bestehen (z.B. Anfechtung)
- Die Fälligkeit des Anspruchs gegeben ist (z.B. durch Abnahme)

Vertrag und Fälligkeit sind die sog. positiven, das Fehlen von Einwendungen und Einreden die negativen Anspruchsvoraussetzungen. Jede Partei hat dabei grundsätzlich die für sie positiven Umstände zu beweisen.

Da die Qualitätssicherung mit der Erarbeitung des Projektleistungsplans eine wesentliche Vertragsgrundlage schafft, dokumentiert sie in großem Umfang, welche Leistungen gegenseitig geschuldet werden. Der dmmv bietet darüber hinaus schon seit längerem Vorschläge im Internet an (www.dmmv.de), welche Minimalinhalte ein Projektvertrag beinhalten sollte. Die schlichte Umsetzung dieser Anhaltspunkte hilft oft wesentlich dabei, eigene Standpunkte durchzusetzen.

Innerhalb der Neuen Medien wird gleichwohl gerne „mit Handschlag" gearbeitet. Sorgfalt heißt hier im eigenen Interesse überhaupt auf die Einbeziehung des Projektleistungsplans in den Vertrag zu bestehen. Wer einen Vertrag indessen auf Ehre und Vertrauen schließt, braucht sich nicht über unangenehme Überraschungen zu wundern.

Ein Anspruch wird jedoch verhindert, wenn man die eigenen Leistung nicht oder nur unzureichend erfüllt. Dies muß allerdings die Gegenseite beweisen.

Der Projektleistungsplan gibt auch fast immer darüber Auskunft, welche Leistungen man selbst vollbracht haben muß, bevor ein eigener Anspruch fällig wird. Werden die eigenen Leistungen sauber dokumentiert, ist der Beweis der nicht erbrachten Leistung nur schwer zu führen.

- Wer von Beginn an sorgfältig alle Phasen dokumentiert, bietet aus Sicht des „bösen" Kunden kaum ein lohnenswertes Ziel. Das saubere Arbeiten per se ist deshalb der beste Präventivschutz gegen schmutzige Methoden. Ausnahmen bestätigen dabei die Regel.

- Ein alter Spruch sagt: „Gleich und gleich gesellt sich gern", deshalb finden Problemfälle oft zueinander. Die saubere Arbeitsweise ist die Visitenkarte des Unternehmens, das anderen keinen Ärger bereiten, sondern Kundenzufriedenheit erzielen will.

4.6.2.2
Minderung der Haftungsgefahr

Natürlich können ausgesprochen laienhafte Verträge dazu führen, daß unkalkulierbare Haftungsrisiken entstehen. Aber selbst „gute" Verträge reichen nicht aus, um sich umfassend gegen Haftungsgefahren zu schützen. Haftungsansprüche ergeben sich nämlich sowohl aus

bzgl. Haftung ist zu differenzieren

- vertraglichen Schuldverhältnissen als auch
- unmittelbar aus dem Gesetz

Unterschieden wird dabei zwischen zwei wesentlichen Arten der Haftung: Der Verschuldenshaftung (Regelfall) und der Gefährdungs- als auch der Garantiehaftung ohne Verschulden (Ausnahmefälle).

4.6.2.2.1 Die Verschuldenshaftung

Grundlage einer Haftung ist fast immer das Verschuldensprinzip. Den Schuldner muß deshalb wenigstens Fahrlässigkeit (§ 276 BGB) zur Last fallen. Diese muß regelmäßig vom Anspruchsteller bewiesen werden.

i.d.R. Verschulden notwendig

Mit der sorgfältigen Durchführung der beschriebenen Stufen der Qualitätssicherung und deren entsprechender Dokumentation gelingt der Verschuldensnachweis durch den Anspruchsteller nur sehr schwer.

planvolles Arbeiten entlastet

Dieser Entlastungsbeweis gilt auch für die sogenannte Haftung für vermutetes eigenes Verschulden (§ 831 BGB), z.B. wegen der Auswahl schlechter Mitarbeiter oder schlechten Materials sowie für die Grundsätze der Produzentenhaftung (§§ 823 ff. BGB), bei denen eine Beweislastumkehr zu Ungunsten des Produzenten besteht.

4.6.2.2.2 Die Gefährdungshaftung

Besonders wichtig ist die Dokumentation aber im Rahmen der sogenannten Produkthaftung (nach ProdHaftG), denn für sie wird kein Verschulden mehr vorausgesetzt. Ohne den Nachweis entsprechender Sicherheitsvorkehrungen kann eine Haftung aufgrund fehlerhafter New-Media-Produkte sehr teuer werden.

Kommt es zu zu Urheberrechtsverletzungen, so ist eine Haftung auf Beseitigung ähnlich wie bei der Gefährdungshaftung auch ohne Verschulden gegeben. Der Inhalt des Anspruchs geht dabei auf Beseitigung und/oder Herausgabe, bei Wiederholung auf Unterlassen. Kommt allerdings ein Verschulden hinzu, so erstreckt sich die Haftung darüber hinaus auch auf Schadensersatz.

Da Urheberrechtsverletzungen häufig auf Unachtsamkeit beruhen, hilft die Qualitätssicherung durch sorgfältige Planung und gezielte Kontrollen, entsprechende Haftungsgefahren wesentlich zu mindern.

4.6.2.2.3 Die Garantiehaftung

Auch bei vertraglichen Haftungsfragen schützt die qualitätsorientierte Planung und Dokumentation, so z.B. bei der Haftung beim Fehlen zugesicherter Eigenschaften. Diese Haftung geht auch ohne Verschulden umfänglich auf Schadensersatz.

Zum einen wird man sich bewußt, was man anderen tatsächlich zusichert, zum anderen ist z.B. im Wege einer e-QFD oder einer e-FMEA zu prüfen, welche Zusicherungen tatsächlich realisierbar sind.

4.6.2.2.4 Zusammenfassung

Mit sorgfältiger Planung und Dokumentation kann auch ohne genaue Kenntnis der aktuellen Rechtslage umfänglich verhindert werden, daß es überhaupt zu einer Haftung kommt. Schon allein die gezielte Durchführung operativer Qualitätstechniken hilft deshalb nicht nur, Geld zu sparen, sondern auch, ein ruhiges Gewissen zu haben.

4.6.3
Mitwirkung des Kunden beim Projekt

In rechtlicher wie tatsächlicher Hinsicht heikel ist die freiwillige oder unfreiwillige Einbeziehung des Kunden in die Projektarbeit.

Automobilhersteller A sichert zu, daß seine Werbungsabteilung die für die Weiterverarbeitung notwendigen Bilder digitalisiert. Außerdem will er ein bereits inhouse erstelltes Director-Movie überarbeiten und in das Projekt einbinden. Bei der Realisierung des Projekts kommt es schließlich zu erheblichen Verzögerungen, da die Werbeabteilung unvorhergesehener Weise durch einen Katalog aufgehalten wurde.

Die Problematik liegt nicht allein darin, wie diese Pflichtenübernahme rechtlich zu regeln ist, sondern vor allem in der Frage, wie man vorgehen soll, wenn man tatsächlich auf das Recht angewiesen ist.

Die Unterstützung des Projekts durch den Kunden ist grundsätzlich zu begrüßen. Allerdings ist der gute Wille schneller ausgesprochen als in die Tat umgesetzt. Gerade bei Großunternehmen ist zu bedenken, daß die Reaktionsgeschwindigkeit nicht immer die schnellste und die interne Abstimmung nicht immer die beste ist.

Andererseits kann es im Einzelfall gar nicht möglich sein, ohne diese Kooperation an einem Projekt zu arbeiten. Die Gefahr besteht darin, daß durch die Doppelrolle des Auftraggebers als Kunde und Produktionspartner die ansonsten anwendbaren „Druckmittel" nicht ohne weiteres eingesetzt werden können.

Was tun, wenn Beitrag ausbleibt?

Würde im obigen Beispiel ein externer Dienstleister nicht fristgerecht arbeiten, müßte man ihn ggf. kündigen oder haftbar machen. Arbeitet jedoch ausgerechnet der Kunde nicht vereinbarungsgemäß, sind Druckmittel kaum anwendbar, selbst wenn die rechtlichen Voraussetzungen dafür vorhanden wären.

Das Folgeproblem ist die Frage, welche Zeit- bzw. Kostenplanung im PLP unter solchen Umständen überhaupt noch realistisch ist. Diese Problematik kann nur ganz selten handfest beurteilt werden. Deshalb gilt als Faustregel die Formel, daß der durchschnittliche Kunde auf die Gefahr diesbezüglicher Konflikte hingewiesen werden und ihm von der Beteiligung argumentativ eher abgeraten werden sollte.

Gefahr von Konflikten

- Auch der beste Vertrag läßt sich in solchen Momenten im Stich! Für die Qualitätssicherung ist die Situation in jedem Fall eine Belastungsprobe.

- Nicht anders ist der Fall zu bewerten, daß der Kunde die Planung immer wieder über den Haufen wirft oder mit stetigen Bagatellen die Fortsetzung des Projekts behindert („Das Bitmap sollte vielleicht fünf Millimeter mehr nach links"). Diese Umstände sprechen aber nicht gegen, sondern umso eher für eine gründliche, kundenorientierte Planung. Der Grund: Die Hemmschwelle des Hineinredens „just for fun" ist geringer, wenn ohnehin keine Planung beim Multimedia-Dienstleister erkennbar ist.

- Unproblematisch ist hingegen der Fall, daß der Kunde definitiv fertige Elemente zur Verfügung stellt. Diese Möglichkeit sollte ausführlich überprüft und im PLP wie im Vertrag festgehalten werden.

4.7
Zusammenfassung

Die Qualitätssicherung ist ein wichtiges Hilfsmittel des Projektmanagements. Für die sechs Kernprozesse jedes Projekts bestehen besondere Werkzeuge der operativen Qualitätssicherung (z.B. e-QFD, e-FMEA, FBP), die neben dem allgemeinen Handwerkzeug des Projektmanagements eingesetzt werden können. Die Projektleitung besitzt die Verantwortung dafür, wann und wie diese Hilfsmittel tatsächlich eingesetzt werden.

Besondere Relevanz besitzt die Qualitätssicherung am Anfang des Projekts, da zu diesem Zeitpunkt die wesentliche Weichenstellung für das Projekt festgelegt wird. Versäumnisse, die in dieser Phase passieren, haben überproportional ansteigende Auswirkungen bis zum Ende des Projekts. Deshalb sollte die erste Projektphase, die Beratung, besonders sorgfältig vorbereitet werden.

Für die späteren Phasen helfen die Werkzeuge der operativen Qualitätssicherung, Zeit und Kosten realistisch zu kalkulieren. Das Ergebnis der Kalkulation ist in einem Projektleistungsplan (PLP) zu fixieren. Dieser ist nicht allein zur Dokumentation gegenüber dem Kunden, sondern auch zur Selbstorganisation notwendig.

Der PLP seinerseits ist eine wichtige Grundlage für die vertragliche Ausgestaltung des Projekts. Darüber hinaus bestehen weitere Schnittstellen zwischen Qualitätssicherung und Recht, insbesondere bei der Minderung von Haftungsrisiken.

Die sorgfältige operative Qualitätssicherung hilft damit, mehrere Ziele mit einem geringfügigen Mehraufwand zu fördern. Dies sind jedenfalls Kundenzufriedenheit, interne Mitarbeiterzufriedenheit und Minderung von Haftungsrisiken.

Anwendungskompass
Kapitel 4

1. Dokumentieren Sie die Entscheidung für oder gegen bestimmte QS-Maßnahmen phasenbezogen!

2. Binden Sie das Team in die diesbezügliche Entscheidungsfindung mit ein!

3. Achten Sie darauf, daß Sie stets mit gutem Vorbild vorangehen, wenn es um operative QS geht!

4. Beachten Sie Softfacts wie Motivation und Routine. Fangen Sie gerade am Anfang step by step an!

5. Nehmen Sie sich Zeit zum kontinuierlichen und wiederholten Einüben von operativen QS-Maßnahmen.

6. Verlieren Sie sich nicht in rechtlichen Detailfragen. Sorgfältige Dokumentation ist oft der beste Schutz!

Literatur zu Kapitel 4:

[4.1] Greunke, U.: Erfolgreiches Projektmanagement für neue Medien; HORIZONT-Reihe; vorauss. Mitte 1999.

[4.2] Kellenberger, M. und Müller, U.: Projektbezogenes Qualitätsmanagement in der Baubranche; in: Q-Agenda 1996 – Das Jahrbuch zur Qualität, S. 215. Gossau: Reaprint-Verlag.

[4.3] Schifmann R.; Heinrich, Y.; Heinrich, G. (1999): Multimedia Projektmangement. Heidelberg: Springer.

[4.4] Vichr., A.; Lehmann, T. (1999): Die Angebotsphase in der Multimedia-Produktion. München: Hightext.

5 Fragen zu Leistungsmerkmalen von Multimedia-Angeboten und Programmen

Alexander Felsenberg, Deutscher Multimedia-Verband (dmmv)

5.1
Einleitung

Multimedia-Medien Offline (CD-ROM, DVD) und Online (Internet, Online-Dienste) sind Basis-Träger-Medien wie das Papier. Vor allem Internet und Online-Dienste repräsentieren das „Vierte Medium" in der Entwicklungsgeschichte der Medien.

„Viertes Medium"

Online-Multimedia ist ein Querschnittsthema, d.h. es findet in vielen Bereichen Anwendung. So vielfältig wie die Bereiche sind, so vielfältig sind auch die Kriterien, die zur Bewertung einer Anwendung notwendig sind. Eine Online-Info-Site unterscheidet sich von einer E-Commerce-Site wesentlich und deshalb sind die Kriterien, um ihre Qualität zu bewerten, jeweils anders. Das Gleiche gilt bei Offline-Programmen wie etwa Spielen oder elektronischen Katalogen.

jede Anwendung bedarf spezieller, eigener Kriterien

Die Auftragsproduktion von MM-Anwendungen und Programmen stellt eine ganz besondere Herausforderung dar. Hier ist nicht nur die Kenntnis der spezifischen Funktionen des Mediums für einen definierten Kommunikationszweck bei Berücksichtigung der bisherigen Nutzungsstrukturen gefragt, sondern hier werden weitere strukturelle, organisatorische, formale und rechtliche Anforderungen von Seiten den Auftraggebers an den Produzenten gestellt. Sie sind es, die über die funktionalen Qualitäten der Anwendungen und Programme hinaus, die Qualität einer Produktion definieren.

Auftrags-Produktionen

Der nachfolgende Fragenkatalog ist eine Orientierungshilfe, um zu bestimmen, welche grundlegenden Leistungsmerkmale ein konkretes Multimedia-Angebot/Programm besitzen soll und wie es gestaltet werden kann. Die Fragen sind keine Sammelliste für Siegerpunkte im Sinne von „viel = gut" und „wenig = schlecht", sondern ein freies und offenes System zur Selbstbewertung. Die gefundenen Antworten bilden die Basis einer weitergehenden, individuellen Qualitätsbeurteilung. Das Prinzip der Frage ermöglicht dabei eine eigene Schwerpunktsetzung.

Der Ursprung dieses Fragenkatalogs liegt darin, daß bei manchem Multimedia-Angebot/Programm der Eindruck entsteht, es sei zu früh und mit zuviel Energie in die Erstellung aufwendiger Details investiert worden, bevor man sich die Zeit genommen hat, das eigentliche Ziel und die Möglichkeiten des Angebots/Programms näher zu präzisieren.

Der Katalog ist deshalb ein zweckmäßiges Hilfsmittel, um sich mit diesen grundlegenden Fragestellungen in der Beratungs- und Planungsphase, aber auch nach Fertigstellung auseinanderzusetzen. Die gefundenen Antworten können festgehalten und die Ergebnisse miteinander verglichen und ggf. in Einklang gebracht werden. Die Fragen können auch im Gespräch mit dem Kunden helfen, den Leistungsumfang und die Vielschichtigkeit des Angebots/Programms besser zu verdeutlichen.

Der Fragenkatalog hilft, wichtige Eckpunkte des Angebots/Programms rechtzeitig zu bestimmen. Zudem kann er als Anregung dienen, um eigene bzw. individuell ausgestaltete Fragesysteme zu entwerfen.

Anzumerken bleibt, daß der Schöpfer interaktiver Medien, so wie der Schöpfer jeglicher audiovisueller Medien, das Angebot /Programm immer „von hinten" konzipieren muß, denn es ist der Nutzer in einer bestimmten Situation, der das Angebot/Programm nutzt. Dieser Nutzer hat ein bestimmtes Unterhaltungs-, Informations-, Kommunikations- und Konsum-Bedürfnis. Dem gilt es zu entsprechen. Diese Prämisse und das Selbstbestimmungsrecht des Nutzers sind wichtige Grundlagen für die Entwicklung von Anwendungen und Programmen des vierten Mediums.

5.2
Aufbau und Anwendung

Die folgenden Leistungsmerkmale beziehen sich je nach Anwendung/Programm sowohl auf Online- als auch Offline-Angebote/ Programme (eine genaue Kategorisierung wird erst zu einem späteren Zeitpunkt folgen). Die Leistungsmerkmale sind Anhaltspunkte, die je nach Anwendung/Programm unterschiedliche Relevanz haben. Sie sind nachfolgend unterteilt in verschiedene Leistungsaspekte:

- Zielgruppenorientierte Merkmale (dazu 5.2.1)
- Nutzen- und Inhaltsmerkmale (dazu 5.2.2)
- Medienorientierte Merkmale (dazu 5.2.3)
- Technische Merkmale (dazu 5.2.4)

Der Katalog ist offen, gibt also keine vorgefertigten Antworten, um zum eigenen Nachdenken anzuregen. Er kann und sollte deshalb auch durch eigene Fragen erweitert werden. Beachtet werden sollte bei der Integration neuer Fragen eine gewisse Systematik, also Themenorientierung – nur so können bei der Auswertung der Antworten Wechselwirkungen erkannt werden.

Grafik: Systematik des Fragenkatalogs

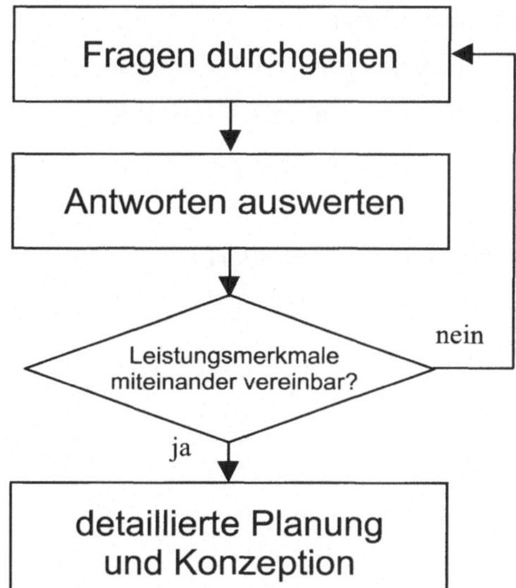

Die in der Grafik vorgegebene Systematik bezieht sich auf die erstmalige Planung eines Angebots/Projekts. Wird der Fragenkatalog auf bereits bestehende Angebote/Programme angewendet, bildet er eine gute Basis zur weitergehenden Optimierung.

5.2.1
Zielgruppenorientierte Leistungsmerkmale

- Wo wird das Angebot/Programm genutzt?

- Wer nutzt das Angebot/Programm?

- Wann wird der Nutzer das Angebot/Programm nutzen?

- Welche Systemvoraussetzungen sind beim Nutzer vorhanden?

- Welche Erfahrung des Nutzers setzt das Angebot/Programm voraus?

- Benötigt der Nutzer eine zusätzliche Hilfe oder eine Schulung?

- Können mehrere Nutzer das Angebot/Programm gemeinschaftlich nutzen?

- Erwartet der Nutzer des Angebots/Programms Unterhaltung?

- Erwartet der Nutzer des Angebots/Programms Spannung?

- Erwartet der Nutzer Animationssequenzen?

- Erwartet der Nutzer Film oder Musik?

- Erwartet der Nutzer des Angebots/Programms Aktualität?

- Erwartet der Nutzer des Angebots/Programms Information?

- Erwartet der Nutzer des Angebots/Programms Transaktion?

- Erwartet der Nutzer des Angebots/Programms Feedback?

- Kann der Nutzer interagieren? (Wie?)

- Kann der Nutzer Objekte bewegen oder verändern?

- Kann der Nutzer Daten eingeben?

- Bekommt der Nutzer Feedback?

Eigene Fragen:

- ....

- ....

- ....

- ....

- ....

- ....

- ....

5.2.2
Nutzen- und Inhaltsmerkmale

- Macht das Angebot/Programm auf den ersten Blick einen guten Eindruck?

- Ist das Kommunikationsziel genau erkennbar?

- Welchen Nutzen/Gebrauchswert hat das Angebot/Programm?

- Was ist die Kernaussage des Angebots/Programms?

- Ist das Angebot/Programm neuartig?

- Ist das Angebot/Programm zeitgemäß (zu früh/zu spät)?

- Ist die Idee außergewöhnlich?

- Ist das Angebot/Programm phantasiefördernd?

- Dient der Inhalt mehr der Unterhaltung, der Information und/oder der Transaktion?

- Was ist die USP (unique selling proposition) gegenüber Konkurrenzprodukten und anderen Medien?

- Ist die Hilfefunktion verständlich?

- Besteht eine Suchfunktion?

- Kann der Nutzer das Angebot/Programm bzw. Teile davon ausdrucken?

- Welche Informationen erscheinen gleichzeitig?

- Wieviel Informationen enthält das Angebot/Programm insgesamt?

- Muß der Nutzer für den Gebrauch bezahlen?

- Kann das Angebot/Programm insgesamt überzeugen?

- Hätte das Angebot/Programm auch mit herkömmlichen Medien dargestellt werden können?

Navigation:
- Ist der Inhalt nachvollziehbar gegliedert?

- Sind Navigationselemente (Buttons) eindeutig und auffindbar?

- Kommt man schnell zu den relevanten Themen?

- Wie erfährt der Nutzer, wo er sich befindet?

- Bauen die Elemente des Angebots/Programms aufeinander auf?

- Kann der User das Angebot/Programm unproblematisch abbrechen?

Grafik:

- Entspricht die Grafik der CI oder dem Kommunikationszweck?

- Unterstützt die Grafik die Funktionalität?

- Unterstützt die Grafik die Übersicht (Navigation)?

Nutzerinformation:

- Wird der Nutzer über seine Rechte informiert?

- Wird der Nutzer über den Verbleib seiner Eingaben/Daten informiert?

- Wird der Nutzer über die nächtsten Schritte, also das, was weiter geschieht informiert (z.B. bei Bestellungen)?

- Hat der Nutzer eine Anlaufstelle (Hotline)?

Recht:

- Entspricht das Angebot/Programm der deutschen Gesetzgebung (IuKDG, Jugendschutz, Wettbewerbsrecht, Presserecht, Mediendienstestaatsvertrag)?

- Sind die Urheberrechte geklärt?

- Sind die Verknüpfungen des Angebots/Programms rechtlich geprüft?

Eigene Fragen:

- ....

- ....

- ....

- ....

- ....

- ....

- ....

- ....

- ....

- ....

- ....

5.2.3
Medienorientierte Leistungsmerkmale

- Wieviele Medien benutzt das Angebot/Programm?
- Sind diese Medien allesamt notwendig?
- Passen die verwendeten Medien zueinander?
- Ist das Angebot/Programm übersichtlich gestaltet?
- Ist der Text verständlich?
- Welche Typographie wurde gewählt?
- Wie ist die Bildaufteilung?
- Wie ist die Funktionalität der Bildelemente?
- Wird das Corporate Identity gewahrt?
- Welche Designmerkmale enthält das Angebot/Programm?
- Wie ist die Farbgestaltung erfolgt?
- Wurden Bilder speziell für das Angebot/Programm überarbeitet?
- Wird Sound (Athmo.) verwendet?
- Wird ein professioneller Sprecher verwendet?
- Ist das Angebot/Programm auch ohne Sound für den User verständlich?

Eigene Fragen:

- ....
- ....
- ....
- ....
- ....
- ....
- ....
- ....

5.2.4
Technische Leistungsmerkmale

- Welche Systemvoraussetzungen benötigt das Angebot/Programm?

- Ist eine Installation notwendig? Ist eine Deinstallation vorgesehen?

- Kann das Angebot/Programm von der Disc laufen?

- Kann die Installation/Deinstallation einfach durchgeführt werden?

- Entspricht die verwendete Technik dem Stand der Gegenwart?

- Ist eine Crossmedia-Funktion vorgesehen?

- Sind die Original-Daten gegen unbefugte Verwendung geschützt?

- Läuft das Angebot/Programm einwandfrei und flüssig?

- Wie absturzsicher ist das Angebot/Programm?

- Wurde das Angebot/Programm getestet?

- Sind die Verknüpfungen des Angebots/Programms technisch geprüft?

- Welche Testverfahren wurden durchgeführt?

- Wer hat die Testverfahren durchgeführt?

- Wie lange wurden Testverfahren durchgeführt?

Eigene Fragen:

- ....
- ....
- ....
- ....
- ....
- ....
- ....
- ....
- ....
- ....

6 Qualitätsstandards – Ein Instrument zur Sicherung der Informationsqualität in Multimedia-Produktionen

Dr. Martin J. Eppler, mcm institute der Universität St. Gallen (HSG)

6.1
Einführung

Dieser Beitrag stellt ein Konzept zur Sicherung der Informationsqualiät in Multimedia-Produkten vor. Zu diesem Zweck wird einleitend erläutert, was unter dem Begriff „Informationsqualität" zu verstehen ist und welche Elemente er beinhaltet (nämlich Interaktions-, Text-, Bild-, und Sprach-/Tonqualität).

Darauf aufbauend sollen fünf Möglichkeiten vorgestellt werden, wie diese Qualität im Multimedia-Produktentwicklungsprozeß gesichert werden kann (durch spezielle Rollenbeschreibungen, Ausbildungsformate, Vorlagen, Standards und Vorgehensmodelle).

Eine dieser Möglichkeiten, die Etablierung von Qualitätsstandards, wird daraufhin genauer erläutert und anhand von Beispielen erklärt. Es wird gezeigt, daß Qualitätsstandards ein einfaches Kommunikationsinstrument sind, um ein einheitliches Verständnis von Informationsqualität in einem Entwicklungsteam oder einer Multimedia-Unternehmung zu gewinnen.

Als Anwendungsgebiet sind dabei vor allem professionelle Multimediasysteme, wie Point of Information/Point of Sale Applikationen, Internet und Intranet Angebote, wie auch Schulungs- oder Instruktions-CD-ROMs oder Kiosksysteme vorgesehen. Für Spiele und vergleichbare Applikationen eignet sich dieser Beitrag eher weniger.

Sicherung von Informationsqualität

Bereiche für Anwendung

Der vorliegende Beitrag beantwortet somit die folgenden drei Fragestellungen:

- Was ist unter Informationsqualität im Kontext von Multimedia zu verstehen?

- Wie kann ermöglicht werden, daß ein Multimedia-Team das gleiche Verständnis von Qualität hat und sich an den selben Kriterien ausrichtet?

- Wie können Qualitätsstandards genutzt werden, um die Qualität im Multimediabereich zu sichern, und welches Maß an Standards ist dabei sinnvoll?

Um diese drei Fragen zu beantworten, stützt sich der Beitrag auf die Forschungsergebnisse des Instituts für Medien- und Kommunikationsmanagement der Universität St. Gallen, sowie auf die Erfahrungen und Berichte namhafter Praktiker und Autoren auf dem Gebiet der Multimediaentwicklung (wie etwa Clement Mok, Jakob Nielsen oder Edward Tufte).

6.2
Das Konzept „Informationsqualität"

Wie in der Einleitung zu diesem Band festgestellt wurde, ist der Begriff Qualität im Umfeld von Multimedia-Produkten wenig klar definiert. Oft wird Qualität als die subjektive Wertschätzung einer Multimedia Lösung betrachtet, welche rein intuitiven Kriterien folgt. Dies kann dazu führen, daß individuelle Neigungen und persönliche Präferenzen (etwa eines Designers oder Programmierers) die Ausgestaltung eines Multimediaproduktes dominieren und die Anforderungen des Kunden oder die Vorgaben der eigenen Unternehmung zuwenig Gewicht erhalten.

Der Begriff „Informationsqualität" hat im Gegensatz dazu in den letzten Jahren zunehmend an Bedeutung und Schärfe gewonnen. So hat beispielsweise die Kommission der Europäischen Union bereits vor einigen Jahren eine Gruppe ins Leben gerufen, welche sich spezifisch mit den Anforderungen an Informationsqualität auseinandersetzt (*vgl. http://193.91.44.33/qa/en/qa3.html*). Firmen wie Reuters haben begonnen, spezielle Stellen für die Sicherung der Informationsqualität zu schaffen und Qualitätsprozesse für Informationsprodukte zu implementieren. Im universitären Bereich haben Institutionen wie etwa das MIT in Massachusetts vor ca. vier Jahren begonnen, Konferenzen und Kurse zum Thema „Information Quality" durchzuführen (*vgl. http://web.mit.edu/TDQM/*). Der Hauptaspekt all dieser Aktivitäten liegt jedoch oft auf der Qualität der Informationen und Daten, nicht aber auf dem sinnvollen und geprüften Verbund von Medien und der Präsentation von Information in diesem Kontext. Hier herrscht nach wie vor Handlungs- und Forschungsbedarf. Trotzdem bieten die Konzepte im Bereich Informationsqualität wertvolle Hinweise für die Qualitätssicherung im Multimediabereich. Sie zeigen auf, wie Qualitätsmethoden und Instrumente für immaterielle Produkte (wie Multimedia) anwendbar gemacht werden können.

Informationsqualität kann generell definiert werden als Information, die für die Benutzer den Verwendungszweck erfüllt (vgl. Huang, Lee und Wang (1999)). In diesem Beitrag wird Qualität, in Anlehnung an die gängige Qualitätsmanagement-Diskussion, verstanden als:

Definition

- „Fitness for use" (das Produkt erfüllt den Verwendungszweck)

- Übereinstimmung mit den Spezifikationen (festgelegten Produkteigenschaften) oder Kundenanforderungen.

- Fehlerfreiheit (das Produkt enthält keine „Bugs" oder Lücken).

Nähere Informationen zu diesem Verständnis finden sich im Internet, beispielsweise: http://quality.org/TQM-MSI/TQM-glossary.html

Der Begriff „Informationsqualität" beschreibt somit die Eigenschaft einer Information und ihrer Einbettung, ihren Verwendungszweck optimal zu erfüllen, d.h. beispielsweise klar und schnell zu informieren, spannend zu unterhalten, verständlich zu instruieren oder auch effizient konsultiert werden zu können.

Im Kontext von Multimedia verstehen wir Informationsqualität als Kombination folgender vier Eigenschaften:

multimedialer Kontext

1. Interaktionsqualität (inkl. Verbundsqualität)

2. Textqualität

3. Bildqualität (inkl. Qualität der Animation)

4. Sprach- und Tonqualität

Die Interaktionsqualität bezeichnet dabei die bedarfsgerechte Ausgestaltung der Informationsumgebung und der Navigationsfunktionen einer Multimedia-Anwendung. Eine hohe Interaktionsqualität führt dazu, daß sich ein Benutzer schnell und ohne

Qualität in der Interaktion

Schwierigkeiten in einer großen Menge von Informationen bewegen kann. Mit Verbundsqualität wird in diesem Zusammenhang die abgestimmte Verbindung der unterschiedlichen Medien (Film, Bild, Text, Animation, etc.) in einer Plattform (z.B. CD-ROM, Web-Site, etc.) bezeichnet. Dieser Qualitätstyp beinhaltet somit auch einen Großteil der Programmierqualität (d.h. zum Beispiel Stabilität und Geschwindigkeit).

Textqualität   Die Textqualität in einer Multimedia-Anwendung kann definiert werden in Bezug auf den Stil, den Inhalt, das Format und die Darstellung der Sprache in Schriftform, welche gewissen Minimalanforderungen genügen muß.

Bildqualität   Die Bildqualität bezieht sich auf die Art der Darstellung visueller Informationen im Multimediakontext. Qualitativ hochwertige Bilder, Videosequenzen oder Animationen zeichnen sich dadurch aus, daß sie gewissen ästhetischen, technischen, funktionalen und kognitiven (d.h. ergonomischen) Minimalkriterien genügen.

Audioqualität   Die Sprach- bzw. Tonqualität schließlich besteht einerseits aus der Verständlichkeit und Klarheit der Akustik, andererseits aus der adäquaten Ausgestaltung der inhaltlichen Sprachkomponenten (z. B. prägnante und klare Formulierungen mit menschlicher Note).

Diese vier Elemente können aus drei Sichtweisen beurteilt werden:

- aus Kundensicht (z.B. Benutzerfreundlichkeit, Mehrwert der Information für dessen Tätigkeit, Spaßfaktor),

- aus der Sicht der Wartung, Administration oder Weiterentwicklung (z.B. Wartbarkeit, Dokumentation, Migrationsfähigkeit),

- aus Expertensicht (z.B. pädagogisch sinnvoll, künstlerisch gelungen, bezüglich Sicherheitsaspekten, etc.).

Minimalkriterien   Die vier genannten Elemente von Informationsqualität, die in diesem Artikel im Vordergrund stehen, sollen nachfolgend beschrieben werden. Dies soll es ermöglichen, Minimalkriterien abzuleiten, welche zu einem Qualitätsstandard für Multimediaprodukte zusammengefaßt werden können. Dabei werden im folgenden vor allem die Kundensicht und die Expertensicht betont.

Bevor Qualitätstandards eingehend besprochen werden, soll vorerst das gesamte Spektrum an Qualitätssicherungsinstrumenten kurz vorgestellt und in ein Grundmodell eingeordnet werden.

6.3
Maßnahmen zur Sicherung der Informationsqualität

Will man Maßnahmen zur Sicherung der Qualität in Multimedia-produkten einführen, so empfiehlt es sich, deren Einsatzbreite und Dosierung zeitlich vorsichtig zu gestalten, da ein Zuviel an Maß-nahmen, Regeln oder Tools demotivierend wirken kann. Deshalb gilt es, die Maßnahmen auf die wirklich kritischen Prozeßschritte zu begrenzen. Qualitätsichernde Maßnahmen sollten deshalb vor allem an den folgenden Stellen der Multimediaentwicklung ansetzen:

- beim Erfassen der Kundenbedürfnisse,

- bei der Zusammenstellung der Produktspezifikationen,

- im Rahmen des Multimedia-Projektmanagements,

- bei der internen Überprüfung der Informationsqualität des Endproduktes und

- bei der Erfassung der Kundenzufriedenheit und daraus resultie-renden (eventuellen) Modifikationen.

Die folgende Darstellung zeigt den Kreislauf der Qualitätssicherung in diesem Sinne.

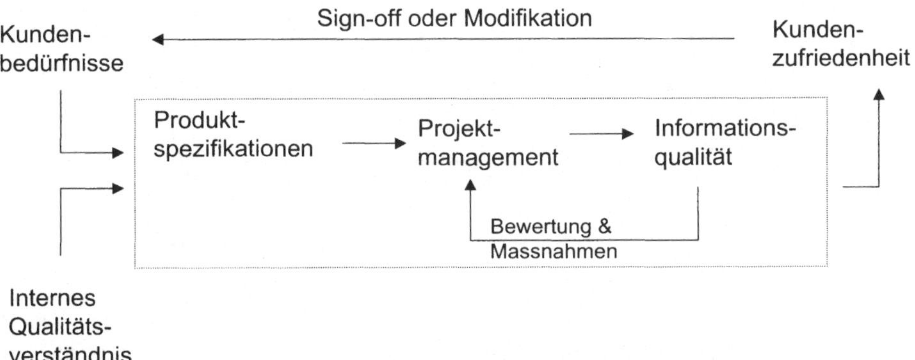

Abbildung 1: Der Qualiätssicherungskeislauf in der Multimedia-Entwicklung (in Anlehnung an: Chang, P. and Shen P. (1997))

Der Qualitäts-Kreislauf beginnt mit der systematischen Erfas-sung der Kundenbedürfnisse und Erwartungen, welche daraufhin in konkrete Produktspezifikationen übersetzt werden. Dabei sollte auch das interne Verständnis von Qualität des Teams oder der Agentur eingebracht werden (d.h. die eigenen Ansprüche an die zu leistende Arbeit). Hier können traditionelle TQM (Total Quality Management) Werkzeuge, wie Pareto Charts, House of Quality oder Ursache-Wirkungsdiagramme zum Einsatz kommen.

Im Rahmen des Multimedia-Projektmanagements gilt es, diese Anforderungen und Spezifikationen soweit wie möglich (und so rasch wie möglich) zu realisieren. Am Ende dieses Prozesses steht ein qualitativ hochwertiges „Informationsprodukt," welches einerseits den internen Qualitätsanforderungen genügt, andererseits die Kundenwünsche befriedigt oder übertrifft. Nützliche Qualitätsinstrumente für diese Phase sind Standards, Templates, und Checklisten oder einfache Regeln.

In diesen fünf Phasen kommen unterschiedliche Qualitätssicherungsinstrumente zum Einsatz, welche aufgrund ihrer Schwerpunkte in die Kategorien Mensch, Technik und Organisation eingeteilt werden können. Die folgende Abbildung faßt diese Instrumente zusammen.

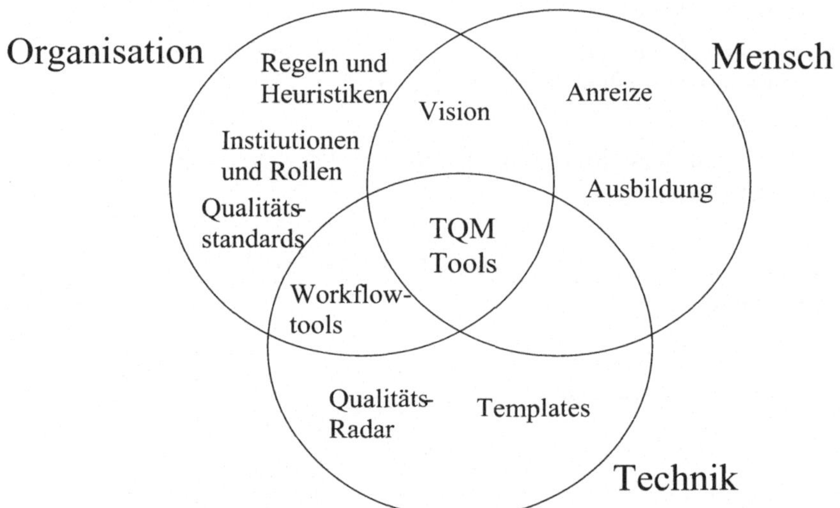

Abbildung 2: Maßnahmen zur Sicherung der Informationsqualität in Multimedia-Produkten

Abbildung 2 zeigt, daß zur Sicherung der Informationsqualität in Multimediaprodukten zehn verschiedene Ansätze gewählt werden können. Diese zehn Ansätze werden nachfolgend kurz besprochen, bevor dann auf einen Ansatz (Qualitätsstandards) genauer eingegangen wird.

Wie erwähnt, können diese Instrumente anhand ihres Wirkungsschwerpunktes gegliedert werden, d.h. ob sie vor allem beim „Menschen" direkt wirksam werden, ob sie die „Organisation" als ganzes betreffen, oder ob sie vor allem durch „Technik"-Einsatz zum Tragen kommen.

Zum Bereich „Mensch" können Maßnahmen wie entsprechende Ausbildungsaktivitäten und Anreizmechanismen zur Wahrung der Qualität gezählt werden. Ausbildungsformate im Bereich Multimediaqualität sollten dabei Gewicht legen auf die Vermittlung der Grundprinzipien von Multimedia (z.B. Ergonomieprinzipien), kritischen Erfolgsfaktoren der verschiedenen Medien (z.B. Farblehre) und auf die Beherrschung der Arbeitswerkzeuge (z.B. Macromedia Director).

Mögliche Formate dazu sind Fallstudien, das Lernen von guten und schlechten Lösungen („Hall of Fame" und „Hall of Shame" der Multimediaagentur), sowie Peer Training (Erfahrungsaustausch zwischen Neuanfängern). Anreizmechanismen für die Verbesserung der Qualität sind beispielsweise die Ausschreibung, Nomination und Vergabe eines internen Qualitätspreises (im Sinne von „Agentur-Awards") oder die Integration von Qualitätsindikatoren in die Führungsinstrumente (z.B. als Teil des jährlichen Reviewgespräches mit dem oder der Vorgesetzten).

Auf der Schnittfläche zwischen Mensch und Organisation liegt die Maßnahme Vision. Damit ist die prägnante Formulierung eines Qualität-Leitsatzes gemeint, mit dem sich die Mehrheit der Multimediateams identifizieren können. Diese Vision kann auf eine eingängige Art und Weise visualisiert und gut sichtbar aufgehängt werden (eine Möglichkeit zur Visualisierung einer Qualitätsvision sind sogenannte ArtMaps, d.h. mindmapartige Leitbilder).

Für den Bereich „Organisation" sind vor allem zwei Maßnahmen denkbar. Erstens die Schaffung von spezifischen Institutionen oder Rollen, welche die Sicherung der Qualität explizit übernehmen. Bezeichnungen für derartige Stellen sind beispielsweise Usability Labs (vgl. Nielsen, 1993, S. 200 ff.), Lektoren, Schlußredaktionen, Layout-Controller oder Pilottester. Zweitens gibt es auf Organisationebene die bereits erwähnte Möglichkeit von Qualitätsstandards. Standards sind kompakte Kriterienkataloge, welche als Minimalvorgaben gewisse Qualitätsniveaus definieren und somit vorgeben sowie überprüfbar machen. Sie werden im nächsten Teil ausführlich besprochen. Ebenfalls in den Bereich Organisation fallen Heuristiken (Vorgehensweisen) oder Regeln, wie etwa diejenigen des Usability Gurus Jakob Nielsen (ebenda).

Seine neun Gebote für qualitativ hochwertige Benutzeroberflächen lauten etwa:

1. Benutzen Sie eine einfache und natürliche Sprache.
2. Sprechen Sie die Sprache des Benutzers.
3. Minimieren sie den Gedächtnisaufwand für den Benutzer.
4. Bleiben sie konsistent in der Sprache und den Symbolen.
5. Geben sie schnelles und eindeutiges Feedback.
6. Zeigen sie klar, wie das Programm, das Modul etc. verlassen werden kann.
7. Bieten sie Abkürzungen an, so daß der Benutzer schnell an wichtige Stellen kommt oder repetitive Aufgaben automatisieren kann.
8. Gestalten sie informative Fehlermeldungen.
9. Vermeiden Sie pro-aktiv, daß der Benutzer Falschmanipulationen vornehmen kann.

Heuristiken können auch die Form einer generellen Checkliste aufweisen, wie sie beispielsweise in diesem Buch immer wieder auftauchen. Ein Auszug aus einer möglichen Checkliste ist nachfolgend wiedergegeben:

Qualitäts-Checkliste	Ja	Nein
Wurde die Applikation durch ein unabhängiges Team getestet?	X	
Wurde die Applikation auf allen dafür vorgesehenen Plattformen getestet?		X
Ist die Fehlerliste leer oder sind sämtliche Problemtickets erfüllt worden?	X	
Gab es eine explizite Text-Schlußredaktion?	X	
....		

Abbildung 3: Ausschnitt aus einer Multimedia-Quality Checkliste

Eine weitere Heuristik für die Qualitätssicherung in der Multimediaentwicklung ist die sogenannte *„Thinking Aloud"*-Methode. Nielsen nennt diese die „wertvollste Usability Testmethode überhaupt" (1993, S. 195). Dabei wird eine Testperson beauftragt, eine zu testende Applikation zu benutzen und dabei laut zu artikulieren, was ihr jeweils durch den Kopf geht. Dies soll es den Entwicklern,

Designern und Programmierern ermöglichen, die Wahrnehmung ihrer Multimedialösung besser zu verstehen und zu bewerten und mögliche Problembereiche zu identifizieren.

Für den Bereich Technik existieren Maßnahmen wie Templates, welche als Vorlagen oder Schablonen für neue Anwendungen verwendet werden können. Diese Templates sind in der Regel geprüft, durchdacht und allgemein verwendbar. Viele Großunternehmen verwenden beispielsweise Templates für die Gestaltung der Intranet-Seiten. Werden diese Templates mit gewissen Prozeßschritten in der Multimediaentwicklung kombiniert, werden sie Teil einer umfassenden Workflow-Umgebung, welche den Entwicklungsprozeß steuert und die entsprechenden Aufgaben, Rollen und Dokumente koordiniert. In einem derartigen Worfklow kann auch die Möglichkeit geschaffen werden, die Qualität der Multimedialösung durch (on-line) Erfassung eines Benutzter-Feedbacks auszuwerten. Daraus ergibt sich ein aggregierter Qualitätsradar, der Hinweise auf die Qualitätsdefizite eines Multimediaproduktes geben kann. Ein derartiger Radar wird im nachfolgenden Abschnitt über Qualitätsstandards dargestellt.

Klassische Qualitätswerkzeuge schließlich verbinden die Dimensionen Mensch, Organisation und Technik und können durch Übertragung auch im Multimediakontext eingesetzt werden. So können beispielsweise Pareto Grafiken oder Ursache-Wirkungs-Diagramme verwendet werden, um die Hauptmängel von Multimediaprodukten klar aufzuzeigen. Oder das TQM Tool „House of Quality" kann verwendet werden, um Kundenbedürfnisse in Produkteigenschaften oder Spezifikationen zu übersetzen. Dies geschieht meist in einem iterativen, dialogischen Prozeß zwischen Projektteam und Kunde. Bei diesem Instrument wird eine Matrix entwickelt, in der Kundenwünsche jeweils spezifischen Produkteigenschaften zugewiesen werden.

Zur Pareto-Grafik vgl. http://web.mit.edu/tqm/pareto.html; zum Ursache-Wirkungs-Diagramm vgl. http://web.mit.edu/tqm/cause_effect.html Für ein illustratives Beispiel zum HoQ vgl. http://www.tamu-commerce. edu/cobt/mktmgt/seay/mgt307/slideshows/ch04/sld024.htm; für eine kompakte Erklärung eignet sich: http://hyperserver.engrg.uwo.ca/es492b/Lectures/lect5/sld038.htm

Nach diesem Überblick über verschiedene Qualitätsmaßahmen im Kontext von Multimedia soll nun ein Werkzeug genauer vorgestellt werden, sogenannte Qualitätsstandards.

6.4
Multimedia-Qualitätsstandards

Wie im Überblick erwähnt, sind Qualitätsstandards kompakte Kriterienkataloge, welche als Minimalvorgaben gewisse Qualitätsniveaus definieren und somit vorgeben und überprüfbar machen. Die Einhaltung dieser Standards kann durch die Erfassung konkreter Meßwerte überprüft und durch entsprechende Maßnahmen kompensiert werden.

Um entsprechende Qualitätskriterien systematisch abzuleiten, sollen in der Folge die vier Komponenten von Multimediaqualität genauer betrachtet werden. Daraus sollen sich die Elemente eines Qualitätstandards ableiten lassen.

6.4.1
Interaktionsqualität

Die Interaktionsqualität bezeichnet, wie bereits erwähnt, die bedarfsgerechte Ausgestaltung der Informationsumgebung und der Navigationsfunktionen einer Multimedia-Anwendung. Sie beinhaltet ebenfalls die abgestimmte Integration der verschiedenen Medien in einem Gefäß.

Clement Mok, für viele *der* führende Multimedia Spezialist und Entwickler der USA, hat zehn Kriterien für gelungene Interaktion im Multimediakontext formuliert (vgl. Mok 1996). Die folgende Liste beschreibt die Anforderungen an Interaktionsqualität relativ ausführlich (und ist deshalb für einen betrieblichen Qualitätsstandard zu umfangreich):

1. Vorhersagbarkeit:
   Das Navigations-Design sollte soweit wie möglich selbsterklärend sein. Das bedeutet, daß der Benutzer es aufgrund der gängigen Metaphern schnell verstehen kann und das Verhalten eines Programmes dementsprechend voraussagbar wird.

2. Konsistenz:
   Eine interaktive Applikation sollte in einer konsistenten Weise auf die Handlungen des Benutzers reagieren und konsequent die gleiche Symbolik verwenden.

3. Dosierung:
   Ein Benutzer sollte nie mit mehr Komplexität konfrontiert werden als unbedingt notwendig. Der Ausgangspunkt einer Applikation sollte immer der Punkt mit der niedrigsten Komplexität

sein. Von diesem Punkt aus kann die Komplexität sukzessive gesteigert werden.

4. Fehlervermeidung:
   Eine gute Interaktionsumgebung sollte den Benutzer davor bewahren, Fehler zu machen. Sie sollte mögliche Fehler antizipieren und den Benutzer präventiv darauf aufmerksam machen können.

5. Visibilität:
   Die wichtigen (Navigations-) Elemente einer Interaktionsumgebung müssen ständig sichtbar sein und deren Funktion transparent dargestellt werden. Der Benutzer sollte nie raten müssen, was ein Knopf oder ein Regler tut, oder wo er sich gerade befindet.

6. Transparenz:
   Interaktive Elemente in einer Multimedia-Applikation sollten den Zugang zu Informationen erleichtern und keinen Selbstzweck darstellen. Sie sollten die Transparenz der Informationen erhöhen.

7. Feedback:
   Jede Handlung des Benutzers sollte einen sofortigen und offensichtlichen Effekt erzielen.

8. Drei Bedienungsmöglichkeiten:
   Ein interaktives Informationsdesign sollte mindestens drei Navigationsmöglichkeiten zur Verfügung stellen: Durch explizite Befehle (man teilt dem System mit, was es tun soll), durch Manipulation (von Objekten oder Gegenständen) und durch Aufzeichnung (Dateneingabe oder Registrierung).

9. Eigenzeit:
   Der Benutzer sollte selber die Geschwindigkeit bestimmen können, mit der er sich durch das Informationsmaterial bewegt (ist für Spiele nur teilweise anwendbar).

10. Bedürfnisorientierung:
    Eine Benutzerschnittstelle sollte den Bedürfnissen der Benutzer entsprechen. Das Design sollte an spezifische Benutzerpräferenzen angepaßt werden können (Personalisierung).

Diese zehn Kriterien für Interaktionsqualität lassen sich in einer einfachen Formel zusammenfassen: den sogenannten vier K`s. diese stehen für Kontrolle, Konsistenz, Kontext, und Konvergenz. Aufgrund ihrer Prägnanz eignen sie sich als Qualitätsstandard in der Multimedia-Entwicklung. Sie sind nachfolgend zusammengefaßt:

vier K`s

1. Konsistenz:
Durchweg gleiche Symbole und Metaphern.

2. Kontrolle:
Der Benutzer kann wählen zwischen führen und geführt werden.
Er kann das Tempo selbst bestimmen.

3. Kontext:
Die Umgebung ist selbsterklärend. Der Kontext erleichtert den
Zugang zur Information.

4. Konvergenz:
Die Medien unterstützen sich, ergänzen sich sinnvoll.

Ein alternativer Ansatz, welcher ebenfalls die Anforderungen an
eine Multimedia-Umgebung festlegt, dabei aber vor allem Lern-
aspekte berücksichtigt, stammt von Thomas Müller, ein Schweizer
Pädagoge und Analytiker. Für ihn sind unter anderem die folgenden sechs Merkmale ausschlaggebend für die Qualität einer Multi-
media-Lernumgebung (1990, S. 61):

- Benutzerfreundlichkeit:
  Das System ist leicht und schnell erlernbar.

- Effizient zu nutzen:
  Das Produkt bietet viele Navigationsmöglichkeiten, die schnell
  zugänglich sind.

- Leicht zu erinnern:
  Auch nach langen Benützungspausen kann der Benutzer sich an
  die Bedienung erinnern.

- Fehlertolerant:
  Bedienungsfehler werden aufgefangen oder es wird Hilfe angeboten.

- Motivierend:
  Frustrierende Benutzungssituationen (Absturz, Neubeginn, etc.)
  werden soweit wie möglich vermieden.

- Verzicht auf große Effekte:
  Statt Reizüberflutung sollte das System auf überflüssige visuelle
  und auditive Effekte verzichten.

Dieser Ansatz ist speziell geeignet für Multimediaprodukte im
Kontext von CBT (Computer Based Training). Aufgrund seiner
leichteren Merkbarkeit und allgemeineren Anwendbarkeit werden
wir im folgenden jedoch den 4K Ansatz von Clement Mok als Element eines umfassenden Qualitätsstandards verwenden.

Ein weiterer Ansatz in diesem Bereich (Qualität von Lernumgebungen) stammt von Reinmann-Rohtmeier und Mandl (1998) und bewertet Lernsoftware aus *inhaltlicher*, *didaktiver*, und *ergonomischer* Sicht. Speziell wird in diesem Ansatz auf die effektive Wissenstransferleistung geachtet, welche durch die Qualitätssicherung verbessert werden soll.

6.4.2
Textqualität

Die Qualität eines Textes in einer Multimedia-Anwendung hat im Prinzip die gleichen Anforderungen zu erfüllen, die ein guter Text auch sonst zu gewährleisten hat. Aufgrund des Mediums ist jedoch das Kriterium der Prägnanz besonders wichtig. Im Umfeld von Multimedia-Anwendungen erwartet der Benutzer oft präzise und kurze Texte. Generell können vier Komponenten von Textqualität unterschieden werden. Sie sind in der folgenden Abbildung mit den entsprechenden Qualitätskriterien aufgeführt.

Bereich:	Qualitätskriterien:
Korrekter Inhalt	• Verständlich • Verlässlich (wahr und aktuell)
Verständlicher Stil	• Klar und konsistent • Kompakt
Strukturierte Darstellung	• Logischer Aufbau • Übersichtlich
Zuverlässiges Format	• Auffindbar • Verwaltbar

Abbildung 4: Qualitätsbereiche und -kriterien für Textqualität (in Anlehnung an Zinsser (1990), das Standardwerk zu diesem Thema und das wohl meistverkaufte Werk über die Qualität von Text).

Ein alternativer Ansatz bzgl. Textqualität stammt von Robert E. Horn (1989). Er schlägt Qualitätsmerkmale von Text im Multimediaumfeld vor, die jedoch nur schwer in meß- oder überprüfbare Standards umzusetzen sind. Beispiele für derartige Kriterien sind Relevanz (Zielgruppenorientierung), „Learnability" (der Text erleichtert das Lernen) und „Scannability" (der Text kann schnell überflogen werden). Aufgrund der konkreteren Ausprägung wird für den zu formulierenden Standard der Ansatz von Zinsser gewählt.

6.4.3
Bildqualität

Qualitätsmerkmale für Bilder (Fotografien, Diagramme, Symbole, Collagen, Animationen etc.) sollen sicherstellen, daß visuelle Informationen den Multimediabenutzer nicht überfordern oder verwirren, sondern informieren, unterhalten oder instruieren. Ein erster Schritt in diese Richtung besteht aus der Bewertung einer visuellen Information aus vier Perspektiven: der ästhetischen, funktionalen, technischen und kognitiven. Da diese vier Sichtweisen relativ gut abgrenzbar sind und die Anforderungen an Visualisierung zu einem großen Teil abdecken, eignen sie sich als Qualitätsstandards recht gut. Sie sind nachfolgend kurz zusammengefaßt.

1. Ästhetische Qualität:
   D.h. Gestaltungsqualität bzw. Farben- und Formabstimmung der Visualisierung.

2. Funktionale Qualität:
   Das Bild erfüllt einen klaren Zweck für die Multimedia-Anwendung (z.B. Navigationselement, Verdeutlichung, Orientierung, Aggregierung von Textinformation, etc.).

3. Technische Qualität:
   Hier geht es um Faktoren wie Ladezeit, Auflösung und Format-Kompatibilität.

4. Kognitive Qualität:
   Damit ist die Verständlichkeit und Eingängigkeit der Visualisierung gemeint. d.h. ob ein Bild überladen ist oder nicht, bzw. ob es ‚hirngerecht' aufbereitet wurde (zu diesem Themenbereich vgl. Hasebrook (1995, S. 113ff.).

Ein anderer bekannter Ansatz zur Bewertung von visueller Information stammt von Edward Tufte (The Visual Display of Quantitative Information. Graphics Press, Cheshire, 1983). Für ihn sollte eine Grafik vor allem die folgenden Punkte erfüllen:

- Sie fokussiert den Betrachter auf den Inhalt und nicht auf die Form der Darstellung.

- Sie regt das Auge an, verschiedene Informationselemente zu vergleichen.

- Sie zeigt Informationen auf verschiedenen Detail-Ebenen.

- Sie vermeidet Verzerrungen oder Fehlinterpretationen.

Diese vier Vorgaben beschränken sich bei genauerer Betrachtung nur auf den letzten Punkt unserer vier Bereiche, nämlich auf die kognitive Komponente. Für einen Qualitätsstandard sind sie deshalb zu unvollständig. Deswegen werden wir die vier Bereiche Ästhetik, Funktionalität, Technik, und Kognition (oder Ergonomie) als Leitplanken eines entsprechenden Qualitätsstandards für visuelle Information einsetzen.

6.4.4
Sprachliche Qualität

Die Sprach- bzw. Tonqualität besteht, wie kurz erwähnt, aus der Verständlichkeit und Klarheit der Akustik (dies beinhaltet vor allem technische Aspekte wie Sampling- oder Komprimierungsraten) und aus der adäquaten Ausgestaltung der inhaltlichen Sprachkomponenten (z. B. prägnante und klare Formulierungen mit menschlicher Note). Die folgende Abbildung faßt diese Qualitätsaspekte zusammen.

Bereich:	Qualitätskriterien:
Akustik	• Verständlich • Menschlich (angenehm)
Inhalt	• Kurze prägnante Blöcke • Einfach strukturiert

Abbildung 5: Zentrale Aspekte der Sprachqualität (gesprochene Information)

Spezifische Aspekte der Tonqualität betreffen vor allem den ersten Teil dieser Qualitätskriterien: Die Töne sollten so angenehm (außer vielleicht im Falle von Fehlermeldungen), natürlich und verständlich (im Sinne von aussagekräftig) wie möglich sein.

Damit haben wir nun die Voraussetzungen geschaffen, um einen umfassenden Qualitätsstandard für Multimedia-Information zu formulieren, welcher die vier Teilbereiche integriert. Dies soll im folgenden Abschnitt geschehen.

6.4.5
Ein Qualitätsstandard für Multimediaprodukte

Information im Kontext von Multimedia sollte damit in den vier Bereichen Interaktion, Bild, Text und Ton bestimmten Qualitätsanforderungen genügen. Die folgende Tabelle illustriert diese Sichtweise und fügt entsprechend Maßnahmen zu der Einhaltung des Standards auf.

Ebene:	Kriterium:	Sicherung durch:	Mögliche Barrieren:
1. Interaktion	Konsistenz (der Symbole)	Symbol-Libary	Individuelle Designerpräferenzen
	Kontrolle (für den Benutzer)	Thinking-Aloud Methode	Bewußtmachung
	Kontext	Redaktionstool, Authoringsystem	verschiedene Authoringtools
	Konvergenz	Usability Lab	Fachdenken
2. Text	Korrekter Inhalt	Lektor, 6-Augen-Prinzip	Zeitdruck
	verständlicher Stil	Pilot-Gruppe	Individuelle Ansichten
	strukturierte Darstellung	Typograph	Inhaltsfülle
	zuverlässiges Format	EDV-Spezialist	mangelnder Zugriff auf verschiedene Plattformen
3. Bild	Ästhetisch	Art Director	verschiedene Auffassungen
	Funktional	Projektleiter, Kunde	Kulturbedingte Unterschiede (z.B Icons)
	Technisch	EDV-Spezialist	verborgene Fehler
	kongnitiv	Psychologe, Ergonome	individuelle kognitive Stile
4. Sprache	verständliche Akustik	Usability Testing	fehlende Informationen für Nutzungsumfeld
	angenehmer Ton	Panel-Befragung	individuelle Präferenzen, mangelnde Sprecher
	kurze Blöcke	Pilot-Tests beim Kunden	große Textvorgaben von Kundenseite
	einfache Sprache	Thinking-Aloud Methode	Kommentierung komplexer Sachverhalte nötig

Abbildung 6: Ein möglicher Multimedia-Qualitätsstandard und Maßnahmen zu seiner Einhaltung

Die Realisierung dieser Vorgaben kann im Rahmen des Projektmanagements durch einen Qualitäts-Radar überprüft werden. Dieser erfaßt die einzelnen Kriterien und stellt sie visuell kompakt aggregiert in einer Abbildung dar, wie die nachfolgende Illustration beispielhaft zeigt.

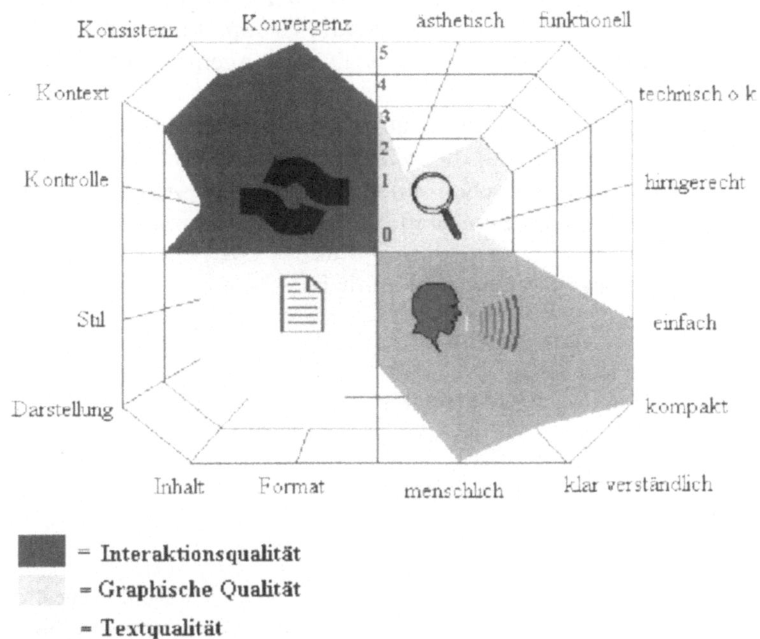

Abbildung 7: Der IQ-Radar als Meßinstrument der Informationsqualität

Dieser Radar zeigt, daß die Multimedia-Anwendung, welche in diesem Fall evaluiert wurde, bezüglich Interaktionsdesign, Text und Sprache relativ gut bewertet wurde, im Bereich Grafik jedoch erhebliche Mängel aufweist. Hier sollte eine Grafiker-Taskforce zur Überarbeitung der Anwendung eingesetzt werden.

6.5 Bewertung

Das in diesem Beitrag vorgestellte Instrument „Qualitätsstandards" hat einige Vor- und Nachteile, welche im folgenden kurz erläutert werden sollen.

Einerseits können Qualitätsstandards dazu führen, ein besseres Verständnis für die Erfolgsfaktoren von Multimediaprodukten zu gewinnen, anderseits können sie Freiheit, Kreativität und Spontanität der einzelnen Mitarbeiter einschränken. Um die optimale *Dichte* an Standards zu finden, gilt es, die betrieblichen Rahmenbedingungen (Unternehmenskultur, Entscheidungsfindung, Projektmanagement-methodik etc.) zu berücksichtigen. Eine große, räumlich verteilt agierende Multimedia-Gruppe benötigt ungleich differenziertere Qualitätsstandards als eine Agentur mit nur fünf Mitarbeitern.

Die folgende Darstellung zeigt dieses Spannungsverhältnis auf und weist darauf hin, daß die richtige Dosierung von Standards eine Gratwanderung zwischen einem chaotischen „Anything goes" und einem bürokratischen „Standarddschungel" darstellt.

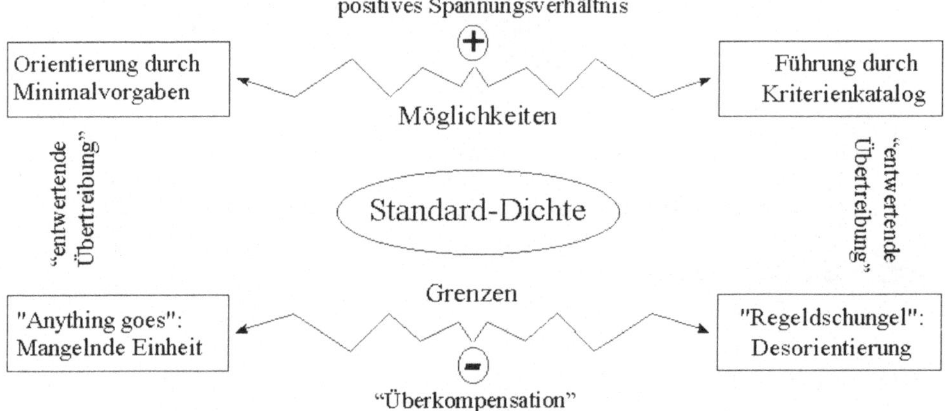

Abbildung 8: Möglichkeiten und Grenzen von Qualitätsstandards (das Konzept der Interventionsquadranten, welches der Abbildung zugrunde liegt, stammt von Romhardt (1998). S. 63 in Anlehnung an Helwig).

6.6
Fazit

Die spezifische Ausgestaltung eines allgemein gültigen Qualitäts-standards für Multimedia-Information hängt von den Gegeben-heiten, Einstellungen und Erfahrungen einer Multimedia Agentur ab.

Das Instrument muß, um Akzeptanz und somit Wirksamkeit zu erhalten, an die Sprache und die Praxis der eigenen Unternehmung angepaßt werden. Die Gewichtung gewisser Qualitätsaspekte durch die Festlegung eines minimalen Kriterienkatalogs für die Bereiche Interaktion, Text, Bild und Ton, kann dabei ein erster wichtiger Schritt in Richtung einheitlicher Multimedia-Qualität sein.

sinnvoll ist eine firmenspezifische Anpassung

[6.1]   Chang, P. and Shen P. (1997). A conceptual framework for managing end-user computing by the total quality management strategy. In: Total Quality Management, Vol. 8, No. 1, pp. 91-102.

[6.2]   Doelker, C. (1997). Ein Bild ist mehr als ein Bild, Visuelle Kompetenz in der Multimedia-Gesellschaft. Stuttgart: Klett-Cotta.

[6.3]   Hasebrook, J. (1995). Multimedia-Psychologie: eine neue Perspektive menschlicher Kommunikation. Heidelberg: Spektrum Akademischer Verlag.

[6.4]   Horn, R. E. (1989). Mapping Hypertext,Analysis, Linkage, and Display of Knowledge for the Next Generation of On-Line Text and Graphics. Waltham: The Lexington Institute.

[6.5]   Huang, K., Lee, Y.W. & Wang, R.Y. (1999). Quality Information and Knowledge. New Jersey: Prentice Hall.

[6.6]   Marchand, D. (1990), Managing information quality. In: Wormell (Ed.) Information Quality: Definitions and Dimensions. Los Angeles: Taylor Graham, pp. 7-17.

[6.7]   Mok, C. (1996). Designing Business, Multiple Media, Multiple Disciplines. San Jose: Adobe Press.

[6.8]   Müller, T. (1990). Selbstorganisation – Einfluss von Multimedia auf den Unterricht, in: GDI Impuls 4/90, S. 59-66.

[6.9]   Nielsen, J. (1993). Usability Engineering. Boston: AP Professional.

[6.10]   Reimann-Rothmeier, C. und Mandl, H. (1998). Evaluation von Lernsoftware, Praxisbericht Nr. 12. Praxisbericht Nr. 12. München: Institut für Psychologie und Empirische Pädagogik der Ludwig Maximilians Universität München, September 1998.

[6.11]   Romhart, K. (1998). Die Organisation aus der Wissensperspektive. Möglichkeiten und Grenzen für Interventionen. Stuttgart: Gabler.

[6.12]   Strong, D. M., Lee, Y. W., Wang, R.Y. (1997). 10 Potholes in the Road to Information Quality. In IEEE Computer, August, pp. 38-46.

[6.13]   Wurman, R. S. (1990). Information Anxiety, What to do when infor-
          mation doesn't tell you what you need to know. New York: Baniam
          Books.

[6.14}   Zinsser, W. (1990). On Writing Well. 4th Edition. New York: Harper
          Perennial.

7 Strategie und Beratung

Dr. Peter Weidermann, Andersen Consulting

7.1
Der Weg in die eEconomy

Multimedia-Projekte sind Schritte auf dem Weg in die eEconomy, auch Netzwerk-Economy oder schlicht Informationsgesellschaft genannt. Für den Übergang der heutigen Gesellschaft in die eEconomy erwartet Andersen Consulting, eine internationale Unternehmensberatung für Management und Technologie, drei evolutionäre Stufen:

drei Stufen zur eEconomy

- eEnterprises:
  Als erstes entwickeln Unternehmen mittels Multimedia-Technologie die Fähigkeit, Nutzen und Werte (Geld, Güter, Services, Informationen) in digitaler Form elektronisch auszutauschen.

- eCommerce:
  Im Stadium des eCommerce sind die Geschäftsprozesse der eEnterprises, ihrer Partner und Kunden bereits darauf ausgerichtet, die Vorteile hoher Markt-Transparenz und Echtzeit-Interaktion über Kommunikationsnetze systematisch auszuschöpfen.

- eEconomy:
  Die Netzwerk-Economy ist erreicht, wenn ein globales Geschäftsumfeld entstanden ist, in dem sich die neuen Spielregeln des eCommerce duchgesetzt haben und Unternehmen mit Partnern und Kunden durchgängig eCommerce betreiben.

Projekte für die Planung, Entwicklung und Implementierung von Multimedia-Lösungen bieten größtmöglichen Nutzen für den Auftraggeber, wenn sie sich sinnvoll in die Schrittfolge auf dem Weg in die eEconomy oder zum eCommerce einfügen. Deshalb ist eine konzeptionelle Gesamtsicht der Unternehmensentwicklung in diesem Bereich sehr wichtig. Heute jedoch ist noch viel zu häufig zu beobachten, daß Multimedia-Projekte ungesteuert ohne Einbettung in das Gesamtkonzept des Unternehmens ablaufen. Das birgt die Gefahr von teuren Fehlentwicklungen und Produktenttäuschungen für den Kunden.

Externe Berater mit Erfahrung auf den Gebieten Strategie, Technologie und Implementierung können helfen, eine kostengünstige, sinnvolle und zukunftsorientierte Schrittfolge zu planen und präzise zu verwirklichen. Doch wie gehen Berater vor, um die Qualität von Multimediaprojekten zu sichern?

7.2
Überlegungen vor Beginn eines Multimedia-Projekts

Erfahrungen aus der Praxis zeigen immer wieder, daß für die Entwicklung einer erfolgversprechenden Strategie beim Eintritt in die eArena vor allem zwei Faktoren wichtig sind:

1. Eine gründliche Analyse der unterschiedlichen Optionen für die ersten Schritte, insbesondere im Hinblick auf die individuelle Ausgangssituation eines Unternehmens und

2. Zusammensetzung und Kooperation des Projekt-Teams.

7.2.1
Strategische Einstiegsoptionen

Auf dem Weg zu eCommerce und eEconomy ist ein erheblicher Lernprozeß zu bewältigen. Unternehmensleitung und Mitarbeitern wird im Laufe des Prozesses immer klarer, daß ihr Unternehmen bald auf andere Art und Weise als zuvor Mehrwert schaffen wird. Bei eCommerce und eEconomy gewinnen andere Einflußgrößen als in klassischen Geschäftssystemen an Bedeutung für den Unternehmenserfolg. Im Einzelhandel beispielsweise entscheiden zukünftig nicht mehr „Stocking and Selling" (Bevorratung und verkäuferisches Talent), sondern „Matching".

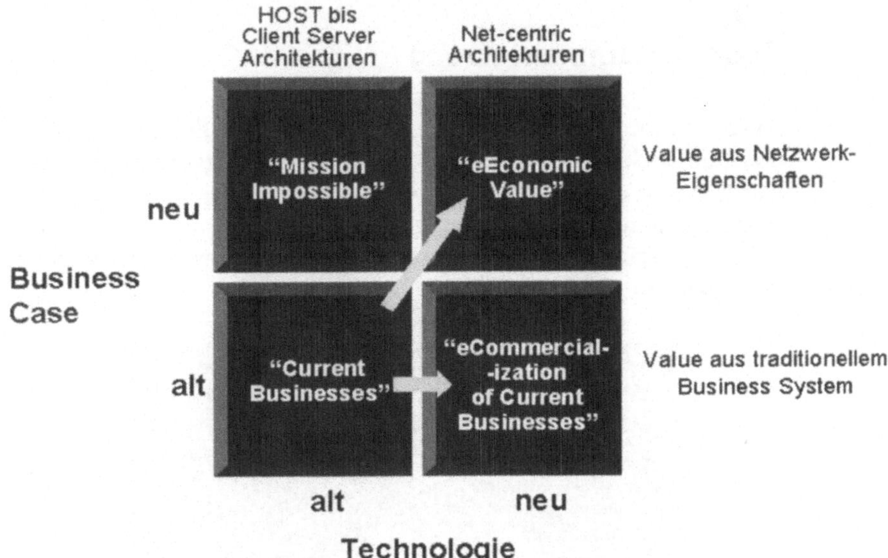

Schaubild 1: Strategische Einstiegsoptionen

„Matching" ist die Fähigkeit, für Nachfrager mit speziellen Produktwünschen im Netzwerk die geeigneten Anbieter zu finden und Geschäfte möglichst in Echtzeit abzuwickeln. Unternehmen mit der Fähigkeit zum eCommerce werden außerdem eine wesentlich geringere Fertigungstiefe aufweisen. Fehlende Leistungen in der Wertschöpfungskette gewinnen sie durch Vernetzung mit Partnern hinzu.

Real-time business

Um Unternehmen, Management und Mitarbeiter, nicht zu überfordern und für einen reibungslosen Übergang zu sorgen, bietet sich als erstes meist der Schritt zum eEnterprise an (Schaubild 1).

Sukzessive werden wichtige Funktionen für den Austausch mit Kunden und Lieferanten digitalisiert und netzfähig gemacht. Erst nachdem das Unternehmen diese Änderungen strukturell, sozial und emotional verkraftet hat, sollte der nächste Schritt zum eCommerce erfolgen.

schrittweises Vorgehen

Bei Start-up-Unternehmen hat erfahrungsgemäß auch ein direkter Einstieg in den eCommerce gute Chancen auf Erfolg. Dabei muß ein Team von Individuen zusammentreffen, das Transparenz, Vernetzung und Schnelligkeit – die Erfolgsfaktoren bei eCommerce und eEconomy – in die Angebote für den Kunden einbaut.

7.2.2
Team-Zusammensetzung

Websites im Internet werden oft noch ausschließlich von Technikern entwickelt. Derartige Seiten sind in der Regel weniger erfolgreich als Websites, die von einem Team aus Technikern und Kommunikations-Fachleuten gestaltet werden. Im Idealfall vereint ein Team zur Durchführung von Multimediaprojekten folgende fünf Skills in sich (Schaubild 2):

Schaubild 2: "The Fifth Skill" - die zusammenführende Kompetenz

- Business Skills:
  Business Skills sind für die Entwicklung des Gesamtkonzepts wichtig, das mit dem Projekt realisiert werden soll. Sie umfassen neben Strategie- und Finanz-Know-How auch Wissen über Recht, wirtschaftliche Rahmenbedingungen und die gegenwärtigen Absatzkanäle des Unternehmens.

- Publishing Skills:
  Erzählform beherrschen
  Um mit einem Multimedia-Produkt erfolgreich zu sein, muß die Erzählform des Mediums beherrscht und ausgeschöpft werden. Fernsehen, Hörfunk, Zeitschriften und Multimedia bedienen sich spezifischer, völlig unterschiedlicher Erzählformen. Selten ist ein guter Zeitungsjournalist auch ein guter TV-Mann. Für Unternehmen gilt es, zu erkennen, daß nicht nur Technik und

Marketing, sondern auch die Kunst des Erzählens und Veröffentlichens von Inhalten wichtig ist. Über Publishing Skills verfügen auch heute noch nicht alle Unternehmen. Solange diese Fähigkeiten neu und nicht intern vorhanden sind, lassen sie sich auch extern erschließen, etwa durch Kooperation mit Medienunternehmen.

- **Marketing Skills:**
Für die Breitenwirkung und die Akzeptanz eines neuen Multimedia-Produkts sind Marketing Skills unabdingbar. Um das Produkt zu verkaufen oder seine Nutzung durch die Zielgruppe zu fördern, muß ein wirkungsvolles Marketingkonzept entwickelt werden. Außerdem müssen Marketingexperten ein klares Verständnis über die gewünschten und erreichbaren Zielgruppen in das Team einbringen.

- **IT-Skills:**
Technologie-Skills sind Voraussetzung für die Verwirklichung einer Multimedialösung. IT-Fachleute wissen, was technisch möglich ist. Deshalb spielen sie im Team bei der Entwicklung der Projekt-Strategie eine Doppelrolle als Treiber und als Korrektiv. Wichtig ist etwa die Frage, ob der Kunde das geplante Multimedia-Produkt mit seiner vorhandenen Hard- und Software richtig nutzen kann. Werden die technischen Anforderungen an den Kunden zu hoch angesetzt, steht der Projekterfolg von vornherein in Frage.

- **„The Fifth Skill":**
Oft ist die Kommunikation zwischen den genannten fachlichen Bereichen nicht perfekt, in manchen Fällen sogar grundlegend gestört. Deshalb sollten Unternehmen höchsten Wert auf eine institutionalisierte Kommunikation und Zusammenarbeit der Projektgruppen legen. Den Projekterfolg in Form von interner und externer Akzeptanz für das neue Multimediaprodukt und einer Lernkurve des Unternehmens auf dem Weg zu eCommerce und eEconomy können interne Moderatoren oder externe Berater sicherstellen.

Empfehlenswert ist auch die Einrichtung eines Lenkungsausschusses, der über die fünf Skills verfügt und alle Multimediaprojekte eines Unternehmens koordiniert.

7.3
Die „Business Integration-Methodologie"

Um Multimediaprojekte erfolgreich durchzuführen, müssen Beratungsunternehmen die Anforderungen ihrer Kunden wirklich voll und ganz verstehen. Immer wieder führen Cartoons vor Augen, was passieren kann, wenn Berater oder Techniker Projekte planen und realisieren, ohne ihre Kunden vorher ausführlich nach ihren Wünschen und Erwartungen befragt zu haben. Der Architekt träumt vom Designerheim, dem Baumeister schwebt eine Villa vor, dabei möchte der Kunde nur ein normales Haus.

7.3.1
Mit Methode zum Erfolg

Damit Kunden, die ein Multimediaprojekt in Auftrag geben, eine ihren Anforderungen und Erwartungen entsprechende Lösung erhalten, sichert Andersen Consulting den Projekterfolg durch eine in die Analyse, Planung und Implementierung eingebaute Qualität. Mit seiner „Business Integration" (BI)-Methodologie und seinem QVS-Modell (Quality*Value*Success) verfügt das Beratungsunternehmen über ein Regelwerk, das Erfahrung aus rund dreißig Jahren Projektmanagement für Kunden beinhaltet.

Die BI-Methodologie ist eine Art „Fahrplan" für Projektmanagement. Mit diesem können die Berater den Wandel in einem Unternehmen zielgerichtet planen und durchführen. Neben Methodenwissen und betriebswirtschaftlichem Know-How beinhaltet das Regelwerk Verfahren, um die fünf in Multimediaprojekten wichtigen Skills für Business, Publishing, Marketing, IT und Kommunikation aufeinander abzustimmen.

7.3.2
Die Säulen des Wandels

Mit der BI-Methodologie werden Projekte in vier unterschiedliche Module unterteilt: *Planung* und *Delivering* folgen sequentiell aufeinander, während *Management* und *Operating* den gesamten Lebenszyklus des Projekts begleiten.

- Planung:
  Um dem Unternehmen neue Wettbewerbsvorteile zu eröffnen, werden zunächst seine Marktchancen analysiert. Auf dieser

Grundlage entstehen Pläne, wie das Unternehmen diese Chancen am besten nutzen kann. Ergebnisse sind (1) der Entwurf einer neuen Geschäftsaktivität, etwa im Bereich des eCommerce, und (2) ein Plan für die Verwirklichung dieser Aktivität.

- Delivering:
  Hier wird der Plan umgesetzt. Durch die Zusammenführung von Prozessen, Technologie und Know-How gewinnt das Unternehmen eine neue Fähigkeit als eEnterprise, im eCommerce oder in der eEconomy – eine Grundlage für zukünftige Wettbewerbsvorteile.

Erwerben einer neuen Fähigkeit

- Management:
  Um während des Projekts die Fähigkeiten aller Team-Mitglieder aufeinander abzustimmen und zu bündeln, wird mit einem Framework das Projekt- und Programm- Management ganzheitlich koordiniert.

- Operating:
  Eine Kombination aus operativer Effizienz und Kundenservice wird im Unternehmen eingeführt. Ziel: Das Unternehmen soll in angemessener Zeit Performancemarken erreichen und sich eine kreative Atmosphäre für den permanenten Wandel schaffen.

Im Rahmen dieser Methodologie spielt der Begriff des „Business Case" eine zentrale Rolle. Der Business Case ist eine während des Projekts kontinuierlich fortgeschriebene Analyse. Diese erklärt, aus welchen Gründen sich das Unternehmen ändern will, welche wirtschaftlichen Vorteile es davon hat, und was geändert werden muß, um diese Ziele zu erreichen.

Fortschreibung der Analyse

7.3.3
QVS – Quality and beyond

QVS ist das Programm für Qualitätsmanagement von Andersen Consulting. Mehrwert *(Value)* ist Erfolgskriterium, *Quality* der Weg dorthin. Die Berater definieren Qualität als ein Verfahren, mit dem die spezifischen Anforderungen und Erwartungen des Kunden im Projekt nicht nur verstanden und erfüllt, sondern vorweggenommen und wenn möglich übertroffen werden.

Ein Multimedia-Projekt nach einem solchen systematischen Verfahren durchzuführen, hat für Kunden unschätzbare Vorteile: Sie profitieren von den wertvollen Erfahrungen aus früheren Projekten anderer Kunden. Das Rad (das Vorgehen im Projekt) muß

Aus Erfahrung klug: Maßstäbe für den Projektfortschritt

nicht neu erfunden werden, sondern läuft vom Anfang des Projekts an rund.

Während des Projektverlaufs werden Fortschritte an Meilensteinen, sogenannten „Qualitäts-Checkpunkten", überprüft. Mit den Checkpunkten verfügen Kunde und Beratungsunternehmen über einen einheitlichen Satz von Meßlatten für den Projektfortschritt *(success)*.

Ein unabhängiger Dritter, ein sogenannter „Quality Partner", mit langjähriger Erfahrung in der jeweiligen Industrie, überprüft in regelmäßigen Abständen ebenfalls den Fortschritt des Projekts. Damit ist der kritische Blick von außen durch eine unabhängige Instanz Bestandteil des Programms. Ziel ist es zu gewährleisten, daß für einen Kunden das Richtige getan wird – auf bestmögliche Art und Weise und mit dem gewünschten Ergebnis.

Methodologie und Qualitätsmanagement basieren auf der grundlegenden Philosophie von Andersen Consulting im Beratungsgeschäft. Nicht die Einführung von Informationstechnologie allein, sondern die Verbindung dieser Technik, etwa einer Multimedialösung, mit der Organisation sowie den Mitarbeitern eines Unternehmens und die Ausrichtung der neuen Anwendung auf die Ziele eines Unternehmens in der eEconomy führen dazu, daß der Kunde langfristige Vorteile im Wettbewerb erzielt.

8 Branchenkenntnis – Ein wichtiger Faktor der Qualitätssicherung

Dr. Florian Korff, Galileo

8.1 Einleitung

Multimedia-Anwendungen werden Schritt für Schritt zu einem unverzichtbaren Instrument beim beginnenden Kampf um Marktanteile im E-Business.

Längst sind die „Machen Sie uns mal eine Firmenhomepage"-Zeiten vorbei, in denen die einfache Unternehmenspräsenz gekoppelt mit einem passenden Domainnamen ausreichte.

Für Multimedia-Agenturen, IT-Dienstleister und Beratungsunternehmen bedeutet dies, daß sie immer häufiger mit komplexen, branchenspezifischen Zielsetzungen konfrontiert werden, die mittels elektronischer Medien erreicht und umgesetzt werden sollen.

Bedeutung von Multimedia

8.2 Technik- und Branchenkompetenz

Der Auftraggeber einer B to B Anwendung oder einer Anwendung, die eine bestimmte Branche als Zielgruppe definiert, erwartet eine Umsetzung, die den Bedürfnissen seiner Zielgruppe möglichst optimal gerecht wird.

Die Wünsche des Auftraggebers, die naturgemäß sehr eng mit den Besonderheiten seiner Branche zusammenhängen, müssen nun in Einklang mit den technischen Möglichkeiten einer multimedialen Umsetzung gebracht werden. Gerade an dieser Schnittstelle kann es zu erheblichen Reibungsverlusten kommen. Hier öffnet sich nicht selten eine Kluft zwischen der Branchenkompe-

Orientierung an Zielgruppen

tenz des Auftraggebers und der technischen Kompetenz der MM-
Agentur bzw. des IT-Dienstleisters.

Grafik: Qualität und Erfolg sind das Resultat gegenseitiger Kompetenzannäherung

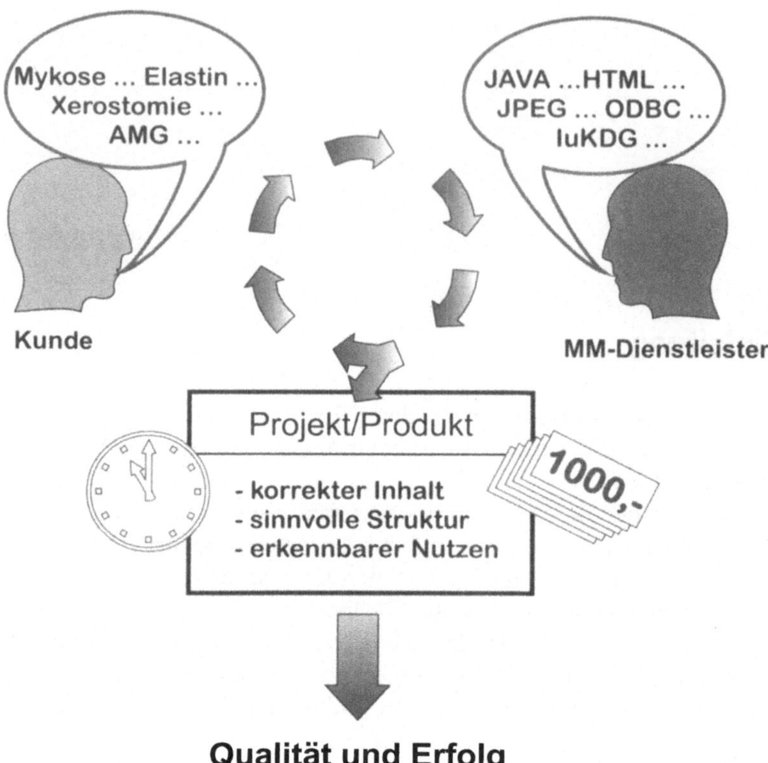

Qualität und Erfolg

Branchen-Knowhow (z.B. im Bereich der Medizin) ist eine der besten Grundlagen
für erfolgreiche und qualitativ hochwertige MM-Projekte. Nachweisbare Branchenkenntnis spart Zeit und Risiken. Aus diesem Grunde ist es für den MM-
Dienstleister eine geldwerte Investition, die zu einem begründbarem Mehrwert gegenüber herkömmlichen MM-Angeboten führt.

*Komplexität von
Gesamtstrategie*

Was der Auftraggeber für technisch leicht realisierbar hält, kann
in Wirklichkeit mit einem unverhältnismäßig hohen Aufwand verbunden sein. Außerdem sind Inhouse-Multimedia-Abteilungen auf
Kundenseite häufig mit der Komplexität einer MM/IT-Gesamt-
strategie überfordert.

Auf Seiten der Agentur können dagegen bereits bei der Planung
eines Auftritts Schwierigkeiten entstehen, wenn das branchenspezifische Anspruchsniveau nicht erfüllt wird.

8 Branchenkenntnis und Qualitätssicherung

Als branchenspezifisch einzuordnen sind z.B.:

- die Art der individuellen Ansprache der Branchenmitglieder,
- die Art der Warenpräsentation,
- Bestellmengen und Rabatte,
- die Erwartungshaltung bezüglich detaillierter Produktinformation,
- die Notwendigkeit der individuellen Betreuung und Beratung,
- die Forderungen bezüglich der Sicherheit bei der Datenübertragung,
- das Ansprechen der Branche auf bestimmte Marketingmaßnahmen (Foren, Chat, Gewinnspiele),
- die technische Infrastruktur und das technische Interesse seitens der Branchenmitglieder,
- rechtliche Fragen, Vorschriften und Verordnungen.

Für den Auftraggeber ist es relevant zu wissen, inwieweit die beauftragte MM-Agentur mit seiner Branche vertraut ist und/oder wieviele Ressourcen von Seiten des Auftraggebers zur Verfügung gestellt werden müssen, um die Eigenheiten der Branche zu erläutern. Hier wird Branchenknowhow zu einem entscheidenden Qualitätsfaktor.

Eigenheiten der Branche beachten

8.3
Wege zu branchenspezifischem Knowhow

Auf Seiten des MM-Dienstleisters bestehen wenigstens drei verschiedene Möglichkeiten, Branchenknowhow zu implementieren:

Möglichkeiten

- Durch die Bildung von Consulting Units innerhalb des Unternehmens.
- Durch die Einbeziehung externer Berater mit Branchenkenntnis als auch Multimedia-Knowhow in das Projektteam.
- Im Wege der Durchführung von Kompetenz-Workshops, in denen der Kunde die Regeln seiner Branche genau darlegt.

Die drei benannten Möglichkeiten bestehen nicht nur alternativ, sondern auch kumulativ nebeneinander. In einem anspruchsvollen Projekt können also sowohl interne Units und externe Berater ko-

kumulativ möglich

operieren. Kompetenz-Workshops sind darüber hinaus immer möglich und sinnvoll.

8.3.1
Consulting Units

Um dem Anspruch einer Full Service Agentur gerecht zu werden, reagieren viele Multimedia Dienstleister auf diese Erfordernisse mit der Gründung von Consulting Units, die zum Ziel haben, genau diese Kluft durch den intensiven Dialog mit dem Auftraggeber zu überbrücken.

Die bereits vorliegenden Erfahrungen mit dieser Variante weisen jedoch auf folgende Probleme:

- Häufig besteht eine agenturinterne Konkurrenz zwischen den „Schlipsträgern" und den „Kreativen".

- Es besteht die Gefahr der Überlastung von Consulting Units durch zu viele verschiedene Branchen, die von einer Full-Service-Agentur betreut werden.

- Die Mitarbeiter interner Units machen sich vor diesem Hintergrund nach einer Bewährungszeit selbständig und eröffnen während laufender Projekte externe Agenturen.

Mittelfristig wird diese Situation voraussichtlich zu einer weiteren Branchenspezialisierung der Agenturen und IT-Dienstleister führen, da es nicht möglich sein wird, das entsprechende Knowhow für viele verschiedene Branchen verfügbar zu halten.

8.3.2
Spezialisierte externe Berater

Alternativ oder begleitend bietet sich für hochspezialisierte Berater oder Beratungsunternehmen die Möglichkeit, genau an der Schnittstelle zwischen Auftraggeber und Agentur zu operieren. Voraussetzung für den Erfolg sind hierbei sowohl genaue Branchenkenntnis als auch Kenntnisse über den technischen Aufwand sowie den Ablauf der Geschäftsprozesse.

Branchenspezifische professionelle Beratung wird insbesondere bei komplexen MM-Auftritten immer notwendiger und könnte zu einer Verschiebung der Arbeitsteilung zwischen Kunde, Agentur und Berater führen.

Vorteile dieser Konstellation liegen u.a. in der Möglichkeit, den Kosten- und Zeitrahmen wesentlich kalkulierbarer zu gestalten.

8.3.3
Durchführung von Kompetenz-Workshops

Besteht auf Seiten des MM-Dienstleisters nur wenig Erfahrung in der Branche des Kunden, so ist die Durchführung von Kompetenz-Workshops nahezu unverzichtbar. Die Aufgabe liegt dabei vor allem darin, die spezielle Sichtweise des Kunden von seiner Branche zu erfahren. Gerade bei sehr erfolgreichen Kunden ist die Vermittlung seiner „Erfolgsgeheimnisse", also seiner ganz spezifischen Erfahrungen in seiner Branche bzw. von seiner Zielgruppe die wichtigste Grundlage für ein ähnlich erfolgreiches MM-Projekt.

Kompetenz-Workshops dienen gleichzeitig dazu, auch dem Kunden zumindest grundlegende Multimedia-Kenntnisse zu vermitteln, so daß es insgesamt zu einer gegenseitigen Kompetenzannäherung kommt.

Probleme liegen bislang vor allem in folgenden Punkten:

- Durch den wachsenden Marktdruck entstehen vermehrt Zeitprobleme.

- Häufig wird von Kundenseite aus schlicht erwartet, daß dieser aufwendige Service von der Agentur kostenlos erbracht wird.

- Bei der Durchführung von solchen Workshops werden gerade am Anfang relevante Informationen zurückgehalten. Der Grund: Sie setzen dem Grunde nach ein bereits bestehendes Vertrauensverhältnis voraus, das sich jedoch erst im Laufe der Zeit bildet.

8.4
Fazit

Eine wichtige Voraussetzung erfolgreicher Qualitätssicherung von MM-Projekten ist die Sicherung von spezifischen Knowhow der Kunden- bzw. Zielgruppenbranche. Dabei bestehen unterschiedliche Möglichkeiten, dieses Knowhow zu gewährleisten: Interne Units, Hinzuziehung externer Berater und Durchführung von Workshops.

Da wir erst am Anfang dieser Entwicklung stehen, wird sich im Laufe der nächsten Jahre zeigen, welche Konstellation sich als die erfolgreichste Mischung auf den Markt durchsetzen wird.

9 Marktforschung und Marketing als Beitrag zur Qualitätssicherung

Dr. Helmut Degen, Freie Universität Berlin

9.1
Einleitung

Im Wirtschaftsprozeß hat Kundenzufriedenheit oberste Priorität. Dieses gilt für alle auf dem Markt angebotenen Produkte und Dienstleistungen (nachfolgend zusammenfassend als „Produkt" bezeichnet). Um Kunden zufriedenstellen zu können, ist es wichtig, ihre Ansprüche an Produkte zu kennen. Insofern besteht ein wichtiger Teil eines Produktentwicklungs- und Produktionsprozesses darin, die Ansprüche von Kunden zu ermitteln, denn Qualität beginnt mit den Kundenansprüchen. Marktforschung und Marketing stellen hierzu seit Jahren Modelle und Instrumente zur Verfügung. In dem folgenden Beitrag soll die hohe Relevanz der Marktforschung und des Marketings für die Qualitätssicherung von Produktionsprozessen multimedialer Softwareprodukte dargestellt und Konsequenzen für die projektbezogene Qualitätssicherung aufgezeigt werden.

Marktforschung hilft, Ansprüche zu ermitteln

Die Rolle der Marktforschung und des Marketings ist bei der Konzeption von (multimedialen) Softwareprodukten nicht unumstritten. So sehen Hackos und Redish den Schwerpunkt der Marktforschung in der Charakterisierung der Zielgruppe und nicht darin, wie Menschen mit (multimedialen) Softwareprodukten umgehen (1998: 18). Beyer und Holtzblatt sehen die Aufgabe des Marketings darin, Vorgaben für eine wage Spezifikation und vielleicht einen Einsatzkontext zu geben. Konkrete Hinweise für die Konzeption von (multimedialen) Softwareprodukten fehlen in der Regel (1998: 11). Auf der anderen Seite gibt es Ansätze, vermarktungsrelevante Eigenschaften von Softwareprodukten zu benennen. Für multimediale Softwareprodukte kann der vom dmmv entwickelte und im Internet veröffentlichte Katalog von Qualitäten beispielhaft angeführt werden (vgl. dazu auch die Diskussion in Degen 1999: 51-54).

Einordnung der Marktforschung

Der vorliegende Beitrag soll zeigen, welchen konstruktiven Anteil Marktforschung und Marketing zur Qualitätssicherung und für die Konzeption multimedialer Softwareprodukte leisten können. Die nachfolgenden Ausführungen gliedern sich in 3 Abschnitte.

- Zuerst werden einige Grundbegriffe eingeführt (dazu 9.2).

- Dann werden Daten zur privaten PC-Benutzung und die Benutzungsgewohnheiten für Online- und Offline-Multimediaprodukte in Westdeutschland dargestellt (dazu 9.3).

  Zuerst gibt es eine Sicht auf den gesamten westdeutschen Markt, danach eine Marktsegmentierung nach dem SINUS-Milieu-Modell und anschließend eine Aufschlüsselung der Ansprüche an (multimediale) Softwareproduktleistungen unter Verwendung eines sogenannten Wirkmodells. Mit jedem Schritt lassen sich detailliertere Informationen für die Vermarktung und die Konzeption von multimedialen Softwareprodukten ableiten.

- Zum Schluß (dazu 9.4) werden die vorgestellten Herangehensweisen in die Qualitätssicherung eingeordnet.

9.2
Grundbegriffe

Bevor die Zusammenhänge von Marktforschung, Marketing und multimedialen Softwareprodukten hergestellt werden, sind einige begriffliche Festlegungen notwendig. Es soll zwischen den privaten Endverbrauchern (den Benutzern multimedialer Softwareprodukte), den Auftraggebern und den Produzenten als beteiligte Akteure unterschieden werden. Die privaten Endverbraucher als Ganzes werden hier als Zielgruppe bezeichnet, der individuelle Endverbraucher als Verwender. Der Auftraggeber trägt das unternehmerische Risiko einer Multimedia-Produktion, die vom Produzenten geplant, konzipiert und produziert wird.

Der Kaufantrieb von Marktteilnehmern wird in der Regel als Bedürfnis bezeichnet. Aus der Sicht des Marketings ist das Konzept des Bedürfnisses zu allgemein und wenig nutzbringend für die Produktkonzeption und -produktion. Aufgrund des fehlenden „realitätsnahe[n] Gegenstandsbezug[es]" (Koppelmann 1997: 128) von Bedürfnis soll hier deshalb der Terminus Anspruch verwendet werden. Der Anspruch wendet sich an die unmittelbare Gegenstandszuwendung eines potentiellen Verwenders und enthält damit bereits Informationen zur Produktgestaltung (Koppelmann 1992: 946). Ansprüche bilden damit den Ausgangspunkt für die Qualitätssicherung. Die Fähigkeit eines Produkts, Ansprüche zu befriedigen, wird als Leistung bezeichnet (Koppelmann 1997: 298).

Leistungen, die sich auf Produkte beziehen, werden auch als Produktleistungen bezeichnet. Qualität wird als eine Übereinstimmung zwischen Ansprüchen an Produktleistungen und vorhandenen (wahrgenommenen) Produktleistungen verstanden. Zufriedenheit erwächst aus einer möglichst großen Übereinstimmung zwischen Ansprüchen an Produktleistungen und den wahrgenommenen Produktleistungen.

Marketing wird als ein Prozeß im Wirtschafts- und Sozialgefüge aufgefaßt, durch den Einzelpersonen und Gruppen ihre Bedürfnisse und Wünsche befriedigen, indem sie Produkte und andere Dinge von Wert erzeugen, anbieten und miteinander austauschen (Kotler & Bliemel 1992: 15). Dem Marketing kommt dabei die Aufgabe zu, die Austauschbeziehungen zu beeinflussen (Koppelmann 1997: 2). Hierzu stehen dem Marketing vier bzw. fünf Marketing-Instrumente zur Verfügung: Produkt-, Preis, Kommunikations- und Distributionspolitik (Kotler & Bliemel 1992: 248). Koppelmann (1997: 22) nennt als fünftes Instrument die Service-Politik. Die Produktpolitik beinhaltet die Programm-, Verpackungs- und Produktgestaltung (Hansen & Leitherer 1982: 10), wobei letztere den Anknüpfungspunkt für die Konzeption und Produktion multimedialer Produkte bilden. Im Rahmen der Produktgestaltung werden die Produktleistungen festgelegt, die ein Produkt aufgrund ermittelter Zielgruppenansprüche haben sollte.

Marketing und Instrumente des Marketings

Der Ansatz, Ansprüche von Zielgruppen durch Verwendung von Daten aus der Marktforschung zu ermitteln und als Grundlage für die Konzeption und Produktion von (multimedialen) Softwareprodukten zu verwenden, wird im folgenden als anspruchszentrierte Softwareproduktion bezeichnet.

anspruchszentrierte Softwareproduktion

9.3
Private PC-Benutzer in Westdeutschland

9.3.1
Sozioökonomische Charakterisierung

In Westdeutschland benutzen 35,6 % (8,21 Mio.) der Bevölkerung [Anm.1, am Ende] privat einen PC. In Deutschland ist der durchschnittliche private PC-Benutzer männlich, jünger als 40 Jahre und lebt in einem Haushalt mit einem Haushaltseinkommen von über 4.000 DM pro Monat. Damit gehört er einem Bevölkerungssegment mit überdurchschnittlich hohem Einkommen an. Er befindet sich in der Ausbildung oder ist qualifizierter Angestellter bzw. gehobener Beamter (Online-Offline 1997b: 46-47).

Auch die Einstellungen der privaten PC-Benutzer zu den neuen Technologien können Aufschlüsse für Vermarktungsstrategien geben. Auf der einen Seite sind 85 % (8,79 Mio.) der privaten PC-Benutzer immer wieder begeistert, was durch die moderne Technik alles möglich wird. 69 % (7,13 Mio.) der privaten west- und ostdeutschen PC-Benutzer sind die modernen Hightech-Geräte im Alltag sehr wichtig. Auf der anderen Seite ist drei von vier privaten PC-Benutzern (76 % bzw. 7,86 Mio.) eine Multimedia-Ausstattung noch zu teuer, und für fast jeden zweiten privaten PC-Benutzer (42 % bzw. 4,34 Mio.) gilt dies für eine Computerausrüstung, die ausschließlich für Freizeitbetätigungen eingesetzt wird (Online-Offline 1997b: 104-108).

Vermarktungs-Strategien

Bereits aus diesen wenigen Angaben kann abgeleitet werden, daß es Marktpotentiale bei Einkommensgruppen gibt, die über geringe bis mittlere Einkommen verfügen. Hieraus können Vermarktungsstrategien für die Preispolitik (Niedrigpreis-Angebote) und die Kommunikationspolitik (Multimediale Softwareprodukte für „Otto Normalverbraucher" propagieren) entwickelt werden. Detaillierte Hinweise für die Gestaltung von multimedialen Softwareprodukten lassen sich allerdings noch nicht ableiten.

Segmentierungs-Modelle

Während die Betrachtung des durchschnittlichen PC-Benutzers zu einer eindimensionalen Einschätzung des Marktes nach dem Ausschlußprinzip führt, können mit Hilfe von Marktsegmentierungsmodellen Ansprüche einzelner Zielgruppen analysiert werden. Die Grundidee dieser Modelle besteht darin, Menschen zu Gruppen zusammenzufassen, die ein ähnliches Kaufverhalten zeigen. Der für das Marketing relevante Aspekt besteht in der Prognosefähigkeit bezüglich des Kaufverhaltens von Menschen. Marktsegmentierungsmodelle unterscheiden sich in der Auswahl der Segmentierungskriterien. Mit den Segmentierungskriterien soll die Beziehung „Homogene Gruppe vs. Heterogene Marktsegmente" operational umgesetzt werden (Freter 1983: 43). Damit liegen zu einem recht frühen Zeitpunkt Erkenntnisse für die Produkt-Konzeption vor, die als zielgruppenspezifische Anspruchsprofile konzentriert werden können und dann als Vorgabe für die Konzeption und Produktion dienen. Sie bilden den Referenzpunkt für die Qualitätssicherung.

9.3.2
Lebensstilmodelle

Übliche Marktsegmentierungsmodelle verwenden sozioökonomische Segmentierungskriterien (Einkommen, berufliche Stellung und Ausbildung). Ein wesentlicher Nachteil dieser Modelle ist der geringe Prognosewert. Menschen mit ähnlichem Einkommen, identischen Berufen und Ausbildung verhalten sich teilweise vollkommen unterschiedlich.

Dagegen liegt den sogenannten Lebensstilmodellen die Annahme zugrunde, daß der Mensch bemüht ist, zielgerichtet zu handeln, d. h. seine Umwelt und insbesondere seine Zukunft im Hinblick auf die Erreichung von Zielen zu gestalten. Neben den Merkmalen, die auch die klassischen Marktsegmentierungsmodelle erfassen, berücksichtigt die Lebensstilforschung individuelle Merkmale, Wünsche und Ziele, d. h., die Persönlichkeit des Konsumenten wird berücksichtigt. „Mit dem Lebensstil versucht man also menschliche Existenz- und Herkunftsprofile darzustellen" (Kotler & Bliemel 1992: 259). Im Unterschied zur klassischen Marktsegmentierung, die die Marktteilnehmer aufgrund isolierter Einzelmerkmale in einer Art Snapshot erfaßt und zu Marktsegmenten gruppiert, werden in der marktorientierten Lebensstilforschung Produkte als Bausteine zur Planung und Führung eines zielgerichteten Lebensverlaufes betrachtet, d. h., stereotype, dynamische Lebensweisen werden in der Lebensstilforschung modelliert und als Marktsegmente aufgefaßt. Eine Segmentierung des Marktes nach Modellierungsvorgaben von Lebensstil-Modellen kann für das Marketing bedeuten, die Marketing-Instrumente Produkt-, Preis- und Kommunikationspolitik darauf abzustimmen.

Ein solches Lebensstilmodell [Anm.2, s.u.] ist das SINUS-Milieu-Modell. Das SINUS-Milieu-Modell zielt auf den ganzen Menschen sowie auf das gesamte Bezugssystem seiner Lebenswelt und berücksichtigt seinen Lebensstil, die Lebensstrategie, das Alltagshandeln, die Alltagseinstellungen und die Alltagsästhetik. „Der von uns verwendete Milieubegriff nimmt Bezug auf soziale Syndrome, bestehend aus sozialen Lagen einerseits und Wertorientierungen sowie lebensweltlichen Sinn- und Kommunikationszusammenhängen andererseits" (Flaig, Meyer & Ueltzhöffer 1994: 58). Als Milieubausteine werden das Lebensziel, die soziale Lage, die Arbeit bzw. Leistung, das Gesellschaftsbild, die Familie bzw. Partnerschaft, die Freizeit, die Wunsch- und Leitbilder und der Lebensstil selbst angegeben (Flaig, Meyer & Ueltzhöffer 1994: 71). „Die Sinus Milieus rücken den Menschen und das gesamte Bezugssystem seiner Lebenswelt ganzheitlich ins Blickfeld. Und sie bieten deshalb dem Marketing mehr Informationen und bessere Entscheidungs-hilfen als herkömmliche Zielgruppenansätze" (Online-Offline 1997b: 31). In der folgenden Darstellung werden die westdeutschen Milieus als Beispiel gewählt [Anm.3, s.u.].

9.3.3
Westdeutsche SINUS-Milieus

9.3.3.1
Milieu-Bausteine

zehn SINUS-Milieus in Westdeutschland

Die westdeutsche Bevölkerung wird in zehn SINUS-Milieus unter-schieden. Die Milieu-Karte (vgl. Abb. 1) enthält zwei Dimensionen, mit denen die Milieus relativ gut gegenseitig abgegrenzt werden können. Eine Dimension beinhaltet die soziale Schicht (vertikale Achse), die nach der Unter-, der Mittel- und Oberschicht unterteilt wird. In diese Dimension fließen u. a. die sozioökonomischen Fak-toren ein. Die zweite Dimension (horizontale Achse) beinhaltet die Werteorientierung. Hiermit werden die Werte abgebildet, die die Grundlage der Lebensführung bilden. Es lassen sich traditionelle („Bewahren") und materielle („Haben") Werte sowie solche Werte unterscheiden, die dem Wertewandel unterliegen („Haben", „Sein", „Genießen"). Es ist nun zu fragen, inwieweit die private PC-Benutzung in Deutschland in den Milieus unterschiedlich ist und welche Konsequenzen sich für die Konzeption multimedialer Soft-wareprodukte und deren Vermarktung ergeben.

Analyse der privaten PC-Benutzung

Wie die Milieu-Karte zeigt, ist der Anteil der privaten PC-Benutzer in den westdeutschen Milieus unterschiedlich groß. Eine Analyse der privaten PC-Benutzung in den westdeutschen Milieus unter Berücksichtigung der Milieubausteine ergibt, daß der beste Indikator für eine überdurchschnittlich hohe private PC-Benutzung die (überdurchschnittliche) Höhe des Einkommens ist (Degen 1999: 197-199, 201).

Computer als Baustein zur Lebensführung

Wie die Milieu-Karte außerdem zeigt, nimmt der Anteil der pri-vaten PC-Benutzer von der traditionellen (auf der Karte links) bis zur postmodernen Werterientierung (auf der Karte rechts) ten-dentiell zu. Dies gilt insbesondere für Milieus, die über ein ver-gleichbar niedriges Einkommen verfügen (Milieus 3, 4 und 9). Die-ser Befund ist ein Indikator dafür, daß die private PC-Benutzung ein Baustein zu einer hedonistisch-postmaterialistischen Lebens-führung ist. Wie die Betrachtung der einzelnen Milieus weiterhin zeigt, lassen sich unterschiedliche Voraussetzungen für die private

PC-Benutzung in Westdeutschland identifizieren. Menschen mit einem geringen Einkommen benutzen unterdurchschnittlich häufig einen PC privat. Damit kann davon ausgegangen werden, daß hier geringe Voraussetzungen für den Absatz multimedialer Softwareprodukte vorliegen. Andererseits zeigt sich, daß die private PC-Benutzung tendentiell häufiger bei Menschen zu finden ist, die dem Wertewandel folgen. Dies hat Konsequenzen für die gestalterische Produktkonzeption (vgl. Abschnitt 3, Stilprägnanzen). Um die finanziell schwächeren Zielgruppen ansprechen zu können, ist eine entsprechende Niedrig-Preisgestaltung notwendig.

Grafik: Der Anteil der privaten PC-Benutzer in den westdeutschen SINUS-Milieus (Abb. 1)

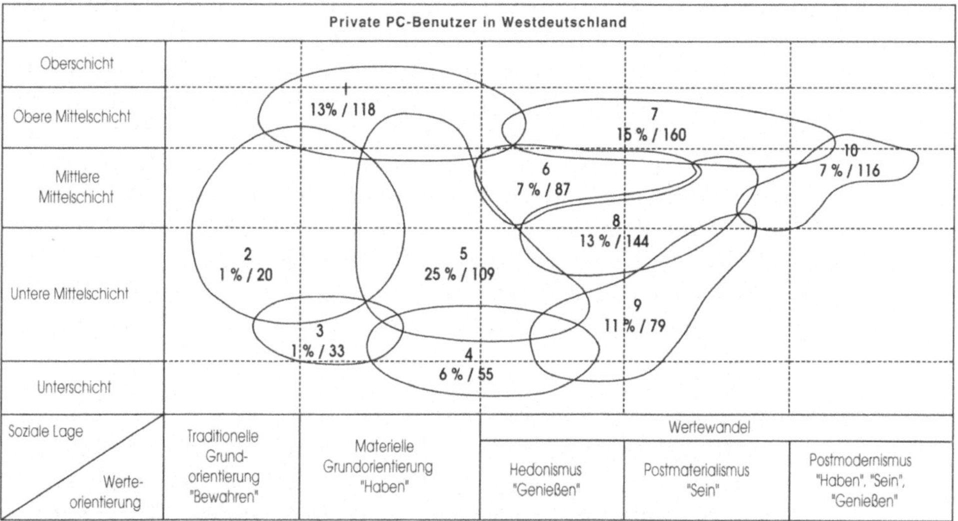

Der Anteil der privaten PC-Benutzer an der westdeutschen Bevölkerung beträgt 35,6 %. Die Prozentangaben geben die Zusammensetzung der privaten PC-Benutzer in Westdeutschland an; der Index gibt an, inwieweit der Anteil der privaten PC-Benutzer pro Milieu vom westdeutschen Durchschnitt abweicht (Index 100 entspricht dem Durchschnitt); Lesebeispiel: Das konservativ-technokratische Milieu (Milieu Nr. 1) stellt 13 % der westdeutschen PC-Benutzer; 42,0 % (ist nicht dargestellt) der Personen im konservativ-technokratischen Milieu benutzen einen PC privat, was einem Index von 118 entspricht; (Quelle: Online-Offline 1997b: 75)

Westdeutsche Milieus:

1. Konservativ-technokratisches Milieu;

2. Kleinbürgerliches Milieu;

3. Traditionelles Arbeitermilieu;

4. Traditionsloses Arbeitermilieu;

5. Aufstiegsorientiertes Milieu;

6. Modernes bürgerliches Milieu;

7. Liberal-intellektuelles Milieu;

8. Modernes Arbeitnehmermilieu;

9. Hedonistisches Milieu;

10. Postmodernes Milieu

9.3.3.2
Einsatz multimedialer Softwareprodukte in den SINUS-Milieus

Der unterschiedliche Einsatz von multimedialen Softwareprodukten kann am Beispiel von Online-Diensten und Computerspielen konkretisiert werden.

Private Benutzung von Computerspielen: Ca. drei von vier privaten PC-Benutzern (71 % bzw. 5,74 Mio.) spielen mit dem Computer (vgl. Tab. 1). Wie die Übersicht zeigt, gibt es nur einen Ausreißer, nämlich das Milieu Nr. 7 (Liberal-intellektuelles Milieu). Hier benutzen unterdurchschnittlich wenige Menschen Computerspiele. Um Computerspiele für dieses Milieu zu konzipieren, ist der ernsthafte Charakter von Spielen (Lern- und Strategiespiele) bei der Vermarktung und Konzeption zu betonen.

Private Benutzung von Online-Diensten: In Westdeutschland benutzt ungefähr jeder vierte private PC-Benutzer (23 % bzw. 1,88 Mio.) Online-Dienste (vgl. Tab. 1). Der Anteil der Benutzer verteilt sich auf die Milieus ungefähr gleich. Milieu Nr. 2 (Kleinbürgerliches Milieu) stellt einen Ausreißer dar. Der meßbare Anteil privater Online-Benutzer liegt bei 0. Damit gibt es in diesem Milieu ein Marktpotential zu erschließen. Da sich dieses Milieu an traditionellen („Bewahren") und materiellen („Haben") Werten orientiert, ist sowohl die Produktkonzeption, die Produktgestaltung und die Produktvermarktung entsprechend auszurichten. Insbesondere sollte der Nutzen von Online-Angeboten in diesem Sinne kommuniziert werden (Welchen Baustein bildet ein solches Angebot zu einer traditionell-materiellen Lebensführung?). Es sollte bewußt auf Extravaganzen verzichtet werden, die eher von den Milieus, die dem Wertewandel anhängen, bevorzugt werden. Das Angebot sollte sich durch Robustheit, Einfachheit und Nützlichkeit auszeichnen.

Multimedia-Tauglichkeit: Die Frage, welchen Wert die einzelnen Milieus auf die Multimedia-Tauglichkeit ihres PCs legen, kann als Indikator dafür betrachtet werden, in welchen Milieus überhaupt Interesse für multimediale Softwareprodukte besteht. Wie Tab. 2 zeigt, sind die Ansprüche an die Multimedia-Tauglichkeit von PCs in den Milieus recht unterschiedlich. Auf der Milieu-Karte (nicht abgebildet) ist ein Trend nach oben und ein Trend nach rechts festzustellen. Tendentiell nimmt der Anspruch, einen multimedialen PC zu besitzen, mit der Höhe des Einkommens zu. Ausreißer ist das moderne bürgerliche Milieu (Milieu Nr. 6), das unterdurchschnittlich hohe Ansprüche an die Multimedia-Tauglichkeit erhebt.

Grafik: Ansprüche an die Multimedia-Tauglichkeit von PCs, verglichen mit dem westdeutschen Durchschnitt (Tab. 2)

Benutzung von Anwendungen in den westdeutschen Milieus	Durchschnitt (Mehrfachnennungen möglich)	Konservativ-technokratisches Milieu	Kleinbürgerliches Milieu	Traditionelles Arbeitermilieu	Traditionsloses Arbeitermilieu	Aufstiegsorientiertes Milieu	Modernes bürgerliches Milieu	Liberal-intellektuelles Milieu	Modernes Arbeitnehmer-Milieu	Hedonistisches Milieu	Postmodernes Milieu
Spiele	71 %	100	100	100	100	112	114	69	100	109	100
Online-Dienste	23 %	100	0	100	117	108	86	100	100	100	86

Tab. 1: Benutzung von Anwendungen in den westdeutschen Milieus, verglichen mit dem westdeutschen Durchschnitt; Index 100 entspricht dem Durchschnittswert; die überdurchschnittlichen Werte (> 105) sind schwarz, die durchschnittlichen Werte (95 bis 105) weiß und die unterdurchschnittlichen Werte (< 95) grau gekennzeichnet; (Quelle: Online-Offline 1997c)

Ansprüche	Durchschnitt (Mehrfachnennungen möglich)	Konservativ-technokratisches Milieu	Kleinbürgerliches Milieu	Traditionelles Arbeitermilieu	Traditionsloses Arbeitermilieu	Aufstiegsorientiertes Milieu	Modernes bürgerliches Milieu	Liberal-intellektuelles Milieu	Modernes Arbeitnehmer-Milieu	Hedonistisches Milieu	Postmodernes Milieu
Multimedia-Tauglichkeit von PCs	13 %	120	18	19	54	116	70	111	165	95	139

Tab. 2: Ansprüche an die Multimedia-Tauglichkeit von PCs, verglichen mit dem westdeutschen Durchschnitt; Index 100 entspricht dem Durchschnittswert; die überdurchschnittlichen Werte (> 105) sind schwarz, die durchschnittlichen Werte (95 bis 105) weiß und die unterdurchschnittlichen Werte (< 95) grau gekennzeichnet; (Quelle: Online-Offline 1997c,d)

Index 100 entspricht dem Durchschnittswert; die überdurchschnittlichen Werte (> 105) sind schwarz, die durchschnittlichen Werte (95 bis 105) weiß und die unterdurchschnittlichen Werte (< 95) grau gekennzeichnet

In den Milieus mit einem geringen Einkommen (Milieu Nr. 3, 4 und 9) ist ein Trend nach rechts zu verzeichnen. Dies ist ein Hinweis darauf, daß bei Zielgruppen mit einem geringen Einkommen multimediale Softwareprodukte ein Beitrag zu einer hedonistischen Lebensführung sind und die Produkte entsprechend erlebnisorientiert gestaltet sein sollten. Die Ansprüche in den Milieus mit einem gehobenen Einkommen (Milieu Nr. 1, 7, 10) weisen auf unterschiedliche Befunde hin: Einerseits werden multimediale Produkte „ernsthaft" eingesetzt (Milieu 1, 7), andererseits werden sie auch zum Ausleben einer postmodernen Lebensführung (Milieu Nr. 10) erlebnisorientiert verwendet.

9.3.3.3
Zusammenfassung

Zusammenfassend läßt sich sagen, daß eine Aufschlüsselung von Ansprüchen an multimediale Softwareprodukte und deren Benutzungsgewohnheiten nach Zielgruppen konstruktive Hinweise für die Konzeption und Vermarktung geben. Wie die Darstellung auch zeigt, gibt es bisher wenige Hinweise, die konkrete Vorgaben für Produkteigenschaften liefern. Wünschenswert wäre es, für jedes Milieu ein Anspruchsprofil an Softwareproduktleistungen zu erhalten, die dann als Referenzpunkt für eine Qualitätssicherung herangezogen werden können. Diese Anspruchsprofile können mit dem im nächsten Abschnitt vorgestellten sogenannten Wirkmodell entwickelt werden.

9.3.4
Anspruchsprofile der westdeutschen SINUS-Milieus

Um Anspruchsprofile für Zielgruppen entwickeln zu können, wurde vom Verfasser ein sogenanntes Wirkmodell (vgl. Abb. 2) entwickelt (Degen 1999). Das Modell enthält zwei Seiten: Eine Mittel- und eine Leistungsseite. Die Mittelseite läßt sich in die Konstruktions- und die Gestaltungsmittel unterteilen.

Die Konstruktionsmittel umfassen die technisch-konstruktiven Elemente, die aus den materiellen Konstruktionsmitteln (Hardware) und den virtuellen Konstruktionsmitteln (Softwaremodule) bestehen. Charakteristikum der Konstruktionsmittel ist, daß sie die technische Grundlage eines Softwareproduktes bilden und in der Regel nicht wahrnehmbar sind bzw. ihre Wahrnehmung keine Rolle bei der Benutzung eines Softwareprodukts spielt. Die Gestaltungsmittel umfassen die gestalterisch-interaktiven Elemente. Diese lassen sich in die materiellen Gestaltungsmittel (Maus, Tastatur, Monitor usw.), die virtuellen Gestaltungsmittel (z. B. graphische und akustische Benutzeroberflächen) und die interaktiven Gestaltungsmittel unterscheiden. Letztere bestimmen die Handlungen des Benutzers, mit denen ein Softwareprodukt wahrgenommen (sehen, hören, ertasten usw.) und beeinflußt (schieben, drücken, wippen usw.) werden kann. Die Gestaltungs- und Konstruktionsmittel bilden zusammen die Produktionsmittel.

Grafik: Wirkmodell (Abb. 2)

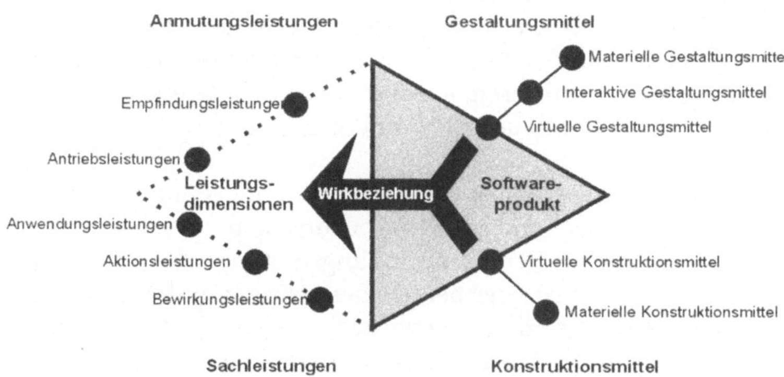

Die Leistungsseite besteht aus Anmutungs- und Sachleistungen. Die Sachleistungen sind vernunftorientiert und lassen sich in die Bewirkungs-, die Aktions- und die Anwendungsleistungen unterteilen. Die Bewirkungsleistungen sind Leistungen, die vom Softwareprodukt auf den Benutzer wirken und stellen Handlungsbedingungen dar. Sie lassen sich in die technischen und gestalterischen Bewirkungsleistungen unterteilen, die jeweils wiederum in die Einzelproduktleistungen (technische und gestalterische Einzelmerkmale), die Produkt-Produktleistungen (technisches und gestalterisches Zusammenwirken mit anderen Software- und Hardwareprodukten), die Produkt-Netzwerkleistungen (technisches und gestalterisches Zusammenwirken mit einem Netzwerk und Netzwerkprodukten) und die Produkt-Umgebungsleistungen (technisches und gestalterisches Zusammenwirken mit Produkten in der räumlichen Umgebung) unterschieden werden können. Beispiele für technische Bewirkungsleistungen sind die implementierte Funktionalität (Einzelproduktleistung), die Kompatibilität zu anderen Softwareprodukten (Produkt-Produktleistung) oder zu Netzwerken (Produkt-Netzwerkleistung). Ein Beispiel für eine gestalterische Bewirkungsleistung ist die Berücksichtigung einer Corporate Identity bei der Gestaltung der Benutzeroberfläche (Produkt-

Sachleistungen

Umgebungsleistung). Die Aktionsleistungen gehen vom Benutzer aus. Sie umfassen Bedienungs-, Ökonomie-, Service- und Sicherheitsleistungen, also Leistungen, die bei der Benutzung eines Softwareprodukts von Relevanz sind. Bedienungsleistungen beinhalten, wie ein Softwareprodukt bedient wird (beispielsweise gehört hierzu die Art der Navigation auf einer Website), die Ökonomieleistungen beschreiben die nutzungsbedingten Folgekosten (beispielsweise die Kosten, die ein Update verursacht), die Sicherheitsleistungen Sicherheitsaspekte im Umgang mit einem Softwareprodukt (beispielsweise die Existenz und Art von Verschlüsselungsmöglichkeiten) und die Serviceleistungen die Unterstützung des Benutzers (beispielsweise eine Telefon-Hotline). Die Anwendungsleistungen beschreiben das Motiv der Benutzung. Ein Beispiel ist das Kommunizieren; jemand erwirbt ein Softwareprodukt (z. B. ein E-Mail-Client), um zu kommunizieren.

Die Anmutungsleistungen sind gefühlsorientiert und lassen sich in die Empfindungs- und Antriebsleistungen unterteilen (Friedrich-Liebenberg 1986). Die Empfindungsleistungen drücken aus, welche Gefühle ein Benutzer bei der Betrachtung und/oder Benutzung eines Softwareprodukts entwickelt. Die Empfindungsleistungen lassen sich in die Wert-, Zeit-, Besonderheits-, Ästhetik-, Atmosphären-, Vertrauens- und Überlegenheitsleistungen unterteilen. Beispiele hierfür sind das Gefühl von Präzision bei der Verarbeitung (Wertleistung, hier „Hochwertigkeit“) oder Überlegenheit gegenüber anderen Menschen durch den Besitz und/oder die Benutzung des Softwareprodukts (Überlegenheitsleistung). Die Antriebsleistungen beschreiben Ziele, die ein Benutzer durch die Verwendung eines Softwareprodukts zu erreichen glaubt. Diese lassen sich wiederum in die subjekt- und objektbezogenen Individualleistungen, die Sozietätsleistungen, die Leistungen des Tun-Wollens, die Leistungen des Sich-An-Produkten-Freuen-Wollens und die Selbstdarstellungsleistungen unterteilen. Beispiele hierfür sind die Selbstdarstellung gegenüber anderen Menschen (Selbstdarstellungsleistung) oder der soziale Aufstieg (Sozietätsleistung) [Anm. 4, s.u.].

Die Produktionsmittel bringen die Produktleistungen hervor, d.h., sie bewirken die Produktleistungen. Deshalb besteht zwischen den Produktionsmitteln und den Leistungen eine Wirkbeziehung, weshalb das Modell auch als „Wirk“-Modell bezeichnet wird.

Grafik: Anspruchsprofile der westdeutschen Milieus, verglichen mit dem westdeutschen Durchschnitt (Tab. 3)

	Durch-schnitt (Mehrfach-nennungen möglich)	Konserva-tiv-techno-kratisches Milieu	Klein-bürger-liches Milieu	Traditio-nelles Arbeiter -milieu	Tradi-tionsloses Arbeiter-milieu	Aufstiegs-orientier-tes Milieu	Modernes bürger-liches Milieu	Liberal-intellek-tuelles Milieu	Modernes Arbeit-nehmer-Milieu	Hedoni-stisches Milieu	Postmo-dernes Milieu
Technische Bewirkungs-leistungen	21 %	120	24	17	52	115	85	130	163	80	130
Gestalterische Bewir-kungsleistungen	20 %	129	25	20	45	116	85	129	161	78	130
Bedienungsleistungen	16%	112	28	19	52	113	95	144	146	87	118
Sicherheitsleistungen	-	-	-	-	-	-	-	-	-	-	-
Ökonomieleistungen	25 %	123	28	18	48	119	93	136	149	77	118
Serviceleistungen	13 %	117	28	30	58	110	103	131	140	85	129
Anwendungsleistungen	-	-	-	-	-	-	-	-	-	-	-
Empfindungsleistungen	8 %	109	20	0	75	120	110	87	122	114	120
Antriebsleistungen	-	-	-	-	-	-	-	-	-	-	-

Tab. 3: Anspruchsprofile der westdeutschen Milieus, verglichen mit dem westdeutschen Durchschnitt; Index 100 entspricht dem Durchschnittswert; Index-Werte von 95 bis 105 gelten als durchschnittlich: der Maximal-Werte pro Milieu sind schwarz gekennzeichnet; (Quelle: Online-Offline 1997c)

Index 100 entspricht dem Durchschnittswert; Index-Werte von 95 bis 105 gelten als durchschnittlich: Maximal-Werte pro Milieu sind schwarz gekennzeichnet (Quelle: Online-Offline 1997c)

kognitive
und emotionale
Strategien

Werden bei einer Produktkonzeption und -produktion die Sachleistungen mehr betont als die Anmutungsleistungen, so wird das Produkt nach einer kognitiven Profilierungsstrategie konzipiert und vermarktet. Werden hingegen die Anmutungsleistungen mehr betont als die Sachleistungen, so wird diese Profilierungsstrategie emotional genannt (Koppelmann 1997: 265).

Kaufkriterien

Die Leistungskategorien des Wirkmodells werden zur Ermittlung der Anspruchsprofile auf die Daten zu Kaufkriterien aus der Online-Offline-Studie angewendet. Die Kaufkriterien werden als Ansprüche an Produktleistungen interpretiert und den entsprechenden Leistungskategorien des Wirkmodells zugeordnet (vgl. Tab.3). Hierdurch wird pro Milieu ein Anspruchsprofil gewonnen. Die Durchführung dieser Zuordnung ergibt folgende Ergebnisse (vgl. Tab. 3):

- Unterschiedliche Zielgruppen (hier die westdeutschen SINUS-Milieus) haben unterschiedliche Anspruchsprofile an Software-produkte. Daraus läßt sich schließen, daß die Ermittlung solcher Profile im Vorfeld von Multimedia-Produktionen sinnvoll ist und einen Beitrag zur Qualitätssicherung leistet.

- Die Ökonomieleistungen (benutzungsbedingte Folgekosten) bilden diejenige Leistungskategorie, die im Durchschnitt allen Milieus am wichtigsten ist. Hieraus können Konsequenzen für die Preisgestaltung multimedialer Produkte und deren Folgekosten abgeleitet werden. Nach den Ökonomieleistungen können im westdeutschen Durchschnitt die technischen und gestalterischen Bewirkungsleistungen an zweiter Stelle genannt werden. Einerseits ist dies ein Hinweis für die Bedeutung der Gestaltung der einzelnen Bildschirmseiten, andererseits zeigt die Milieu-Übersicht, daß nicht alle Milieus dieser Leistung eine so große Bedeutung beimessen. Hier ist also im Vorfeld der Konzeption abzuklären und/oder zu vereinbaren, für welche Zielgruppe ein multimediales Softwareprodukt produziert werden soll.

- Einige Milieus (die Milieus 1, 2, 3, 7, 8 und 10) bevorzugen eine kognitive Profilierungsstrategie (Betonung der Sachleistungs-kategorien: Technische und gestalterische Bewirkungsleistungen, Bedienungs-, Sicherheits-, Ökonomie-, Service- und Anwendungsleistungen). Andere Milieus (die Milieus 4, 5, 6 und 9) bevorzugen eine emotionale Profilierungsstrategie (Betonung der Anmutungsleistungen: Empfindungs- und Antriebsleistungen). Die Profilierungsstrategien haben Auswirkungen auf die Produktgestaltung (Produktpolitik) und die Darstellung des Produkts (Kommunikationspolitik).

9.3.5
Stilprägnanzen

Im Rahmen der Profilierungsstrategien spielen die Stilprägnanzen eine wichtige Rolle, geht es doch hierbei um Produktleistungen, die unmittelbar wahrnehmbar und kommunizierbar sind. Bei Stilprägnanzen handelt es sich um die von den Verwendern bevorzugten Designstile. Eine Analyse der Autoren des SINUS-Milieu-Modells gibt Aufschlüsse über die Ansprüche an die Gestaltungsstile. Aufgrund der Wechsel in der stilistischen Produktgestaltung können aufgrund des Alters der Untersuchung (Mitte der achtziger Jahre) keine direkten Stilvorgaben für heutige Softwareprodukte gemacht werden. Insofern dient die folgende kurze Darstellung dem Nachweis, auch für die Stilprägnanzen eine anspruchszentrierte Analyse durchzuführen.

Die Bedeutung der Stilprägnanzen knüpft an die Beobachtung von Soziologen an, daß die Ästhetik des Alltags eine identifizierende und abgrenzende Funktion in unserer Gesellschaft hat. Die Identifikationsfunktion besteht darin, daß Menschen durch die Wahl und Außendarstellung eines von ihnen bevorzugten Designstils dokumentieren, welchem sozialen Milieus sie sich zugehörig fühlen. Gleichzeitig grenzen sich Menschen durch diesen Designstil von anderen sozialen Milieus ab. Bei der folgenden Betrachtung ist diese Identifikations- und Abgrenzungsfunktion des Designstils zu berücksichtigten (Schulze 1997: 128; Flaig, Meyer & Ueltzhöffer 1994: 75-78).

Dieser Gedanke liegt der Untersuchung der Wohnwelten und Einrichtungsstile zugrunde, die von den Autoren des SINUS-Milieu-Modells durchgeführt wurde. Ziel ist es, Einrichtungsstile einzelner Milieus zu extrahieren und als Stilprägnanzen zu identifizieren. Die Analyse hat ergeben, daß zwischen den eher traditionell orientierten Milieus und den Milieus, die sich eher am Wertewandel orientieren, keine Übereinstimmung zwischen den Stilprägnanzen bestehen. Die erste Milieu-Gruppe bevorzugt gesetzte, bürgerliche Stile, die zweite Gruppe moderne oder sogar avantgardistische Stile (Flaig, Meyer & Ueltzhöffer 1994: 59-69; 126-134).

Wenn davon ausgegangen werden kann, daß die Stilprägnanzen der einzelnen Milieus auch für multimediale Softwareprodukte Gültigkeit besitzen, so hat dies Konsequenzen für deren Gestaltung; im Rahmen der Anspruchsbestimmung von Zielgruppen kann somit relativ sicher ein Gestaltungsstil ausgewählt werden, der von der Zielgruppe bevorzugt wird. Gleichzeitig werden durch die Wahl eines Designstils andere Zielgruppen mehr oder weniger unmittelbar ausgegrenzt.

Damit kommt dem Designstil eine Schlüsselfunktion bei der Konzeption multimedialer Softwareprodukte zu. Bei Verwendung einer Qualitätssicherung sollte deshalb die Wahl des Designstils nicht den Produzenten und/oder den Auftraggebern allein überlassen werden, sondern auf der Grundlage fundierter Marktuntersuchungen erfolgen.

9.4
Zusammenfassung und Einordnung

Ausgehend von dem Wunsch, multimediale Softwareprodukte zielgruppengerecht konzipieren und produzieren zu wollen, wird in diesem Aufsatz ein anspruchszentrierter Ansatz vorstellt. Der Ansatz knüpft an die Ansprüche von Zielgruppen an (multimediale) Softwareprodukte an, um Vorgaben für die Konzeption und Produktion zu erhalten. Ein wesentliches Element ist das sogenannte Wirkmodell, mit dem es möglich ist, auf der Grundlage erhobener Daten zielgruppengerechte Anspruchsprofile für (multimediale) Softwareprodukte zu formulieren.

Die Anwendung des Wirkmodells in Verbindung mit den Daten der Online-Offline-Studie zeigt, daß unterschiedliche Zielgruppen unterschiedliche Ansprüche an (multimediale) Softwareprodukte haben, womit belegt wird, daß diese Vorgehensweise durchaus sinnvoll ist. Aus den Anspruchsprofilen der einzelnen Zielgruppen lassen sich Konsequenzen für die Preis-, Kommunikations- und Produktpolitik ableiten. Insbesondere können Vermarktungsstrategien, die unter Verwendung einer sozioökonomischen und einer Milieu-Segmentierung erhoben werden, verfeinert werden. Wünschenswert sind mehr Marktdaten, mit denen das gesamte Leistungsspektrum des Wirkmodells ausgeschöpft wird, um die Ableitung von Produktkonzepten stärker abzusichern.

Wie dargelegt wurde, kommt dem Designstil eine Schlüsselrolle zu. Da der Designstil eine Identifikationsfunktion hat, kann die Wahl eines nicht zielgruppengerechten Stils zu einem erschwerten Absatz führen. Deshalb sollte der Designstil nicht ohne fundierte Daten aus der Marktforschung gewählt werden.

Die anspruchszentrierte Vorgehensweise kann als Baustein zur Qualitätssicherung betrachtet werden. Mit ihr kann ein Referenzpunkt für das Management, nämlich das Anspruchsprofil, entwickelt werden. Dieser Referenzpunkt stellt eine Bereicherung des bisherigen Ansatzes dar, an den sich dann eine Konzeption anschließen kann, die in einem ersten Schritt zu einer Produktspezifikation (Pflichtenheft) führt. Wird bei der Produktion unter Verwendung qualitätssichernder Maßnahmen darauf geachtet, daß von dem Anspruchsprofil nicht abgewichen wird, dürfte das Risiko, an den Ansprüchen einer Zielgruppe vorbei zu produzieren, auf ein Minimum reduziert werden.

[9.1]   T. E. Banning (1987): Lebensstilorientierte Marketing-Theorie.

[9.2]   H. Beyer & K. Holtzblatt (1998): Contextual Design. Defining Customer-Centered Systems.

[9.3]   H. Degen (1996): Multimedia-Engineering. Makroskopische Untersuchung bei der Fa. Pixelpark, Berlin. Informationswissenschaftliche Forschungsberichte 1-5-96, Freie Universität Berlin, Institut für Publizistik- und Kommunikationswissenschaft, Arbeitsbereich Informationswissenschaft.

[9.4]   H. Degen (1999): Entwicklung eines Wirkmodells für eine anspruchszentrierte Softwareproduktion. Dissertation. Freie Universität Berlin (http://www.diss.fu-berlin.de/1999/11).

[9.5]   dmmv (1997): Deutscher Multimedia Verband: Qualität von Multimedia Online und Offline Produkte. In: http://www.dmmv.de/pgs/qualitaet-kriterien-ol.htm, 15. September 1997.

[9.6]   T. J. Drieseberg (1995): Lebensstil-Forschung. Theoretische Grundlagen und praktische Anwendungen. Physica (Konsum und Verhalten, Band 41).

[9.7]   B. B. Flaig, T. Meyer & J. Ueltzhöffer (1994): Alltagsästhetik und politische Kultur. Zur ästhetischen Dimension politischer Bildung und politischer Kommunikation. 2. Auflage.

[9.8]   H. Freter (1983): Marktsegmentierung.

[9.9]   A. Friedrich-Liebenberg (1986): Anmutungsleistungen von Produkten. Zur Katalogisierung, Strukturierung und Stratifikation anmutungshafter Produktleistungen.

[9.10]   J. T. Hackos & J. C. Redish (1998): User and Task Analysis for Interface Design.

[9.11]   U. Hansen & E. Leitherer (1984): Produktpolitik. 2. neu bearbeitete und erweiterte Auflage.

[9.12]   U. Koppelmann (1992): Produktansprüche. In: Hermann Diller (Hrg.): Vahlens Großes Marketinglexikon. München.

[9.13]   U. Koppelmann (1997): Produktmarketing. Entscheidungsgrundlagen für Produktmanager. 5., vollständig überarbeitete und erweiterte Auflage. Berlin [u.a.]: Springer.

[9.14]   P. Kotler & F. Bliemel (1992): Marketing-Management. 7., vollständig neu bearbeitete und für den deutschen Sprachraum erweiterte Auflage.

[9.15]   Online-Offline (1997a): Spiegel-Verlag & Manager Magazin (Hrg.): Online-Offline. Hauptergebnisse, Codeplan.

[9.16]   Online-Offline (1997b): Spiegel-Verlag & Manager Magazin (Hrg.): Online-Offline. Nutzer-Typologie.

[9.17]   Online-Offline (1997c): Spiegel-Verlag & Manager Magazin (Hrg.): Sonderauswertung der Online-Offline-Studie. Brief vom 2. Juni 1998.

[9.18]   Online-Offline (1997d): Spiegel-Verlag & Manager Magazin (Hrg.): Sonderauswertung der Online-Offline-Studie. Brief vom 1. September 1998.

[9.19]   G. Schulze (1997): Die Erlebnis-Gesellschaft. Kultursoziologie der Gegenwart.

Anmerkungen

1   Grundgesamtheit ist die west- und ostdeutsche Wohnbevölkerung in Privathaushalten, 18 bis 64 Jahre, voll berufstätig oder in der Ausbildung befindlich. Die Anzahl der privaten PC-Benutzer unterliegt allerdings einem ständigem Wandel. Gleiches gilt für die Anzahl der Internetnutzer, die im März 1999 bei 8,4 Mio Surfern lag (aktuelle Zahlen unter http://www.gfk.de). Die drei Schritte zu dem Wirkmodell wurden in diesem Beitrag mit gesicherten Zahlen aus dem Jahr 1997 untermauert und illustriert. Zugrundegelegt werden dabei insgesamt 29,09 Mio. Menschen (Online-Offline 1997a: 123).

2   Einen Überblick über den Stand der Lebensstil-Forschung im Marketing geben Banning (1987) und Drieseberg (1995).

3   Die einzelnen Milieus können hier aus Platzgründen nicht beschrieben werden; vgl. hierzu Degen (1999: 101-115) oder Online-Offline (1997b: 31-55).

4   Eine detaillierte Beschreibung der Sach- und Anmutungleistungen findet sich in (Degen 1999: 239-318).

10 Qualitätssicherung für Internet- und Intranetanwendungen

Anna Stylianakis und Uwe Greunke, Pixelpark

10.1
Einleitung

Die Präsenz von Unternehmen im Internet erlebt derzeit ihren dritten Generationswechsel. Galt es Anfang der neunziger Jahre, aus Imagegründen dabei zu sein, wurden mit dem Folgeanspruch „you can't afford to have not" die strategischen und operativen Einsatzmöglichkeiten des Mediums stärker erkannt, allerdings noch nicht in aller Konsequenz ausgeschöpft. Der Nutzenanspruch auf Anbieter- und Anwenderseite sowie die technischen und gestalterischen Möglichkeiten sind mit zunehmender Geschwindigkeit gewachsen und machten für viele Unternehmensauftritte einen substanziellen Kurswechsel erforderlich. So befinden sich die kommerziellen Internetauftritte heute in der „Post-Relaunch-Phase".

drei Phasen des Internets

Die Frage nach gültigen Qualitätskriterien ist dabei wichtiger denn je geworden und pendelt zwischen Effizienz- und Erlebnisfaktoren. Gelten bei E-Commerce und E-Finance-Anwendungen Datensicherheit, stabile Performance und ein userfreundliches Interfaces als konsensfähige Bewertungskriterien, liegt die Beurteilung imageorientierter Internetauftritte und Online-Kampagnen im unscharfen Bereich. Mit unserem Beitrag möchten wir die Auseinandersetzung mit den sogenannten „soft facts" anregen. Im engen Zusammenhang damit stehen Fragen der Qualität von Intranet-Anwendungen, die hier ebenfalls beleuchtet werden.

Effizienz- und Erlebnisfaktoren

Dieser Beitrag ist dabei als Statement zu verstehen und erhebt aufgrund des Rahmens keinerlei Anspruch auf Vollständigkeit.

10.2
Qualitätssicherung – nur ein technischer Aspekt?

Im folgenden möchten wir ein Plädoyer für die sogenannten „Soft-facts", also die inhaltlichen und konzeptionellen Qualitätskriterien einer Inter- oder Intranet-Applikation eröffnen. Die Konzeption von Online-Anwendungen als einen Aspekt der Qualitätssicherung zu betrachten, ist leider noch immer die Ausnahme. In der Praxis wird der Konzeption meist die Rolle des stillen Mitläufers zugeteilt, der – je nach Anforderung – an die Bereiche Grafik, Technik oder Projektmanagement angegliedert ist. Die Relevanz konzeptioneller Vorüberlegungen offenbart sich oftmals jedoch in der unzulänglichen Umsetzung und der Nicht-Erreichung von kommunikativen oder strategischen Zielen einer Online-Anwendung.

Albert Einstein formuliert es pragmatisch:

> „Wenn ich eine Stunde Zeit hätte, eine lebenswichtige Frage zu entscheiden, würde ich 40 Minuten darauf verwenden, das eigentliche Problem zu verstehen, 15 Minuten die Lösung zu planen und 5 Minuten darauf die Lösung umzusetzen."

Manch eine Website würde durch ein Nachdenken über das „eigentliche Problem" erheblich an Qualität gewinnen und sich möglicherweise auf wesentliche kommunikative Aspekte oder Funktionalitäten beschränken.

Was bringt Ihnen die Auseinandersetzung mit den „Soft-facts" der Qualitätssicherung? Nun, Sie bekommen die Gelegenheit, Qualitätssicherung mal von einem anderen Standpunkt aus zu betrachten, und sich von technischen Detailfragen sowie üppigen Features für einen Moment zu lösen. Verstehen Sie es als Anregung – nicht als den allerneusten Schrei – den Blick auf das Wesentliche zu lenken: dem Profil einer Website.

10.3
Internet – 4 Räder und ein begehbarer Innenraum?

Plant ein Verlag die Herausgabe einer neuen Zeitschrift, so gehen diesem Vorhaben – von der potentiellen Leserschaft unbemerkt – anspruchsvolle und zeitintensive Analyse- und Konzeptionsphasen voraus: (Auf Grundlage von Marktforschungsdaten, dem Einkreisen einer Zielgruppe, der Konzeption des Themenspektrums bis hin zur Kreation eines, dem Inhalt adäquaten, Erscheinungsbildes.) Man startet mit einer Nullnummer, berücksichtigt umfangreiche

Verbraucherumfragen, changiert in der Farbscala, vergleicht die Konkurrenz und scheut sich nicht davor, notfalls das Projekt einzustellen oder mit einem anderen Titel neu zu starten.

All diese Aktivitäten zielen darauf ab, dem geplanten Produkt ein klares und scharfes Profil zu verleihen. Ein Profil, das die Einzigartigkeit des Produktes unterstreicht und dadurch Erfolg am Markt verspricht. *intensive Vorbereitung*

Die Anstrengungen und Erkenntnisse aus jahrzehntelangem Schaffen der großen, klassischen Agenturen scheinen dabei spurlos am Netz der Netze vorbeigerauscht zu sein. *übertragbar auf Web?*

Impliziert vom Aktionsdruck der aktuellen Prämisse „You can't afford to have not" glänzen die meisten kommerziellen Internet-Auftritte durch die Abbildung firmeninterner Organsationsstrukturen oder durch konsensfähige Mittelmäßigkeit.

Man stelle sich vor, in großformatigen Anzeigen würden fünf Unternehmen der Automobilindustrie erklären, daß ihr PKW-Modell vier Räder besitzt und man durch eine Tür den Innenraum betreten kann. Was hat das alles mit Qualität von Online-Anwendungen zu schaffen? Sie können hierzu einen kleinen Selbsttest veranstalten. Nehmen Sie fünf beliebige Firmendarstellungen aus dem Netz und halten Sie mit einem Pappstück das Logo verdeckt; in der Regel befindet sich dies oben links oder rechts. Befragen Sie dann Ihren Kollegen, um welches Unternehmen es sich handelt – mit verdecktem Logo natürlich. Sie merken schon, auf was wir hinauswollen – vier Räder und ein begehbarer Innenraum! In der Übersetzung heißt das: „Wir über uns", „Mitarbeiter", „unsere Produkte", „Kontakt", „News", ... *beliebige Austauschbarkeit von Inhalten*

Sollte die Unternehmensdarstellung im Netz doch nicht etwas weiter gehen? Wir denken schon, denn der Mangel an einzigartigen Inhalten und die Tendenz zur Vereinheitlichung kommerzieller Auftritte begünstigen einen Zustand, der durch eine Reihe von negativen Aspekten begleitet wird. Sei es, daß Kommunikationsziele nicht erreicht werden oder die Zielgruppe sich enttäuscht abwendet. *Mangel an einzigartigen Inhalten*

In letzter Konsequenz führen diese Negativszenarien zu einer Image-Schwächung des Unternehmens, die zudem Unmengen an Budgets und Ressourcen verschlingen. *Image-Schwächen*

10.4
Intranet – ein Thema der IT-Abteilung?

Nein werden Sie sagen, in Ihrem Arbeitskreis *Intranet* sind natürlich alle relevanten Abteilungen vertreten: Marketing, Corporate Communications, die Vertriebsleute, ein Vertreter des Betriebsrates, die Personalabteilung, der Assistent der Geschäftsführung usw.

Mit gutem Mut begonnen, geht es schon schnell über in den „Stellungskrieg en detail". Das Diskutieren und Formulieren nimmt kein Ende. Ein Intranetprojekt kann dabei leicht den kalkulierten Rahmen sprengen. Zähe Verhandlungen mit einer Unzahl von Abteilungen, eine verwirrende Menge von Anforderungen, Abbildung von komplexen Workflow-Prozessen und „gewachsene" IT-Systeme sind die klassischen „Bärenfallen". Ein Intranet greift in der Regel massiv in die Kommunikations- und Unternehmenskultur ein. Am Schluß des Zögerns und Zauderns wird das schwer Errungene in ein Konzeptpapier mit stattlichen Ausmaßen gepackt und in den Schrank gestellt. Dort schlummert es zur Beruhigung des Vorstandes und der Führungsebene. Um das Thema noch einmal herumgekommen.

Was macht die Qualität eines Intranets aus? Es ist im Prinzip die eines guten Schraubendrehers. Handgerecht geformt und mit einer stabilen Spitze, hilft es, eine Halterung schneller, einfacher und sicherer an der Wand zu befestigen. Das läßt sich analog auch auf das Intranet übertragen. Schneller, einfacher und sicherer soll dieses Werkzeug das Kerngeschäft des Unternehmens unterstützen – nicht mehr und nicht weniger. Bei einem konsequenten Einsatz und einer strategisch klaren Ausrichtung läßt sich die, durch die Mitarbeiter empfundene, Qualität des Werkzeugs *Intranet* maximieren.

Eine (wertvolle) relevante Information zur richtigen Zeit zu bekommen, erfordert eine hervorragend durchdachte Struktur und ein leistungsfähiges System. Das schnelle Auffinden und einfache Einspeisen von Informationen bzw. Know-How unabhängig von Zeit und Ort in ein Intranet, sind entscheidende Faktoren im Wettbewerb.

Die Entwicklung und Bereitstellung eines Intranets ist ein Service des Unternehmens für seine Mitarbeiter, damit diese ihre Projekte und Aufgaben schneller, einfacherer und sicherer bewältigen können. Ein Intranet muß gelebt werden und die Arbeit mit diesem Werkzeug sollte von allen, insbesondere den Führungskräften, vorgelebt werden. Oftmals sieht die Praxis aber anders aus. Die reine Bereitstellung einer internen elektronischen Plattform auf TCP/IP-Basis wird überschätzt und die menschliche Komponente vernachlässigt. Menschen lernen nur von Menschen. Einem technischen System die Aufbereitung und Weitergabe von wichtigen Informationen und Wissen „unbetreut und automatisiert" zu überlassen, wäre leichtfertig.

Die Einführung und der Betrieb eines Intranets muß von flankierenden Maßnahmen begleitet werden. Klassische Informations- und Trainingsmethoden müssen das Intranet offensiv einbinden. Die Mitarbeiter müssen aktiv in die Entwicklung eines Intranets einbezogen werden. Sie definieren die Inhalte, Methoden und Funktionen, die ihre tägliche Arbeit schneller, einfacher und sicherer machen.

aktive Einbindung der Mitarbeiter

Wie jedes gute Werkzeug bedarf auch ein Intranet einer gewissenhaften Pflege und einer gelegentlichen Überholung. Dabei sollten Funktionen und Strukturen aufgrund der Erfahrungen und Feedbacks der Mitarbeiter optimiert werden. Ein Intranet ohne ein aktives „Boxenteam" ist sprichwörtlich auf der Auslaufspur. Nur bei einer offensiven Nutzung und einem Commitment des Top-Managements zum konsequenten Einsatz dieses Mediums ist ein durchschlagender Erfolg auf hohem qualitativen Niveau möglich.

offensive Nutzung von Intranet

Das Ziel des Aufbaus eines Intranets muß die langfristige Steigerung der Wettbewerbsfähigkeit sein. Das Vertrauen der Investoren, der Kunden und der Mitarbeiter in die „Güte" und den „Wert" der bereitgestellten Dienstleistung bzw. Produkte kann u. a. durch ein funktionierendes Intranet nachhaltig verbessert werden.

Steigerung der Wettbewerbsfähigkeit

10.5
Qualitätssicherung – ein inhaltlicher Aspekt!

Wer über den Mangel an Qualität spricht, muß auch über Kriterien zur Messung von Qualität sprechen. Dabei muß der Qualitätsbegriff weiter gefaßt werden, als nur darauf, eine Vermeidung von Fehlern in den Mittelpunkt zu stellen. Vielmehr orientieren sich die Parameter der Bewertungsskala an den Bedürfnissen potentieller User. Ein Internet-User wird die Qualität einer Website sicherlich negativ bewerten, wenn seine E-Mail Anfrage erst nach Wochen oder gar nicht beantwortet wird, obwohl die Übersendung des Feedback-Formulars einwandfrei funktionierte. Die Nicht-Beantwortung seiner elektronischen Anfrage erfüllte nicht die Erwartungen des Users. Dieser Vorgang mag zunächst trivial erscheinen, läßt sich allerdings mühelos auf andere Bereiche, beispielsweise der Informationsaufbereitung, der Navigation, der medienaffinen Darstellung usw. übertragen.

Messung von Qualität anhand der Nutzerbedürfnisse

Für den User manifestiert sich die Qualität einer Website insbesondere in dem, was kommuniziert wird und wie es kommuniziert wird. Erst durch die Kongruenz von Inhalt und Form – also die Informations- und Seviceangebote und deren mediengerechte Umsetzung – entsteht aus Usersicht ein eindeutiges Profil bzw. ein komfortables Werkzeug.

Welche Kriterien sind also bei der Gestaltung von qualitativ hochwertigen Anwendungen anzusetzen? Die Antwort wird – je nach den Erwartungen potentieller Anwender – sicherlich mehrdeutig ausfallen. Wir haben deshalb im folgenden zehn Thesen aufgestellt, aus denen wir Lösungsansätze für eine qualifizierte Konzeption von Online-Anwendungen abgeleitet haben. Denn in einem sind wir uns – trotz der Unschärfe qualitativer Maßstäbe – sicher: Eine intensive und umfassende Auseinandersetung mit den eigenen Kommunikationszielen, respektive den Bedürfnissen potentieller Nutzer, schafft positive Voraussetzungen für eine reibungslose Produktion und sichert den Erfolg Ihrer geplanten Online-Aktivitäten.

10.6
Zehn Lösungsansätze zur inhaltlichen Qualitätssicherung

Die im folgenden dargestellten zehn Thesen im Überblick:

1. Fokussierung statt Standard
2. Original statt Kopie
3. Symbiose statt Addition
4. Empfang statt Grabbeltisch
5. Interaktion statt Reaktion
6. Nutzen statt Technik
7. Vernetzung statt Verkapselung
8. Optimierung statt Datenlast
9. Dynamik statt Stillstand
10. Lokalisierung statt Übersetzung

Im folgenden werden diese zehn Thesen der Reihenfolge nach näher dargestellt und präzisiert.

10.6.1
Fokussierung statt Standard

Mit zunehmendem Professionalisierungsanspruch wurden relativ vorschnell Standards für die Konzeption und Umsetzung von Websites gestaltet. Im Vordergrund stehen dabei technische und grafische Aspekte, die wenig mit dem Inhalt der Anwendung und nahezu gar nicht mit den Kommunikationszielen des Unternehmens korrespondieren. Dieser Mißstand drückt sich am deutlichsten in der bereits zitierten Standard-Themenstruktur aus: „Über uns – Unser Angebot – Job Börse – Service – Presse" etc. Dahinter verbirgt sich meist eine Fülle von unsortierten Inhalten. Der User fühlt sich durch diesen Inhaltsreichtum oft erschlagen oder gelangweilt. Er wünscht sich originäre Inhalte, unternehmensaffine Szenarien und medienspezifische Mehrwerte, die ihn an der Produkt- und Gedankenwelt des Unternehmens teilhaben lassen.

Kommunikationsziel fixieren

Inhaltliche Fokussierung kann dabei eine Lösung sein: Möchten Sie mit Ihrem Unternehmensauftritt in erster Linie potentielle Mitarbeiter bewerben, könnte der Bereich „Job Opportunities" der inhaltliche Leitfaden Ihrer Anwendung sein. Zeichnet sich das Leistungsspektrum eines Unternehmens durch einzigartige Serviceangebote aus, sollte diese Servicebereitschaft auch in der Struktur des Webauftritts einen adäquaten Ausdruck finden. Maßgeblich bei allen konzeptionellen Überlegungen ist die Fragestellung: Was bietet mein Unternehmen bzw. meine Marke im Vergleich zu den Wettbewerbern? Und wie kann ich meinen Mehrwert in den neuen Medien zum Ausdruck bringen?

erkennbare Schwerpunkte setzen

10.6.2
Original statt Kopie

Nach wie vor stellen sich die meisten Unternehmensauftritte im Web als digitale 1:1-Version klassischer Medien dar. Dabei werden die Inhalte von Werbebroschüren oder Geschäftsberichten meist ungefiltert übernommen.

keine 1:1-Lösung zu anderen Medien

Beliebt ist beispielsweise die Darstellung von Unternehmensdaten unter dem Titel „Zahlen & Fakten", als digitale Kopie des Geschäftsberichtes. Gerade diese sensiblen Daten verdeutlichen jedoch – im kleinen Rahmen – den Mißstand dieser Darstellungsweise. Zwar bleiben Fakten immer noch Fakten, aber die Möglichkeit, diese Fakten strategisch einzusetzen oder in einen breiteren Kontext zu stellen, werden nicht genutzt. Ein Fakt an sich bietet dem Nutzer in seiner digitalen Form keinen inhaltlichen Mehrwert ge-

inhaltliche Mehrwerte schaffen

genüber dem klassischen Medium. Inhaltlichen Mehrwert bieten beispielsweise kontextuelle Verknüpfungen mit redaktionellen Inhalten der Site, also die Verzahnung von Hard- und Soft-Facts, Berechnungstools für Shareholder, interaktive Grafiken, topaktuelle Interviews oder Kommentare zur Unternehmensentwicklung.

10.6.3
Symbiose statt Addition

Der Mangel an eigenem Profil und die Tendenz zur Vereinheitlichung offenbart sich nicht allein in der Gesamterscheinung von Websites, sondern auch im Detail: Durch die unmittelbare Adaption von Inhalten aus klassischen Medien, werden die Bestandteile einer Website – Text, Bild, Ton, Video – beziehungslos nebeneinandergestellt.

Dabei bietet gerade der unterschiedliche Informationscharakter und die spezifische Ausprägung jedes einzelnen Mediums Ansätze, diese Medien synergetisch zu nutzen oder die einzelnen Medien Ihren Eigenarten entsprechend einzusetzen. Bilder sollten beispielsweise nicht nur dekorativ, sondern ergänzend zum Text eingesetzt werden. Beim Einsatz von Video- oder Audiofiles sollte der inhaltliche Nutzen im Vordergrund stehen: Der Download des aktuellen Werbespots, den der Nutzer bereits aus dem Kino kennt, wird kaum jemanden begeistern. Im Kontext einer bebilderten „Making-of-Story" stellt das Video jedoch einen inhaltlichen Mehrwert dar.

Ebenso ist die Verknüpfung von Medien dazu geeignet, ein kaskadisch aufgebautes Informationsangebot zu gestalten: Vom kurzen Textabstract, über anschauliche Grafiken, hin zur umfangreichen „Multimedia-Show".

10.6.4
Empfang statt Grabbeltisch

Gängige Navigationsformen von Websites, wie z. B. die hierarchische Themenstrukturierung in Frames oder Menüseiten untergraben die Motivation des Nutzers, sich mit Interesse durch die Site zu bewegen. Anstatt über persönliche Präferenzen geleitet zu werden, sieht sich der Nutzer in den meisten Fällen mit einem inhaltlichen Grabbeltisch konfrontiert.

Ungeachtet temporärer Befindlichkeiten, individueller Bedürfnisse und unterschiedlicher Erfahrungshorizonte, die für variable Navigationsformen sprechen, werden straff durchstrukturierte Hierarchieebenen eingeführt, die den vermeintlich demokratischen Aspekt „gleiche Inhalte für alle" implizieren. Da die Bedürfnisse des Nutzers jedoch unterschiedlich gewichtet sind, kann es keine konsensfähige Benutzerführung geben. Der eine Nutzer möchte ohne große Umwege an Informationen gelangen, während ein anderer Nutzer sich von den Inhalten leiten läßt und eher spontan navigiert. Eine gute Infrastruktur berücksichtigt diese verschiedenen Anforderungen und bietet verschiedene Zugangswege: Schnelle Zugriffe über Popup-Menüs, ausführliche Inhaltsverzeichnisse in Form von Site-Index, lineare Navigationsformen für didaktische Inhalte oder spielerische Zugänge in Form von animierten Intros.

10.6.5
Interaktion statt Reaktion

Eines der größten Nutzenversprechen, die für den Einsatz neuer Medien gelten, ist die vielzitierte Interaktivität. Tatsächlich aber beschränkt sich das Maß der Interaktion meist auf den Vorgang des Klickens oder des Auswählens. Auch die gängigen Suchmaschinen funktionieren durch ihr Angebot an Suchoptionen eher reaktiv als proaktiv. Die Möglichkeiten für den Nutzer, sich aktiv an verschiedenen Angeboten von Websites zu beteiligen, werden dadurch nicht ausgeschöpft. Der Dialog mit den Anbietern oder weiteren Nutzern wird meist auf wenige, ausgewiesene Bereiche beschränkt. So können beispielsweise Interaktionsmöglichkeiten viel breiter ausgeschöpft werden, indem die Anwendung eine Aktion provoziert, die über den Vorgang des Klickens hinausgeht.

Zum Beispiel: Suchmaschinen, die Fragen empfangen statt Optionen anzubieten. Websites mit nutzergenerierter Infrastruktur. Inhaltsbereiche, die – je nach Navigationsform – Tonalität und Erscheinungsbild ändern. Editoriale Bereiche, die mit eigenen Inhalten gefüllt werden.

10.6.6
Nutzen statt Technik

Nutzen der Technik wird häufig überschätzt

Weltweite Reichweiten und einfache technische Machbarkeiten eröffnen für Online-Anwendungen vielfältige Kommunikations- und Transaktionsmöglichkeiten wie z. B. Chatrooms, Newsgroups, Pinboards, Newsletter, Bestellformulare bis hin zum Online-Shopping. Beim Einsatz dieser Möglichkeit wird jedoch die Nutzendimension für die Zielgruppen häufig überschätzt. Allein das Angebot neuer technischer Features reicht nicht aus, um auf einer Website Traffic zu generieren.

abschreckende Wirkung möglich

Vielmehr können technisch hochambitionierte Websites, die wenig inhaltlichen Nutzen bieten, eher abschreckend wirken: So werden beispielsweise Chatrooms, die belanglosen Smalltalk verbreiten, eher gemieden. Ebenso findet ein Newsletter, der einen nicht mit exklusiven Informationen versorgt, wenig Abonnenten.

Nutzen der Technik belegen

Es empfiehlt sich deshalb, technische Features stets mit einer potentiellen Nutzendimension zu belegen. Im Intranet oder auf der Website eines Reiseanbieters macht ein Pinboard Sinn, auf der Website eines Pharmakonzerns weniger. Online-Chats, die nicht redaktionell betreut werden, führen ein trostloses Dasein, moderierte Chats zu ausgewählten Themen und prominenten Fachleuten wecken Interesse und fördern den Know-How-Transfer.

10.6.7
Vernetzung statt Verkapselung

Marketingmix als Konzeptstrategie

Im Gegensatz zu klassischen Kommunikationsmaßnahmen, die bereits im Vorfeld Schnittstellen zu den verschiedenen Medien berücksichtigen, hat der Webauftritt innerhalb der Kommunikationsstrategie meist eine Solitärstellung. Mögliche Synergien mit aktuellen Werbekampagnen, Public Relation- oder Promotions-Aktionen werden nicht genutzt. Dabei bietet gerade das Internet innerhalb des Marketingmix vielfältige Nutzungsformen: z. B. als Sendeplattform von Events, als zentrale Buchungsstelle für Veranstaltungen oder als zentrale Anlaufstelle für Verbraucherfragen.

10.6.8
Optimierung statt Datenlast

Einer der Vorteile, die Websites gegenüber klassischen Werbemaßnahmen bieten, ist die konkrete Erfassung und Auswertung von Nutzerdaten. Mit Hilfe neuer Erfolgs-Kontrollinstrumente wie Webtracking, Logfiles etc. kann das Nutzerverhalten klickgenau protokolliert, ausgewertet und interpretiert werden. Im Idealfall könnten die Auswertungsergebnisse wichtige Impulse zur Optimierung oder Verschlankung von Websites geben. Oftmals fehlt jedoch eine gezielte Interpretation der Auswertungsergebnisse, auf die sich ein Optimierungskonzept stützen könnte. Deshalb sollte bereits im Vorfeld bedacht werden, welche Nutzerdaten der Anbieter mit Hilfe von Webtrackings evaluieren möchte.

Erfolgskontrolle und Optimierung in Konzept einbinden

Nur die Auswertung eines zielgerichteten Webtrackings und die kompetente Interpretation der Nutzerdaten, ermöglicht Rückschlüsse auf die Akzeptanz der Navigationsform, potentielle Interessensbereiche der Nutzer und den Nutzungsgrad kommunikativer Features.

Akzeptanz prüfen

10.6.9
Dynamik statt Stillstand

Im Gegensatz zu Werbemaßnahmen, die sich saisonal in inhaltlicher Ausprägung und im Erscheinungsbild ändern, bleiben Websites nach Online-Start meist über einen längeren Zeitraum unverändert. Besonders auffällig sind Websites, die auf der Homepage das letzte Datum des Updates veröffentlichen, welches drei Monate zurückliegt. Kurzfristige Updates beschränken sich meist auf den Pressebereich. Dabei hat nahezu jedes Unternehmen aktuelle oder originelle Inhalte, um sein Themenangebot dynamischer zu gestalten. So kann beispielsweise die Einführung eines neuen Produkts oder eines neuen Geschäftsbereiches Anlaß für eine grafische oder strukturelle Veränderung der Website sein.

aktuelle und orginelle Inhalte einbinden

Auch was das Erscheinungsbild eines Autrittes betrifft, sollte die Dynamik des Mediums für die Kreation von abwechslungsreichen und den Inhalten entsprechenden Anmutungen genutzt werden. So kann eine Website beispielsweise begleitend zu den realen Jahreszeiten durch ihren Look & Feel eine helle, dunkle, introvertierte oder extrovertierte Stimmung erzeugen.

Erzeugen von Stimmungen

10.6.10
Lokalisierung statt Übersetzung

Viele Unternehmen launchen eine mehrsprachige Website mit der Intention, internationale Zielgruppen anzusprechen. Der Globalisierungsanspruch wird jedoch mit einer inhaltsgetreuen Übersetzung der „Muttersite" nicht eingelöst. Lokale Branchenschwerpunkte, andere Design- oder Lesegewohnheiten bleiben in der Übersetzung meist unberücksichtigt. Der geläufige Aufbau von Websites entspricht beispielsweise der europäischen Leserichtung von links nach rechts. Navigationsleisten und der Aufbau der Inhalte sind auf diese Leserichtung ausgerichtet. Wie sieht die Darstellung des gleichen Inhalts in der asiatischen Variante aus? Berücksichtigt der Screenaufbau die Leserichtung von oben nach unten?

Auch was Tonalität, Inhalte und Struktur einer Website betrifft, sind die Akzeptanzen und Interessensschwerpunkte von Land zu Land verschieden. Die französische Filiale eines Unternehmens hat vielleicht einen anderen Workflow als die amerikanische. Erfordert die unterschiedliche Arbeitsform möglicherweise eine andere Strukturierung des lokalen Intranet-Auftritts?

Weltweit operierende Unternehmen haben nationale Produkt- oder Leistungsschwerpunkte. Diese gilt es in einem mehrsprachigen Webauftritt unterschiedlich zu gewichten.

10.7
Zusammenfassung

Die Inhalte und Kernaussagen müssen auch auf dem Gebiet der neuen Medien im Mittelpunkt einer jeden Anwendung stehen. Die Technologie ist und darf dabei nur Mittel zum Zweck sein. Somit gewinnt die Qualitätssicherung im Bereich des inhaltlichen und dramaturgischen Aufbaus an Bedeutung gegenüber einer „reinen" Fehlervermeidungssicht der klassischen, technologisch getriebenen Qualitätssicherung.

Wir hoffen, daß wir unser Anliegen verdeutlichen und mit den zehn Thesen Ansätze aufzeigen konnten, die Ihnen helfen die Qualität insbesondere von Internet- und Intranet Anwendungen zu verbessern und somit mittel- bis langfristig die Akzeptanz Ihrer Website Besucher sicherzustellen und auszubauen.

11 Qualitätssicherung bei Electronic-Commerce

Prof. Dr. Norbert Drees, FH-Erfurt, und Carsten Dierks, Mindways

11.1 Definition von E-Commerce

Obwohl der Begriff des Electronic-Commerce in jüngster Zeit immer mehr Verbreitung im täglichen Sprachgebrauch findet, bedarf es einer genauen Analyse, um dessen Inhalte zu beschreiben beziehungsweise abzugrenzen.

Häufig wird E-Commerce lediglich gleichgesetzt mit dem Handel im Internet. Eine derartige Begriffsdefinition würde aber zu einer einseitigen Betrachtung führen, da noch weit mehr Möglichkeiten bestehen, Geschäfte auf elektronischem Weg abzuwickeln. Zu nennen sind hierbei unter anderem der elektronische Austausch alphanumerischer Bestell- und Rechnungsdaten mittels Electronic Data Interchange (EDI), der Einsatz von Kiosk-Bestellterminals im stationären Handel sowie die Bestellung mit Hilfe eines Faxgerätes, nachdem man sich in einem multimedialen CD-ROM Katalog eine Bestellung zusammengestellt hat. Aufgrund der inhaltlichen Breite von E-Commerce erscheint es zweckmäßig, eine enge und weite Begriffsabgrenzung vorzunehmen.

Im Rahmen der engen Definition werden mit E-Commerce die über das Internet abgewickelten Transaktionen bezeichnet, wobei alle Phasen einer Transaktion, von der Angebotserstellung bis hin zur Bezahlung und bei digitalen Gütern auch die Warenübergabe über das World Wide Web abgewickelt werden können.

Eine weite Begriffsauslegung schließt neben den Internet-Transaktionen all jene mit ein, die auf Basis neuer Medien vollzogen werden. Der Begriff neue Medien subsumiert dabei all jene Informations- und Kommunikationssysteme, die aufgrund ihrer

Begriff des E-Commerce

enge Auslegung: Internet

weite Auslegung: Neue Medien

technischen Eigenschaften neue Formen der Kommunikation ermöglichen.

Eine Betrachtung des Electronic-Commerce auf Grundlage der Phasen einer Transaktion läßt eine weitere Differenzierung des Begriffes zu. So können die vor einer Kaufentscheidung ablaufenden Phasen der Online-Informationssuche, die Bereitstellung von Informationen oder die elektronische Unterbreitung von Angeboten in dem Begriff Electronic-Business zusammengefaßt werden. Diese Differenzierung erscheint insofern zweckmäßig, da besonders im Business-to-Business Geschäftsbereich Kaufentscheidungen erst auf Grundlage eines umfangreichen Informationsaustausches getroffen werden.

11.2
Bedeutung von E-Commerce

Innerhalb der vergangenen drei Jahre ist die Anzahl der Nutzer des Internets sprunghaft angestiegen. Kommunizierten 1996 weltweit etwa 66,5 Millionen im Internet, hat sich diese Zahl bis heute auf zirka 150 Millionen Internet-Nutzer mehr als verdoppelt. Innerhalb Deutschlands stieg die Anzahl der Nutzer seit April 1997 von 4,1 Mio. auf 8,4 Mio. im Herbst 1998.

Neben der stetig steigenden Anzahl der Nutzer des Internets ist eine deutliche Erhöhung der Akzeptanz des Online-Shopping zu verzeichnen. Waren im Herbst 1996 nur 16,9 Prozent der von W3B befragten Internet-Nutzer der Ansicht, innerhalb des nächsten halben Jahres etwas online einzukaufen, stieg die Zahl der Interessenten am Einkauf im Internet bis Mai 1998 auf 37,2 Prozent.

Bereits 1997 konnten ungefähr 35,8 Mill. US$ im europäischen Markt per Online-Shopping umgesetzt werden. Eine Frost & Sullivan-Studie, die im November 1998 erarbeitet wurde, geht zudem davon aus, daß im Jahre 2001 europaweit bereits 1482,6 Mill. US$ Umsatz auf Basis von E-Commerce erzielt werden können. Verschiedene Studien sprechen in diesem Zusammenhang auch davon, daß sich Deutschland noch vor Großbritannien und Frankreich zum attraktivsten elektronischen Marktplatz innerhalb Europas entwickeln wird.

Insbesondere der E-Commerce-Umsatz zwischenbetrieblicher Geschäfte verspricht enorme Wachstumsraten. So gehen Studien davon aus, daß bereits im Jahr 2000 rund 90 Prozent des E-Commerce im Business-to-Business Bereich abgewickelt werden. In diesem Zusammenhang erwartet der amerikanische Analyst eMarketer, daß spezielle B-to-B Plattformen, wie Intranet und Extranet innerhalb der nächsten 5 Jahre enorme Bedeutung erlangen werden.

11.3
Messung der Qualität

Die Qualität einer E-Commerce-Lösung läßt sich primär an ihrem Erfolg messen. Dieser äußert sich in einem entsprechenden Umsatz oder in entsprechenden Kosteneinsparungen.

Umsatz und Unkostenersparnis

Das Problem einer Qualitätsbeurteilung liegt allerdings in der fehlenden Möglichkeit, kurzfristig eine endgültige Aussage über den Erfolg oder Mißerfolg eines E-Commerce-Systems treffen zu können. Durch die noch vorherrschende Hemmschwelle bei Endverbrauchern im Umgang mit elektronischen Medien und durch latente Sicherheitsbedürfnisse bei der Verwendung persönlicher oder betrieblicher Daten in einem offenen elektronischem Netz, wie dem Internet, wird eine eindeutige Erfolgsbestimmung nur auf Basis hoher Umsatzzahlen oder einer kurzfristigen Amortisation getätigter Investitionen kaum zu erreichen sein.

Als Ziel einer langfristigen Erfolgskontrolle muß es vielmehr angesehen werden, auf Basis differenzierter Erfolgsindikatoren eine Aussage über die Entwicklung der Akzeptanz eines EC-Systems zu ermöglichen.

langfristige Erfolgskontrolle

11.3.1
Quantitative Erfolgsanalyse

Eine quantitative Analyse des Erfolges wird vielfach bereits auf Basis elektronischer Auswertungsmethoden vorgenommen, die permanent im Hintergrund einer E-Commerce-Applikation ablaufen. Die am häufigsten angewandten Verfahren umfassen die Aufzeichnung von Hits, Page Impressions sowie Visits.

elektronische Auswertung

Diese Methoden unterscheiden sich insbesondere bezüglich ihrer Aussagekraft und der Möglichkeit einer weiteren Verwendung zu Analysezwecken:

- Impressions:
  Während Hits alle Zugriffe auf eine Seite zählen, unabhängig davon, ob dabei die Seite vollständig aufgerufen wurde, werden bei der Ermittlung von Page Impressions nur Seitenaufrufe registriert, die vollständig stattgefunden haben.

- Visits:
  Die Anzahl der Besuche unterschiedlicher Internet-Nutzer, die innerhalb eines definierten Zeitraumes in einem EC-System zu verzeichnen sind, werden als Visits bezeichnet.

Obwohl Page Impressions und Visits für eine aussagekräftige Analyse des Erfolges einer E-Commerce-Applikation am geeignetsten erscheinen, sind auch hier bestimmte technische Restriktionen zu berücksichtigen. So sollten Mehrfachzählungen, die durch die Frame-Technik hervorgerufen werden können, besonders bei der Ermittlung von Page Impressions Berücksichtigung finden. Bei einer Erfolgsbeurteilung auf Grundlage von Visits ist zu beachten, daß die Vergabe dynamischer IP-Adressen durch Internet-Provider die Aussagekraft dieser Analysemethode negativ beeinflußt.

11.3.2
Qualitative Erfolgsanalyse

Zur Relativierung möglicher Ungenauigkeiten quantitativer Analysemethoden ist es angebracht, die Erfolgsanalyse um eine qualitative Erfolgskontrolle zu ergänzen. Erst die Kombination beider Analyseverfahren ermöglicht es, den Erfolg und damit die Qualität eines E-Commerce-Systems langfristig zu bestimmen.

Wichtigste qualitative Erfolgsindikatoren sind der interaktive Response (E-Mail) sowie schriftliches oder telefonisches Feedback. Damit es den Nutzern eines E-Commerce-Systems jederzeit möglich ist, sich mit Fragen, Kritiken oder Anregungen an den Systembetreiber zu wenden, müssen Kontaktmöglichkeiten jederzeit erreichbar und übersichtlich gestaltet sein. Weiterhin bietet die Einrichtung von Call-Centern, die im Wettbewerb um den Kunden bereits einen hohen Stellenwert erlangt haben, neben der Möglichkeit eingehende Anfragen zu beantworten auch die Grundlage für eine detaillierte Erfassung und Analyse der Gründe für die Kontaktaufnahme der Kunden. Des weiteren kann auch die Anzahl der Online-Anforderungen von zusätzlichen Informationsbroschüren oder Katalogen darüber Aufschluß geben, welche Akzeptanz ein E-Commerce-System bei seinen Nutzern erfährt.

Die Auswertung der zur Verfügung stehenden Erfolgsindikatoren sollte stets im Komplex und analytisch erfolgen, das heißt es darf keine losgelöste Beurteilung einzelner Parameter (zum Beispiel nur Page Impressions oder Visits) erfolgen. Es muß vielmehr eine ganzheitliche Betrachtung der Wirkung des E-Commerce-Systems erfolgen. Die Messung der Qualität muß zudem den Inhalten entsprechend eine Differenzierung in Gesamt- und Detail-

attraktivität ermöglichen, um damit notwendige Schlußfolgerun-
gen für eine stetige Verbesserung der Qualität ziehen zu können.

11.4
Qualitätsbausteine

Zum Aufbau und zur Sicherung des langfristigen Erfolges eines E-
Commerce-Systems lassen sich bestimmte Faktoren herauskristal-
lisieren, die den Erfolg positiv beeinflussen. Diese Erfolgsfaktoren
umfassen neben der konsequenten Ausrichtung der Systeme am
Nutzen der Anwender, deren technische Umsetzung sowie die Integration der neuen Vertriebsform in das bestehende Marketing-
Mix der Betreiber.

Bereits in den Projektphasen Planung, Programmierung und
Implementierung eines E-Commerce-Systems müssen die nachfolgend beschriebenen Qualitätsbausteine Berücksichtigung finden.

11.4.1
Qualitätsbaustein Nutzenorientierung

der Benutzer erwartet Nutzen von E-Commerce

Die Motivation der Internet-Nutzer, ein E-Commerce-System anzuwenden, ergibt sich in erster Linie aus dem Nutzen, den sie damit für sich erzielen können. Dieser läßt sich als Grund- und Zusatznutzen spezifizieren. Für Online-Shopping-Systeme im Business-to-Consumer Geschäftsbereich ist zudem die Berücksichtigung der Erlebnisorientierung des Systems notwendig.

11.4.1.1
Grundnutzen

einfache und schnelle Abwicklung

Eines der wichtigsten Kriterien für die Anwendung eines E-
Commerce-Systems ist der Grundnutzen, der durch den Systembetreiber generiert wird. Dieser besteht beim Online-Shopping in
der einfachen und schnellen Abwicklung des Einkaufs- beziehungsweise Bestellvorganges und im E-Business insbesondere in
der schnellen und übersichtlichen Bereitstellung gewünschter Informationen und Daten.

Ein Beispiel hierfür aus dem Bereich des E-Business ist das
Handels-Extranet der Hamburger Agentur Mindways Multimedia.
In diesem werden aktuelle Informationen für Hersteller- und Handelsunternehmen zur Verfügung gestellt, um so geschäftsspezifi-
sche Daten schneller und effizienter austauschen zu können als

dies per Telefon, Fax, Post oder über einen Außendienstmitarbeiter möglich wäre.

Abbildung 1: Struktur des Handels-ExtraNet der Agentur Mindways Multimedia GmbH, Hamburg

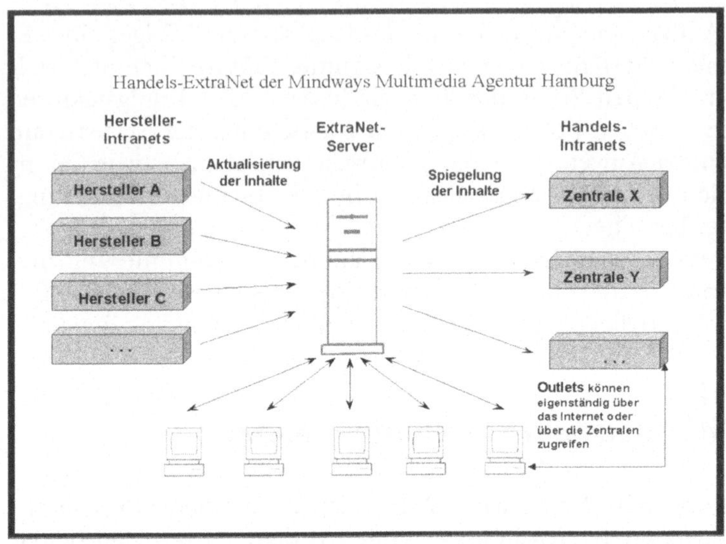

schnelles Finden

Voraussetzung für die optimale Vermittlung des Grundnutzens ist das schnelle Auffinden gesuchter Inhalte, die übersichtliche Präsentation der Informationen, die zielgruppenkonforme Angebotsunterbreitung und die einfache Möglichkeit einer Bestell- und Zahlungsabwicklung.

Von besonderer Bedeutung für eine qualitativ hochwertige Umsetzung ist die einfache Bedienbarkeit einer E-Commerce-Anwendung. Der Benutzer soll intuitiv mit dem System umgehen, bei auftretenden Fragen eine detaillierte Online-Hilfe aufrufen können und mittels freier oder geführter Suche schnell zum gewünschten Angebot gelangen.

Vorteile bei besonderen Anlässen

In der schnellen Produkt- beziehungsweise Informationsauswahl besteht einer der wesentlichen Vorteile gegenüber dem traditionellem Einkauf im Kaufhaus um die Ecke. Der Kunde kann bei entsprechender funktionaler Umsetzung schneller gewünschte Artikel auffinden und kaufen. Besonders in Vorbereitung bestimmter Anlässe, wie beispielsweise Weihnachten, lassen sich auf diese Weise bequem Einkäufe am PC tätigen, statt diese im Gedränge und unter Streß in vollen Warenhäusern erledigen zu müssen.

11.4.1.2

Zusatznutzen

Neben dem Grundnutzen ist es für den Anwender einer E-Commerce-Applikation zudem von Bedeutung, einen entsprechenden Zusatznutzen zu erfahren.

added value

In Online-Shopping-Systemen läßt sich ein zusätzlicher Anreiz zur Nutzung beispielsweise durch ergänzende Informationen über das Unternehmen und die Produkte generieren. Diese müssen dabei der Zielgruppe entsprechend gestaltet werden und sollten im Vergleich zur Beratung am POS adäquat gestaltet sein.

Die Technik des Internets bietet zudem vielfältige Möglichkeiten, interaktiv auf die Interessen der Nutzer einzugehen. So lassen sich auf Basis einer Datenbank Nutzer- sowie Kaufverhalten ermitteln beziehungsweise speichern und während sich der Besucher noch im E-Commerce-System bewegt, können so Vorschläge unterbreitet werden, die zum Betrachten und zum Kauf bestimmter Artikel animieren.

In diesem Zusammenhang sollte auch bereits bei der Planung besonderes Augenmerk auf die Individualität eines Systems gelegt werden. Die Internet-Technologie erfüllt auch hierfür beste Voraussetzungen, um entsprechend den Bedürfnissen der Endverbraucher oder Geschäftspartner Angebote zu unterbreiten. Erste Schritte in diese Richtung beschreiten beispielsweise die Online-Shops von Conrad-Electronic und Primus-Online.

Individualität des Systems

Abbildung 2: Login-Seite des Conrad Electronic Online-Shops

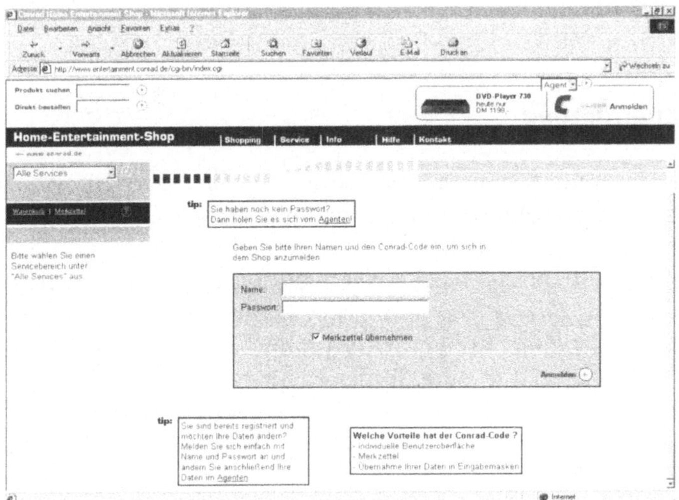

Anhand einer übersichtlichen Profilerstellung wird es dem Nutzer ermöglicht, in erster Linie Informationen zu erhalten, die seinen individuellen Bedürfnissen entsprechen. Zudem erleichtert sich nach einem Login die Bestelldatenerfassung, wenn der Benutzer entsprechende Angaben bei der Anmeldung bereits getätigt hat.

Nachteilig erscheint bei beiden Systemen allerdings die Notwendigkeit, sich beim Wechsel in einen anderen Sortimentsbereich des Shops neu anzumelden. Hier werden zukünftig Problemlösungen gefragt sein, die noch mehr zu einer Verbesserung der Convenience beitragen.

Weitere Möglichkeiten, einen Zusatznutzen zu erzeugen sind die Integration von attraktiven Gewinnspielen, das Angebot von News-Abbonements und Trackingfunktionen. Letztere erlauben es dem Anwender, den Bearbeitungsstand einer Bestellung einzusehen und sich so von der Leistungsfähigkeit des Anbieters zu überzeugen.

Jede dieser genannten Zusatzfunktionen kann bewirken, daß Kunden häufiger mit dem System umgehen und so eine für den langfristigen Erfolg notwendige Kundenbindung aufgebaut wird.

Der für Kunden generierte Nutzen kann auch gleichzeitig für den Anbieter von besonderer Bedeutung sein. So ist es in dem bereits erwähnten Handels-ExtraNet möglich, Preislisten nicht mehr nur statisch einzustellen, damit sie online angesehen werden können. Diese können vielmehr direkt und aktuell aus der Artikeldatenbank erstellt werden, da eine direkte Anbindung an ein Warenwirtschaftssystem besteht, wodurch jederzeit ein aktueller Ausdruck durch den Kunden möglich wird. Waren sonst jährlich zwischen drei und fünf neue Druckauflagen erforderlich, werden durch diese Lösung neben Versandkosten auch die Kosten des Druckes gespart.

11.4.1.3
Erlebnisorientierung

In Online-Shopping-Systemen, die speziell für die Endverbraucher konzipiert werden, sollte zur Erzielung einer hohen Qualität auch die Erlebnisorientierung nicht zu kurz kommen.

Im stationären Handel wird das Einkaufserlebnis im wesentlichen von der attraktiven Gestaltung des Umfeldes sowie von den Möglichkeiten sozialer Kontakte bestimmt. Vielerorts wird die Meinung vertreten, daß innerhalb des Internets eine derartige Erlebnisorientierung nicht möglich ist. Weit gefehlt, denn auch hierfür bietet die Internet-Technologie Möglichkeiten, neue Formen eines Erlebniseinkaufs zu ermöglichen.

Abbildung 3: Attraktive Produktpräsentation im Online-Shop des Otto Versand, Hamburg

Neben der einfachen Präsentation von Produkten und Informationen bieten sich weitere multimediale Darstellungsmöglichkeiten, um Erzeugnisse dem Verbraucher näher zu bringen. So ist es beispielsweise im Online-Shop des Otto Versand Hamburg möglich, verschiedene Artikel in einer gelungenen 360° Darstellung zu betrachten. Dem Kunden wird es damit ermöglicht, ein Produkt von allen Seiten zu sehen, obwohl er es nicht anfassen kann.

multimediale Darstellungs- möglichkeiten

Weiteres Beispiel für eine sinnvolle Erlebnisgestaltung auf Basis multimedialer Darstellungsformen ist die Integration von Sound-Dateien im Primus-Online Musik-Shop cd-4you. Diese vermitteln eine kurze Kostprobe der verfügbaren Musiktitel, um die Entscheidungen der Kunden bei der CD-Auswahl zu erleichtern.

Neuester Trend bezüglich der erlebnisorientierten Gestaltung in Online-Shops ist die Integration von virtuellen Auktionsplätzen. Ziel dieser Online-Auktionen ist die noch stärkere Bindung der Internet-Nutzer an einen Online-Shop. Zudem lassen attraktive Produkte, eine ansprechende Gestaltung und die Aussicht auf ein Schnäppchen die Nutzerzahlen stark in die Höhe schnellen. Erste Erfolge mit dieser neuen Form der Kundenbindung erzielen beispielsweise der Otto Versand und Primus-Online.

virtuelle Auktionsplätze

11.4.2
Qualitätsbaustein Technik

Neben der Orientierung am umfassenden Nutzen für den Anwender von E-Commerce-Systemen spielt die Technik bei der Beeinflussung der Qualität eine übergeordnete Rolle. Hierbei ist ein besonderes Augenmerk auf die Faktoren Sicherheit, Schnelligkeit und Technikintegration zu legen.

11.4.2.1
Sicherheit

Oberstes Ziel bei der technischen Umsetzung der E-Commerce-Lösungen muß die Gewährung einer hohen Sicherheit für die Bestelldatenübermittlung und integrierte elektronische Zahlungsmöglichkeiten sein. Derzeit ist der Aspekt der Sicherheit das bisher größte Hindernis bei der Erhöhung der Akzeptanz von E-Commerce in der Bevölkerung.

Eine von First-Surf durchgeführte Shopping-Studie kam zu dem Ergebnis, daß die sichere Übertragung persönlicher Daten von 54,4 Prozent der Befragten für unzureichend gehalten wird. Bezüglich des Zahlungsverkehres glauben sogar 59,5 Prozent, daß dieser beim Online-Shopping nicht sicher ist.

Diese Sicherheitsbedenken stellen dabei eher ein psychologisch bedingtes Problem dar, handelt es sich doch um eine neue Materie. Bei vielen Internet-Nutzern entsteht auch erst diese Unsicherheit, weil Ihnen entsprechende Informationen über die Sicherheit im Internet beziehungsweise bei E-Commerce nicht vorliegen. Zudem ist der rechtliche Rahmen beim Online-Shopping sehr oft unklar. Fragen wie: Was passiert bei eventuellen Doppelbestellungen? Ist die Bezahlung mit Kreditkarte über das Internet sicher? Was geschieht mit den übermittelten Daten? Was ist bei Datenmißbrauch? stehen jedoch nicht für Probleme, die auf Dauer einer allgemeinen Verbreitung des E-Commerce im Wege stehen.

Damit die Anwender des E-Commerce in die neue Form der Geschäftsverbindung Vertrauen fassen, muß für die Betreiber die umfassende und verständliche Information über Sicherheitsfragen im Vordergrund stehen.

Gezielte Informationen über das sichere Bezahlen mit dem Secure Electronic Transaction Standard (SET) oder über die sichere Bestelldatenübermittlung auf Basis des Secure Socket Layers (SSL) sowie Erläuterungen zur Notwendigkeit von Cookies müssen bereits beim Eintritt in einen Online-Shop gegeben werden.

Abbildung 4: Ausführliche Sicherheitshinweise in der Shopping-Mall Ladenstadt

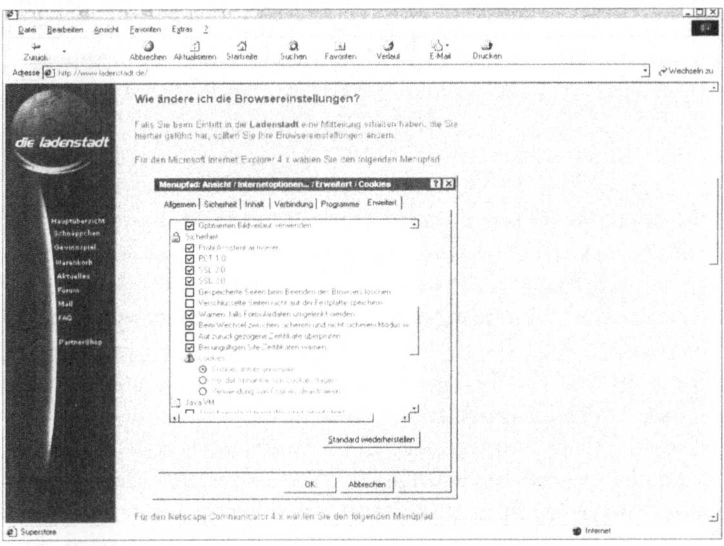

Ein sehr gutes Beispiel hierfür ist der Online-Shop Ladenstadt. Hier wird die Notwendigkeit der Cookie-Aktivierung und die sichere Datenübermittlung im SSL-Standard noch vor dem Eintritt in den Online-Shop verständlich erläutert, wenn der Nutzer der Annahme von Cookies nicht gleich zustimmt.

Auch für Shop-Betreiber stellt die Sicherheit des E-Commerce einen wichtigen Aspekt dar. So sind die Möglichkeiten zum Mißbrauch seitens der Kunden wesentlich niedriger, als im traditionellen Handel, der mit enormen Verlusten durch Ladendiebstähle, gefälschte Banknoten oder Scheckbetrug zu kämpfen hat. Durch intelligente Datenbankroutinen lassen sich zudem 99 Prozent der Mißbrauchsversuche bei E-Commerce im Vorfeld verhindern.

nur geringer Mißbrauch durch den Benutzer

11.4.2.2

Technikintegration und Schnelligkeit

Neben dem an erster Stelle stehenden Thema der Sicherheit ist die technische Gestaltung der E-Commerce-Systeme für eine qualitativ hochwertige Umsetzung von großer Bedeutung. Damit die Potentiale, die im elektronischen Vertrieb liegen, auch geweckt werden können, müssen die Systeme an bestehende EDV-Systeme (Warenwirtschaft etc.) angeschlossen werden. Die Unterbreitung von Angeboten, die Bestell- sowie Zahlungsabwicklung sollten ohne Me-

technische Gestaltung

dienbruch vom Nutzer online getätigt werden können. Auch wenn die Bezahlung bisher nur sehr eingeschränkt online möglich ist, sind hierfür doch zukünftig standardisierte Verfahren zu erwarten. Diese müssen dann kurzfristig in bestehende Systeme integriert werden, um die Attraktivität des E-Commerce weiter zu erhöhen.

Die Betreiber von E-Commerce-Systemen müssen des weiteren darauf achten, daß die Logistik des Warenbezuges und der Auslieferung den hohen Ansprüchen der Nutzer gerecht werden. Diese erwarten gerade bei E-Commerce eine schnelle Abwicklung der Transaktionen. So bedarf es bereits im Vorfeld der Aufnahme des elektronischen Vertriebs einer genauen betriebswirtschaftlichen Analyse, um festzustellen, inwieweit ein eventuell bestehendes Logistik-System den neuen und steigenden Anforderungen stand hält. Verzögerungen bei der Bearbeitung oder in der Auslieferung würden die Nutzer von E-Commerce ansonsten mit einem schnellen Wechsel des Lieferanten honorieren.

Weiterhin ist es notwendig, ein bestehendes E-Commerce-System an technische Neuerungen und Weiterentwicklungen anzupassen, um die Qualität und damit gleichzeitig die Attraktivität ständig zu erhöhen und somit den Erfolg langfristig zu sichern.

11.4.3
Qualitätsbaustein Marketing-Mix-Orientierung

Die Integration des E-Commerce in bestehende Ablaufprozesse ist nicht einfach on-top und nebenbei zu haben. Es muß vielmehr eine beim Einkauf beginnende und bis zum Absatz reichende Anpassung der innerbetrieblichen Geschäftsprozesse erfolgen, denn die Einführung des elektronischen Vertriebes bedeutet noch mehr als sonst eine Ausrichtung des gesamten Unternehmens an den Erfordernissen des Marktes beziehungsweise an den Kunden.

11.4.3.1
Kommunikationspolitik

Einen besonderen Stellenwert bei der Einführung des E-Commerce nimmt innerhalb des Marketing-Mix die Kommunikationspolitik ein. Erst durch eine systematische Ausgestaltung und Anwendung der zur Verfügung stehenden Medien wird eine breite Bekanntmachung des E-Commerce-Systems erreicht werden. Schwerpunkte sollten hierbei die für das Internet typischen Werbeplattformen, wie Aufnahme in Suchmaschinen, Bannerwerbung auf attraktiven Internet-Seiten aber auch der Eintrag der Internet-Adresse in der

Geschäftspost sowie die Werbung im Fernsehen oder die Gestaltung von entsprechenden Events sein. Ein Beispiel für ein solches Event, das gezielt der Erhöhung des Bekanntheitsgrades und der Verbesserung der allgemeinen Akzeptanz eines Online-Shops diente, war die Truck-Tour des Karstadt Konzerns, mit der 1998 in verschiedenen Städten der Bundesrepublik für die Online-Mall MyWorld geworben wurde.

11.4.3.2
Produktpolitik

Neben der zielgerichteten Gestaltung der Kommunikationspolitik bedarf es bereits im Vorfeld der Erstellung eines E-Commerce-Systems einer detaillierten Analyse der Zielgruppen. Diese bietet die Voraussetzung für eine entsprechende Marktsegmentierung, auf deren Basis die Gestaltung der Produktpolitik vorzunehmen ist.

    Besonders die Entscheidung darüber, welche Produkte oder Informationen im System eingestellt werden, sollte anhand der Zielgruppenanalyse erfolgen. Hierbei sind einerseits die speziellen Bedürfnisse und Erwartungen der Systemanwender zu berücksichtigen und andererseits die besondere Eignung verschiedener Güter für einen Vertrieb mit Hilfe von E-Commerce zu beachten. Beispielsweise spielen gerade Markenartikel in Online-Shops eine große Rolle beim Generieren eines hohen Bekanntheitsgrades.

Marktsegmentierung

Abbildung 5: Auszug aus der Zielgruppenanalyse der Agentur Mindways Multimedia GmbH, Hamburg

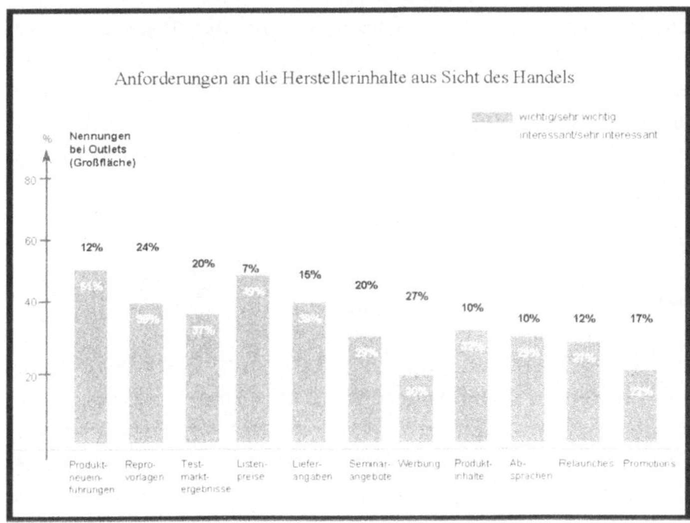

Vor allem im E-Business Bereich ist es jedoch notwendig, die Erwartungen der Nutzer an ein E-Commerce-System zu ermitteln. Hier zeigt das Beispiel des Handels-ExtraNets der Agentur Mindways Multimedia, daß bereits im Vorfeld der Entwicklung eines E-Commerce-Systems auf Basis einer Marktstudie eine breite Nutzerakzeptanz erzielt werden kann. Noch vor dem Erstellen der Konzeption führte das Unternehmen eine umfassende Befragung unter den Einkaufsentscheidern großer Handelsorganisationen durch. Auf Basis der großen Resonanz konnte zum einen die hohe Bedeutung eines online-basierten Informationssystems für den Handel festgestellt und zum anderen die Anforderungen und Wünsche der Entscheider des deutschen Lebensmittelhandels ermittelt werden.

11.4.3.3
Preispolitik

Die Gestaltung der Preispolitik beinhaltet eine besonders relevante Problemstellung im Business-to-Consumer Geschäftsbereich, hat sich doch der Preis zu einem wichtigen Aspekt in der Beurteilung der Attraktivität von Online-Shops durch die Konsumenten entwickelt.

Bezüglich der Preisgestaltung im Internet sollte überlegt werden, inwieweit entsprechende Preisvorteile für die Konsumenten generiert werden, um die Beteiligung der Konsumenten an den Distributionskosten in Form der Online- und Telefonkosten entsprechend zu honorieren. Die besten Beispiele hierfür sind Online-Shops im Segment des Buchmarktes, wie beispielsweise Amazon, die bereits generell zum kostenfreien Versand übergegangen sind. Deren stetig steigende Umsatzzahlen können sicher als Indiz dafür angesehen werden, daß die Hemmschwelle der Konsumenten sinkt, online einzukaufen, wenn sie neben einer vereinfachten Such- und Bestellmöglichkeit den Zusatznutzen der Lieferung frei Haus gewährt bekommen.

11.4.3.4
Distributionspolitik

Im Rahmen der Distributionspolitik haben die Betreiber von E-Commerce-Systemen unter anderem zu entscheiden, inwieweit sie mit Hilfe des E-Commerce im Direktvertrieb tätig werden wollen oder ob eventuell bestehende Distributionskanäle beibehalten und durch E-Commerce sinnvoll ergänzt werden.

Für die Sicherung einer hohen Qualität muß neben der bereits beschriebenen Anbindung an Warenwirtschaftssysteme auch eine Integration in die betrieblichen Distributionsprozesse erfolgen. Nur auf diesem Weg können die entsprechenden Potentiale der Wertschöpfung erschlossen werden. Besonders im direkten Vertrieb wird entsprechendes Potential sichtbar, wenn die Handelsspanne des traditionellen Vertriebs eingespart werden kann. Allerdings ist dies wiederum abhängig von den zu vertreibenden Produkten, erfüllt der Handel doch in vielen Fällen eine nicht zu unterschätzende Funktion der Qualitätssicherung.

Die Beurteilung der Auswirkungen von E-Commerce auf die Ausgestaltung der Distributionspolitik sollte somit integraler Bestandteil der bereits erwähnten betrieblichen Analyse sein.

Auswirkungen

11.5
Fazit

Bei entsprechender Orientierung des E-Commerce an den beschriebenen Qualitätsbausteinen können langfristig Potentiale bei der Kosteneinsparung und in der Marktleistung erschlossen werden.

Qualitätsbausteine beachten!

Beispielsweise konnte der Elektronikhändler Conrad Electronic mit Hilfe des Online-Bestellsystems die Kosten der Geschäftsprozesse gegenüber dem Katalogversand drastisch reduzieren. Neben einer einfacheren Geschäftsabwicklung mit bisherigen Kunden bietet das Internet außerdem den Vorteil, daß viele Neukunden auf das Angebot aufmerksam werden. Darüber hinaus ermöglichte die Einführung von E-Commerce, die Zeiten für Bestellung und Versand entscheidend zu verkürzen.

Auch im Business-to-Business Geschäftsbereich bestehen erhebliche Möglichkeiten, Zeit und Kosten einzusparen. So kann die über mehrere Stufen verlaufende Wertschöpfungskette vom Vorproduzenten bis zum Einzelhandel in einem E-Commerce-System integriert werden. Auch hierfür ist das Handels-ExtraNet ein gelungenes Beispiel. Die darin vertretenen Hersteller- und Handelsunternehmen profitieren neben dem besonderen Informationsnutzen auch vom enormen Kosteneinsparungspotential, das sich gegenüber einer herkömmlichen Informationsverbreitung ergibt.

sparen von Zeit und Kosten

Damit die genannten Potentiale entwickelt werden können, ist allerdings ein langer Atem notwendig. Hohe Umsätze oder Kosteneinsparungen werden nicht gleich von Beginn an zu realisieren sein. Am Anfang des Einstiegs in E-Commerce stehen vor allem Investitionskosten. Ist das System erst einmal eingeführt, gilt es, langsam Nutzer beziehungsweise Käufer zu gewinnen. Ab einem be-

mitunter ist langer Atem notwendig

stimmten Punkt wird die Zahl der Anwender dann automatisch steigen. Bis dahin gilt es jedoch Ausdauer zu zeigen, eine hohe Aktualität zu gewährleisten, das System weiter auszubauen und den Service stetig zu verbessern.

Abbildung 6: Langfristiges Einsparungspotential für Hersteller im Handels-ExtraNet der Agentur Mindways Multimedia, Hamburg

Einsparungspotential für Hersteller durch das Handels-ExtraNet

Aktion	traditionell		Handels-ExtraNet		Differenz
Bekanntmachung von 10 Produkteinführungen bei 2.000 Einkaufsentscheidern	Broschüren Druck + Versand	250	Multimediale Präsentationen + email	100	
Individueller Nachversand von 2.000 Broschüren durch KAM	Druck, Versand, Arbeitsaufwand (400 h)	90	email- Arbeitsaufwand (200 h)	40	
Farbkopien von individueller Präsentation (je 80 p. a. an 2.000 Einkäufer)	Farbkopien Arbeitsaufwand (50 h)	325	Einpflege- Arbeitsaufwand (65 h)	15	
KIP-Informationen (5) an Outlets (je 1.000)	Broschüren, AD-Besuche (5.000 h)	1.100	Multimediale Präsentationen + email-Info	80	
Summen:		1.765		235	**1.530**

Ausgaben p. a. (in TDM) *

Zu beachten ist außerdem, daß E-Commerce neue Marktgesetze generiert. Trotz Wettbewerb ist es notwendig, Kooperationen einzugehen, denn branchenübergreifende Lösungen werden langfristig vorteilhafter sein, als individuelle Einzellösungen. Stichworte hierfür sind Portale oder auch Communities. Ihre Entwicklung, vor allem im B-to-B Bereich, wird den Umgang mit den E-Commerce-Systemen weiter vereinfachen, wie das Handels-ExtraNet bereits zeigt. So wird zukünftig nur noch ein Paßwort und die Gewöhnung an eine Inhaltsstruktur beziehungsweise Navigation notwendig sein, statt das Handling mit vielen hunderten.

Literatur zu Kapitel 11

[11.1]   Dierks, C., Das Handels-ExtraNet – Innovative Brücke zwischen Markenartikel und Handel, in: transfer – Werbeforschung & Praxis, Heft 1/1999, S. 12-15.

[11.2]   Drees, N.; Behrens, P., Multimediale Warenkorb- und Bestellsysteme – Anforderungen, Möglichkeiten und Grenzen, in: transfer – Werbeforschung & Praxis, Heft 1/1999, S. 22-25.

[11.3]   Link, J. (Hrsg.), Wettbewerbsvorteile durch Online Marketing, Die strategischen Perspektiven elektronischer Märkte, Berlin u.a. 1998.

[11.4]   Pispers, R; Riehl, S., Digital Marketing: Funktionsweisen, Einsatzmöglichkeiten und Erfolgsfaktoren multimedialer Systeme, Bonn u.a. 1997.

[11.5]   Thome, R., Electronic Commerce: Anwendung und Potentiale der digitalen Geschäftsabwicklung, München 1997.

[11.6]   http://www.dmmv.de, Deutscher Multimedia Verband.

[11.7]   http://www.electronic-commerce.org, Service des Forschungsinstitutes für Telekommunikation Dortmund, u.a. sowie der Landesinitiative media NRW.

12 Qualitätssicherung bei Hybrid-Projekten

Kevin Brian Moore, da*team* InterMedia Breidenstein

12.1 Definition von „Hybrid"

Vor ein paar Jahren bedeutete in der Multimedia Branche der Begriff „Hybrid-Anwendung", daß die Multimedia CD-ROM sowohl auf einem PC als auch auf einer Apple Macintosh Plattform lauffähig ist. Heute reden wir in der Branche von Hybrid-Projekten. Hier kommen die aktuellen elektronischen Medien (Internet, CD-ROM, Diskette evtl. sogar Print) medienübergreifend zum Einsatz. In der Fachpresse spricht man immer häufiger von Cross Media. Der Begriff „Hybrid" wird mittlerweile mit dem Begriff „Cross Media" gleichgestellt.

Hybrid-Projekt als Cross Media

12.2 Die Bedeutung von Hybrid-Projekten

Die Berücksichtigung der Zielsetzung und der Erwartungen des Auftraggebers sind heute eines der bedeutendsten Themen in der Qualitätssicherung.

Zielsetzung und Erwartungen

Die Kunst liegt darin, diese Anforderungen und Erwartungen in den Medien umzusetzen, um den Informationsbedarf und das Mediaverhalten der Zielgruppe optimal abzudecken. In anderen Worten: Wenn verschiedene Medien zum Einsatz kommen, ist die Kommunikation mit dem Kunden am erfolgreichsten.

erfolgreichere Kommunikation durch Kombination

Nehmen wir ein Beispiel aus den klassischen Medien. Wenn ein neues Produkt oder eine neue Dienstleistung im Markt eingeführt wird, wird meistens ein Mix aus Radio, TV, Direct Mail, Point-of-

Sale, Außenwerbung und Presse (Fachzeitschriften oder Tageszeitungen) zum Einsatz kommen.

Wieso eigentlich? Reicht es nicht, nur im TV das Produkt zu bewerben? Es liegt natürlich auf der Hand, daß der Produktbekanntheitsgrad durch die verschiedenen Medien wesentlich höher ist, als wenn man nur in einem Medium wirbt.

In der Multimediabranche besteht die Gefahr, daß dem Auftraggeber nur ein Medium empfohlen wird, da die angefragte Multimediaagentur z.B. nur Internet-Auftritte realisiert.

Stellen Sie sich vor, Sie gehen wegen Magenschmerzen zum Arzt und Sie bekommen, da der Arzt nur Herzkranke behandelt, ein Mittel gegen Herzerkrankungen! Ein gesundes Herz ist zwar nicht schlecht, aber Ihr Ziel (keine Magenschmerzen mehr zu haben) wurde weit verfehlt. Würden Sie mit Magenschmerzen nochmals zu diesem Arzt gehen?

Bei vergleichbarer Ausgangslage müssen die Multimediaagenturen nicht Monomedia, sondern echtes Multimedia praktizieren, um die Anforderungen des Auftraggebers und die seines Kunden zu erfüllen.

Grafik: Erfolgreich kommunizieren mit Hybrid-Medien (Cross Media)

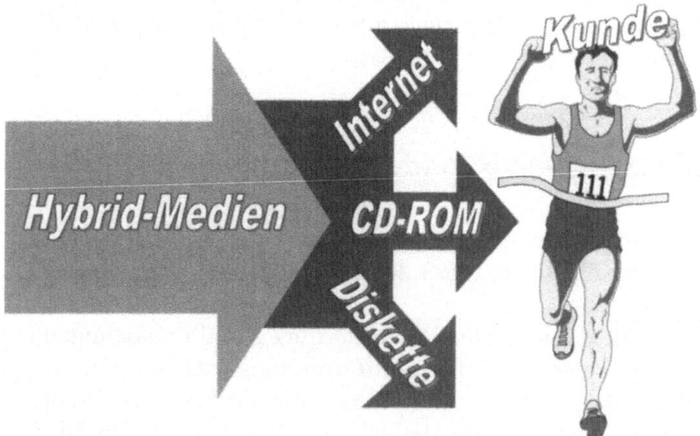

Neben dem Einsatz von Hybriden ist die Integration zwischen den Medien äußerst wichtig. Heute kann beispielsweise über eine CD-ROM-Anwendung eine Internetverbindung zu einer beliebigen URL hergestellt werden, vorausgesetzt, ein Browser und ein Internet-Zugang sind vorhanden. Über diese Funktion können tagesaktuelle Informationen und Preise abgefragt werden oder Online-Bestellungen vorgenommen werden. Ferner bietet diese gezielte Ansteuerung von Internet-Seiten innerhalb einer Web-Site eine leichte und komfortable Navigationshilfe für den Kunden, ohne dabei unnötige Onlinekosten zu verursachen.

Ein weiteres Beispiel wie verschiedene Medien sich gegenseitig stützen, sind T-Online und AOL, die zwei führenden Online-Dienste in Deutschland. In beiden Fällen wird die CD-ROM als eines der Hauptmedien erfolgreich für Neukundengewinnung eingesetzt! Viele haben die CD-ROM schon längst für tot erklärt. Wenn dies die übereinstimmende Meinung ist, dann ist der Spruch – Totgesagte leben länger – noch aktueller denn je. Stellen Sie sich das vor: Ein Offline-Medium vermarktet ein Online-Medium.

In der Unternehmenskommunikation ist es wichtig, basierend auf dem Mediaverhalten des Kunden, daß dem Kunden je nach Bedarf oder Situation die Medien, die er braucht, zur Verfügung stehen. Wenn der Informationskomfort eines Kunden erhöht wird, steigt in der Regel der Umsatz und die Kundenbindung.

Grafik: Die Medienpyramide – Medienintegration

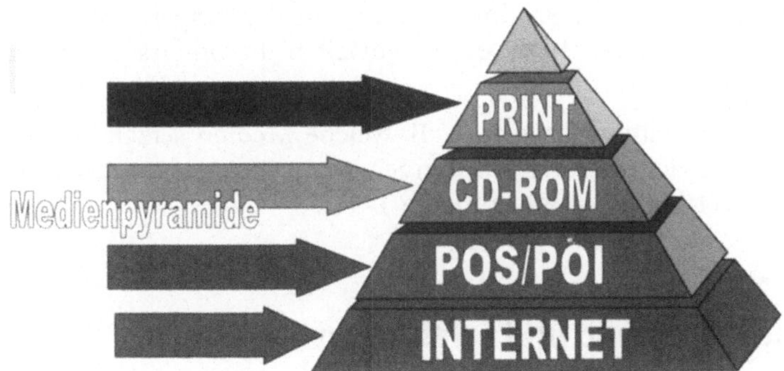

12.3
Ablauf eines Hybrid-Projekts

Die wichtigsten Qualitätsmerkmale und Phasen eines Hybrid-Projektes sind:

12.3.1
Bestandsaufnahme

- Bisherige Erfahrungen und Erkenntnisse erfragen.
- Welche Medien wurden in der Kunden-Kommunikation bisher eingesetzt?
- Was hat gut funktioniert und warum?

12.3.2
Zielgruppen-/Marktanalyse

- Was erwartet der Endkunde?
- Was sind die häufigsten Fragen oder Probleme des Kunden (z. B. Produktinformation, aktuelle Preise, Erreichbarkeit usw.)?
- Gibt es bestimmte Produkte oder Dienstleistungen, die wegen Rentabilität oder Wettbewerbsvorteilen besonders hervorzuheben sind?
- Medienverhalten erfragen (z. B. welche Medien setzen Sie jetzt ein und welche Medien würden Sie, wenn verfügbar, nutzen und unter welchen Voraussetzungen?)

12.3.3
Zielbeschreibung und Erfolgsauswirkung

- Das Ziel kann sein z.B. Kundenkontakte zu generieren, Produkt-Branding, Absatzförderung, Kundenbindung.
- Kritische Erfolgsfaktoren und Bemessungsgrundlagen definieren.

12.3.4
Medienempfehlung

- z. B. Internet, CD-ROM, POS/POI-Terminal, Diskette

12.3.5
Konzeption

- Storyboard
- Medienintegration
- Medienspezifischer Nutzen für den Endkunden

12.3.6
Gestaltung

- Mediengerechtes Design und mediengerechte Benutzerführung
- Berücksichtigung des Corporate Identity (CI)

12.3.7
Programmierung

- Plattform, Tools, Medieneinbindung (Bilder, Video, Ton)
- Wie werden die Inhalte übergeben? (Standards und Zuständigkeiten müssen vereinbart werden.)

12.3.8
Qualitätskontrolle

- Ständige Qualitätsprüfung während jeder Projektstufe
- Endprüfung der Anwendung bezüglich des Storyboards, der Funktionalität, der Lauffähigkeit auf den Zielplattformen, externe (unabhängige) Testlabors bzw. –verfahren

12.3.9
Pflegekonzept

- Wie werden die Inhalte/Medien dauerhaft gepflegt und aktualisiert? (Der Einsatz von Cross-Media Content Management Systemen – Redaktionssystemen – ist in vielen Fällen nicht nur sinnvoll, sondern notwendig, um die Rentabilität von Hybrid-Projekten sicherzustellen.)

12.4
Kernkompetenzen für Hybrid-Projekte

Um Hybrid-Projekte optimal durchzuführen sind bestimmte Kernkompetenzen notwendig:

- Marketing-Know-How
- Gestaltung für interaktive Medien
- Benutzerführung und Human Interface Design
- Software Tools/Utilities beherrschen (Autorenwerkzeuge)
- Umgang mit verschiedenen Datenquellen und -arten
- Programmiersprachen (z. B. Java, C++, CGI/Perl)
- Datenbanken
- Cross-Media-Medienoptimierung
- Erfahrung mit Content Management Systemen (Redaktionssystemen)

12.5
Qualitätssicherung in der Praxis

Bei der Durchführung von Hybrid-Projekten ist die Qualitätssicherung eine besondere Herausforderung aufgrund der verschiedenen Medien, Dateiformate, Betriebssysteme, Autorensysteme und Inhaltsverwaltung.

Die Voraussetzungen für ein erfolgreiches Hybrid-Projekt sind:

- Projekt-Manager und Produktionsteam, die über die notwendigen Kernkompetenzen verfügen
- Prozeduren und Verfahren, optimiert für Hybrid-Projekte
- Projekt-Manager des Kunden

Während der Produktion muß trotz verschiedener Produktionswerkzeuge ein gewisses „Look and Feel" zwischen den Medien erreicht werden.

Grafik: Frankfurter Buchmesse CD-ROM Katalog (offline)

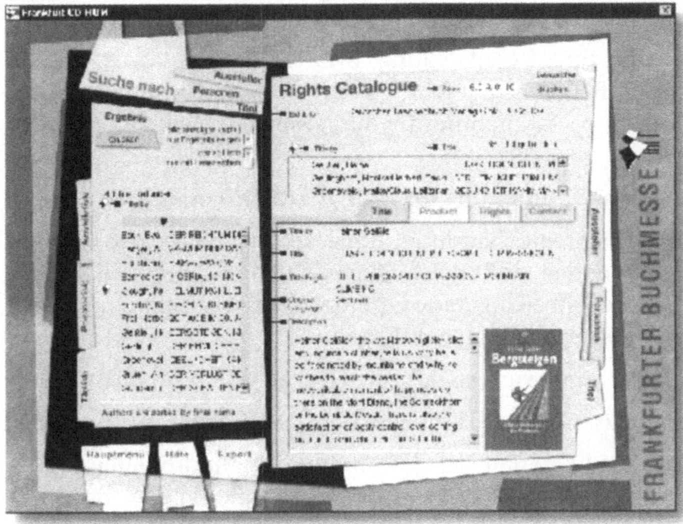

Grafik: Frankfurter Buchmesse Internet Katalog (online)

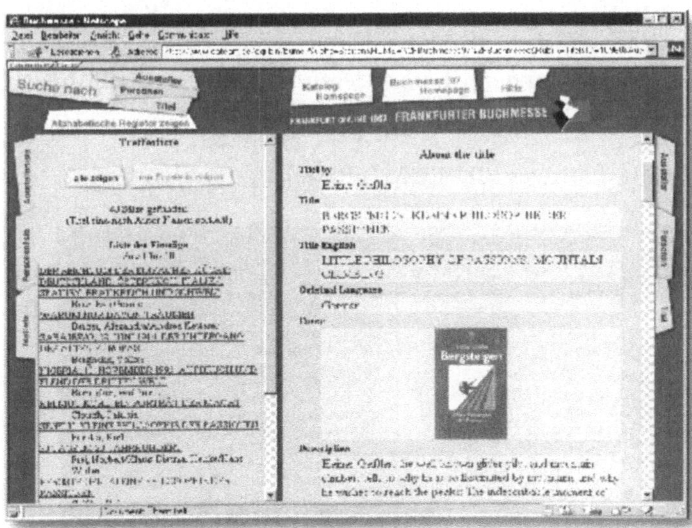

Das „Look and Feel" zwischen den verschiedenen Medien (Online und Offline) ist ein zentraler Aspekt der Qualitätssicherung bei Hybrid-Projekten. Unterstützt wird dies unter anderem durch die Beachtung von Prozeduren und Verfahren.

Prozeduren und Verfahren sind besonders wichtig bei:

- Dateikonvertierung von Grafiken (z.B. Bitmap, JPEG oder TIFF).

- Übernahme und Bereitstellung von Inhalten in verschiedene Formate (z. B. CSV, DBF, RTF), damit die Mehrfachnutzung und automatisierte Übernahme für die jeweiligen Zielmedien möglich ist.

- Farbpaletten-Optimierung für Print, CD-ROM oder Internet.

- Inhalts- und Medienhandling, um festzustellen welche Medien bereits vorhanden sind, welche noch fehlen und in welchem Stadium die Medien sich gerade befinden (z. B. Scanning, Bildbearbeitung – abgeschlossen oder eingebunden).

- Standards (wann, wie, was) für die Übergabe von Inhalten.

- Medienintegration (z. B. Link von der CD-ROM bis ins Internet).

- Integrität und Qualität der Anwendung – Funktionalität, Plattform und Betriebssystem, Druckerausgabe, Browser-Kompatibilität und Abspielgeschwindigkeit von Video/Ton.

Es gibt bei Hybrid-Projekten leider keine einheitlichen Verfahren oder Werkzeuge, die zum Einsatz kommen, um diese Aufgabe bewältigen zu können. Firmen müssen eigene Werkzeuge sowie Standard Utilities nutzen, die an deren Fähigkeiten und an den Kunden- und Mediaanforderungen angepaßt sind.

Grafik: BfG ImmoInvest CD-ROM (offline)

Grafik: BfG ImmoInvest Internet (online)

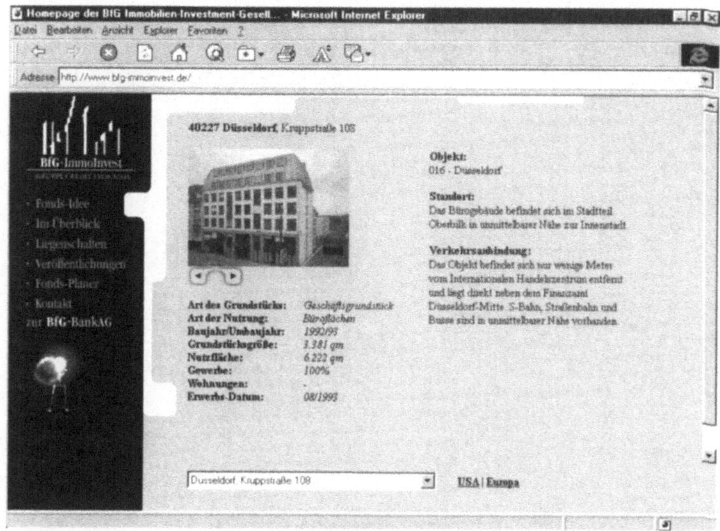

Die gleiche Immobilie in unterschiedlichen Medien. Häufig will sich der User zunächst offline einen Überblick verschaffen, bevor er online geht. Crossover-Projekte ermöglichen dabei ein gezieltes Abrufen von zuvor festgelegten URLs. Sie müssen nicht erst kompliziert per Hand eingegeben oder gesucht werden. Ein Medium stützt das andere. Dies spart auf Seiten des Benutzers Zeit, Geld und Nerven.

12.6
Fazit

Es lohnt sich in jedem Falle, Hybrid-Projekte – trotz der Komplexität und den Kernkompetenzen die notwendig sind – durchzuführen, um die Vielfalt der Medien für sich zu nutzen. Mittlerweile gibt es Hybrid- bzw. Cross-Media Content Management Systeme wie z.B. stratCom™ M/3, die den Qualitätssicherungsaufwand für solche Produktionen erheblich reduzieren und gleichzeitig die Möglichkeit bieten, Inhalte und Medien von Personen ohne Programmierkenntnisse pflegen zu lassen. Letztendlich betrachtet der Kunde die Vielfalt der angebotenen Informationsmedien als einen entscheidenden Wettbewerbsvorteil für die Dienstleistungen und Produkte eines Unternehmens.

Nutzung von Content Mangement Systemen

13 Qualitätssicherung bei POI und POS-Projekten

Eckhard Reimann, CUSTOMERIZED M@RKETING

13.1
Einleitung

Die folgenden Ausführungen beziehen sich auf Point-of-Information- (POI) und Point-of-Sales-Systeme (POS). Dies sind freistehende Kioskterminals, die der Kunde selbst, also auf sich allein gestellt, bedient.

freistehende Kioskterminals

Ihnen ist gemeinsam, daß sie interaktiv, ohne Bedienungsanleitung und so autonom wie nur irgend möglich bedient werden können, auch und gerade von Personen, die im Umgang mit Computern weniger vertraut sind.

Die Interaktion erfolgt dabei in der Regel nicht mit der üblichen PC-Peripherie wie Maus und Tastatur, sondern über berührungsempfindliche Bildschirme (Touch Screen) oder neuerdings über sogenannte „virtuelle" Bedienfelder, bei denen der Kunde mit dem Finger in dem Lichtkegel einer Infrarotkamera auf das gewünschte Objekt zeigt (Gestik-Computer).

Interaktion mit Touch-Screen

POI-und POS-Systeme sind folgendermaßen abzugrenzen:

POI/POS-Abgrenzung

- POI-Terminals dienen allein der Informationsvermittlung (z.B. Produktinformationen, Stadtinformationen, Museumsinformationen, Orientierungshilfen, Kundenleitsysteme)

- POS-Terminals dienen dem Kauf bzw. der Bestellung von Waren, Dienstleistungen, Tickets etc. Dafür sind sie zusätzlich mit Zahlungsperipheriegeräten (z.B. Magnetkarten-/Chipkartenleser, Sicherheitsboxen für einbehaltene Karten) und sonstigen Sicherheitskomponenten ausgestattet.

In zunehmendem Maße bilden sich Sonderformen von POI/POS-Systemen heraus:

- Videokonferenz-Systeme zur Verbesserung der Kundenberatung am Point of Communication (PoC),

- Multifunktionsterminals für stehende, sitzende, Indoor- und Outdoor-Bedienung,

- Web-/Internet-Kiosk-Systeme mit Online-Anbindung an Internet und Online-Dienste,

Die Nutzungsdauer ist beim eigentlichen POI/POS verglichen mit dem Internet eher als kurz zu bezeichnen. Es dient in der Regel als schnelles Medium, während im Internet umfangreichere Recherchen durchaus üblich sind. Daher ist die Benutzerführung beim POI/POS auf schnelles Finden der gesuchten Produkte und Informationen ausgerichtet.

In Zukunft werden die POI/POS-Systeme nach Einschätzung des Deutschen Multimedia-Verbands (dmmv) voll modular, plattformneutral sowie mit dem Internet-Shopping durch gemeinsame Software-Basis kompatibel sein. Sie werden nicht vom Internet verdrängt werden, sondern auf einer gemeinsamen Plattform mit ihm eine Symbiose eingehen, die zur optimalen, gegenseitigen Ergänzung und damit zum verstärkten Einsatz der POI/POS-Systeme führen werden.

Nutzer von freistehenden Kiosk-Terminals sind zur Zeit überwiegend junge Kunden sowie Kunden mittleren Alters, weil bei ihnen die Neugier gegenüber dem neuen Medium vor der Unsicherheit gegenüber dem unbekannten technischen „Kasten" obsiegt.

Doch die Zielgruppe solcher POI/POS-Systeme ist, abhängig vom Geschäftsziel des Unternehmens, auch in älteren Personen zu suchen und daher jeweils individuell zu bestimmen.

Der Einsatz von POI/POS-Systemen liegt in der Regel in einem oder mehreren der folgenden Mehrwerte begründet:

- Optimieren von Kundenberatung und –service durch personalisierte, individuelle Kundenansprache.

- Nutzung der vielfältigen Möglichkeiten neuer Medien zur optimalen Information und zur optimalen Präsentation von Angeboten.

- Aufbau eines neuen, zusätzlichen Vertriebsweges und Ergänzen bereits bestehender Vertriebswege durch weitestgehend automatisierte Geschäftsprozesse mit hoher Breitenwirkung und geringen Streuverlusten.

- Ausweitung der Geschäftszeiten rund um die Uhr.

- Gewinnung neuer Kunden, Kundengruppen und Zielmärkte.

- Einsatz als Database-Marketing-Instrument zum Erkennen spezieller Wünsche, Vorlieben, Präferenzen und Anforderungen der Kunden.

- Kostensenkung und Rationalisierung durch die Verkürzung der Durchlaufzeiten.

- Reduzierung des Personaleinsatzes und Entlastung des Personals von Routinetätigkeiten.

- Erhaltung und Ausbau der Wettbewerbsposition sowie Erhöhung des Images bzw. der Corporate Identity.

13.2
Problemfelder und Erfolgsfaktoren

Für den Erfolg von POI/POS-Projekten müssen bestimmte Kriterien berücksichtigt werden, die zur Akzeptanz seitens der Kunden unbedingt erforderlich sind. Als Kunde ist hier nicht der Kunde der Multimedia-Agentur zu verstehen, also der Besteller eines POI/POS-Systems, sondern der Endkunde, der eigentliche Adressat der auf einem POI/POS-System präsentierten Botschaften.

Kunde = Endkunde

Dieser Endkunde von POI/POS-Kiosks ist, anders als bei den meisten übrigen Multimedia-Szenarien, häufig EDV-ungewohnt, also ein sog. Gelegenheitsnutzer. Er handelt nach eigenen subjektiven Gesichtspunkten, die mit dem Nutzungsverhalten bei anderen Multimedia-Projekten nur bedingt vergleichbar sind.

EDV-ungewohnte Gelegenheitsnutzer

Für den Erfolg von POI/POS-Systemen sind somit gerade unter Berücksichtigung der Gelegenheitsnutzer folgende Faktoren maßgeblich:

Erfolgsfaktoren von POI/POS-Systemen

1. Das gesamte Umfeld (Ambiente), in dem ein solcher Kiosk aufgestellt ist.

2. Die Art der Bekanntmachung, Bewerbung, Hinführung zu einem solchen Kiosk.

3. Die psychologischen Barrieren der EDV-ungewohnten Benutzergruppen, Gelegenheitsnutzer.

4. Die zielgruppengerechte Ansprache.

5. Eine einfache Benutzerführung.

6. Der Nutzen für den Kunden unter Berücksichtigung von dessen Zeit- und Streßsituationen (z.B beim Einkauf).

7. Die Einbeziehung der POI/POS-Systeme in die Vertriebs- bzw. Unternehmensstrategie und –kommunikation und damit auch des Vertriebs-/ Verkaufspersonals des Betreibers.

8. Das Design der Anwendung, die Benutzungsoberfläche sowie die ergonomische Gestaltung des POI/POS-Systems.

Objektivierung der subjektiven Wahrnehmung

Qualität bedeutet im Falle von POI/POS-Kiosks vor allem eine konsequente Orientierung an der Wahrnehmung und Akzeptanz des POI/POS-Systems durch den potentiellen Benutzer. Sein positives Kundenurteil über die Leistungseigenschaften des Terminals bewirkt erst Qualität.

Als Voraussetzung dafür muß die subjektive Wahrnehmung des Kunden von einem POI/POS-System, seinen Leistungen, seinen Botschaften und seiner Kundenfreundlichkeit meßbar gemacht, also objektiviert werden. Die Fähigkeit zur Objektivierung dieser subjektiven Beurteilung ist letztlich die Meßlatte für den Markterfolg von POI/POS-Kiosks.

Bedürfnis-/ Befriedigungs-Kette

Eine der schwierigsten und auf jeden Fall wichtigsten Herausforderungen bei POI/POS-Projekten ist dabei die exakte Definition der Kundenbedürfnisse, der Kundenerwartungen und des Kundennutzens („Value-to-Customer") sowie eine entsprechende Umsetzung in die Bedürfnis-/Befriedigungs-Kette des potentiellen Benutzers.

Akzeptanz durch den Mitarbeiter

Ein weiterer, sehr wichtiger Faktor ist der Mitarbeiter des POI/POS-Anbieters im Dialog mit seinem Kunden. Er sollte POI/POS-Systeme nicht als Konkurrenz empfinden, sondern als Partner, der es ihm ermöglicht, sich besser als bisher auf den Kunden zu konzentrieren. Nur so springt der Funke vom Mitarbeiter auf den Kunden über und äußert sich in beiderseitiger Akzeptanz.

bediente Selbstbedienung

„Bediente Selbstbedienung" heißt das erfolgreich im Finanzdienstleistungsbereich eingeführte Konzept, bei dem der Kundenberater über das Selbstbedienungsteil hinaus ein zusätzliches Beratungsmodul aufrufen kann und somit die Möglichkeit hat, den Kunden und sich am POI/POS-Kiosk multimedial zu informieren.

13.3
Qualitätssicherungsprozeß

Dem inhaltlichen Qualitätssicherungsprozeß von POI/POS-Projekten sollen zunächst einige Grundüberlegungen vorangestellt werden.

Die moderne Informations- und Kommunikationstechnologie revolutioniert die Geschäftswelt in einem noch nie erlebten Tempo. Dabei stehen wir erst am Anfang einer grundlegenden inhaltlichen, technologischen, organisatorischen und damit letztlich strategischen Neupositionierung der Unternehmen. Hiervon sind sowohl die Vertriebsstrukturen als auch das Kundenverhalten betroffen.

strategische Neupositionierung der Unternehmen

In Zukunft wird die Kundenzufriedenheit – und davon abhängend die Kundenbindung – nicht nur darauf basieren, wie individuell das jeweilige Unternehmen seine Produkte und Dienstleistungen sozusagen „just-for-me" auf die Wünsche des Kunden maßschneidern kann, sondern auch wie bequem und auf welch unterschiedliche Weise es für ihn erreichbar ist, wobei der Kunde subjektiv für sich die Auswahlkriterien festlegt. Die Qualitätssicherung von POI/POS-Projekten hat die Aufgabe, in diesem Spannungsfeld das bestmögliche Ergebnis zu liefern.

Um dies zu erreichen, ist eine sehr detaillierte Analyse und Bewertung aller bisher unternommenen und künftig notwendigen, strategischen Maßnahmen des Unternehmens erforderlich:

Maßnahmen

- Analyse der Unternehmenstruktur und Bewertung der (bisherigen) Vertriebs- und Medien-Strategien im Hinblick auf die erfolgversprechende Integration von POI/POS (vgl. 14.3.1).

- Definition der Zielgruppe(n) und deren subjektiver Nutzenkriterien bzgl. POI/POS (vgl. 14.3.2).

- Bewertung des added value einer POI/POS-Strategie aus Sicht der Mitarbeiter des beauftragenden Unternehmens (vgl. 14.3.3).

- Konzeption der Umfeldfaktoren und Hinführungsstrategien unter Berücksichtigung psychologischer Verkaufsförderungsaspekte, Nutzungsbereitschaft und -barrieren (vgl. 14.3.4).

- Beachtung des individuellen Diskretionsbedürfnisses vom POI/POS-Benutzer (vgl. 14.3.5).

- Multimediale Umsetzungsstrategien: Hardware (Gehäuse), Software (Anwendungen) sowie Benutzungsoberfläche (vgl. 14.3.6).

- Betreuungskonzeption: Service, Wartung, Pflege, Aktualisierung sowie Qualitätskontrolle; Erfolgsmessung, Überprüfung des Qualitäts-Regelkreises, Strategic Alignment (vgl. 14.3.7).

13.3.1
Unternehmenanalyse und Strategieberatung

eingehende Geschäftsprozeß- Analyse

Vor der Definition eines POI/POS-Projektes ist eine eingehende Analyse der unternehmensinternen Geschäftsprozesse unumgänglich. Mit der zunehmenden Vielfalt an alternativen Vertriebswege-Möglichkeiten wächst auch die Bedeutung der strategischen Bewertung dieser Alternativen. Die Konzentration auf neue Kunden darf nämlich nicht den Blick für die Sicherung und den Ausbau des bestehenden Kerngeschäftes verschließen. Insofern hat die Frage nach der Optimierung der Vertriebswege eine defensive und eine offensive Komponente. Die Optimierung der Vertriebswege kann nur gelingen, wenn sie auf der Verbindung von strategischer Analyse und technologischer Bewertung der Möglichkeiten basiert.

Optimierung alternativer Vertriebswege

Die strategische Optimierung alternativer Vertriebswege ist ein mehrstufiger Prozeß:

- Definition der strategischen Kerngeschäftsfelder.

- Erfassen der Anforderungsprofile der Zielkunden.

- Definition der möglichen Vertriebskanäle.

- Zuordnung der Zielkunden und Produkte und Dienstleistungen auf die möglichen Vertriebskanäle.

- Bewertung und Auswahl der Vertriebskanäle und Produkte (in einer Vertriebswege-Produkte-Matrix).

Die entscheidende Frage, welcher POI/POS-Bedarf tatsächlich besteht, ist nicht technischer, sondern ausschließlich strategischer Natur: Jedes Unternehmen hat eine individuelle Umfeldsituation und muß daher sicherstellen, daß diejenigen Vertriebskanäle bereitgestellt und diejenigen Medien eingesetzt werden, die aufgrund der durchgeführten Geschäftsprozeß-Analyse von strategischer Bedeutung sind.

Strategic Alignment

Wesentlich für den dauerhaften Erfolg eines POI/POS-Systems im Markt sind überlegene und flexible Prozesse, die aus der Unternehmung heraus gestaltet werden. Nur „Strategic Alignment", d.h. die jederzeitige Rückkopplung und Übereinstimmung der operativen Entscheidungen im personellen, technischen und organisatorischen Bereich mit der Gesamt-Unternehmensstrategie sowie die Fähigkeit zur permanenten Anpassung an die rasche Veränderung der Rahmenbedingungen von Markt, Wettbewerb und Kundenverhalten, sichern die Effizienz komplexer Marktstrategien.

13.3.2
Zielgruppen- und Nutzenbestimmung

Das Verständnis des Kunden und seiner Wünsche ist entscheidend für den Erfolg jeder kundenorientierten Maßnahme. Wer den Kunden als gleichberechtigten Partner in den Prozeß der Wertschöpfung einbezieht, muß den Kontext verstehen, in dem er handelt, muß seine Themen verstehen, muß den Kunden im Idealfall besser kennen als sich selbst.

Die sorgfältige Segmentierung der Kunden gehört deshalb zu den wichtigsten strategischen Aufgabenstellungen eines jeden POI/POS-Projekts. Aus der Vielzahl möglicher Segmentierungsansätze hat sich besonders die streng bedürfnisorientierte Klassifizierung, die danach fragt, was der Kunde will, und was er nicht will, als brauchbar erwiesen.

Es gibt vielfältige Möglichkeiten und Methoden (wie Database Marketing, Data bzw. Customer Mining, Data Warehousing, Permission Marketing), um Informationen über die Kunden zu sammeln, die vorliegenden Kundendaten in Datenbanken zu strukturieren und dem Kundenbedürfnis entsprechend zur individuellen Ansprache zur Verfügung zu stellen. Dies ist die Basis, um z.B. Zielgruppen für eine Dienstleistung, für ein Produkt aufdecken oder dem Kunden aufgrund gesammelter Erfahrungen anderer Nutzer ganz individuelle Vorschläge machen zu können.

Diese Erkenntnisse sind daher bei allen Informations-Elementen eines POI/POS-Systems zu berücksichtigen. Über den Einsatz von Karten (Chipkarten, Kundenkarten) ist der Kunde kundenindividuell bzw. kundengruppen-spezifisch zu identifizieren und somit individuell auf seine Bedürfnisse durch eine auf ihn zugeschnittene Programmabfolge und -darstellung zu informieren und zu beraten.

Untersuchungen haben belegt, daß nicht immer der Service entscheidend ist (siehe das Beispiel der Lebensmitteldiscounter oder der Direktbanken), sondern der tatsächliche oder erwartete Kundennutzen („Value-to-Customer"). Nur wenn der Kunde genügend „Value" bekommt oder zu erkennen glaubt, ist er bereit, eine Dienstleistung wie die eines POI/POS-Kiosks in Anspruch zu nehmen. Kunden suchen z.B. bevorzugt Geschäfte auf, die einen schnellen und unproblematischen Zugang zu Produktinformationen zu dem Zeitpunkt ermöglichen, wenn sie Kaufentscheidungen treffen wollen. Der Kunde nutzt also z.B. einen POS-Kiosk hauptsächlich dann, wenn er davon einen Nutzen für seine Kaufentscheidung sieht bzw. erwartet.

Grafik: Verschiedene Typen von POI/POS-Systemen

Typ	Besonderheiten
Multimediale Informationssysteme	Standard-Typ für POI-Systeme. Verfügt über multimediale Basisfunktionen (Soundkarte, Aktivlautsprecher) und ggf über eine MPEG-Dekompressionshardware
Verkaufsunterstützende Systeme (auf Wunsch mit Zahlungsfunktion)	Standard-Typ für POS-Systeme. Verfügt über multimediale Basisfunktionen (Soundkarte, Aktivlautsprecher) und ggf. über eine MPEG-Dekompressionshardware. Zusätzlich ist eine Bargeldkasse oder ein Kartenleser und eine PIN-Tastatur integriert. ZKA-Zulassung erforderlich.
Videokonferenz-Terminals	Sonderform für POI-Systeme. Verfügt über Videokonferenzhardware, eine Netzanbindung (z.B. über ISDB) und ggf. Scanning-Peripherie. Person-to-Person-Kommunikation via Bildtelefonie möglich (z.B. zu Beratungszwecken).
Multimediale Multifunktionsterminals (Baukastensystem)	Individual-Typ für POI/POS-Systeme. Verfügt über multimediale Basisfunktionen (Soundkarte, Aktivlautsprecher) und je nach Anwendung über eine MPEG-Dekompressionshardware oder sonstige Spezialkomponenten. Weitgehend erweiterbar und auch an veränderte Einsatzzwecke anpaßbar, auch z.B. auch für stehende, sitzende, indoor oder outdoor-Bedienung..
Mehrterminal-Systeme auf Client-/Server-Basis	POI/POS-Systeme mit Funktionsteilung in Client- und Server-Teil. Meist bildet eine zentrale Datenbank (häufig auch mit Warenwirtschaftssystem-Anbindung) den Server-Teil.
Hybridsysteme mit singulärer Datenbasis (z.B. POI/POS, Infowände, Intranet)	POI/POS-Systeme auf Client-/Server-Basis, welche mit anderen Systemen eine gemeinsamen Datenbasis nutzen (Cross-Media) und über externe Redaktions- und Administrationsnetze (z.B. über ein Intranet) gewartet werden.
Kiosking-Systeme mit Online-Anbindung an Internet und Online-Dienste	POI/POS mit Web-Browser und Netzanbindung. Häufig mit alphanumerischer (bzw. spezifischer Internet-geeigneter) Volltastatur und/oder Trackball für Maussteuerung (Mouse Pad).
Flächendeckende Kiosknetze	Installationen mit hohen Stückzahlen. Individuallösungen mit hohen Netzwerkanteilen, mehreren Server-Systemen, Systemmanagement und Redaktionsarbeitsplätzen.

Entscheidend für den Erfolg eines POI/POS-Projekts ist die Auswahl des richtigen, also zielgruppen- sowie unternehmensgerechten POI/POS-Typs. Dazu ist im Vorfeld eine umfangreiche Analyse und Auswertung vieler Faktoren unumgänglich. Expertisen zu vergleichbaren Projektvarianten helfen dabei, Fehleinschätzungen der Vergangenheit in Zukunft zu vermeiden sowie positive Erfahrungen bestmöglich zu berücksichtigen und umzusetzen.

Der Sprung zur echten Qualität läuft in den Stufen Kundenunzufriedenheit, Kundenzufriedenheit und Kundenbegeisterung ab: Die erfolgreichste Kundenbindung wird auf der Stufe der Kundenbegeisterung erzielt, wenn man den Kunden emotional an das Unternehmen binden kann. Ziel muß daher das Erreichen eines solchen Flow-Zustandes sein, eines Zustandes, in dem der Kunde ganz in der Interaktion aufgeht und die damit verbundenen Gefühle – ggf noch unterstützt durch Farben, Musik, Düfte – ihn dazu führen, daß er immer wieder zur Filiale, zum Kiosk oder anderen Angeboten zurückkehrt, weil er die Leistungen, das Angebot, die Informationen, die mit seinen Erwartungen vollkommen übereinstimmen, als hervorragend empfindet.

Begeisterung des Kunden durch Erreichen eines Flow-Zustandes

Wenn dies erfolgreich umgesetzt und auch vom Kunden so wahrgenommen wird, werden auch in der individuellen Unternehmenssituation die POI/POS-Benutzer sich schneller zum Kauf entschließen, den Laden seltener ohne Kauf verlassen, sich häufiger zu Spontankäufen hinreißen lassen und letztlich die geplanten Käufe auch tatsächlich tätigen.

Spontankäufe durch POS-Benutzer

13.3.3
Unternehmensinterne Erfolgsfaktoren

Kundenorientierungsstrategien sind jedoch nur so gut wie die interne Unternehmenskultur. Das Betriebsklima ist Ausdruck der Unternehmenskultur und letztlich Gradmesser der auf den Kunden ausgerichteten Maßnahmen. Einzig und allein zufriedene und motivierte Mitarbeiter sorgen für zufriedene und letztlich begeisterte Kunden. Denn die Kernkompetenz wie Innovationskraft eines Unternehmens steckt in den Köpfen der Mitarbeiter, die es im Dialog mit dem Kunden zu nutzen gilt.

Betriebsklima und Mitarbeiter sind entscheidend für POI/POS-Erfolg

Dies setzt voraus, daß Manager und Mitarbeiter sich zunächst selbst in einer Wertschöpfungskette als interne Kunden und Lieferanten sehen und das Gelernte anschließend auf den Kunden übertragen. Dabei sind alle Mitarbeiter im Sinne von Teamdenken, Entscheidungs- und Verantwortungsdelegation einzubeziehen.

Vor der Umsetzung eines POI/POS-Projektes ist somit die Einbeziehung der Mitarbeiter erforderlich; denn diese verbringen letztlich sowohl die meiste Zeit mit dem POI/POS-System als auch mit dem Kunden. Ihre Erfahrungen im Umgang mit den Kunden, ihre Kenntnisse über die Wünsche und Bedürfnisse der Kunden müssen einfliessen in die Gestaltung der Benutzungsoberfläche, in die Inhalte, in das Aufstellungskonzept und letztlich in das Umfeld eines POI/POS-Systems. Wird dies versäumt oder nur unzurei-

Einbeziehung der Mitarbeiter in das POI/POS-Projekt

chend getan, ist das Scheitern des POI/POS-Projekts in der Regel vorprogrammiert, wie Erfahrungen der gescheiterten und der erfolgreichen Projekte belegen.

Es werden mit der Einbindung auch interne Hemmschwellen abgebaut. Ein POI/POS-System ist nicht Wettbewerber des Verkaufspersonals, sondern mit seiner Hilfe kann es den Kunden effizienter beraten, sich selbst laufend daran schulen, seine Produktkenntnisse vertiefen und letztlich noch kompetenter den Kunden beraten.

13.3.4
Aufmerksamkeit und Bewerbung

Vor der Gestaltung eines POI/POS-System ist zu untersuchen, wie man die Aufmerksamkeit des Kunden erreichen kann, damit er neue technische Möglichkeiten wie einen POI/POS-Kiosk überhaupt wahrnimmt.

Das kann geschehen mit professionellem Infotainment wie z.B. auf Multivisions-Großbild-Projektionsflächen und -monitoren im Eingangs- oder Schaufensterbereich mit für den Kunden interessanten Angeboten. Der heutige technische Standard erlaubt die Projektion mittlerweile auf sehr unterschiedliche Medien und wird auch nicht durch Helligkeit des Tageslichtes beeinflußt. Mit diesem hohen Maß an Flexibilität fügt sich ein multimediales Spektakel in architektonische Vorgaben ein.

Mit abwechselnden Bild- bzw. Informationsfolgen sollte der Kunde, sobald er die Filiale betritt, aufmerksam gemacht und zum POI/POS-Kiosk oder dem Ort, wo man ihn gerne hingeführt wissen möchte, geleitet werden. Weitere Möglichkeiten zur Steigerung der Aufmerksamkeit und gezielten Ansprache des Kunden sind Info-Desks („Infomat"), Farbvariantenstrahler, Richtlautsprecher, Anleihen aus dem Infotainment, Kundenleitsysteme, sowie alle Möglichkeiten des Event Marketing.

Hinführungs-, Annoncierungs- bzw. Bewerbungs-Strategien vermeiden, daß mit hohem Aufwand entwickelte POI/POS-Systeme vom Kunden unerkannt bleiben und irgendwo verstauben. Sie helfen, die Nutzerzahlen und die Nutzungsbereitschaft wesentlich zu optimieren, indem dem Kunden eindeutig klar gemacht wird, daß und wo er etwas für ihn Interessantes erfährt bzw. findet und was er dort gemäß dem „Prinzip der geringsten Verwunderung" tatsächlich erwarten kann.

POI/POS-Systeme sind also dort aufzustellen, wo sie aus verkaufspsychologischen Gesichtspunkten sinnvoll sind: in stark frequentierten Zonen, in einem Regal, an einer Wand, auf der Ladentheke oder einem Bodenstativ, aber durchaus auch in Zonen, die nach dem Betreten der Zone eine besonders hohe Diskretion ermöglichen.

Solche optimalen Standorte lassen sich durch Kundenaktivitäts-Analysen finden, die z.B. durch versteckte Videokameras exakte Informationen über Kundenfrequenz, Verweildauer, Schlangenbildung, Kundenfluß sowie tote Zonen in Kundenhallen und Filialen liefern.

Kundenaktivitäts-Analyse

13.3.5
Qualität durch Diskretion

Fehlender optischer Datenschutz sowie fehlende Intimität durch Schutz der vom Kunden eingegebenen und erhaltenen Daten vor unerwünschter Beobachtung durch Fremde sind Grundvoraussetzungen für die Akzeptanz von POI/POS-Systemen. Niemand, schon gar nicht der EDV-ungewohnte Gelegenheitsnutzer, möchte dabei beobachtet werden, wie er sich an einem ihm ungewohnten Medium versucht bzw. für was er sich dort interessiert. Deshalb müssen die Systeme und deren Umgebung maximale Diskretion garantieren.

absolute Diskretion
ein Muß

Die Diskretion ist abhängig von der Zielgruppe sowie den architektonischen Gegebenheiten zu realisieren. Es muß sichergestellt sein, daß die Informationen möglichst nur für den Kunden sichtbar und hörbar sind, sobald er an das POI/POS-System herantritt. Heute gibt es hierzu die verschiedensten technischen und gestalterischen Lösungsansätze.

Informationen nur
für den Kunden sicht-
und hörbar

Erst wenn solche äußeren Rahmenbedingungen wie Diskretion und Ambiente sichergestellt und entsprechend angenehm gestaltet sind, wird sich z.B. VideoConferencing über POI/POS-Systeme (bei denen der Kunde sich von einen Berater aus einem Call Center, einem Experten aus einer Fachabteilung per Telefon und Bildschirm sehr individuell beraten lassen kann) durchsetzen. Das gilt in gleichem Maße für sehr individuelle Berechnungen, wie sie bei Anwendungen im Finanzdienstleistungsbereich üblich sind.

Diskretion Voraus-
setzung für Video-
Conferencing sowie
für individuelle
Berechnungen

13.3.6
Gestaltung von POI/POS-Systemen

Sind die vorausgegangenen QS-Schritte erfolgreich absolviert, so ist der Weg frei, sich auf die Gestaltung des POI/POS-Systems zu konzentrieren. Hat der Kunde den Kiosk erfolgreich gefunden, so muß er ihn schließlich bedienen. Dies hängt maßgeblich vom Design der Anwendung, der Benutzungsoberfläche sowie der Ergonomie (kundenfreundliche Gestaltung) des POI/POS-Systems ab. Denn wenn ein solches Selbstbedienungsterminal schwierig oder auch nur ungewöhnlich zu bedienen ist, wird der Kunde es letztlich

Design der Anwen-
dung, Ergonomie
des Gehäuses auch
maßgeblich doch nicht benutzen, selbst wenn ein strategisch gut geeigneter Aufstellungsort vorliegt und zugleich die Diskretion gewahrt ist.

13.3.6.1
Kiosk-Gestaltung

Eyecatcher vs Diskretion

Beim Gehäuse muß darauf geachtet werden, daß zwischen Animation (Eyecatcher) und Diskretion ein gesunder Mittelweg gefunden wird und es auch von Menschen unterschiedlicher Körpergröße (z.B. auch Rollstuhlfahrern) benutzt werden kann.

Bedienapparatur

Der Kunde darf nicht verwirrt werden durch Knöpfe und Tasten, die er nicht kennt oder durch Funktionstasten, deren Funktion nicht erklärt wird. Die ausgewählte Bedienapparatur sollte je nach Computerkenntnis der anvisierten Zielgruppe aus dem Büroalltag her bekannt, jedenfalls durch erkennbare Tasten, klare optische Bedienung und ohne Kommunikationsbruch einfach zu bedienen sein. Zu beachten ist ebenfalls eine ansprechende Hygiene und die Möglichkeit, den Kiosk leicht zu reinigen. Letztlich muß der Kiosk auch gegen Vandalismus und Zerstörung bestmöglich geschützt sein.

Drucker

Bei Druckvorgängen sind der Schutz der Privatsphäre zu respektieren sowie eine zu frühzeitige Papierentnahme durch den Benutzer zu verhindern. Vorwärmzeiten der Druckersysteme sind zu berücksichtigen und es ist zudem Vorsorge gegen nicht entnommene Ausdrucke zu treffen.

Sicherheit bei geldbezogenen Transaktionen

Jede geldbezogene oder persönliche Daten betreffende Abfrage oder Transaktion muß durch die Verwendung einer Magnetkarte oder Chipkarte (wie z.B. der GeldKarte), der PIN-Eingabe oder über biometrische Verfahren gesichert sein. Der Kunde ist zu informieren, was mit seiner Karte geschieht und wie er sie wieder zurück erhält.

Ferndiagnose und Wartung bei POI/POS-Netz

Je mehr POI/POS-Systeme in einem Netz zusammengeschlossen und je mehr Zusatzperipheriegeräte wie Drucker, Kartenleser, Videokamera, Scanner integriert sind, um so erforderlicher ist es, diese auf Vorhandensein, Funktionsfähigkeit und Status zentral per Ferndiagnose zu überprüfen und zu warten. Nur so können Fehler (Ausfall, Papierstau bzw. Verstopfung der Druckausgabe, Systemstop) und Gefahrenquellen (Temperatur, Glasbruch, Papierende) im voraus erkannt und umgehend behoben werden.

ergonomische Gestaltung

POI/POS-Systeme müssen ergonomisch gestaltet sein (anlehnen, abstützen, festhalten, Handauflage, Fußstütze bieten), ein blendfreies Display garantieren, aber unter Umständen auch sichere, d.h. in sichtbarer Nähe befindliche Ablagen für private Gegenstände, wie die Handtasche einer Benutzerin, bieten und in Sonderfällen auch im Sitzen bedienbar sein.

13.3.6.2
Gestaltung der Benutzungsoberfläche

Wie man sich mit einem POI/POS-System zurechtfindet und wie schnell man dabei die Geduld verliert, hängt neben den technischen Ungewöhnlichkeiten (Touch Screen, Gestik-Computer, Drehrad statt Maus, Trackball oder Buttons) im wesentlichen von der Benutzungsoberfläche ab. Je komplexer die einzelnen Themen sind, desto einfacher muß die Benutzungsoberfläche gestaltet sein, über die der Kunde das POI/POS-System benutzt. Der Anwender darf sich dem System aber nicht ausgeliefert fühlen, sondern er soll es beherrschen – die Bedienung muß also kinderleicht oder – je nach Zielgruppe – seniorengerecht sein. Die Gestaltungsforderung lautet daher regelmäßig: „Multimedia light".

häufig sinnvoll: „Multimedia light"

Der (in der Regel eher jüngere) Designer muß sich folglich im Sinne der oben beschriebenen Zielgruppenausrichtung auf den (mitunter älteren) Kunden einstellen. Die Verkaufsbotschaften müssen sich jedenfalls an der Zielgruppe ausrichten und nicht umgekehrt. Die Benutzungsoberfläche ist zielgruppengerecht zu gestalten, die Voraussetzungen, Vorkenntnisse und Anforderungen der Zielgruppe sind zu berücksichtigen, wie z.B. auch ein zielgruppengerechtes sprachliches Niveau.

im Hinblick auf Gestaltung Zielgruppe beachten

Die Oberflächengestaltung ist nicht nur Screendesign, sondern bedeutet das Gestalten eines erkennbaren Handlungsablaufes. Es muß die digitale Umsetzung eines Benutzerprozesses widerspiegeln.

Bei der Benutzungsoberfläche sind unbedingt Gestaltungsgrundsätze zu beachten. Dies betrifft insbesondere die Darstellung der Information in der Form, die den physiologischen und psychologischen Aspekten der Wahrnehmung am besten Rechnung trägt. Gleiches gilt für Art und Ablauf des Dialogs und der Kommunikation insgesamt.

Physiologische / psychologische Aspekte der Wahrnehmung

Anwendungen auf einem POI/POS-System müssen für den Anwender transparent und durchschaubar sein hinsichtlich Leistungen, Tiefe und Breite der Menübäume als auch hinsichtlich Meldungen des Systems an den Benutzer (Präsenz, Fehler, Überlastung). Transparenz bedeutet Nachvollziehbarkeit und soll dem Anwender die Orientierung bei der Handlungsplanung, -ausführung und Rückmeldungsverarbeitung erleichtern.

Transparente Anwendung

Die Orientierung und damit die Bedienung ist durch eine klare Gliederung in Blöcke mit zusammengehörigem Informationsgehalt zu erleichtern. Diese können durch zusätzliche, einfache Strukturen (wie z.B. Zwischenräume, Rahmen, farbiger oder neutraler Hintergrund) noch unterstützt werden, wobei das visuelle Gesichtsfeld zu berücksichtigen ist. Die Konsequenz daraus ist, daß

Gruppierung in Blöcken

Informationen, die zusammengehören, unbedingt so angeordnet werden müssen, daß sie in diesen Bereich hineinpassen.

Als Gruppierungsprinzipien sind besonders Farben, Formen und Größen bekannt. Bei Farbcodierungen ist allerdings zu bedenken, daß etwa jeder zwölfte Mensch in Europa bzw. ca. 8 % der Männer Farbsehschwächen aufweisen und zudem manche Farben und Farbkombinationen Beschwerden, Abwehrreaktionen und sogar Kopfschmerzen verursachen können. Ferner können die meisten Menschen nicht mehr als 7 Farben differenzieren. Folglich sollten Farben nur zusammen mit einem weiteren Unterscheidungsmerkmal verwendet werden.

Sehr bewährt hat sich auch die Verwendung von Metaphern wie Wegweisern, Knöpfen (Buttons) und Schiebereglern, da der Benutzer diese aus dem täglichen Leben her kennt und dadurch seine „Lernzeit" reduziert wird. Bei der Verwendung und Positionierung anderer Möglichkeiten als normalen Buttons oder großflächigen Tippflächen ist allerdings zu hinterfragen, ob die Zielgruppe diese neuen multimedialen Varianten der Oberflächengestaltung als solche überhaupt versteht oder ob dadurch nicht neue Berührungsängste provoziert werden.

Ein POI/POS-System muß selbsterklärend sein und es muß jederzeit möglich sein, den zeitlichen Ablauf des Dialogs, seine Geschwindigkeit und die Reihenfolge der einzelnen Dialogschritte zu steuern. Der Anwender muß den Dialog kontrollieren und nicht das System den Anwender; andernfalls verläßt dieser das POI/POS-System und verzichtet auf jede weitere Information.

Das Dialogverhalten und das Inhaltsangebot muß den Erwartungen des Benutzers entsprechen. Das System muß erwartungskonform sein, d.h. dem Prinzip der geringsten Verwunderung entsprechen. Der Anwender muß in gewissem Umfang vorhersagen können, wie sich das System nach seinen Eingaben verhalten wird. Dies impliziert Konsistenz und zwar in funktionalem, optischem und inhaltlichem Sinne.

13.3.7
Projektbegleitende und -nachfolgende Qualitätssicherung

Die langfristige Akzeptanz der POI/POS-Kiosks und ihre darüber zu vermittelnden Angebote und Vorteile für den Kunden wird wesentlich beeinflußt durch die Schaffung eines einprägsamen, unverwechselbaren und eindeutigen Namens sowie eines ebenso einprägsamen, unverwechselbaren und eindeutigen Logos für den Kiosk.

Diese Strategie ist parallel zu unterstützen durch eine umfassende Kommunikations-, Werbe- und Public Relation-Strategie, in der den Zielgruppen Einzelheiten, Vorteile und Nutzen bildhaft dargestellt werden. Tage der offenen Tür und Hausmessen, verbunden mit Sonderaktionen, klare Zuordnung von Verantwortlichkeiten an Mitarbeiter entsprechend den Qualitätsleitlinien sind weitere Teile der öffentlichkeitswirksamen Ankündigungsstrategie.

Kommunikations-, Werbe- und PR-Strategie

Gemäß den unternehmensinternen Kriterien ist gleichzeitig – möglichst vor den öffentlichen PR-Maßnahmen – ein internes Promotionprogramm aufzusetzen, das neben Informationen in den Mitarbeiter-News und im Intranet Kick-Off-Meetings und für die direkt im Kundenkontakt stehenden Mitarbeiter und Manager Trainingskurse beinhalten sollte.

Interne Promotion

Ein Wartungs-, Pflege- und Aktualisierungskonzept muß sicherstellen, daß die POI/POS-Systeme auch nach der Einführung stets aktuell, attraktiv und sowohl für Kunden als auch für Mitarbeiter und Unternehmensleitung von Nutzen sind. Es ist zu empfehlen, gleich bei Projektbeauftragung einen solchen Vertrag zu vereinbaren, um dem Kunden die vereinbarte Qualität auch garantieren zu können.

Wartung, Pflege und Aktualisierung

Bei der Vertragsgestaltung ist auch zu berücksichtigen, daß ein POI/POS-Projekt unabhängig von unternehmensinternen Personalfluktuationen oder Zuständigkeiten auf Mitarbeiter- und Managerseite aktualisierbar bleiben muß. Es sind eindeutige Verantwortlichkeiten mit genauen Milestones zu vereinbaren.

Regelung von Verantwortlichkeiten

In einem ständigen Kontrollprozeß sind in regelmäßig zu vereinbarenden Abständen alle geplanten und erwarteten Qualitätskriterien anhand ökonomischer und kommunikativer Bewertungskriterien zu überprüfen und im Sinne des „Strategic Alignment" zu verifizieren oder entsprechend an veränderte Gegebenheiten anzupassen (Qualitäts-Regelkreis).

Qualitäts-Regelkreis

13.4
Zusammenfassung und Ausblick

Ein optimales Zusammenspiel zwischen Qualitätsstrategie, Qualitätsstandards und Qualitätsgarantien ist für den Erfolg von künftigen POI/POS-Systemen elementar. Für diese umfassende Aufgabe ist die Einbeziehung fest zugeordneter Mitarbeiter, die Festlegung von klaren Kompetenzen geboten sowie die Hinzuziehung externer Berater sinnvoll.

Q-Strategie, Q-Standards, Q-Garantien

Die Qualitätsstrategie erfaßt die für Kunden bedeutenden Qualitätsbereiche und –merkmale und ermöglicht das Erzielen, besser noch das Übertreffen von Kundenerwartungen.

Weiterhin sind Qualitätsstandards in einem Handlungsleitfaden für alle betroffenen Mitarbeiter zu regeln. Dieser Leitfaden sorgt durch klare Formulierungen für eine zielgruppengerechte Umsetzung der Qualitätsstrategie im Rahmen eines POI/POS-Projekts.

Die Qualitätsgarantien ermöglichen die Konkretisierung der Qualitätsstrategie dadurch, daß sie einen für den Endkunden bewertbaren und wahrnehmbaren Nutzen formulieren. Dabei ist es entscheidend, sich konsequent an diesem Kunden zu orientieren und seine Perspektive einzunehmen. Diese am Endkunden orientierten Qualitätsgarantien sind für Auftragnehmer, als auch für Auftraggeber, verbindlich zu formulieren. Sie bilden schließlich die Grundlage von Projektkonzeption, Projektrealisation und Projektbetreuung.

Wenn es gelingt, die Kundenwahrnehmung in den Mittelpunkt eines POI/POS-Projektes zu stellen und zwar nicht einmalig, sondern permanent, erst dann läßt sich ein wahrnehmbarer und dauerhafter Wettbewerbsvorteil für das auftraggebende Unternehmen realisieren. Der anvisierte Erfolg setzt dabei aber voraus, daß zur permanenten Analyse unternehmensinterer Geschäftsprozesse, zur Zielgruppenbestimmung, der Ausarbeitung von Kundennutzenkriterien, zur Bestimmung unternehmensinterner Erfolgskriterien sowie zur Einbindung von Customer Relationship-Verfahren möglichst viele Fallstudien vergleichbarer Unternehmenslösungen als Expertisen zu berücksichtigen sind. Entscheidend ist also nicht in erster Linie eine besonders hohe Kreativität, sondern vor allem die Berücksichtigung bereits vorhandener POI/POS-Erfahrung.

Literatur zu Kapitel 13:

[13.1]   Benölken, H.: Zehn magische Megatrends: Im Privatkundenmarkt mit TQM-Strategien erfolgreich, BANKEN & VERSICHERUNGEN, 2/1995.

[13.2]   Bohny, P.: Planung und Implementierung von Projekten der Kundenselbstbedienung, Vortrag auf dem Self-Service-Seminar bei Unisys Deutschland GmbH, Sulzbach, 9. Okt. 1991.

[13.3]   Bürdek, B. E. / Schupbach, St.: „Human Interface Design", form – Zeitschrift für Gestaltung, Heft 142, II-1993.

[13.4]   Bürdek, B. E.: Design und Qualität, Typographische Gesellschaft München, 1996.

[13.5]   Gale, B. T.: Managing Customer Value: Creating Quality & Service that Customers Can See, The Free Press, New York, 1994.

[13.6]   Gartner Group: Kiosks – Strategy and Implementation for an Electronic Channel, Strategic Analysis Report, 25.09.1995.

[13.7]   Hörmann, J.: Evaluation von POS-/POI-Multimediasystemen, Diplomarbeit im Fachgebiet Wirtschaftsinformatik der Universität Osnabrück, Okt. 1994.

[13.8]   Kückes, A.: Die multimedialen Offline/Online-Dienste – eine Positionierung, in: Fluhr, M. (Hrsg.): Der elektronische Kiosk als Informations- und Verkaufssystem, Berlin, Mai 1998.

[13.9]   Reimann, E.: Kundenselbstbedienung bei Banken und Versicherungen – „Wer zu spät kommt, den straft die Konkurrenz", Geldinstitute 6/1991 und 7-8/1991.

[13.10]   Reimann, E.: Multimedia für Finanzdienstleister, in: Graf, J./Treplin, D. (Hrsg.): Multimedia – Das Handbuch für interaktive Medien, Abs. 5.1, Augsburg, 1993.

[13.11]   Reimann, E.: POI/POS in der Finanzwirtschaft – Kundenselbstbedienung an interaktiven Multimediaterminals im Spannungsfeld zwischen Kundenorientierung und Rationalisierung, in: Glowalla, U.; Engelmann, E.; Rossbach, G. (Hrsg.): Multimedia '94 – Grundlagen und Praxis, Berlin-Heidelberg, 1994.

[13.12]   Reimann, E.: Multimedia-Kiosksysteme und Online-Marketing als Instrumente für Verkaufsförderung, Kundenbindung und Kundenservice in der virtuellen Bankfiliale, in: Fluhr, M. (Hrsg.): Der elektronische Kiosk als Informations- und Verkaufssystem, Berlin, Mai 1998.

[13.13]   Sack, M.: Gestaltung und Organisation von Multimedia-Anwendungen, Vortrag auf dem Self-Service-Seminar bei Unisys Deutschland GmbH, Sulzbach, 9. Okt. 1991.

[13.14]   Sobanski, H.: Warum verzögern sich viele Terminal-Projekte und woran scheitern sie? Erfolgs- und Risikofaktoren bei der Einführung von Multimedia-Terminals, in: Fluhr, M. (Hrsg.): Der elektronische Kiosk als Informations- und Verkaufssystem, Berlin, Mai 1998.

[13.15]   Sprenger, M.: Erfolgsbedingungen interaktiver audiovisueller Kommunikationssysteme am Point of Sale, Diplomarbeit an der Universität Gesamthochschule Essen, Aug. 1994.

[13.16]   Steiger, P./Ansel Suter, B.: Minnelli-Schlußbericht, UBILAB Technical Report 94.10.1, Zürich, 30.6.1994.

[13.17]   Swoboda, B.: POS-Terminals als neuere Ansätze des Convenience-Shopping im Handel – Chancen und Voraussetzungen, in: Fluhr, M. (Hrsg.): Der elektronische Kiosk als Informations- und Verkaufssystem, Berlin, Mai 1998.

14 Qualitätssicherung im Bereich des Computer-Based Training

Heinz Peters, HQ/Blessing-White

14.1 Definition

Computer-Based Training (CBT) wird hier als Bezeichnung für *Lernen am* Lernmedien zum Lernen am Computer verwendet. Im Unterschied *Computer* zu anderen interaktiven, multimedialen Medien steht beim CBT nicht primär die Interaktivität oder die multimedialen Komponenten im Vordergrund, sondern das didaktische Ziel welches mit dem jeweiligen CBT erreicht werden soll. Diesem Ziel ordnen sich Interaktionsstrategie, Medieneinsatz und Navigation unter.

Mit dem Begriff CBT wird hier sowohl das WEB-basierte CBT *auch online* (oft auch als WBT bezeichnet) als auch das CD-ROM-bzw. Offline basierte Trainingsprogramm bezeichnet. Auf die Trennung wurde bewußt verzichtet, da hier nicht Spezifika des jeweiligen Distributionsmedium im Vordergrund stehen, es kommt im Kontext des Lernens vielmehr auf die Umsetzung des Didaktischen Wollens an. Aus eben diesem Grund werden auch im folgenden kundenspezifische Produktionen und Verlagsprodukte zusammengefaßt.

Generell läßt sich sagen, daß unabhängig vom Distributionsme- *Primat der Didaktik* dium, der verwendeten Technologie oder des Vertriebskonzeptes die gleichen Überlegungen zum Thema Qualität anzustellen sind. In diesem Kontext folgen die Überlegungen sozusagen dem Primat der Didaktik.

Grafik: Lernprogramm für effiziente Nutzung von Internet

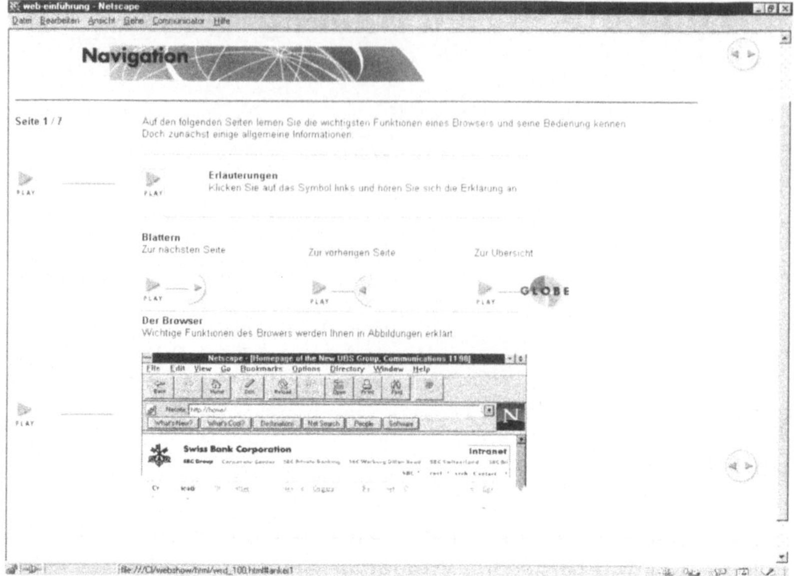

14.2
Wann und warum CBT?

Ein wichtiger Gesichtspunkt ist die Betrachtung zu Einsatz und Verwendungsmöglichkeiten sowie den Stärken und Schwächen von interaktiven Medien zur jeweiligen Problemstellung. Generell kommt den meisten Multimedia-Dienstleistern eine besondere Verantwortung in diesem Kontext zu, da der Einsatz von Multimedia häufig relativ neu für die Unternehmen ist.

Für CBT hat diese Regel nicht uneingeschränkte Gültigkeit. Wegen der für die sog. „Neue Medien" schon sehr langen Erfahrung die in Teilen des Marktes zu CBT besteht – die Vorreiter des CBT-Einsatzes blicken hier auf eine Erfahrung aus mehr als zehn Jahren zurück – gibt es zu dieser Problemstellung fundierte Erkenntnissse. So trifft der Dienstleister häufig auf CBT-erfahrene bzw. CBT-kompente Ansprechpartner bei den Kunden. Die Beratungsverantwortung des CBT-Anbieters besteht also weniger in der Frage, ob CBT überhaupt eingesetzt wird, vielmehr in der Prüfung und Beratung der jeweiligen konkreten Lern- und Einsatzsituation.

- Typische Einsatzmotivationen werden entweder durch ökonomische Überlegungen oder von Mengenbetrachtungen inspiriert!

Für viele Qualifizierungsvorhaben, gerade in kognitiven Lern-
feldern, ist der Einsatz von CBT hoch ökonomisch, d.h. der Lernerfolg wird bei gleichbleibendem finanziellen Einsatz erheblich erhöht oder die Kosten zur Erreichung des gewünschten Lernerfolgs
werden reduziert.

ökonomische Gründe

Viele Qualifizierungsvorhaben werden erst durch den Einsatz
effizienter Selbstlernmedien also z.B. CBT möglich. Immer dann
wenn es gilt, einer sehr großen Lernerzahl den gleichen Lernstoff
zu vermitteln, ist CBT eine relevante – oft die einzige – Alternative.
Wenn die Lerner stark geografisch verteilt sind, bietet CBT (insbesondere Netz-basiert) die einzige Möglichkeit, in einem realisierbaren Kostenrahmen und einem akzeptablen Zeitraum zu qualifizieren.

Flächendeckung

14.3
Was braucht ein Produzent?

Neben den Qualifikationen, ohne die heute kein Dienstleister aus-
kommt, gehören zu einem guten Anbieter im Bereich CBT noch
weitere aufgabenspezifische Kompetenzen.

Kernkompetenzen von CBT-Anbieter

Grafik: Kompetenz-Kreis

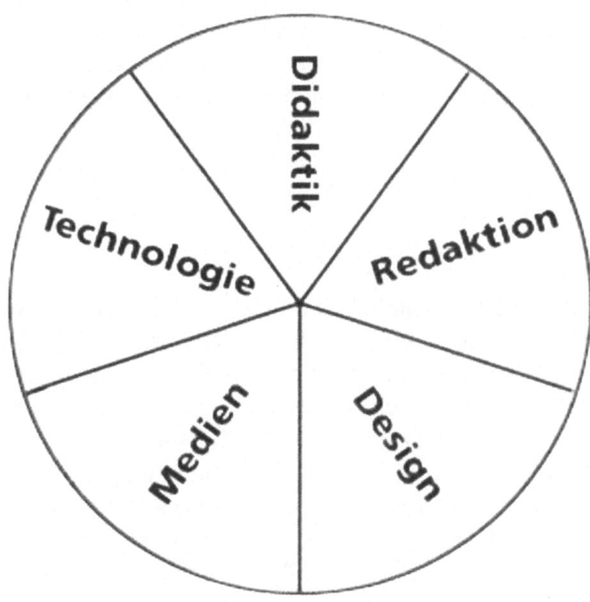

14.3.1
Didaktik

Erstellung lerngerechter Produkte

Als Kernkompetenz, ebenso zur Abgrenzung zu anderen Multimedia Produktionen, ist zur CBT-Erstellung das Wissen um die richtige Umsetzung der Inhalte unter dem Primat der Lernziele und der Lernergruppe unverzichtbar. Die didaktische Kompetenz versetzt den CBT-Macher erst in die Lage, lerngerechte Produkte unter Berücksichtigung von Lernort, Lernumgebung, Zielgruppe, Inhalt etc. zu erstellen. Die Auswahl und ggf. auch die Entwicklung entsprechender Methoden und Verfahren zur Wissensvermittlung ist zentral für erfolgreiches CBT. Zudem ist es für einen erfolgreichen CBT-Einsatz unerläßlich, daß die jeweiligen CBTs in das didaktische Gesamtkonzept des Unternehmens integriert werden.

14.3.2
Redaktion

Orientierung an Zielgruppe

Ein ganz wesentliches Merkmal guter CBTs ist die Aufbereitung der Inhalte entsprechend der gewählten Lernmethoden (z.B. spielerisches Lernen) und Medien (z.B. interaktiver Comic, Arbeit mit Videosequenzen). Hier gilt es sich in die Zielgruppe einzufühlen und Bildschirmtexte, Sprechtexte, Dialoge, etc. entsprechend zu formulieren. Wichtig ist dabei, daß sich der Lerner in der gewählten Sprache wiederfindet. Einflußfaktoren auf die redaktionelle Arbeit sind u.a. Zielgruppe, Unternehmenskultur, Lerninhalte und Lernmethode.

14.3.3
Medien

richtige Auswahl und richtige Kombination

Zusammen mit der redaktionellen Aufarbeitung der Inhalte kommt für den Lernerfolg der mediendidaktischen Aufarbeitung eine zentrale Rolle zu. Das Wissen um Möglichkeiten und Wirkung der unterschiedlichen Medien und deren Kombination ermöglicht den jeweiligen Lernzielen und Lerngruppen entsprechende CBTs zu produzieren. Ebenfalls gilt es ggf. den Restriktionen aus Budget und Infrastruktur Rechnung zu tragen. Die typische Fragestellung ist z.B. welche Inhalte werden textuell, welche mit Videounterstützung vermittelt. Welche Alternativen bieten sich z.B. zum Video an.

Zusätzlich zur Medienwahl müssen auch die einzelnen Medien dem Zielpublikum und den Lernzielen sowie der Unternehmenskultur entsprechend umgesetzt werden. Dabei wird zunehmend auch auf Designvorgaben der Auftraggeber Rücksicht zu nehmen sein.

14.3.4
Design

Im Rahmen aus didaktischen und technologischen Vorgaben muß das Erscheinungsbild eines CBTs designed werden. Ein gefälliges und ergonomisch sinnvolles Screenlayout ist ein Grundpfeiler der Nutzerakzeptanz. Im Screendesign findet die Konzeption des CBTs verbunden mit den Designvorstellungen des Kunden Ihren Ausdruck.

ergonomisch sinnvoll und kundenorientiert

Grafik: Screendesign für CBT-Anwendung

14.3.5
Technologische Kompetenz

CBTs werden für die unterschiedlichsten technischen Plattformen entwickelt. Gerade im Weiterbildungsbereich muß häufig auf die vorhandene Infrastruktur Rücksicht genommen werden. Dazu kommen die unterschiedlichen Anforderungen durch Online und Offline Lernumgebungen. Nur mit entsprechender Kompetenz und

unterschiedliche technische Anforderungen

Erfahrung in Multimedia-Technologie können die richtigen Lern-
konzepte, Medien, Interaktionsformen, etc. für die jeweilige infra-
strukturelle Situation gewählt werden.

14.3.6
Typischer Produktionsablauf

 Einen „besten" Produktionsablauf für CBT gibt es nicht, jede Produktion ist unterschiedlich und muß an die jeweilige Situation angepaßt werden. Es hat sich jedoch gezeigt, daß sich bestimmte Pro-
duktionsschritte und Reihenfolgen in erfolgreichen Produktionen
finden. In der folgenden Grafik ist ein für CBTs typischer Produktionsablauf als Prozeß dargestellt.

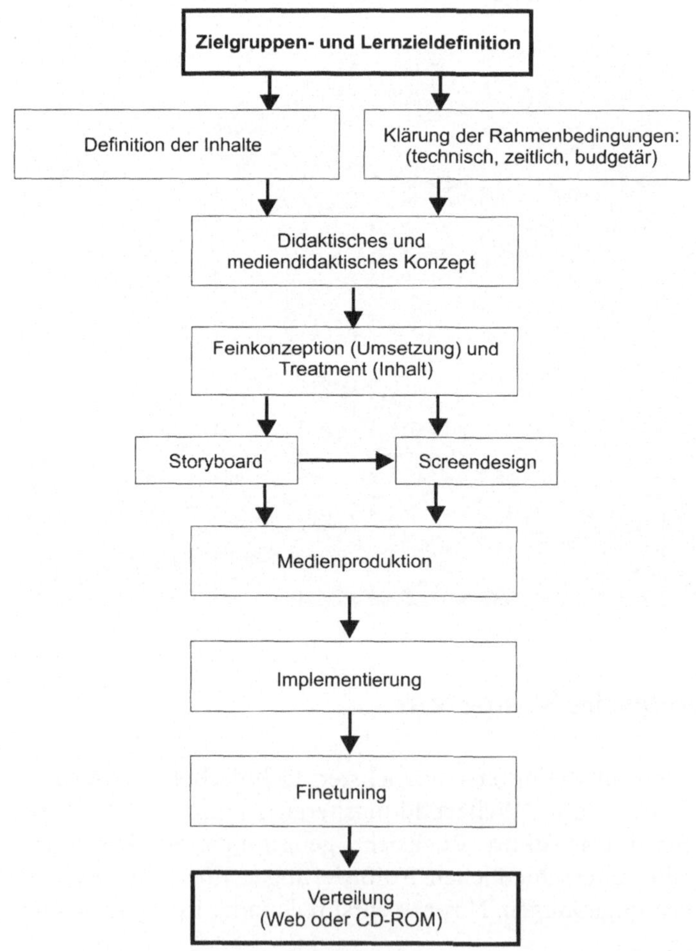

Prozeßschritte die parallel laufen, beeinflussen sich, so sind z.B. Storyboard, Entwicklung und Screendesign zwei Vorgänge, die eng miteinander zusammenhängen.

parallele Prozesse

Die Thematik „Sicherung der Qualität" des CBTs zieht sich durch den gesamten Projektverlauf und sollte mit jedem Projektschritt im Sinne eines Meilensteins mit dem Kunden oder intern auch formell vorgenommen und dokumentiert werden.

sorgfältige Dokumentation

14.4
Was sind typische Probleme?

Mit jeder neuen Produktion können sich eine Vielzahl von Problemen ergeben. Diese zu antizipieren und soweit möglich durch geeignete Prozeßschritte zu vermeiden bzw. zu lösen ist die Basis für ein gutes CBT am Ende des Produktionsprozesses und das den Kundenanforderungen und Kundenwünschen entspricht. Aus der Erfahrung mit den Produktionen haben sich für CBTs typische Problemfelder herauskristallisiert.

Antizipation typischer Probleme

14.4.1
Definieren der Lernziele

Der Notwendigkeit, Lernziele angemessen an die Zielgruppe und die geplante Lernzeit zu definieren und zu formulieren, werden häufig die Prozesse der Weiterbildung bei den Unternehmen nicht gerecht. Oft werden Zielvorgaben an bestehenden Qualifizierungsmaßnahmen festgemacht, nicht aber abstrakt formuliert.

genaue Fixierung der Lernziele

Aus einer unvollständigen oder nicht präzisen Definition und Formulierung der Lernziele leiten sich in der weiteren Produktion z.T. Fehlentscheidungen in den unterschiedlichen Phasen ab, die bis hin zum Scheitern der Qualifizierungsmaßnahme gehen können. Insbesondere die klare Festlegung auf kognitive und/oder affektive Lernziele birgt hier große Risiken.

14.4.2
Einsatzkonzeption

Mit der Konzeption für den Einsatz des CBTs stellt sich auch die Frage nach dem Kundennutzen. Was ist das „added value" das das Unternehmen für die Investition in die CBT-Entwicklung und den CBT-Einsatz leistet.

was ist das „added value"?

Je nach Erfolgsdefinition und Rahmenbedingungen muß der Einsatz konzipiert werden. Die grundlegende Frage ist hier, ob in dem gegebenen Kontext das CBT überhaupt den gewünschten Erfolg haben kann und welche Maßnahmen erforderlich sind, um den geplanten Erfolg herbeizuführen. Hier ist die Beratungskompetenz des Herstellers gefordert, eine entsprechende Konzeption vorzuschlagen.

Daraus leiten sich dann Ideen zum effizienten Einsatz von CBT in Verbindung mit anderen Qualifizierungsmaßnahmen ab. Sei es Integration in Seminar und Workshop-Zyklen oder Begleitung der Qualifizierungsmaßnahme durch Coaches etc.

14.4.3
Didaktisches Konzept und Inhalt

Wesentlich ist es, sicherzustellen, daß der zu den Zielen gehörende Inhalt richtig erfaßt und verstanden wird. Hier gilt es durch intensives Einfühlen in die Welt des Kunden Mißverständnisse in Vokabular, Begrifflichkeiten u.ä. zu vermeiden und den Lernstoff in der richtigen Tiefe und Detailtreue aufzuarbeiten. Zusammen mit den Lernzielen und der Zielgruppe ergeben sich daraus die Vorgaben für das didaktisch richtige Vorgehen.

Das Festlegen wie der Lernstoff vermittelt werden soll muß im Dialog mit den Kunden erarbeitet werden, bei den Bedarfsträgern ist das Wissen über das „Was und Wie" des Lernens. Dieses Know-How muß erschlossen werden und auf den Anwendungsfall CBT übertragen werden.

14.4.4
Technische Aspekte

Gerade für den Anwendungsfall „Lernen" muß in der Regel auf bestehende Infrastruktur zurückgegriffen werden. Zusätzlich ergeben sich aus den Überlegungen zum Einsatzkonzept der CBTs auch technische Anforderungen.

Eine typische Situation ist der Wunsch nach

- flächendeckender Online Verteilung der Lernmedien,

- intensivem Medieneinsatz

- Nutzung vorhandener Infrastruktur

Der CBT-Produzent ist hier gefordert, die im Rahmen der vorhanden Infrastruktur bestgeeignete Lösung aus dieser Situation mit den Kunden zu erarbeiten und zwischen Online-, CD-ROM- oder Hybrid Lösungen den entsprechenden Weg zu finden.

14.5
Mögliche Lösungswege

Wegen der Vielzahl der Probleme und den immer wieder anderen Anforderungen ist ein Vorgehen nach „Kochrezept" oder Checkliste zum perfekten CBT nicht möglich. Hier bietet sich als genereller Weg das Nutzen von „best practices" an, also das Ausschöpfen der gemachten Erfahrungen und des aus Projekten gelernten.

kein Vorgehen nach „Kochrezept"

Daraus folgen einige Verfahren und Vorgehensweisen die erlauben, mit den allfälligen Problemen besser zurecht zu kommen.

14.5.1
Basisüberlegungen

Um das Verständnis für die Kundenbedürfnisse, die kulturellen Besonderheiten der einzelnen Unternehmen und die Zielgruppen leichter verstehen zu können ist Branchen Know-How unerläßlich. Wer eine Branche kennt, kann Problemstellungen antizipieren, weiß über die Besonderheiten der Lerngruppe und kennt deren Sprache.

Knowhow von Kundenbranche notwendig

Eine Spezialisierung des Produzenten auf einzelne Branchen, verbunden mit dem dafür dann typischen Know-How, erleichtert für Kunden und Produzent die Erarbeitung eines guten CBTs.

Ebenfalls von Bedeutung ist für die Realisierung guter CBT-Produktionen die Möglichkeit, schnell zu reagieren. Dies setzt auch in der heutigen Zeit eine räumliche Nähe zu den Kunden voraus.

räumliche Kundennähe

■ Summarisch gesehen ist die beste Basis, um mit den Problemen bei der CBT-Produktion professionell und für den Kunden einfach umzugehen, die Nähe zum Kunden. Dies beinhaltet sowohl die räumliche als auch die inhaltliche Nähe.

14.5.2
Planung

Die Fähigkeit, komplexe Projekt zu planen, und der Wille, dies auch zu tun, sind eine weitere Voraussetzung, um mit den Problemfeldern in der CBT-Produktion umzugehen.

Erster und wichtigster Planungsschritt in diesem Kontext ist das Analysieren der von der CBT-Produktion nicht beeinflußbaren Faktoren. Mit dem Kunden müssen diese Faktoren heraus gearbeitet werden, als zweiter Schritt muß der Umgang mit diesen Vorgaben zusammen mit dem Kunden festgelegt werden. Dies kann z.B. bedeuten, daß auf den Einsatz von Video verzichtet werden muß, da entsprechende Bandbreiten in dem Intranet des jeweiligen Unternehmen nicht verfügbar sind.

Regelmäßig müssen in diesem Kontex Spezifika der Zielgruppe analysiert werden wie z.B.

- die Zeit die die Lerner zusammenhängend lernen können

- Alterstruktur der Lerner

- Lerngewohnheiten

- Verfügbare Gesamtlernzeit

- Lernort

Aus der Analyse dieser und anderer Vorgaben werden Rahmenvorgaben für das CBT erarbeitet und mit dem Kunden verabschiedet. So kann zum Beispiel eine Vorgabe sein, daß keine Lerneinheit eine zusammenhängende Lernzeit von mehr als 10 Minuten benötigen darf, weil die Zielgruppe z.T. nicht länger als 10 Minuten „am Stück" lernen kann.
Zweiter Planungskomplex ist das Abwägen der unterschiedlichen konzeptionellen Alternativen. Z.B. wie wird mit der Thematik Erfolgskontrolle umgegangen,

- gibt es Tests im CBT,

- werden solche Tests individuell oder zentral ausgewertet, etc.

Auch dabei ist eine frühzeitige Planung und Abstimmung des Vorgehens ein Schlüssel zum guten Produkt.

Um eine solche Planungsarbeit erfolgreich zu leisten, ist neben den entsprechenden Kompetenzen der Projektleiter eine gutes Beziehungsmanagement mit den Kunden nötig. Erst eine funktionierende Beziehungsmatrix ermöglicht das Erarbeiten der entsprechenden Informationen, mit dem entsprechenden Wissen über den Kunden und sein Umfeld können dann die Informationen richtig bewertet und die richtigen Entscheidungen getroffen werden.

Beziehungsmatrix

14.5.3
Umsetzung

Als letzter aber keineswegs unwichtigster Teil zum guten CBT sind „best practices" in der Realisierung. Hier gilt es zunächst und als Basis des Erfolges sicherzustellen, daß alle Projektbeteiligten von der gleichen didaktischen Zielsetzung und dem gleichen didaktischen Konzept ausgehen. Ein Weg dahin sind z.B. Workshops zur Klärung der Inhalte mit allen Beteiligten beim Kunden. Währen solcher Workshops -richtig moderiert- werden die unterschiedlichen Ineteressen beim Kunden angenähert und eine Basis für einen Konsens auch für die Erwartung an das CBT gelegt.

best practice

Eine conditio sine qua non ist die technisch einwandfreie Realisierung des CBTs. Damit sind die richtigen Algorithmen zur Mediendigitalisierung gleichermaßen eingeschlossen wie die Technologie gerechte Umsetzung, z.B. Web-gerechtes Screendesign. Aber auch bei Reaktionszeiten, Auswertungen u.ä muß ein CBT technisch so umgesetzt werden, daß der Lernerfolg und die Lernermotivation nicht beeinträchtigt wird.

Prototyping, Tests mit ausgesuchten Anwendern auf Vorversionen, Akzeptanzuntersuchungen für einzelne Projektbausteine sind Wege zu einer guten Realisierung von CBT-Vorhaben und damit auch zu dem geplanten Qualifizierungserfolg.

Testing und Prototyping

14.6
Fazit

Die Stärke eines guten CBTs – und damit das Wesen der diesbezüglichen Qualitätssicherung – liegt in den auf den jeweiligen Kunden und seine spezifischen Bedürfnisse zugeschnittenen Lösungsideen und deren Umsetzung. Jede Qualifizierungssituation ist geprägt von ganz speziellen Anforderungen aus inhaltlicher/didaktischer Sicht, dem speziellem (Branchen-) Umfeld und den besonderen Anforderungen und Chancen bei dem jeweiligen Kunden.

kundenspezifische Lösungsmodelle

Erfolgsfaktoren

Daher kristallisieren sich für erfolgreiche CBT-Produktionen als wesentliche Erfolgsfaktoren zusammenfassend drei Grundgedanken heraus:

- Schematische Lösungen gibt es nicht!
- Die Nähe zum Kunden ist nicht ersetzbar!
- Ohne Know-How über das Branchen-Umfeld des Kunden geht es kaum!

Mit diesen Grundüberlegungen als Leitschnur ist der Grundstein für eine erfolgreiche und gute CBT-Produktion und deren Einsatz gelegt.

15 Qualitätssicherung bei virtuellen Computerspielen

Anja Bauer, discreet monsters

15.1 Einleitung

In diesem Kapitel soll die Qualitätssicherung bei der Entwicklung und Produktion eines 3D-Computerspiels näher beleuchtet werden. Stellvertretend wird das Vorgehen bei dem Spiel „The Real Neverending Story" der Firma discreet monsters© behandelt.

QS in Entwicklung und Produktion

Das Spiel basiert auf Michael Endes „Unendlicher Geschichte". Dieser Bestseller diente als Grundlage für das Drehbuch, das Elemente aus der „Unendlichen Geschichte" enthält, aber die Handlung des Buchs fortführt.

Eine technische Besonderheit ist die Entwicklung eines nahtlosen Übergangs zwischen 3D-Innenraum- und 3D-Außenraumwelten, das heißt, der Spielercharakter kann ohne Verzögerung durch Ladezeit von Innen nach Außen und wieder zurück gehen. Das ermöglicht eine bisher einmalige Bewegungsfreiheit innerhalb der virtuellen Welten.

technische Besonderheiten

Spezielle Herausforderungen an die Qualität eines Spiels sind zum einen die Funktionalität der Software, zum anderen der mindestens so entscheidende Unterhaltungswert. Dazu trägt das Drehbuch des Spiels genauso bei, wie die kreative und phantasievolle Gestaltung der Welten, Charaktere und Objekte.

Funktionalität und Unterhaltungswert

Da wir unsere Spiele nicht in Auftragsarbeit produzieren, sind wir nur dem Endkunden und unseren Co-Publishingpartnern (weltweit 15) verpflichtet und haben deshalb viele Freiheiten, unsere eigenen Entscheidungen zu treffen und unsere Vorstellungen umzusetzen. Dies ist ein großer Antrieb und steigert die Motivation der Mitarbeiter.

Maßstab ist alle in der Endkunde

Die genaue Ermittlung der Zielgruppe mit den entsprechenden Anforderungen, wie zum Beispiel gute Animationen mit entsprechender Performance, nimmt große Bedeutung für die spätere Vermarktung des Spiels ein. Die Forderung der Spieler nach immer realistischerer Darstellung der 3D-Welten und Charaktere spornt Softwareentwickler genauso wie Designer zu Höchstleistungen an.

Grafik: 3D-Spiel in der Entwurfsphase ist „handmade"

15.2
Verfahren zur Qualitätssicherung

Einhaltung von Verfahren notwendig

Besonders wichtig im Rahmen der Qualitätssicherung sind die enge Zusammenarbeit aller Abteilungen und die Einhaltung bestimmter von allen festgelegten und verabschiedeten Verfahren. Das Production Management übernimmt dabei die Planung und legt den zeitlichen Ablauf fest.

Einsatz von QS-Methoden

In Absprache mit dem Production Management und den Abteilungen Entwicklung, Produktion und Qualitätssicherung wird der Einsatz der Qualitätssicherungs-Methoden bestimmt. Innerhalb dieser gibt es spezielle Methoden zur Sicherung der Qualität.

15.2.1
Change Control

Am Anfang des Projekts werden detaillierte Anforderungen an jeden Teilbereich der Software und Produktion erarbeitet, aus denen anschließend Spezifikationen hervorgehen. Dabei ist es auch Aufgabe der Qualitätssicherung zu überprüfen, ob diese Anforderungen erfüllt werden.

Dokumente mit detaillierten Anforderungen

Diese Spezifikationen werden, sobald die Dokumente eine stabile Basis (baseline) erreicht haben, in einer Besprechung von allen Beteiligten unter Change Control gestellt, das heißt, jede Änderung an einem dieser Dokumente muß beantragt werden. Geht ein Änderungsvorschlag ein, wird geprüft, ob die Änderung sinnvoll ist, welche Auswirkungen diese Änderung auf den weiteren Projektverlauf hat und ob der Zeitplan dadurch beeinträchtigt wird. Dazu wird ein Gremium aus den betroffenen Abteilungsleitern einberufen, welches entscheidet, ob diese Änderung umgesetzt oder verworfen wird.

Beantragung von Änderungen notwendig

Ein großer Vorteil dieses Vorgehens ist, daß es ein verbindliches Dokument als Grundlage für alle weiteren Arbeiten gibt. Mißverständnisse aufgrund unterschiedlicher Informationsgrundlagen können so ausgeschlossen werden. Werden Änderungen übernommen, gilt es diese im Dokument hervorzuheben. Dadurch kann man im nachhinein die Entwicklungsstadien des Projekts nachvollziehen und für alle transparent machen.

wichtig sind verbindliche Dokumente

Grafik: Dokumentenmanagement bei Änderungsvorschlägen

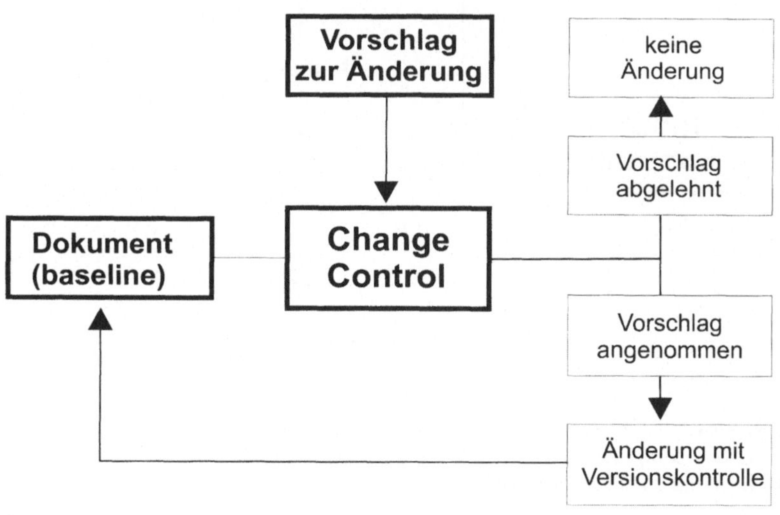

Änderungsvorschläge werden in jedem Fall dokumentiert sowie das Ergebnis der Diskussion mit Begründung festgehalten.

15.2.2
Risikomanagement

Als Risikomanagement bezeichnen wir dabei den Prozeß von der Risikoerforschung bis zur Überwachung getroffener Gegenmaßnahmen. McConnell schreibt dazu: „The job of software risk management is to identify, address and eliminate sources of risk before they become threats to successful completion of a software project."

Grafik: Prozeß des Risikomanagements

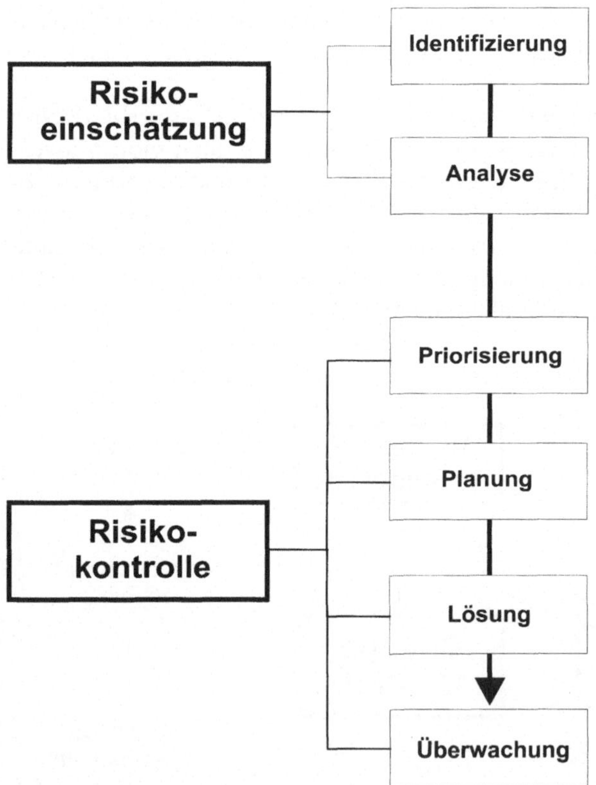

Das Risikomanagement stellt einen Schwerpunkt im Rahmen der Qualitätssicherung von Computerspielen dar. Man versucht dabei Risiken möglichst früh zu erkennen und unter Kontrolle zu bringen.

15.2.2.1
Risikoeinschätzung und schriftliche Erfassung

Sobald ein Risiko erkannt wurde, wird es schriftlich erfaßt und anschließend an den Risikoverantwortlichen der jeweiligen Abteilung weitergeleitet.

Erfassung und Weiterleitung

Während der Analyse wird festgelegt in wessen Verantwortungsbereich das Risiko angesiedelt ist. Diese Person oder Abteilung ist dann für die Entwicklung von Lösungsmöglichkeiten verantwortlich. Danach wird erfaßt, welche Auswirkungen das Risiko bei Eintritt haben kann.

Verantwortungsbereich bestimmen

15.2.2.2
Risikokontrolle und Auswirkungen

Die Priorisierung erfolgt nach der Eintrittswahrscheinlichkeit und den geschätzten Auswirkungen (zeitlich und qualitativ) auf den weiteren Projektverlauf. Dabei werden alle beteiligt, die inhaltlich für das Risiko verantwortlich oder davon betroffen sind. Das Risikomanagement konzentriert sich zunächst auf Risiken mit hoher Eintrittswahrscheinlichkeit.

Priorisierung

Während der Planungsphase wird ein Risikomanagementplan entwickelt, der alle Informationen zu jedem signifikanten Risiko enthält. Dabei wird gewährleistet, daß die Planung der Risiken konsistent ist.

RisikoManagementplan

Als nächstes müssen die erarbeiteten Lösungen für jedes Risiko umgesetzt werden. Möglichkeiten können beispielsweise Vermeidung durch Alternativen, Verlagerung auf andere Bereiche, füllen von Informationslücken und die Eliminierung der Ursachen des Risikos sein.

Während der Überwachungsphase wird erfaßt, ob die Beseitigung des Risikos auch wirklich stattfindet. Wenn die vorangegangenen Schritte wirksam waren, dient die Überwachung nur zur Sicherstellung der Risikovermeidung.

15.2.3
Verfahren innerhalb der Entwicklung

Unsere Entwicklungsabteilung deckt selbständig weite Teile der Qualitätssicherung ab. Jede Zeile geschriebener Quellcode wird nochmals von einem anderen Entwickler durchgelesen und verbessert. Das kostet zwar viel Ressourcen, entspricht aber dem Grund-

jeder vermiedene Fehler spart Kosten!

satz, daß jeder vermiedene Fehler hilft, Kosten zu sparen, da die spätere Behebung um ein Vielfaches kostenintensiver ist.

Um das Look&Feel der Benutzeroberfläche früh ermitteln zu können, wird ein Prototyp ohne Funktionalität erstellt, der einen ersten Eindruck vermitteln soll und anschließend nicht mehr benutzt wird.

Screenshot: Ausschnitt aus „The Real Neverending Story"

Weiterhin werden während der Entwicklung Tests gefahren, die der Erkennung von Defekten dienen. Die Lösung der Fehler wird mit einem speziellen Defektaufzeichnungsprogramm dokumentiert (siehe Verfahren zur Qualitätskontrolle).

Der Einsatz eines Versionskontrollprogramms ist für alle Mitglieder unseres Entwicklungsteams Pflicht. Damit werden automatisch Backups angelegt und Versionskontrollen durchgeführt.

15.2.4
Verfahren innerhalb der Produktion

Die Qualitätssicherung innerhalb der Produktion ist schwieriger, da meist auch von subjektiver Beurteilung abhängig. So kann die Logik und der Witz des Drehbuchs am besten durch Durchlesen und Vorstellungskraft getestet werden. Ein Hilfsmittel dazu ist das

Rollenspiel. Dabei können Logikfehler oder Inkonsistenzen innerhalb der Story entdeckt werden. Weiterhin besteht für das Drehbuch ein spezielles Abnahmeverfahren. Dazu werden alle Komponenten von unserem Creative Director geprüft, bis sie der gewünschten Qualität entsprechen.

15.2.5
Verfahren der Qualitätskontrolle

Das Verfahren zur Qualitätskontrolle ist das Testing. Jede fertiggestellte Softwarekomponente wird getestet. Der Tester verwendet dazu die entsprechenden Anforderungen und Spezifikationen. Jeder gefundene Fehler wird in einem Defektaufzeichnungsprogramm eingetragen, in dem genau beschrieben und erfaßt wird, wie und von wem er gefunden wurde, welche Priorität er hat und wer sich um seine Behebung kümmert.

Testing aller fertigen Komponenten

In regelmäßigen Abständen wird die Fehlerdatenbank kontrolliert. Sobald mehrere Fehler zu einem Thema gefunden wurden, werden diese nach ihrer Priorität sortiert. Die Aufsicht darüber haben die jeweiligen Abteilungsleiter. Dadurch soll gewährleistet werden, daß subjektiv hoch bewertete Fehler, die aber für den weiteren Projektverlauf unerheblicher sind, nicht vor objektiv relevanteren Fehlern behoben werden. Nach der Priorisierung kann mit der Fehlerbehebung begonnen werden.

Fehlerdatenbank

Im Anschluß an die Fehlerbehebung überprüft der gleiche Tester, der den Fehler gefunden hat, ob alles in seinem Sinne gelöst worden ist. Diese Maßnahme dient dazu, mißverständliche Fehlereinträge und nicht gelöste Fehler aufzudecken. Die Zahl der aktiven Fehler nimmt gegen Projektende gegenüber den behobenen ab, bis am Ende des Projektes im günstigsten Fall alle Fehler gelöst sind.

Prüfung der Fehlerlösung

Eine weitere Aufgabe der Qualitätskontrolle liegt in der statistischen Auswertung der Fehlermeldungen. Anhand der Zahl der eingegebenen Fehler in Relation zu den behobenen kann man den Stand des Projekts ablesen.

statistische Auswertung

Die Fehlerdatenbank dient zudem als Indikator für die Marktfähigkeit des Spiels. Erst wenn keine Fehler mehr mit einer hohen Priorität enthalten sind, kann das Spiel zur Veröffentlichung freigegeben werden.

Indikator für Marktfähigkeit

15.3
Fazit

Die Methoden der Qualitätssicherung bei anspruchsvollen 3D-Computerspielen sind sehr stark durch Change Control, Risikomanagement und Qualitätskontrolle geprägt. Die Vorgehensweise der Qualitätssicherung ähnelt in vieler Hinsicht dem Vorgehen bei anderen Softwareprojekten. Besonders die qualitativen Anforderungen der Kunden an ein Spiel sind in weiten Teilen identisch mit den Erwartungen an andere Software.

Dennoch ist es für uns nicht ausreichend, solide Spiele auf den Markt zu bringen. Unser Ziel besteht vielmehr darin, Spiele zu produzieren, die auch durch Spielspaß und Kreativität bestechen. Um das zu erreichen, ziehen wir alle Register der audiovisuellen Möglichkeiten. Der Spieler soll sich durch eine bisher einmalige 3D-Welt bewegen, deren Charakter noch durch entsprechende Soundeffekte unterstrichen wird.

Literatur zu Kapitel 15

[15.1]   Steve McConnell: Rapid Development, Redmond/Washington, 1996, Microsoft Press.

16 Förderung der Kundenbeziehung durch qualifizierte Betreuung

Tanja Wallrabenstein und Thomas Rosenstiel, Medialab Informationsdesign

16.1
Einleitung

Eine langfristige gut funktionierende Beziehung zu einer Agentur wird in Zukunft für Multimedia-Kunden wettbewerbsentscheidend sein. Das heißt mit anderen Worten: Ein Unternehmen mit einer langfristigen Beziehung zu einer Agentur hat Vorteile gegenüber den Wettbewerbern.

Wettbewerbsvorteile des Kunden bei einer langfristigen Beziehung

Daß eine *Agentur* Vorteile von langfristigen Kundenbeziehungen hat, ist naheliegend. Wie in jeder Branche ist auch im Agenturengeschäft die Akquise neuer Kunden zeit- und kostenintensiv, Gewinne sind meist erst mit den Folgeprojekten zu erzielen. Warum aber gilt das auch umgekehrt? Warum profitiert auch das Unternehmen von einer langfristigen Beziehung? Beziehungsweise: Wie kann eine Beziehung aussehen, damit der Kunde Vorteile – und das heißt finanzielle und Wettbewerbsvorteile – davon hat?

16.2
Vom Projekt zur Betreuung

Unsere These und unsere Überlegungen beziehen sich auf das Internet bzw. auf Online-Medien. Bislang war Multimedia vorrangig projektbezogen; CD-ROMs, Kiosksysteme und in den Anfangszeiten auch Web-Sites hatten in der Regel einen definierten Projekterstellungszeitraum. Wer heute allerdings das Internet erfolgreich als Marketing- oder Vertriebsinstrument einsetzen will, muß ständig aktiv sein. Das Internet ist zum überall verfügbaren Interface zu allen digitalisierten Prozessen geworden. Was bedeutet das?

das Internet fordert ständige Aktivität

- So gut wie jeder Bereich einer Unternehmung kann prinzipiell im Internet zur Verfügung gestellt werden: Produktangebot, Verkauf, interne Kommunikation, Dialog, Logistik, Bestellung usw. Das Internet beherbergt digitale Niederlassungen oder Versionen von Firmen, Shops, Verlagen oder Institutionen.

- Täglich werden neue Möglichkeiten geschaffen, um Benutzern direkten Zugang zu diesen Prozessen, Daten und Angeboten zu verschaffen.

- Das Internet wird zum parallelen Marktplatz. Wer es versteht, die Potentiale der digitalen Welt zu nutzen, um seinen Kunden nutzbringende Möglichkeiten zu eröffnen, gewinnt Anteile in diesem Markt. Online-Kompetenz oder Inkompetenz eines Unternehmens hat aber auch Auswirkungen auf seine Stellung im konventionellen Markt. Der bessere Online-Service eines Mitbewerbers kann den Kaufentscheid des Kunden beeinflussen. Darüber hinaus geht das Wachstum der Online-Märkte in vielen Bereichen zu lasten des konventionellen Marktes.

Das Internet wird damit zur kritischen Mission für jedes Unternehmen. Es ist absehbar, daß in Zukunft viele Unternehmen das Know-How für den Online-Markt intern aufbauen. Heute ist dieses Know-How intern oftmals noch nicht oder wenig vorhanden. Die Agentur, die den Internetauftritt konzipiert und betreut, hat damit heute in gewissem Maße unternehmerische Aufgaben zu erfüllen. Die Notwendigkeit dieser Leistungen ist nicht auf einen bestimmten Zeitraum beschränkt – vielmehr erfordert das Internet ständige Aktivität und Kontrolle; ob als Kommunikationsmedium, Vertriebskanal oder eigenständiges Produkt. In diesem Sinne kann die Qualität einer langfristigen Beziehung zu einer Agentur in Zukunft für ein Unternehmen wettbewerbsentscheidend sein.

16.2.1
Investition und Return:
Von Nehmen-Nehmen zu Geben-Geben

Beziehungen zwischen Kunden und Agenturen sind einzigartig und lassen sich nur bedingt mit den vorhandenen ISO-Normen beschreiben. Aber sie durchlaufen charakteristische Phasen. Und sie gewinnen dabei mit wachsendem Alter an Wert – potentiell zumindest.

Phase 1: Kennenlernen

- gegenseitiges Know-How
- Kennenlernen / Positionierung
- Einarbeiten, Routine entwickeln etc.
- Aufbauen einer gemeinsamen Infrastruktur
- Vertrauen schaffen
- Entwicklung von Zielen / Strategien

Phase 2: Projektarbeit

- Realisierung von Projekten
- Controlling
- Korrekturen
- „Lessons learned"

Phase 3: Effiziente Betreuung

- Verinnerlichung / Identifikation
- Stärken / Schwächen sind bekannt
- Ziele / Strategien sind bekannt
- Die Agentur denkt mit
- Infrastruktur und Organisation steht
- automatisierte Abläufe
- Optimierung möglich
- Effizienzsteigerung
- Win-Win-Situation

Die erste Phase ist geprägt vom gegenseitigen Unwissen. Welche Rolle spielen die Beteiligten? Wer hat was zu entscheiden? Beide Parteien müssen investieren: Das Unternehmen muß die Agentur, die Agentur muß das Unternehmen kennenlernen und sich mit den Produkten und ggf. der bereits vorhandenen Web-Site vertraut machen, die Designer müssen sich in das Corporate Design einarbeiten, der Auftraggeber wiederum muß die Agentur mit Informationen und Materialien versorgen etc.

Kennenlernen in der ersten Phase

- Die erste Phase ist besonders kritisch, da Mißverständnisse aus Unkenntnis nicht ausbleiben!

Die zweite Phase wird zur ersten wirklichen Bewährungsprobe zwischen den Parteien. Hier zeigt sich, welche Qualitäten sowohl Agentur als auch Unternehmen haben, und wie gut das Zusammenspiel beider Parteien funktioniert. Der Erfolg der gemeinsamen Projekte läßt sich anhand der ersten Ergebnisse beurteilen – insbesondere dann, wenn eingangs Ziele formuliert wurden. Fehlerhafte Prozesse werden entsprechend korrigiert. Die beiden ersten Phasen sind als Investition beider Seiten anzusehen.

In Phase 3 wird die Beziehung nach und nach vertieft. Hier beginnt der effiziente Teil der Beziehung. Die beteiligten Personen sind aufeinander abgestimmt, Infrastrukturen sind installiert. In dieser Phase profitieren beide Parteien vom Know-How des anderen und vom gemeinsam aufgebauten Know-How.

- Ein Ziel einer guten Betreuung sollte sein, die ersten Phasen möglichst kurz zu halten.

Die Relevanz der Beziehungsqualität zwischen Agentur und Auftraggeber läßt sich leicht erklären. Eine Web-Site zum Beispiel kann zigtausende von Seiten beinhalten, zusätzlich ein E-Commerce-System, ein Content-Management-System, darüber hinaus Procedere für Web-Tracking sowie Werbe- und Mediaplanung. Inhaltlich betroffen sind dabei im Extremfall alle Unternehmensbereiche vom Einkauf bis zum Vertrieb. Um all diese Aufgaben für den Kunden transparent und mit kontinuierlicher Qualität lösen zu können, bedarf es uneingeschränkter Teamarbeit zwischen Agentur und den verschiedensten Stellen des Auftraggebers.

- Ein Agenturwechsel wird angesichts dieser Komplexität zur Sollbruchstelle. Er verursacht – potentiell – eine Krise.

Selbst wenn auf Standardisierung und eine sorgfältige Dokumentation geachtet wurde, braucht eine neue Agentur Zeit, um sich in Programmierung, Systematik, Arbeitsabläufe und Inhalte einzuarbeiten. Im schlimmsten Fall – und oft ist das so – sind Programmierung und Technologien kaum noch nachvollziehbar. Eine Neue-Medien-Agentur ist hier nicht mit einer Werbeagentur vergleichbar. Werbung wird – überspitzt ausgedrückt – geschaltet oder nicht. Eine Web-Site ist immer präsent.

Unternehmen und Agenturen werden vor diesem Hintergrund langfristige Beziehungen anstreben. Hierfür allerdings werden Maßnahmen zur permanenten Qualitätsbeurteilung und -sicherung zentral. Für die Agentur ergibt sich daraus die Notwendigkeit, transparente Grundlagen für die erfolgreiche, effiziente und dauerhafte Beziehung zum Kunden zu schaffen. Dies hilft wiederum dem Auftraggeber, die Risiken durch einen Agenturwechsel von vornherein zu minimieren.

16.2.2
Fazit

Die Kernkompetenz von Neue-Medien-Agenturen definiert sich neu. Nicht die Erstellung von Multimedia-Produkten steht im Vordergrund, sondern die Unterstützung und Beratung des Unternehmens bei seinen Online-Aktivitäten. Für Unternehmen wird aus diesen Gründen immer wichtiger, eine Agentur hinsichtlich seiner Betreuungsleistungen beurteilen zu können. Hier sind Definitionen und Instrumente im Sinne einer Qualitätssicherung hilfreich.

16.2.3
Was heißt in diesem Zusammenhang Qualität?

Übergeordnetes Ziel bei der langfristigen Betreuung ist sicherlich die Zufriedenheit des Kunden und vor allem deren Kunden. Abgesehen von diesem pauschalen Kriterium ist die Qualität einer Agentur- Auftraggeber-Beziehung allerdings nur schwer meßbar.

Meßbarkeit ist aber für die Qualitätssicherung entscheidend. Wann fängt „Betreuung" überhaupt an? Welche Leistungen kann man von einer „Full-Service-Agentur" erwarten? Wann ist die Betreuung erfolgreich? Wie also definiert man Ziele, Leistungs- und Erfolgsmerkmale? Was ist ihr Ergebnis? Zum Vergleich: Bei der Produktion einer CD-ROM lassen sich Ziele noch relativ leicht vorgeben: Die CD muß bei definierter Hard- und Software-Konfiguration fehlerfrei und performant laufen, die im Briefing festgelegten Ansprüche und Merkmale müssen erfüllt sein, der vorgegebene Zeitrahmen muß eingehalten sein.

Wie sieht das hingegen bei der langfristigen Betreuung aus? Wenn die Leistung seitens der Agentur wie vorher dargestellt auch oder vor allem proaktiv ist, d.h. wenn die Agentur beratend tätig ist und Vorschläge einbringen soll, lassen sich Ziele nur schwer definieren. Oder die Ziele beziehen sich nicht auf die Erstellung eines bestimmten Produktes – beispielsweise eine Web-Site mit x Seiten, einer Email-Funktion etc., sondern auf unternehmensbezogene Ziele – beispielsweise die Steigerung des Absatzes online innerhalb eines bestimmten Zeitraumes. Ist die Agentur allerdings tatsächlich beratend tätig, hat sie die Aufgabe, solche Ziele zusammen mit dem Kunden überhaupt zu formulieren.

Qualitätssicherung bedient sich immer des Mittels, Leistungs-Parameter sichtbar und damit meßbar zu machen. Wir versuchen also im Folgenden, die Parameter von Betreuungsleistungen – oder besser: Agentur / Auftraggeber – Beziehungen zu definieren und schlagen mögliche Instrumente für deren Einhaltung vor.

16.2.4
Was sind die Ziele der Qualitätssicherung einer Kundenbetreuung?

Wichtigstes Ziel ist es, dem Kunden eine Beurteilungsmöglichkeit zu schaffen. Dies insbesondere deshalb, weil die Leistungen verschiedener Agenturen sehr unterschiedlich sind. Ein Kundenunternehmen muß bereits bei der Auswahl einer Agentur sicher beurteilen können, ob seine Bedürfnisse auch auf lange Sicht zumindest potentiell abgedeckt werden. Über einige Dinge muß sich ein Unternehmen auch ohne eine längere Untersuchung oder gar eine Zusammenarbeit informieren können.

Notwendig sind Beurteilungskriterien für:

- die Kernkompetenzen der Agentur (Know-How in den wesentlichen Bereichen, beispielsweise Beratung, Programmierung/Technologie, Design),

- die vorhandenen kundenbezogenen, speziellen Leistungen (branchenspezifisches Know-How, Erfahrungen im relevanten Anwendungs-Bereich, beispielsweise Konsumgüter-Marketing, B-to-B-Anwendungen, Direktmarketing),

- die Potentiale und Maßnahmen zur Entwicklung des erforderlichen Know-Hows.

Eine Agentur ist unter Umständen für die Entwicklung eines Unternehmens im Online-Markt mitverantwortlich. Eine solche Verantwortung begründet niemand gerne auf gutem Willen und warmen Worten. Natürlich ist das Gefühl, „gut aufgehoben" zu sein, fundamental. Einige meßbare, im voraus definierte Kriterien

und Leistungspunkte helfen aber sicherlich beiden Seiten bei der
täglichen Arbeit. Beispielsweise sollte der Kunde wissen, in welcher
Weise die Agentur in seiner Sache „forschend" und „entwickelnd"
aktiv ist, insbesondere in den Phasen, in denen es nicht um die
Umsetzung konkreter Projekte geht.

Vertrauen entsteht letztlich nur dann, wenn jederzeit nachvollziehbar ist, welche Leistungen wann und zu welchem Preis erbracht
werden. Oft liegen langfristigen Betreuungsverhältnissen Rahmen-
verträge mit pauschalen Betreuungssätzen (beispielsweise monat-
lich) zugrunde. In diesem Fall ist es für den Kunden wünschenswert, sich bei Bedarf, d.h. im besten Falle jederzeit, einen Überblick
über die Tätigkeiten, die geleisteten Arbeitsstunden und die Ergebnisse verschaffen zu können. Auch eine Aufschlüsselung der eingesetzten Ressourcen und Arbeitsstunden bei konkreten Projekten ist
oft notwendig.

16.3
Instrumente

Um eine vernünftige und proaktive Unterstützung zur Lösung der
Probleme des Auftraggebers leisten zu können, benötigt eine
Agentur Know-How und Fähigkeiten in verschiedensten Berei-
chen:

Agenturnahe Leistungen wie Programmierung, Information-
stechnologien, Design, Konzeption, Projektmanagement, Marke-
tingkompetenz rund um den Marktplatz der „Digitalen Netze".
Darüber hinaus aber auch tiefgreifendes Verständnis von allen
Prozessen des Unternehmens und des Marktes, z.B. Vertrieb, Marketing, strategische Unternehmensplanung, interne Organisations-
strukturen etc. Dieses Know-How liegt zwangsläufig zunächst beim
Kunden.

16.3.1
Branchenkompetenz

Je nach Größe einer Agentur und Bearbeitungstiefe einer Branche
wird deutlich, daß eine Agentur nicht sinnvoll beliebig viele Branchen bearbeiten kann – wenigstens nicht unter den hier ange-
strebten qualitativen Gesichtspunkten. Erste Maßnahme zur Sicherung der Branchenkompetenz kann daher sein, sich in angemessenem Rahmen und planvoll zu diversifizieren bzw. klare Zuständigkeiten in den betreuenden Ressourcen zuzuteilen. Die verantwortlichen Berater und Projektmanager werden nur dann sinnvolle

und weitsichtige Entwicklungen forcieren können, wenn sie über ein tiefgreifendes Verständnis für die spezielle Branche, die Produkte, das Vertriebssystem und die Zielgruppen verfügen. Immer mehr bilden sich im Internet auch Unterschiede verschiedener Marketing-Formen heraus; Konsumgütermarketing erfordert auch online andere Maßnahmen als Investitionsgütermarketing, im B-to-B-Bereich sind andere Schwerpunkte zu setzen als im B-to-C-Bereich etc. Je umfassender sich das Internet als paralleler Marktplatz etabliert, desto differenzierter müssen die Marketingmaßnahmen werden. Vor diesem Hintergrund bleibt die Diskussion um „Generalisten" versus „Spezialisten" sicherlich spannend.

Multimedia-Agenturen sind Know-How-Unternehmen; die Qualität ihrer Leistungen hängt damit in hohem Maße von den Mitarbeitern ab.

Je nach Volumen des Accounts bzw. des Branchenzweiges ist der Einkauf von Branchenkenntnis über spezialisierte Mitarbeiter empfehlenswert. Noch sind Profis wie „Online-Banker", „Online-Handelsspezialisten", „Online-Pädagogen" allerdings spärlich gesät.

Die Branchenkompetenz der Mitarbeiter sollte ständig aktualisiert und vertieft werden. Die Teilnahme an relevanten Vertriebs- oder Produktschulungen ist beispielsweise eine Möglichkeit für den Auftraggeber, um den Schlüsselpersonen des Projektteams Einsichten in das Unternehmen zu geben. Ziel ist hier auch eine möglichst hohe Identifikation mit dem Kunden. Führungen durchs Unternehmen, die Integration in interne Verteiler oder gar das zeitweise Arbeiten auf der „anderen Seite" sind weitere Maßnahmen die zur Vertiefung der Branchenkompetenz beitragen. Sicher sind die Möglichkeiten hier von Unternehmen zu Unternehmen unterschiedlich.

Von seiten der Agentur ist natürlich das Abonnement branchenrelevanter Fachzeitschriften und entsprechender Markt-Analysen ein „must". Darüber hinaus sind Marktforschungsaktivitäten prinzipiell keine Grenzen gesetzt. Idealerweise profitieren Agentur und Kunde gegenseitig von Ergebnissen und Informationen. Ein vergleichsweise einfaches Mittel für das Agenturteam ist es, die Produkte und Dienstleistungen des Auftraggebers so weit wie möglich selbst zu benutzen.

Das Erlangen und der Erhalt der Branchenkompetenz ist ein kommunikativer Prozeß, der Offenheit und Vertrauen von beiden Seiten verlangt. Die Qualität der Beziehung zwischen den Parteien äußert sich darin, wie Erfahrungen und Erkenntnisse in beiden Richtungen fließen. Eine Beziehung gewinnt an Qualität, wenn Agenturen und Unternehmen gleichermaßen bereit sind, Informationen proaktiv weiterzugeben und einzuholen. Jeder der beiden Partner konzentriert sich auf seine Stärken und versucht diese weitestgehend in die Beziehung mit einzubringen.

Das Verhältnis von Geben und Nehmen wird vielleicht in den Begriffen „Pull- und Push-Instrumente" deutlich: Ein einfaches Beispiel für ein Push-Instrument ist ein Newsletter – digital oder Print.

Menge und Art der ausgetauschten Informationen zwischen den Parteien, bzw. der Instrumente, die hierfür angeboten werden, können Indikatoren für die Betreuungsleistungen einer Agentur sein.

Teil der Qualität ist allerdings auch, das richtige Maß bzgl. der Vertraulichkeit und der Menge der Informationen zu finden.

Aus der konsequenten Planung und Umsetzung derartiger Maßnahmen entsteht Betreuungsqualität. Allerdings tun sich Auftraggeber erfahrungsgemäß manchmal schwer, derartige Maßnahmen – die normalerweise Geld kosten – auch als geldwerte Leistung der Agentur zu sehen.

Die Vorteile für den Auftraggeber wie auch für die Agentur liegen auf der Hand. Das Verständnis für den Kunden findet langfristig auf einem wesentlich höheren Niveau statt, Mißverständnisse werden vermieden, proaktives Handeln im Sinne des Auftraggebers wird erst durch eine fundierte Kenntnis des Branchenumfeldes ermöglicht. Die inhaltliche Qualität der Zusammenarbeit steigt. Nicht zuletzt erreichen wir so unser Ziel, die Beziehungsphasen der Annäherung und der ersten Umsetzung kurz zu halten und möglichst schnell zur effizienten Betreuung zu kommen.

Ein zentraler Aspekt, der durch die hier angesprochenen Maßnahmen leider nicht abgedeckt werden kann, ist die Begeisterung für den Kunden und dessen Produkt. Die wird sich allerdings auch weiterhin allen Standardisierungsanstrengungen entziehen.

16.3.2
Fachliche Qualität

Die fachliche Qualität betrifft die Kernkompetenzen der Agentur: Online-Marketing, Programmierung/Technologie, Design, Branchenkenntnis „Online". Das jeder Dienstleister bestrebt sein wird, auf der Höhe der fachlichen Möglichkeiten zu sein, ist selbstverständlich. Wie man das erreicht, steht in anderen Büchern. Wichtiger in unserem Kontext sind die Beurteilung und die Kommunikation des fachbezogenen Know-Hows.

Fachliche Kompetenz muß natürlich von jedem Dienstleister täglich demonstriert werden und ist letztlich am Ergebnis ablesbar. Referenzen sind sicher ein verläßliches aber manchmal unzureichendes Kriterium. Darüber hinaus hat sicher jedes Unternehmen den berechtigten Wunsch, vor Auftragsvergabe ein bißchen genauer beurteilen zu können, was die Agentur tatsächlich kann. Je weniger Verständnis der Kunde selbst von der Materie hat, desto dringlicher ist dieser Wunsch zumeist. Die Agentur ist somit gefordert, ihre Fähigkeiten verständlich und zutreffend zu beschreiben. Ein Zertifizierungsverfahren ist hier sicherlich hilfreich.

Ebenso wichtig ist aber die Vermittlung des relevanten fachbezogenen Know-Hows *während* der Betreuung, bei Bedarf also regelmäßig und über längere Zeiträume. Dies ist vor allem ein kommunikativer Aspekt. Viele Kunden erwarten von ihrer Agentur, auf dem laufenden gehalten zu werden bezüglich der wesentlichen Trends der Online-Medien. Dies ist auch unbedingt empfehlenswert, wenn die Agentur tatsächlich als externe „Task Force" für die digitale Welt fungiert. Richtige und wichtige Entscheidungen können von dem Unternehmen nur dann getroffen, werden, wenn die Entscheidungsträger hinreichend informiert sind.

Mögliche Kommunikationsmittel sind Newsletter oder Mailinglisten mit News und Links bis hin zu eigens erstellten redaktionellen Beiträgen, darüber hinaus zyklische Meetings oder Referate. Wichtig bei all diesen Instrumenten ist, daß die Kommunikation nachvollziehbar ist, also in irgendeiner Form gespeichert wird und abrufbar ist. Dadurch entsteht zum einen ein wertvolles Know-How-Archiv, das insbesondere auch bei personellen Veränderungen auf beiden Seiten von Vorteil ist. Vor allem aber wird die geleistete Arbeit für beide Seiten meßbar. Die so entstehende Transparenz ist sicher ein qualitatives Merkmal für die Beziehung.

Analog zur Produkt/Unternehmensschulung ist weiterhin denkbar, daß Mitarbeiter des Unternehmens bei der Agentur geschult oder sogar ausgebildet werden. Dies kann bis zum gemeinsamen Aufbau der unternehmens-internen Online-Abteilung gehen. Ziel ist immer, die größtmögliche Effizienz durch beste Kenntnis der gegenseitigen Abläufe zu erreichen.

In welchem Ausmaß und mit welchen Instrumenten der Auftraggeber in den Know-How-Prozeß der Agentur eingebunden wird, hängt von den Vorlieben und oft auch der technischen Ausstattung beider Parteien ab. Beides sollte zu Beginn des Betreuungsverhältnisses durchdacht und beispielsweise in einem Rahmenvertrag festgelegt werden.

Der Nutzen dieser Maßnahmen ist die Bildung einer gemeinsamen Kommunikationsbasis, die dazu beiträgt, möglichst schnell die effiziente und profitable Phase in der Betreuung zu erreichen.

Im Zentrum all dieser Bemühungen steht die Schnittmenge zwischen Fachkompetenz und Branchenkompetenz: Welche Technologien, Marketingmodelle, Designtrends entstehen im Online-Geschäft *in bezug auf eine bestimmte Branche*? Wenn es Agentur und Unternehmen gelingt, eine Struktur aufzubauen, die zur Beantwortung dieser Frage beiträgt, ist ein wichtiger Schritt für den Erfolg der Online-Aktivitäten getan.

16.3.3
Organisatorische Qualität

Es gibt eine ganze Reihe standardisierter Instrumente, die in der Projektarbeit eingesetzt werden. Protokolle, Agenden, ToDo-Verwaltungen, Abnahmeprotokolle und ähnliches. Da solche Instrumente aber in allen Branchen benutzt werden und als Standard angesehen werden können, werden wir hier nicht gesondert darauf eingehen. Wie kann aber eine Struktur aussehen, die darüber hinausgehend auf die Anforderungen von langfristigen Multimedia-Projekten zugeschnitten ist und die Qualität der Betreuung fördert?

Organisatorische Qualität entscheidet darüber, ob und wie die beiden oben beschriebenen Qualitäten – Branchenkompetenz und fachliche Kompetenz – organisatorisch zusammengehalten werden. Die zentralen Zielgrößen für eine solche organisatorische Struktur sind Transparenz und Effizienz.

Je stärker eine Multimedia-Agentur in die unternehmensstrategischen Entscheidungen bzgl. der digitalen Medien Einfluß nimmt, desto mehr muß sie integriert sein. Wiederum ist das Internet nicht mit anderen Medien vergleichbar. Es ist längst kein reines Kommunikationsmedium mehr, und daher sind die Anforderungen an die Integration einer Multimedia-Agentur viel höher als beispielsweise bei einer Werbeagentur. Internet-Aktivitäten werden längst nicht mehr von einzelnen Personen eines Unternehmens gesteuert. Meist sind ganze Abteilungen verantwortlich, häufig sind zusätzlich Fachabteilungen verschiedener Länder involviert, vermehrt kommen Partnerfirmen – beispielsweise bei Content-Kooperationen – hinzu, oft findet ein Austausch mit der Werbe-, PR-, oder Direktmarketing-Agentur statt etc.

Es müssen ein ständiger Austausch und eine möglichst große Transparenz gewährleistet sein. Allerdings müssen die Prozesse sehr genau steuerbar sein. Das Unternehmen muß festlegen können, wer wann Zugang zu welcher Information hat. Die Online-

Nutzen

Einsatz von Tools

Wissen, was läuft

Integration und Kooperation

Redaktion eines Unternehmens steht beispielsweise in anderem Kontakt zu der Agentur als der Marketingchef.

Wie kann man erreichen, daß die Flut an Informationen und Daten mit denkbar geringen Streuverlusten individuell aufbereitet zur rechten Zeit an den richtigen Ort gelenkt wird? Ein schöner Vorteil von Multimedia-Agenturen ist, daß sie das Know-How, aus dem ihr Geschäft besteht, einsetzen können, um dieses Problem zu lösen! Im Grunde stellen sich hier ja sehr verwandte Anforderungen wie an ein Intranet bzw. Extranet. Ein Ansatzpunkt wäre, eine Plattform zu errichten, über die folgendes abrufbar ist bzw. gesteuert wird:

- Inhalte (Fachkompetenz / Branchenkompetenz),
- Strategien,
- Feedback, Effekte, Analysen,
- Budget und Kosten,
- Einzel-Projekte (z.B. Projektpläne, Status, Historie),
- Projektmanagement (z.B. Team, ToDos, Bearbeitungszeiten).

Ein solches „NeedNet" wäre der „Missing Link" zwischen Unternehmen und Agentur; ein hoch-personalisierbares Extranet, das sehr zielgerichtet, sehr inhaltsbezogen und sehr flexibel ist und von beiden Seiten gespeist wird, eine Plattform also, die zwischen Unternehmen und Agentur errichtet wird, die schlank und focussiert auf die Bedürfnisse, die Needs dieser speziellen Beziehung ausgerichtet ist.

Um die Vorteile, die durch die Langfristigkeit der Beziehung entstehen, tatsächlich zu nutzen, muß eine gewisse Konsistenz gewährleistet sein. Jedes „Betreuungsloch" birgt dieselben Risiken wie ein Agenturwechsel. Hier ist vor allem die Agentur angehalten, entsprechende Vorsichtsmaßnahmen zu treffen. Generell sollte angestrebt werden, ein möglichst konstantes Team zur Verfügung zu stellen, insbesondere bezüglich der zentralen Posten Projektleitung, strategische Beratung, Art Direktion und technische Leitung. Dennoch müssen Agentur und Unternehmen jederzeit für einen Mitarbeiter-Wechsel gewappnet sein (zuweilen reicht auch schon ein längerer Urlaub, um größere Katastrophen auszulösen). Unerläßlich sind beispielsweise Dokumentationen – technische, konzeptionelle, ggf. Design-Guidelines.

16.3.4
Geben-Nehmen-Vertrag

Wichtiges Kernstück für ein langfristiges Betreuungsverhältnis ist
ein Rahmenvertrag, in dem das „Geben und Nehmen" sowie der
rechtliche Rahmen definiert sind. Ein solcher Vertrag setzt voraus,
daß beide Parteien zu Beginn ihrer Zusammenarbeit die wichtigen
Ziele festlegen und sich über die erwarteten Leistungen und die
einzusetzenden Mittel klar werden. Je genauer diese Dinge festgelegt werden, desto weniger Unmut ist später zu befürchten. Daher
sollte der Rahmenvertrag als Ergebnis einer ersten Zusammenarbeit angesehen werden.

Rahmenvertrag

Inhaltliche Punkte, die in einem Rahmenvertrag behandelt werden
sollten, sind:

Inhalt

Ziele:

■ Gemeinsame Definition der in einem bestimmten Zeitraum zu
  erreichenden Ziele

■ Definition des Zwecks der Zusammenarbeit

Ressourcen:

■ Verfügbarkeit: Wann stehen wieviele Mitarbeiter zur Verfügung

■ Garantierte Bearbeitungszeiten, beispielsweise in Abhängigkeit
  von dem Auftragsvolumen

Leistungen Produktion:

■ Welche Leistungen werden für welches Budget erbracht, soweit
  möglich mit konkreten Angaben, beispielsweise durch die Menge an umzusetzenden Inhalten, Anzahl an Seiten, Beschreibung
  der einzusetzenden Technologien etc.

■ Umfang und Art von Maßnahmen zur Erfolgskontrolle

■ Umfang und Art der durch den Auftraggeber zur Verfügung gestellten Materialien, wie Texte, Bilder, Videos etc.

■ Ggf. Vereinbarung bezüglich der einzusetzenden Technologien

Leistungen Beratung:

■ Umfang und Art der Fachinformationen

■ Zyklische Meetings

■ Maßnahmen zur Mitarbeiter-Schulung

■ Maßnahmen zum Ausbau von Branchenkompetenz

Organisatorischer Rahmen:

- Definition aller involvierten Parteien
- Soweit möglich Beschreibung des Workflows
- Abnahmemodi
- Art und Häufigkeit von Leistungsnachweisen und Controlling-Daten

Der Vorteil an einer Struktur wie dem oben beschriebenen NeedNet ist, daß sich hieran der Umfang der Leistungen sehr anschaulich demonstrieren und sehr detailliert festlegen läßt. Die Agentur kann dem Kunden zeigen, was bei ihr Projektmanagement bedeutet, wie die Projektdokumentation aussieht und wie transparent das Controlling ist. Kunde und Agentur können gemeinsam festlegen, wie der gegenseitige Austausch von Inhalten stattfinden soll, in welchem Rahmen Dokumentationen erstellt werden sollen und zu welchen Datenbanken der Kunde Zugang hat. Zugänge zu Informationen sind nicht bei jedem Kunden gleich, sondern können in Abhängigkeit von Bedarf und Budget individuell eingerichtet werden.

16.3.5 Zusammenfassung und Ausblick

Die beschriebenen Maßnahmen sind nur erste Ansätze auf dem Weg zu einem Evaluierungssystem für Betreuungsverhältnisse. Über solche Systeme zu verfügen, wird sicherlich für den Erfolg der Qualitätssicherung und damit auch für die Marktstellung einer Online-Agentur entscheidend sein. Wer seine Betreuungsleistungen nicht optimiert, riskiert, seine Kunden zu verlieren. Denn genau um diesen Sektor entfacht sich zur Zeit ein Konkurrenzkampf zwischen Anbietern von Internet-Know-How und klassischen Beratungsleistungen.

17 Erfolgskontrolle und Optimierung von E-Commerce-Angeboten mit „Cyberbrand"

Dr. Christian Bachem, Pixelpark

17.1
„Wissen, wie der Laden läuft"

Electronic Commerce steht vor dem Durchbruch. Dies wird nicht nur durch zahlreiche Prognosen (mit allerdings bisweilen weit auseinanderliegenden Angaben über das zukünftige Volumen von E-Commerce) deutlich. Inzwischen ist der Boom auch anhand harter Zahlen belegbar. So verbuchten die bei America Online angesiedelten Shopping-Angebote zur Weihnachtszeit 1998 einen Gesamtumsatz von über 1.2 Mrd. Dollar; über ein Viertel aller Weihnachtsgeschenke wurden in den USA via Internet eingekauft. Auch in Deutschland wachsen die über Online-Dienste und Internet erzielten Umsätze schnell und stetig. Alleine der Versandhandel dürfte 1998 dreistellige Millioneneinnahmen mittels Electronic Commerce verbucht haben.

steigender Umsatz von E-Commerce

Der Trend zum netzbasierten, digitalen Handel ist nicht mehr umzukehren und birgt immense Chancen. Sie zu nutzen ist jedoch mit hohen Anforderungen an die Anbieter verbunden. Denn mit dem Schritt ins Internet hält zugleich eine neue Qualität des Wettbewerbs Einzug, die sich durch hohe Dynamik, äußerste Transparenz und spitze Fokussierung auf den Kunden auszeichnet. Nur wem es gelingt, aus Interessenten Käufer und aus Käufern treue Kunden zu machen, wird die Potentiale des Electronic Commerce gewinnbringend ausschöpfen können. Die Ergebnisse einer gemeinschaftlichen Untersuchung der amerikanischen E-Commerce-Initiative Shop.org und der Managementberatung Boston Consul-

Kundenbindung wird künftig immer wichtiger

ting Group, die im vergangenen November abgeschlossen wurde, verdeutlichen dies.

Ein wesentliches Resultat der Studie war, daß nur 5% der Besucher eines Electronic Commerce-Angebots zu Käufern wurden und nur 1.6% aller Besuche zum Kauf führten (vgl. im Internet unter http://www.shop.org/nr/98/111898.html). Viel zu selten gelingt es also, Interessenten zum Kauf zu führen und Käufer zum wiederholten Einkauf zu bewegen. Noch ist es in Online-Shops an der Tagesordnung, daß halbgefüllte Warenkörbe achtlos zur Seite gestellt und der Shop ohne Kaufabschluß verlassen wird.

Nur wenn es den Betreibern von Online-Shops gelingt, diese derzeit noch brachliegenden Potentiale stärker auszuschöpfen, können Endverbraucher-orientierte Electronic Commerce-Angebote auf breiter Front profitabel sein. Der Manager eines erfolgreichen Electronic Commerce-Angebotes muß daher u.a. imstande sein, seinen E-Commerce-Auftritt stromlinienförmig entlang der Nutzungsgewohnheiten unterschiedlicher Besuchergruppen auszurichten. Er muß seine Kunden möglichst genau kennen und in der Lage sein, ihre Bedürfnisse individuell zu befriedigen.

Die Kontrolle und fortlaufende Optimierung der eigenen Aktivitäten ist somit von zentraler Bedeutung für ihren Erfolg. Doch mit der Erfolgskontrolle des Einsatzes interaktiver Marketinginstrumente ist es hierzulande nicht zum besten bestellt, wie eine Studie Arthur D. Little belegt. Die Unternehmensberatung hatte im vergangenen Jahr 300 Marketing Manager in Deutschland zu ihren Erfahrungen mit interaktivem Marketing befragt. Während mehr als zwei Drittel der Entscheider ihre Vorstöße ins digitale Marketing als „erfolgreich" bzw. „sehr erfolgreich" bewerteten, gaben zugleich 61% von ihnen an, daß sie weder über Methoden, noch über Instrumente verfügten, um den Erfolg ihrer Aktivitäten messen zu können.

17.2
Cyberbrand

Der erschreckende Befund der ADL-Studie, daß Marketingvorhaben weder methodisch noch strukturell von den Verantwortlichen begleitet und überprüft werden, ist vor allem drei Faktoren geschuldet:

1. der vermeintlich oder tatsächlich geringen Bedeutung der Vorhaben

2. der Unkenntnis über Möglichkeiten der Erfolgskontrolle von Online-Aktivitäten

3. der Komplexität der Materie und mangelnden Leistungsfähigkeit der eingesetzten Instrumente

Der erste Faktor verliert mit zunehmender Bedeutung des Internet an Relevanz. Electronic Commerce-Aktivitäten sind per se geschäftskritisch. Dem zweiten Faktor versucht der vorliegende Beitrag entgegenzutreten, indem er Möglichkeiten der Erfolgskontrolle und Optimierung von Electronic Commerce-Angeboten skizziert. Der dritte Faktor schließlich, bildete den Antrieb für „Cyberbrand". „Cyberbrand" ist eine von Pixelpark im Verbund mit europäischen Partnern im Rahmen des Esprit-Projektes entwickelte Software zur Erfassung, Analyse, Visualisierung und Interpretation von Daten, die im Rahmen des Betriebs von Online-Shops anfallen. Im Gegensatz zu den inzwischen am Markt erhältlichen „Tracking"-Tools ist „Cyberbrand" nicht auf eine Datenquelle oder -art beschränkt, sondern integriert alle online entstehenden Daten, sofern dies sinnvoll und mit den Datenschutzbestimmungen vereinbar ist. Durch die Kopplung an das Statistik-Paket SPSS und die Standardsoftware Excel, ist „Cyberbrand" ein sehr mächtiges und zugleich im Verbund mit bestehender Office-Software einsetzbares Tool.

In den folgenden Abschnitten soll die Funktionsweise von „Cyberbrand" generalisiert am Ablauf der Erfolgskontrolle dargestellt werden.

17.3
Erster Abschnitt: Erfolgskontrolle

Eine leistungs- und somit aussagekräftige Erfolgskontrolle von Electronic Commerce-Auftritten läßt sich in vier aufeinanderfolgende Schritte unterteilen: Die Erfassung, Analyse, Visualisierung und Interpretation von Daten.

17.3.1
Die Datenerfassung

Technisch bedingt wird jeder Nutzungsvorgang im Internet en passent und just in time vom Anbieter einer Netzpräsenz protokolliert (vgl. Bachem, Ch.; Stein, I. (1998): Online-Marketing: Strategien, Kosten und Controlling. In: K. Merten, P. Zimmermann: Das Handbuch der Unternehmenskommunikation. Frankfurt: Ueberreuter, 17-26 für eine detaillierte Beschreibung der technischen Aspekte). Somit erlaubt das Internet eine direktere, schnellere und umfangreichere Erfolgskontrolle als jedes andere Medium. Es ist möglich, den gesamten Kaufprozeß bruchlos abzubilden. Denn im Gegensatz zu allen anderen Medien vereinigt das Internet die Qualitäten eines Informations-, Kommunikations- und Transaktionskanals in sich. Es ist Medium und Marktplatz zugleich.

Zugleich können die Daten je nach Aktion des Nutzers nach Information, Kommunikation und Transaktion unterschieden werden. Als Informationen werden dabei Inhalte bezeichnet, die einem Nutzer online ohne weitere Einschränkungen zugänglich sind und die er sich interaktiv (also nach eigenen Vorgaben aktiv auswählend) aneignet. Kommunikation ist (im Gegensatz zum klassischen Verständnis) als ein dialogischer Austausch von Information zwischen Nutzer und Anbieter definiert. Transaktionen schließlich bezeichnen Abläufe wie Bestellungen oder Zahlungen, die von direkter Umsatzrelevanz für das anbietende Unternehmen sind.

Klassifikation der möglichen Aktionen in einem Online-Shop

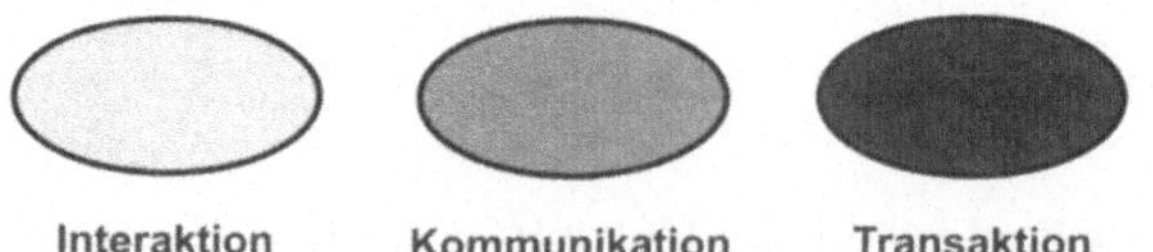

Generell ist festzustellen, daß die Qualität der Daten in bezug auf ihre Aussagekraft entlang der ansteigenden Nutzungshierarchie Information – Kommunikation – Transaktion zunimmt. Logfiles – sie werden von Web-Servern erstellt, um den Austausch von Informationsdaten Logbuch-artig zu protokollieren und den einwandfreien technischen Betrieb des Servers sicherzustellen – sind somit am unteren Ende der Skala anzusiedeln, Bestellformulare am oberen Ende.

17.3.2
Die Datenanalyse

Die oben skizzierte systematische Datenerfassung bietet einen großen Spielraum für vielfältige und flexible Formen der Analyse. So können die Daten separat nach Funktion oder aber übergreifend analysiert werden. Falls vorhanden, können weitere interne und externe Datenbestände eingebunden werden (z.B. durch Fusion und Abgleich mit Kundendaten oder Geomarketing-Daten). Die Analyse sollte aufgrund der bisweilen immensen Datenmengen und komplexen Fragestellungen mittels leistungsfähiger multivariater Verfahren erfolgen.

Entscheidend für die Aussagekraft der Analyse sind – neben der oben angesprochenen Datenqualität – die zu analysierenden Fragen. Mögliche Fragestellungen reichen von ‚Von wo kommen die meisten Besuche auf mein E-Commerce-Angebot?‘ über ‚Welche Werbebanner bringen die beste Leistung für meine Online-Kampagne?‘ bis zu ‚Wann werden welche Produkte am häufigsten bestellt?‘

umfangreiche Analyse der Daten

17.3.3
Die Visualisierung

Die beste Datenanalyse ist zum Scheitern verurteilt, wenn es nicht gelingt, komplexe Sachverhalte möglichst anschaulich darzustellen. Daher sollten zur Erfolgskontrolle eingesetzte Softwaretools über weitreichende graphische Ausgabemöglichkeiten verfügen. Zudem sollten sie es erlauben, daß Analyseergebnisse sowohl als Rohdaten als auch in Chartform exportiert werden können (z.B. nach Excel).

Visualisierung komplexer Daten

17.3.4
Die Interpretation

Der Interpretation kommt die wichtigste Rolle bei der Erfolgskontrolle zu. Schließlich müssen die Resultate der Datenanalyse – unterstützt durch eine sinnvolle Visualisierung – so gedeutet werden, daß die richtigen Schlüsse gezogen und eine Optimierung initiiert werden kann. Dies erfordert vor allem eine tiefe Kenntnis des analysierten Electronic Commerce-Auftritts sowie umfangreiches Know-How im Online Marketing. Ansonsten kann es leicht geschehen, daß die komplexen Zusammenhänge im Beziehungsge-

Rückschlüsse aus Datenanalyse

flecht innerhalb des World Wide Web-Angebotes und zwischen Angebot und Nutzer Fehldeutungen unterliegen.

Es ist erkennbar geworden, daß die Interpretation und die darauf aufsetzende Optimierung in hohem Maße auf Erfahrungswissen beruhen. Somit entziehen sie sich weitestgehend einer Software-gestützten Automatisierung. Allerdings sind die grundlegenden Schritte bis zur Interpretation durchaus automatisierbar – was auch vonnöten ist, da eine effiziente Erfolgskontrolle im Electronic Commerce ansonsten aufgrund der Menge der zu erfassenden, zu analysierenden und zu visualisierenden Daten nicht machbar wäre.

17.4
Zweiter Abschnitt: Optimierung

Wie bereits angedeutet, beschränkt sich die Erfolgskontrolle nicht auf den eigentlichen Electronic Commerce-Auftritt, sondern umfaßt auch dessen Bewerbung. Gerade die Online-Werbung, also die Plazierung von Werbemitteln (Bannern) – die per Hyperlink auf das be-worbene World Wide Web-Angebot verweisen – auf Online-Werbe-trägern, erlaubt bereits vollständig automatisierte Formen der Optimierung.

Grafik: Optimierungsprozeß beim Einsatz von Cyberbrand

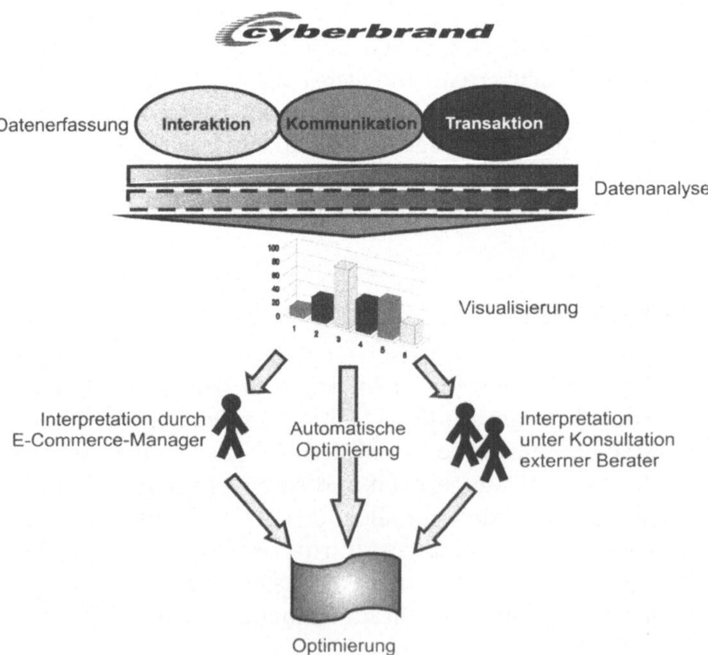

Durch den Einsatz sogenannter Bannermanagementsysteme kann die Einspielung von Bannern an Regeln geknüpft werden. Bestimmungsfaktoren für diese Regelwerke können beispielsweise die Tageszeit, die geographische Herkunft des Nutzers (die oftmals aus der IP-Adresse abgeleitet werden kann) oder die technische Ausstattung seines Rechners sein. Im Sinne der Optimierung von Electronic Commerce-Auftritten und ihrer Bewerbung, ist es am sinnvollsten, Kennziffern der Kampagnenleistung zur Grundlage der Darbietung von Bannern zu machen.

Zu den möglichen Kennziffern gehören hierbei die AdImpressions (Sichtkontakte mit dem Werbemittel), AClicks (Klicks auf das Werbemittel) sowie – auf die Kampagnenkosten bezogen – der CPA (Cost per AdClick; Kosten pro AdClick), der CPO (Cost per Order; Kosten pro Bestellung) und der CPC (Cost per Custumer; Kosten pro gewonnenem Neukunden). Eine automatische Optimierung ist nun sowohl entlang der Werbeträgerbelegung, als auch entlang der Bannerselektion möglich. Verfehlt ein Werbemittel im Zeitverlauf das angestrebte AdImpression-Niveau, so kann es per Bannermanagementsystem automatisch in ein anderes geeignetes Umfeld innerhalb des Werbeträgers eingestellt werden, wo mehr Sichtkontakte erreicht werden können. Sinken hingegen die AdClicks unter eine vorab definierte Schwelle, so wählt das System einen neuen Banner aus einem vorab erstellten Pool mit Gestaltungsvarianten, um diesen stattdessen einzublenden – bis auch der neue Banner an Effektivität einbüßt. Diese Art von Bannermanagementsystemen ermöglichen eine neue Form quasi-evolutionärer Selbstoptimierung. Derartige Systeme befinden sich bereits im Einsatz und können – wie im Falle „Cyberbrand" – an Tools zur Erfolgskontrolle gekoppelt werden.

17.5
Fazit

Mit dem Einsatz von Tools wie Cyberbrand besteht die Möglichkeit einer Erfolgskontrolle aller online entstehenden Daten. Das vorgestellte Tool ermöglicht eine fortlaufende Optimierung eines Online-Shops. Es stellt damit einen wichtigen Beitrag zur Qualitätssicherung im Rahmen der Betreuung insbesondere von E-Commerece-Projekten dar.

[17.1]   Bachem, Ch. (1996): Planen mit Online-Zielgruppen. In: Markenartikel 8/96, 340-346.

[17.2]   Bachem, Ch. (1997a): Einfach schneller schalten! Online-
Mediaplanung: Grundlagen, Potentiale und Trends. In: Net-Book
1/97. Walluf: Media-Daten Verlag, 14-16.

[17.3]   Bachem, Ch. (1997b): Webtracking – Werbeerfolgskontrolle im Netz.
In: D. Fink, Ch. Wamser (Hrsg.): Electronic Marketing – Marketing-
Management im Zeichen der Neuen Medien. Wiesbaden: Gabler
1997, 189-198.

[17.4]   Bachem, Ch. (1997c): Online-Werbeerfolge: PageImpressions und
Visits. In: Ganz direkt. W&V Jahrbuch 97/98. München: Europa-
Fachpresse-Verlag, 179-181.

[17.5]   Bachem, Ch.; Stein, I. (1998): Online-Marketing: Strategien, Kosten
und Controlling. In: K. Merten, P. Zimmermann: Das Handbuch der
Unternehmenskommunikation. Frankfurt: Ueberreuter, 17-26.

18 ISO 9000 und Neue Medien – Veränderte Bedingungen in der Multimedia-Branche

Dirk Buddensiek, Aperto Multimedia

Die Beschäftigung mit Normierung wirft immer die Frage auf, was genormt werden kann. Multimedia ist eine Diziplin, die von der Kreativitärt ihrer Gestalter lebt. Kreativität und Normierung scheinen unvereinbare Begriffe zu sein.

Kann Kreativität normiert werden?

Multimedia besteht aus einer Reihe von Abläufen, die bei der Umsetzung einer Idee in die Realität zusammenwirken. Kreativität ist der Kern der Prozesse, die zu einem Produkt führen. Sie läßt sich nicht normen.

Zielgerichtete Kreativität braucht Informationen und ihre Ergebnisse bedürfen der Prüfung. Um die Kreation entsteht ein kommunikativer Prozeß, dessen Güte die Konzeptionierung direkt beeinflußt. Aktuelle Entwicklungen geben uns Anlaß für eine verstärkte Beschäftigung mit diesen „Randprozessen" und deren Normierung.

Es hat sich einiges getan. Für den Multimedia-Bereich beginnen die selben Regeln zu gelten wie für andere Dienstleistungen. Vor dem Hintergrund wachsender technologischer und inhaltlicher Komplexität sind neue Kompetenzen gefragt.

neue Kompetenzen gefragt

18.1 Eine Branche im Wandel

Handwerkliche Perfektion ist zu einem Standard geworden, ohne den sich niemand mehr behaupten kann. Kommunikations- und Koordinationsfähigkeiten der Multimedia-Unternehmen gewinnen an Gewicht. Die Service-Erwartungen sind enorm gewachsen.

Kommunikation und Koordination

Unserer Erfahrung nach unterliegen die Projekte einem Wandel. Das Kundeninteresse verlagert sich von einmaliger Umsetzung relativ abgeschlossener Vorhaben zu einer kontinuierlichen Entwicklung und Betreuung. Der gesamte Lifecircle der Umsetzung wird zu einem Prozeß.

Intranet und Electronic Commerce erschließen neue Arbeitsgebiete und Geschäftsfelder. Kommerzielle Anwendungen bestimmen den Trend. Im Bereich Full Service werden die inhaltlichen Übergänge zu Systemhäusern fließend. Multimedia wird zu einem Werkzeug, das tief in die Strukturen des Kunden eingreifen kann. Die Vergabe von MM-Projekten ist zu einer Vertrauensfrage geworden, die von der Forderung nach Qualität bestimmt wird.

18.2
Konzentration auf neue Aufgaben

Mit großer Aufmerksamkeit haben wie diese Entwicklungen beobachtet, denn sie haben Einfluß auf die Arbeit des MM-Unternehmens und auf den Inhalt des Begriffes Qualität. Sie bewirken eine Erweiterung der Kundenorientierung und eine Verlagerung des Arbeitsschwerpunktes auf zusätzliche Dienstleistungen. Lean Management und Outsourcing von Dienstleistungen verstärken diesen Trend. Kundenorientierung bedeutet für uns, das Wissen des Kunden nutzbar zu machen, ihn in die Projektarbeit einzubinden und seine Erwartungen hinsichtlich der Leistungen des Produktes und des MM-Unternehmens zu erfüllen. Der Kunde kann erwarten, umfangreich bei der Formulierung seiner Ziele sowie deren Umsetzung und Betrieb durch das Know-How des Dienstleisters unterstützt zu werden. Sicherheitsbedürfnisse der Kunden gewinnen im Multimedia eine größere Bedeutung. Vordringen in sensible Unternehmensbereiche sowie Umfang und Dauer der Projekte steigern finanzielle Risiken. Hier sind neue Kompetenzen von MM-Unternehmen gefragt.

Wir sind der Frage nachgegangen, wie ein Unternehmen darauf reagieren kann. Konsequenz ist eine quantitativ und qualitativ verstärkte Zusammenarbeit, die zu einer festen Projektgröße wird. Kunde und Unternehmen werden zu Partnern. Der zunehmende Aufwand und die angestrebte Dauerhaftigkeit der Projekte verlangen nach einem kompetenten Informationsmanagement. Nach unseren Erfahrungen entsteht aus dieser Sicht neben der Qualität des Produktes eine Qualität der Dienstleistung. Beide stehen in einem engem Zusammenhang und resultieren in eine Gesamtqualität des Multimedia. Kern der Dienstleistung ist das kommunikative und organisatorische Management für den Kunden bei Umsetzung und Betrieb.

18.3
Mittel zum Zweck

Wie kann diese Kommunikation verbessert werden? Voraussetzung für eine zielgerichtete Kommunikation zwischen Kunde und MM-Unternehmen ist die Einrichtung von Schnittstellen und Strukturen für den Informationsaustausch. Kundenorientiertes Arbeiten macht Transparenz und Darstellung eines Qualitäts-Management-Systems (QMS) nach außen notwendig. Die Forderungen aus der ISO 9001 lassen sich als Anleitung für den Aufbau, die Wartung und Pflege eines entsprechenden Kommunikationsinstrumentes interpretieren. Transparenz verschafft Einblick in die Unternehmensprozesse und unterstreicht den Dienstleistungscharakter eines Unternehmens. Die Installation eines genormten und zertifizierten Systems kann sowohl für den Kunden als auch für das Unternehmen Vorteile haben.

QMS schafft Transparenz

18.4
Vorteile für alle

Führt man sich die Argumente vor Augen, macht die Einführung genormter Systeme es dem Kunden einfacher, sich auf die Zusammenarbeit einzustellen:

Kundenvorteile

- Internationalität und Unabhängigkeit der Zertifizierung objektivieren die Auswahl eines MM-Unternehmens. Der Weg durch einen „Qualitätsdschungel" bleibt erspart.

- Die Norm betrachtet Qualität als Prozeß und dokumentiert eine zukunftsorientierte Einstellung des MM-Unternehmens. Die Einbindung in diesen Prozeß ermöglicht dem Kunden, Kompetenzen für den Bereich Multimedia zu entwickeln.

- Der Kunde kann seine eigenen Erfahrungen in die Zusammenarbeit einbringen. ISO 9000ff. ist ein akzeptierter oder zumindest bekannter branchenunabhängiger Standard für Unternehmen aus Industrie und Dienstleistung. Berührungsängste können abgebaut werden.

- ISO 9000ff. wirkt positiv auf den Projektablauf. Kompatible Schnittstellen können bereits am Anfang Kooperation vereinfachen und beschleunigen. Stabile Ansprechpartner für das gesamte Projekt minimieren Reibungs- und Informationsverluste.

■ QMS nach ISO 9001 dokumentiert dem Kunden das Verfahren, ein Produkt nach seinen Anforderungen zu erhalten. Verbindliche Ansprechpartner mit definierter Verantwortlichkeit gewähren Einflußmöglichkeiten bei Projektentwicklung und langfristige Betreuung.

■ Dokumentation der Projekte verschafft dem Kunden Unabhängigkeit. Die Projektübergabe an andere MM-Unternehmen oder interne Unternehmensbereiche wird vereinfacht.

Auch von Unternehmensseite lassen sich Vorteile ausmachen: ISO 9000ff. sichert die Kompetenz des MM-Unternehmens im Projekt:

■ ISO 9000ff. geht konform mit Erwartungen und Bedürfnissen des Kunden. Das Prinzip der Dienstleistung beinhaltet die Arbeit mit vertrauten Instrumentarien.

■ Ein Zertifikat ist Argument für Vertrauenswürdigkeit. Das Multimedia-Unternehmen gibt seinem Bemühen nach Kunden- und Qualitätsorientierung durch ein geprüftes und internationalem Standard entsprechenden Verfahren Ausdruck.

■ ISO bringt Wettbewerbsvorteile. Als internationale Norm fördert sie die Kooperation über Ländergrenzen hinaus oder macht sie erst möglich.

■ Dokumentation und definierte Verantwortlichkeiten schaffen Übersicht, Nachvollziehbarkeit und rechtliche Sicherheit im Projektablauf.

■ Zertifizierung gibt im Vorfeld die Chance, eigene Geschäfts- und Arbeitsprozesse zu optimieren. Norm und eigene Unternehmensstruktur stehen nicht im Widerspruch zueinander.

■ ISO zwingt zur Disziplin. Jährliche Nachaudits sichern den Status quo eines Unternehmens im Bereich Qualität. Die Wartung des Systems ist Verpflichtung zum Nachweis ständiger Verbesserung der Unternehmenskommunikation.

■ Neue Kundensegmente können erschlossen werden. Standardisierte Schnittstellen senken organisatorischen Aufwand und erweitern die Akzeptanz der MM-Branche. Sie ermöglichen Umsetzungen auch für Mittelstandsunternehmen und öffentliche Auftraggeber.

■ Die Norm fördert wirtschaftliche Stabilität durch Kundenbindung. Wartung und Weiterentwicklung können zu einem Standbein werden und Schwankungen im Neugeschäft ausgleichen.

■ Dokumentation erleichtert dem Multimedia-Unternehmen Projektabgabe oder –übernahme.

18.5
ISO 9000 hat Zukunft

Von großer Bedeutung für alle Beteiligten ist selbstverständlich die Frage nach der Perspektive von Normen. Die Bandbreite multimedialer Produkte ist groß und erweitert sich ständig. Sie resultiert in Unternehmensprofile wachsender struktureller und technologischer Varianz. Jede denkbare Norm muß für diese Entwicklung offen sein. Ein Standard sollte deshalb allgemeiner Natur sein. Die unbestrittenen Vorteile der ISO 9000-Normenreihe liegen in ihrer Offenheit, Unabhängigkeit und Internationalität. Abzuwarten bleibt, ob neue Normen die gleiche Anerkennung erfahren. Die angestrebte Konkretisierung von Normen impliziert unter diesen Umständen deren Kurzlebigkeit. Seit Erscheinen der ISO-Norm hat sich Multimedia rasant entwickelt. Ihre Wirksamkeit hat sich damit kaum verändert. Wie die Ausführungen verdeutlichen, gewinnt sie sogar an Bedeutung. Die geplante Neufassung der ISO trägt den veränderten Projektbedingungen bereits Rechnung.

18.6
Worauf warten?

Die Beschäftigung mit dem Normenkatalog der ISO 9000ff. lohnt schon heute. Gegenwärtig bietet die Norm MM-Unternehmen die einzige Möglichkeit, einen unabhängigen Nachweis ihrer Qualitäts- und Kundenorientierung zu erbringen. Die Diskussion und Entwicklung anderer Normen, wie etwa VDA, basieren auf ISO 9000ff. oder beinhalten diese: Sie ist damit keine ausschließliche Norm. Zertifizierung kann Erfahrungen zu einer substantiellen Diskussion beitragend und Voraussetzungen für Kommendes schaffen. Kontinuierliche Annäherung an die bestehende Norm stellt sich organisatorisch und finanziell günstiger dar, als die kurzfristige Einführung neuer Standards. Unabhängigkeit und Interpretationsfähigkeit der Norm sollten als Vorteile erkannt werden. Ob zukünftige Normen gleiche Freiheiten erlauben, ist fraglich.

Die Norm stellt qualifiziertes Ausgangsmaterial für Konzeption und Umsetzung bereit; der kreative Prozeß ist integriert, bleibt aber in seinem inneren Ablauf unberührt. Unabhängig von der Qualitätsauffassung dienen die Vorgaben dazu, kreative Ergebnisse zu messen und gegebenenfalls zu verändern.

18.7
QMS ist keine Garantie

ISO ist auch im Multimedia leider kein Patentrezept. Die gegenwärtige Diskussion schenkt den angesprochenen Entwicklungen im Multimedia-Bereich kaum Beachtung. Sie ist nach unserer Auffassung zu produktbezogen mit internen Vorgängen zur Entstehung von Qualität befaßt. Sie befindet sich in einem Paradox: Der Kunde als wichtigster Maßstab für Qualität scheint weder in die Diskussion einbezogen zu werden, noch wird die Zusammenarbeit mit ihm unter qualitativen Gesichtspunkten erörtert. Es ist möglich, daß neue Normvorschläge diese Erfordernisse ungenügend beachten. Unter diesen Voraussetzungen besteht die Gefahr, daß die Installation eines beliebigen normierten QMS zum marketingstrategischen Selbstzweck gerät.

18.8
Qualität der Qualität

Das Umfeld von ISO 9000ff. hält aber noch andere Stolperfallen bereit. Qualitätssicherung durch QMS liegt im Spannungsfeld zwischen Produkt- und Prozeßorientierung. Die beschriebene Qualitätsauffassung ist nur einer der möglichen Ansätze. Sie entsteht aus neuen Erfordernisse im Multimedia. Qualität bedarf aus dieser Sicht einer differenzierten Betrachtung, die Auswirkungen auf den Einsatz eines QMS hat.

Inhaltliche und technische Ausweitung von Multimedia fördert unterschiedliche Leistungsprofile der Unternehmen, die sich nach unserer Meinung mit fließenden Übergängen zwischen Business und Marketing polarisiert. Im Business-Bereich liegen die Schwerpunkte zur Qualitätssicherung auf der Prozeßorientierung. Die Qualität der Kommunikation mit dem Kunden steht in engem Zusammenhang zur Produktqualität.

■ Exemplarisch läßt sich Online-Marketing mit der Arbeit klassischer Werbeagenturen vergleichen. Hier steht eine exklusive Produktqualität im Vordergrund, die sich vor allem mit den Erwartungen des Adressaten auseinandersetzen muß. Interne Vorgänge zur Qualitätssicherung stehen im Vordergrund, die durch genormtes QMS unterstützt werden können.

- Unabhängig vom Anwendungsbereich wird jedes MM-Produkt individuell hergestellt. Diese Einmaligkeit setzt vor das Produkt immer die Entwicklung. Bisher gibt es im Multimedia keine unabhängigen Standards für Produktqualität, die dem Kunden Entscheidungshilfe geben. Qualität der Entwicklung bestimmt die Qualität des Produktes. Aus dieser Sicht ist QS durch QMS der Ursprung von Qualität im Multimedia und erfüllt den Anspruch des Kunden auf Nachweis von Qualität im Entwicklungsprozeß. Ergänzende Produktstandards sind der zweite Schritt auf dem Weg zur multimedialen Qualität.

- Multimedia ist auch ohne Normierung denkbar. Erfolg ist ein subjektiver Maßstab für Qualität, der objektive Kriterien verdrängen kann. Diese Vision ist durchaus erreichbar, kann aber immer nur auf eine sehr begrenzte Zahl von Unternehmen zutreffen. Der Unabhängigkeit von der Norm steht die Abhängigkeit von Profil und Image entgegen. Jedes Unternehmen muß selbst entscheiden, wo es sich in puncto Qualität positionieren will. Für die Masse der MM-Unternehmen dürfte ISO 9000ff die interessantere Perspektive sein. Der Erfolg von ISO in anderen Branchen entstand aus Kundenforderungen und damit durch Druck von außen. Mit Einführung von QMS in sensiblen Anwendungsbereichen wird sie zu einer Standardforderung für alle MM-Unternehmen.

Auch wenn wir gern etwas anders festgestellt hätten: Die Arbeit hat eigentlich erst begonnen und auch eine akzeptierte Norm wird wahrscheinlich nicht so einfach von jedem übernommen werden können.

Die funktionierende Interpretation eines Qualitäts-Management-Systems hat, wie deutlich wird, eine wesentlich größere Bedeutung, als dessen bloße Dokumentation und Pflege. Norm als Normierung zu begreifen, hilft weder Kunden noch Multimediaunternehmen. Jedes Unternehmen ist aufgefordert, entsprechende Interpretationen und Modifikationen selbst zu schaffen. Der Vorstellung neuer QMS sehen wir mit Spannung entgegen.

19 Qualität: Die subjektive Betrachtungsweise

Jean-Paul Schmetz und Dr. Hans-Jürgen Croissant, Cyberlab

„Das ist ein Qualitätsprodukt." – Hinter dieser, ach so bedeutungsschweren Aussage verbirgt sich eine Welt voller Komplexität. Im besten Falle steht sie für „Dieses Produkt wurde normengerecht entwickelt, um Rationalität und Effizienz zu gewährleisten". Im schlimmsten Falle: „Warum muß das denn so teuer sein?" – Nun, was wir natürlich am liebsten aus diesem Satz herauslesen wollen, ist: „Mann, das ist aber ein verdammt tolles Produkt!". Wer das allerdings meint, sagt es in der Regel auch so: „Mann, das ist aber ein verdammt tolles Produkt!" – Im Kontext des vorliegenden Aufsatzes werden wir versuchen, diese beiden Sichtweisen in Einklang zu bringen, wonach „Qualität" ein Weg zur Erschaffung großartiger Produkte ist. Der Qualitätsbegriff an sich besitzt nur einen sehr geringen Wert.

Komplexität der Qualität

19.1 Wahrnehmung von Qualität

Was heißt „Qualität" eigentlich? Hierzu muß man zunächst einmal feststellen, wie Qualität wahrgenommen wird. Marketingspezialisten wissen, daß Qualität prinzipiell ein Charakteristikum wie jedes andere auch ist. Also kann man über sein eigenes Produkt sagen: „Es besitzt Qualität." So hat Mercedes Benz seine Produkte stets im Qualitätskontext positioniert. Volvo andererseits hat sich für das „Sicherheits"-Umfeld entschieden, andere wiederum setzten auf „Erschwinglichkeit", etc. – Wie auch immer: Qualität erschließt sich seinen Weg „in Produkte hinein" auf ganz eigene Art und Weise. Grundsätzlich lassen sich zwei Arten Produkte unterscheiden, von denen man sagt, sie besäßen eine hohe Qualität: Von den Produkten der Marktführer heißt es im allgemeinen, daß sie eine höhere Qua-

Qualität als Charakteristikum

lität besäßen als diejenigen der Konkurrenz (freilich, ob sie sich selbst in jedem Falle so positioniert haben, sei dahingestellt); und es gibt die hochpreisigen Produkte mit ihren deswegen nur verhältnismäßig geringen Verkaufsvolumina. – Die Rede ist somit von den Produkten am oberen und unteren Ende der Marketingskala.

Der Qualitätsbegriff kann sich also sowohl in „großartigem Produkt" – die Marktführer stellen gleichsam *per definitionem* großartige Produkte her – sowie in „teuerem Produkt" niederschlagen. Man beachte, daß diese Produkte teuer sind, weil ihre Komponenten und die Art und Weise ihrer Herstellung teuer sind (ein Rolls-Royce ist nicht etwa teuer, weil die Herstellerfirma dies so entschieden hat, sondern vielmehr, weil es tatsächlich teuer *ist*, diesen Wagen herzustellen). Nun bewegen wir uns hier in einem Kontext, in dem wir über wirklich großartige Produkte sprechen wollen und nicht notwendigerweise über teuere Produkte; daher lassen wir hier diesen zweiten Typus der Qualitätsprodukte beiseite. Es ist im übrigen nicht besonders schwierig, den zweiten Qualitätstypus zu erhalten: Man nehme bei der Herstellung einfach das beste von allem und schaue nicht auf den Preis...

Was ist ein großartiges Produkt? Wir haben diese Frage bereits lose mit Marktführerschaft in Verbindung gebracht. Wir werden dies im folgenden auch weiter tun, weil es statistisch richtig ist. Grundsätzlich ist ein großartiges Produkt, das bereits Marktführer ist oder es zumindest werden will, ein Produkt, welches gut auf die Erwartungen eines großen Marktes reagiert. Diese Erwartungen sind wiederum eine Matrix aus unterschiedlichen Anforderungen mit unterschiedlichem Gewicht. Diese Matrix ist weder einfach zu bestimmen, noch läßt sie sich jeweils durch Marktforschung genau erschließen, schon gar nicht in neuen Feldern, wie etwa Multimedia. Die Matrix der Erwartungen beinhaltet so unterschiedliche Elemente wie Preis, Verfügbarkeit, Ausstattungsmerkmale etc.

„Qualität besitzen" bedeutet, einen Ausgleich, eine Balance herzustellen zwischen all diesen Erwartungen in einem bestehenden Markt. Schon jetzt sei darauf hingewiesen, daß es viel schwieriger ist, ein Qualitätsprodukt in einem Massenmarkt herzustellen als in einem Nischenmarkt, weil die Erwartungen um ein viel größeres Spektrum streuen. Das mag der Grund sein, warum Unix als höherwertig gilt als Microsoft Windows: Es gibt die Erwartungen der Nutzer besser wider. Das bedeutet wiederum nicht, daß das Unix-Betriebssystem besser den Erwartungen eines Microsoft Windows Nutzers entspräche. Tatsächlich ist dies gerade nicht der Fall.

Der Qualitätsbegriff bedarf somit einer tiefergehenden Analyse. Da jedes Produkt zunächst ein Projekt derjenigen Firma ist, die es kreiert, müssen wir uns zunächst mit der Qualität von Projekten befassen. Dabei sollte man im Auge behalten, daß diese Sichtweise stets nur eine sekundäre Rolle spielt. Ziel ist, großartige Produkte zu erhalten, nicht großartige Projekte. Das Risiko besteht nämlich darin, daß man ein tolles Projekt hat, aus dem jedoch nur ein wenig erfolgreiches Produkt resultiert. Zweite Gefahr: Die Projektphase verlief hervorragend, das daraus resultierende Produkt besaß einige Qualität, aber – leider – hat es alle „Chancen", als „Qualitätsprodukt" am unteren Ende der Leiter in der Versenkung zu verschwinden, wo mißverstandene Genies Produkte entwickeln, die keiner wirklich will oder braucht.

Unsere Frage lautet: „Wie können rationale Entscheidungen bezüglich Produktdesign und Projektmanagement die Chancen der erfolgreichen Entwicklung jener Produkte verbessern, die in ihrem jeweiligen Marktsegment zur absoluten Spitze werden sollen, so daß sie quasi von selbst als Qualitätsprodukte wahrgenommen werden?"

Mit anderen Worten:

- Vergessen Sie Qualität – konzentrieren Sie sich auf Erfolg.
- Qualität ist ein Nebeneffekt

Toyota ist ein solches Beispiel, wo die Qualität der Nebeneffekt ist. Toyota konzentriert sich auf die Herstellung großartiger Produkte durch großartiges Projektmanagement. Nun gelten die Japaner als einer der qualitätsbewußtesten Autohersteller der Welt. Lange Zeit hatte man ihren Fahrzeugen lediglich mindere Qualität zugebilligt. – Das verstehen wir unter „Qualität als Nebeneffekt".

Qualität als Nebeneffekt

19.2
Qualität der Produkte

Oft wird die Qualität eines Produkts mit dessen Zuverlässigkeit gleichgesetzt. Zuverlässigkeit ist allerdings bestenfalls ein Teil von Qualität. Angenommen, Kunden erwarten ein bestimmtes Produkt, welches der Hersteller aber unter Verweis auf dessen nicht 100prozentige Zuverlässigkeit (noch) nicht ausliefert und stattdessen ein weniger leistungsfähiges Produkt anbietet. Die Folge wird sein, daß diejenigen Kunden, die die Leistung erwarten – alle Zuverlässigkeitsaspekte außer Acht lassend – unzufrieden sein werden. Es ist am wahrscheinlichsten, daß ein Produkt, wenn es die Erwartung befriedigt (wenn auch mit weniger als 100 Prozent Verläßlichkeit) ihre Ansprüche besser erfüllt. Ein gutes Beispiel hierfür sind die je-

Zuverlässigkeit allein ist nicht maßgeblich

weils neuesten Beta-Versionen der führenden Internet-Browser: Trotz der vielen „bugs" laden die Nutzer sie sich tausendfach auf ihre Rechner, weil sie Einbußen bei der Zuverlässigkeit durchaus in Kauf zu nehmen bereit sind, um dafür jeweils auf dem neuesten Stand der Browsertechnik zu sein.

Es stimmt natürlich, daß von zwei Produkten, die beide die vom Kunden erwarteten Eigenschaften besitzen, dasjenige mit dem höchsten Maß an Zuverlässigkeit als das bessere Qualitätsprodukt empfunden wird. Ob es den größeren Marktanteil besitzt oder nicht, hängt essentiell vom Preis und vom Marketing ab sowie von dem vom Kunden erwarteten Maß an Zuverlässigkeit. Langfristig ist denkbar, daß ganz einfach das Produkt mit dem größeren Marktanteil als der Qualitätssieger angesehen wird (unabhängig von der Tatsache, daß das andere zuverlässiger sein mag).

Die hieraus resultierenden Kernpunkte sind:

- Zuverlässigkeit zieht sich nicht konstant über alle Merkmale/Eigenschaften eines Produkts.

- Der Kunde hat bestimmte Erwartungen über die Zuverlässigkeit dieser unterschiedlichen Merkmale/Eigenschaften.

Ein Beispiel, um diesen Punkt zu illustrieren: Die erwartete Zuverlässigkeit, mit der ein Flugzeug das Merkmal „fliege von A nach B" erfüllt, differiert fundamental von der Erwartung der Zuverlässigkeit „unterhalte mich mit einem spannenden Film während dieses Fluges". Mag die zweite Erwartung, entsprechend der Höhe des Preises, den ich für das Flugticket bezahlt habe, auch variieren, so wird dies bei der ersten niemals der Fall sein.

Der Schlüssel, ein „Qualitätsprodukt" zu kreieren, liegt darin, eine Matrix ALLER Kundenerwartungen, verbunden mit der Zuverlässigkeit, die die Nutzer von dessen unterschiedlichen Merkmalen erwarten, zu generieren. Diese Matrix sollte ebenfalls die verschiedenen Formen von Abwägungsmöglichkeiten bzw. Zugeständnissen enthalten, die die Kunden bereit sind zu machen, sollte die Zuverlässigkeit einiger der Merkmale unterhalb der Marke „perfekt" zurückbleiben.

Bei der Anfertigung dieser Matrix gilt es, dem Unterschied zwischen „subjektiver" und „objektiver" Qualität Aufmerksamkeit zu schenken. Lassen Sie uns dies erneut anhand eines Beispiels illustrieren: Die Nutzer eines Computerbildschirms erwarten „überwältigende Grafik" – wir wissen allerdings, daß sie lediglich eine 8bit Grafikkarte verwenden (256 Farben). Es ist nun einmal so, daß – objektiv betrachtet – „überwältigende Grafik" die Darstellung so vieler Farben wie möglich bedeutet, daß allerdings – subjektiv – der Nutzer dies mit seiner 8bit Grafikkarte nicht sehen wird. Tatsächlich liegt die erreichte Qualität der Bildschirmdarstellung sogar niedriger, als wenn bereits die Entwickler zurückhaltender, also mit dem Wissen, daß auf dem Bildschirm des Nutzers lediglich 256 Farben darstellbar sind, an die Arbeit gegangen wären. Diese „objektiv"/„subjektiv" Unterscheidung führt im Bereich Multimedia oftmals zu Problemen, wenn die Entwicklung typischerweise auf sogenannten „High-End"-Maschinen erfolgt, während den Nutzern zu Hause oder im Büro lediglich „Lower-End"-Computer zur Verfügung stehen, die nicht in der Lage sind, die von den Entwicklern intendierte Qualität zu reproduzieren.

Die nachfolgend beschriebenen vier Schritte führen zu Qualitätsprojekten, an deren Ende wiederum Qualitätsprodukte stehen:

1. Definiere die Merkmale/Eigenschaften des Produkts gemäß den Erwartungen der Nutzer.

2. Definiere, welche Qualität die Nutzer von diesen Merkmalen/Eigenschaften erwarten.

3. Definiere, mit welchem Maß an Zuverlässigkeit das Produkt bzw. die Anwendung diese Qualität erreichen muß.

4. Definiere, welche Abwägungsmöglichkeiten seitens des Anwenders bestehen, wenn die entsprechende Zuverlässigkeit nicht erreicht werden sollte.

Das bedeutet:

1. Alles, was das Produkt in der Vorstellung des Teams besser definiert, ist ein guter Schritt in Richtung Qualität.

2. Alles, was die Entwicklung in Richtung des Produkts vorantreibt, ist ein guter Schritt in Richtung Qualität.

3. Alles, was absichert, daß es zu keiner „Katastrophe" bzw. zu überraschenden Richtungsänderungen kommt, ist ein guter Schritt in Richtung Qualität.

4. Eingefahrene Prozeduren und überflüssige Papierarbeit, die nicht wirklich zum Erreichen des Ziels beitragen, sind ein schlechter Schritt in Richtung Qualität.

5. Alles, was sich auf den Test des Produkts mit realen Nutzen bezieht, ist ein guter Schritt in Richtung Qualität.

20 Der Blick nach vorne –
   wozu Qualitäts-Management?

Dr. Gernot Eckel, BMW AG

20.1
Einleitung

Es gibt noch immer eine große Zahl von Unternehmen, in den unterschiedlichsten Branchen, die sich Gedanken darüber machen, welches Qualitäts-Management-System für sie das geeignetste ist. Diese Unternehmen zähle ich zu den „Fortgeschrittenen", weil sie nach der Implementierung und nicht mehr nach der Notwendigkeit eines Qualitäts-Management-Systems fragen. Diesen technisch orientierten Unternehmen kann man am besten dadurch helfen, daß man ihnen eine Entscheidungsmatrix anbietet, aus der sie, abhängig von einigen Parametern, das geeignetste Qualitäts-Management-System auswählen könnten.

Notwendigkeit und Implementierung eines QMS

Leider ist die Thematik viel komplexer und läßt sich daher auch nicht in ein einfaches linear logisches Erklärungsmodell einbetten. Es gibt auch kein allgemein gültiges Rezept, wie man bei der Auswahl eines Qualitäts-Management-Systems vorgehen müßte. Aber es gibt einige wichtige grundlegende Aussagen dazu, die geeignet sind, die richtige Lösung für das eigene Unternehmen zu finden. Zuerst möchte ich jedoch klären, über was eigentlich gesprochen wird.

kein linear logisches Erklärungsmodell

20.2
Was ist Qualität?

Qualität ist im Unternehmen keine eigenständige Disziplin, sondern eine Eigenschaft, die jeder Leistung (Produkt oder Dienstleistung) zugeordnet werden kann und zwar dann, wenn die erbrachte Leistung die an sie gestellte Anforderungen erfüllt. Und TQM (Total Quality Management) bedeutet nicht nur Qualität im ganzen Unter-

Eigenschaft, die Produkten und Dienstleistungen zugeordnet werden kann

nehmen, sondern ist gleichzeitig eine Unternehmensführungsstrategie, um das Unternehmen mit dem Schwerpunkt Qualität zu Business excellence zu führen.

Verwendet man die Begriffe in diesem strengen Sinn, dann sind Wortverbindungen wie gute oder schlechte Qualität, Qualitätsforderungen, Qualitätsmerkmale usw. nicht sinnvoll, weil sie keine zusätzliche Information enthalten. Um nicht Verwirrung zu stiften, sollten sie vermieden werden.

20.3
Sinn und Zweck von Qualitätsaktivitäten

langfristiger Erfolg des Unternehmens

Als zweiten wichtigen Punkt neben der Definition möchte ich den Sinn und Zweck aller Aktivitäten um das Thema Qualität ansprechen. Das ehemalige Qualitätssiegel „Made in Germany" lebt zwar noch, aber es hat ausgedient. Wir wollen uns weder ausgrenzen, noch werden wir ausgegrenzt. Das Streben nach Qualität dient einzig und allein einem einzigen Ziel: Das Unternehmen langfristig erfolgreich zu machen. Erfolgreich ist hier sehr weit gefaßt und bedeutet sowohl Gewinn als auch Akzeptanz in der Öffentlichkeit.

besser sein als Wettbewerber

Nachdem das Wichtigste geklärt ist, können wir uns der Frage nach dem „langfristig erfolgreich" widmen. In einem vom Verdrängungswettbewerb gekennzeichneten Wirtschaftsumfeld kann ein Unternehmen nur überleben, wenn es versucht, besser als die Wettbewerber zu sein und zwar ständig und auf allen Geschäftsfeldern. Dieses Streben wird in der Qualitätssprache als „Ständige Verbesserung", „Kontinuierlicher Verbesserungsprozeß", „Prinzip der ständigen Verbesserung", neuhochdeutsch „CIP" (Continuous Improvement Process) oder japanisch „Kaizen" bezeichnet.

Paradigmenwechsel

Eine andere Überlebensstrategie wäre ein Paradigmenwechsel, die vollständige Neustrukturierung, Reengineering oder wie man sonst die gewaltsame Veränderung eines Unternehmens bezeichnen möchte. Diese Alternative wird meist nur unter bestimmten Voraussetzungen angestrebt, wie z. B. beim Verkauf, bei wirtschaftlichen Schwierigkeiten oder bei Konkursgefahr.

20.4
Wozu Qualitätsmodelle und Zertifizierung?

Wege zur Verbesserung

Also zurück zur Verbesserung, ständig und überall. Wie kann man sie sicherstellen?

Grafik: Unterschiedliche TQM-Modelle in der Übersicht

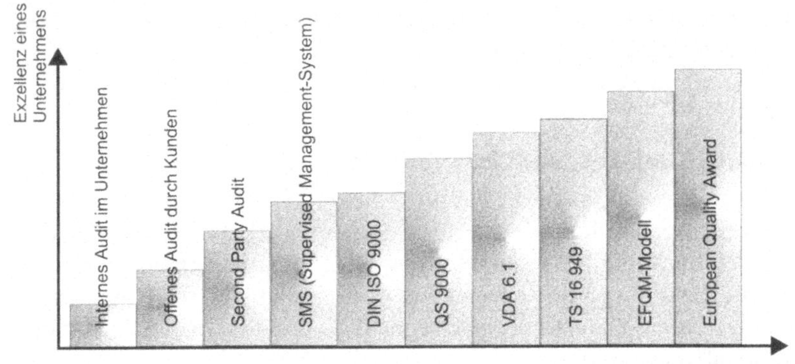

Der Laie wird sich mit verbalen Äußerungen zu den Verbesserungen begnügen, der Profi wird eine Systematik anwenden und der Experte wird den Verbesserungsprozeß steuern, indem er plant (Zielvereinbarungsprozeß), betreut (Problembeseitigungsprozeß) und bewertet (Meß- und Berichtsprozeß). Dazu bedient er sich verschiedener Methoden und eines Strukturierungsmodells, das das Unternehmen möglichst gut abbildet. Eine Möglichkeit ist das DIN ISO-Modell mit seinen 20 Elementen, ein anderes das EFQM (European Foundation for Quality Management)-Modell mit seinen 9 Hauptkriterien. Aber jedes andere Modell, das alle Leistungen des Unternehmens strukturiert bewerten kann, wäre genau so geeignet.

Laien, Profis und Experten

Neben diesen Überlegungen aus Unternehmenssicht wird aus übergeordneter Sicht (z.B. von Behörden oder von Kunden) der Nachweis gefordert, daß der Hersteller eines Produktes (oder Dienstleistung) ein Qualitäts-Management-System unterhält. Der Nachweis wird dabei sehr oft in Form eines Zertifikats (= Bewertung durch eine akkreditierte, neutrale Institution) verlangt.

häufig Nachweis durch Zertifikat gefordert

Zertifikate können aber niemals ein Beweis dafür sein, daß das Unternehmen tatsächlich Produkte mit dem Prädikat Qualität abliefert, sie geben nur einen Hinweis, daß das Unternehmen ein Qualitäts-Management-System unterhält und i. a. dazu fähig wäre, Qualität zu liefern. Das ist auch der Grund, warum Abnehmer weiterhin beim Lieferanten erscheinen und sich von der Qualität der Produkte und Prozesse mit eigenen Augen überzeugen (sog. Kunden-Audit).

allein kein Beweis für Qualität

Tatsache ist aber auch, daß alle exzellenten Unternehmen ein Qualitäts-Management-System, strukturiert nach einem der bekannten Modelle, unterhalten. Wozu streben dann viele Unternehmen ein Zertifikat an, wenn man nicht sicher sein kann, daß am Ende Qualität herauskommt? Meist ist dies sehr einfach damit

Zertifikat als Druckmittel für QMS?

zu erklären, daß die Zertifizierung als Druckmittel verwendet wird, um ein Qualitäts-Management-System zu implementieren. Die Existenz eines Qualitäts-Management-Systems ist unabdingbare Voraussetzung für Qualität.

20.5
Qualität als Wettbewerbsvorteil

Im vergangenen Jahrzehnt war es noch möglich, sich durch Qualität (Produktqualität) vom Wettbewerber zu unterscheiden. Heute ist die Erfüllung von technischen Anforderungen selbstverständlich und die Unterscheidungsmöglichkeit ist in Richtung Dienstleistung abgewandert.

Morgen wird auch die Dienstleistung den Anforderungen der Kunden entsprechen und andere Faktoren, wie z. B. Wirkung in der Öffentlichkeit, Zufriedenheit der Mitarbeiter, Unternehmensethik werden diejenigen Merkmale sein, in denen sich Unternehmen unterscheiden und damit besser als andere sein können. Das bedeutet, daß dasjenige Unternehmen in der Zukunft die größeren „Überlebenschancen" hat, das heute schon den Verbesserungsprozeß auf möglichst alle Felder des Unternehmens ausdehnt. Den größten Fehler, den man dabei machen kann, ist der, daß man die vorhandene Kapazität von einem Feld (z. B. Produkt) zu einem neuen (z. B. Vertrieb) verlagert, ohne sicherzustellen, daß die notwendigen Aktivitäten von jemanden übernommen werden. Im allgemeinen bedingt eine Reduzierung der Kapazität auch eine Verschlechterung der Qualität. Und dies wiederum kann zu immensen Verkaufsrückgängen führen.

Diese Situation zeigt auf, daß es nicht sinnvoll ist, für die Qualitätsarbeit eine eigene Organisationseinheit zu etablieren. Besser ist es, diese Arbeiten direkt vom primären Leistungserbringer durchführen zu lassen und als Teil der Leistung zu betrachten. Das ist auch ein wesentlicher Grund, daß Qualität nicht von einer Qualitätsabteilung erbracht werden kann, sondern nur vom primären Leistungserbringer selbst.

20.6
Wohin geht die Reise?

In der Automobilindustrie wird in 10 Jahren die Zertifizierung eine nicht mehr so wichtige Rolle spielen und alle Unternehmen werden ein funktionierendes Qualitäts-Management-System unterhalten. Je nach Bedarf wird das Unternehmen ein Zertifikat nach DIN ISO

9000 inklusive der TS 16 949 (= harmonisierter Anforderungs-
katalog der Automobilindustrie) anstreben oder sich entsprechend
dem EFQM-Modell einer Selbstbewertung unterziehen.

Entscheidend wird nur das Aufzeigen von Verbesserungspoten-
tialen und die Abarbeitung von entsprechenden Maßnahmen sein.
Unternehmen, die sich lange Zeit erfolgreich gewehrt haben, ein
Qualitäts-Management-System einzuführen, wird es nicht mehr
geben.

Die Industrien, die heute noch nicht so weit sind, wie die Automobilindustrie, werden aufholen und eine ähnliche Entwicklung
durchmachen.

Dies heißt zusammengefaßt:

- Qualitäts-Managementsysteme werden – auch wenn sie „selbst-
  gestrickt" sind – Einzug in die Unternehmen finden.

- Die Forderung eines Zertifikats kann der Anstoß für die Implementierung eines Qualitäts-Managementsystems sein.

- Nachdem Qualitäts-Managementsysteme Standard geworden
  sind, werden Zertifikate nur noch von Behörden gefordert.

Aber auch hier gilt: Nicht nur die Schnelleren haben einen
Wettbewerbsvorteil, sondern vor allem diejenigen, die den Sinn
und Zweck eines Qualitäts-Managementsystems verstanden haben.

21 Komplexe Dynamik in Natur, Wirtschaft und Internet: Qualitätssicherung am Rande des Chaos

Prof. Dr. Klaus Mainzer, Institut für Interdisziplinäre Informatik , Universität Augsburg

Im Zeitalter der Globalisierung werden die Lebensbedingungen der Menschen immer komplexer und unübersichtlicher. Täglich erleben wir die labilen Gleichgewichte in Politik, Wirtschaft und Gesellschaft. Einige fürchten den Verlust gewohnter Besitzstände und den Absturz ins Chaos. Andere sehen die Chance kreativer Innovationen und den Aufbruch zu neuen Märkten. Internet und World Wide Web eröffnen komplexe Netzwelten, die mit virtuellen Märkten locken, aber auch zum Absturz im Informationschaos führen können. In der Evolution, so zeigen uns jedenfalls die Naturwissenschaften, entsteht Leben nur am Rande des Chaos, fern der Erstarrung im thermischen Gleichgewicht. Gesundheit, so zeigt uns die Medizin, bedeutet keine starre Regularität und Chaos nicht notwendig Krankheit und Tod. Was können wir vom Komplexitätmanagement der Natur lernen? Wie ist Qualitätssicherung fern von wettbewerbsfeindlicher Regulation, aber am Rande chaotischen Wildwuchs möglich?

steigende Komplexität

21.1 Vom linearen zum nichtlinearen Denken

Seit der Antike war der Sternenhimmel ein Symbol für Ordnung, Sicherheit und göttliche Mächte. Noch die Aufklärung ist erfüllt von Kants Ehrfurcht vor dem bestirnten Himmel über uns: Wenn schon nicht Sitz der Götter, so sollte doch Newtons Mechanik seine Berechenbarkeit garantieren. Berühmt wurde die Fiktion des französischen Mathematikers und Astronomen Laplace, wonach ein perfekter Computer („*Laplacescher Geist*") alle Zustände der Welt

Laplacescher Geist in Mechanik und Ökonomie

exakt berechnen könnte, wenn nur der Gegenwartszustand genau bekannt wäre. Beeindruckt von so viel Sicherheit in den Naturwissenschaften versuchten einige Klassiker der Ökonomie, die Mathematik vom Himmel auf die Gesellschaft zu übertragen. Sie studierten ökonomische Gleichgewichtsmodelle und unterstellten eine berechenbare Zukunft mit eindeutig lösbaren ökonomischen Problemen.

Aus der Mathematik wissen wir: Lineare Gleichungen, die außer einer Unbekannten nur Konstanten enthalten, sind leicht zu lösen. Nichtlineare Gleichungen erlauben aber nicht immer beliebig genaue Berechenbarkeit, selbst mit unseren besten Computern. Ein *nichtlineares* Wechselwirkungsschema, in dem mehr als zwei Himmelskörper aufeinander einwirken („*Mehrkörperproblem*"), kann eine empfindliche Abhängigkeit ihrer Bahnen von den Anfangsbedingungen erzeugen. Der Volksmund wußte schon immer: Dreiecksverhältnisse neigen zu Streit und Instabilität. Eine winzige Abweichung z.B. beim Stoß einer Billardkugel, eine sehr kleine Störung von Planetenbahnen, von der man vermutete, sie sei zunächst völlig vernachlässigbar, kann sich chaotisch aufschaukeln und zu Wirkungen führen, die langfristig nicht vorausberechenbar sind. Und wieder der Volksmund: Ein unbedachtes Wort in einer instabilen Situation kann eine Katastrophe auslösen. Unser Wetter ist durch viele Faktoren (z.B. Luftdruck, Temperatur, Luftströmungen) bestimmt, die nichtlinear aufeinander einwirken. Geringste lokale Veränderungen, ein kleiner nicht beachteter Wirbel auf der Wetterkarte, ein trudelndes Blatt, der Flügelschlag eines Schmetterlings können unter geeigneten Umständen globale chaotische Veränderungen der Großwetterlage auslösen. Jedermann weiß um die langfristige Verläßlichkeit des Wetterberichts.

In der mathematischen Chaostheorie spricht man deshalb auch von „*Schmetterlingseffekt*". Solche empfindlichen nichtlinearen Systeme, bei denen geringste Veränderungen der Anfangsbedingungen schon nach kurzer Zeit zu völlig unterschiedlichem irregulärem Verhalten führen, heißen *chaotisch*. Überraschenderweise entsteht dieses irreguläre Verhalten trotz vollkommen deterministischer Gesetze und nicht aufgrund von Zufallsprozessen, wie z.B. beim Würfeln. Man spricht daher auch vom *deterministischen Chaos*.

Als Ende des letzten Jahrhunderts der französische Mathematiker und Philosoph Henri Poincaré die nichtlinearen Mehrkörperprobleme der Astronomie untersuchte, schrieb er: „Die Dinge sind so bizarr, daß ich es nicht aushalte, weiter darüber nachzudenken." Die Rechenkapazitäten moderner Großcomputer erlauben allerdings Näherungslösungen nichtlinearer Gleichungen: Ihre Computergrafiken zeigen häufig *fraktale Strukturen* von bizarrer

Schönheit. Anders als die Begrenzungslinien eines Dreiecks oder Kreises sind die Ränder solcher Strukturen nicht glatt, sondern gebrochen („fraktal") und unendlich rauh: Jede Vergrößerung zeigt wiederum neue Strukturen, die den vorherigen sogar ähnlich sein können. So zeigt z.B. die Kurve der Luftschwankungen beim Wetter in jedem Zeitmaßstab wieder neue Schwankungen. Analog wiederholen Satellitenaufnahmen von Küstenverläufen bei immer weiteren Vergrößerungen ihre zerklüftete Struktur. In der mathematischen Chaostheorie wurden Verfahren vorgeschlagen, um Grade von Chaotizität und Fraktalität in Meßdaten zu erkennen. Damit werden neue Vorwarnsysteme von Wettereinbrüchen über Erdbeben bis zu chaotischen Börsenschwankungen möglich.

21.2
Komplexität und Nichtlinearität in der Natur

Nichtlinearität ist nicht nur eine notwenige Bedingung von Chaos. In komplexen Systemen mit vielen wechselwirkenden Elementen spielt sie bei der Selbstorganisation von Ordnung in Natur und Gesellschaft eine wichtige Rolle. Die Physik bietet viele Beispiele von komplexen Systemen, deren Elemente sich unter geeigneten Nebenbedingungen zu neuen Ordnungen selbständig zusammenfügen. Da wir das einzelne Verhalten z.B. der vielen Atome und Moleküle in einer Flüssigkeit nicht kennen können, beschreiben wir das Gesamtverhalten eines komplexen Systems mit den Gesetzen der statistischen Physik. Ein alltägliches Beispiel ist ein Regentropfen auf einem Blatt mit seiner perfekten glatten Oberfläche. Da das System thermodynamisch einen Zustand niedrigster Gesamtenergie einnehmen muß, minimiert der Tropfen die Ausdehnung seiner Oberfläche und bildet so seine Form. Bekannt sind auch die Eiskristalle, zu denen sich Wassermoleküle in der Nähe des Gefrierpunktes zusammenfügen. Bei abgeschlossenen (‚konservativen') Systemen in der Nähe des thermischen Gleichgewichts sprechen wir von einer *konservativen Selbstorganisation*.

    In offenen („dissipativen") Systemen können verschiedene Ordnungsstrukturen fern des thermischen Gleichgewichts durch Stoff- und Energieaustausch mit ihrer Umwelt entstehen („*dissipative Selbstorganisation*"). Dabei wirken hochgradig nichtlineare Mechanismen. Beispiele sind Wolkenbilder am Himmel oder Strömungsbilder eines Flusses, die von regulären Mustern bis zu chaotischen Wirbeln reichen. Wenn die Energiezufuhr eines Lasers stetig erhöht wird, entstehen ebenfalls typische Wellenmuster – vom regulären Laserstrahl bis zur chaotischen Lichtturbulenz. Aus der Chemie sind

konservative Selbstorganisation

dissipative Selbstorganisation

Spiralen und Ringwellen von Gemischen bekannt, die durch äußere Stoff- und Energiezufuhr aufrecht erhalten werden.

Solche offenen physikalischen und chemischen Systeme realisieren Eigenschaften, die wir auch *lebenden Systemen* zuschreiben. Es findet ein Stoff- und Energieaustausch mit der Umwelt statt, der das System von Tod und Erstarrung im thermischen Gleichgewicht fern und die Ordnung des Systems aufrecht erhält. Die Ordnungen entstehen durch „*Selektion*" und „*Kooperation*" der Systemteile bei geeigneten Bedingungen. Geringste Fluktuationen können zu globalen Veränderungen des Gesamtsystems führen. Auch biologische Systeme bauen ihre Ordnung selbständig aus ihren Teilen unter geeigneten Nebenbedingungen auf: Neue Zellen gehen aus vorhandenen durch Teilung hervor. Aus der befruchteten Eizelle entwikkelt sich so schließlich ein neuer Organismus. Allerdings reichen zur Erklärung die Gesetze der Thermodynamik nicht aus. Bei der zellulären Selbstorganisation sind die Anweisungen für den Aufbau des Systems in den Bausteinen selbst (d.h. der molekularen DNS-Struktur der Zelle) verschlüsselt. Man spricht daher von einer *genetisch kodierten Selbstorganisation der biologischen Evolution* im Unterschied zur *thermodynamischen Selbstorganisation*. Auch das ökologische Zusammenleben von Populationen läßt sich mit komplexen dynamischen Systemen erfassen. *Ökologische Systeme* sind nämlich komplexe offene Systeme von Pflanzen oder Tieren, die in gegenseitigen (nichtlinearen) Kopplungen mit ihrer Umwelt fern des thermischen Gleichgewichts leben. Ihre ökologischen Lebensräume sind labile Gleichgewichte am Rande des Chaos. Nur beständiges Fitnesstraining vermag sie vor dem Absturz zu bewahren.

Der menschliche Organismus ist ein komplexes zelluläres System, in dem beständig labile Gleichgewichte durch Stoffwechselreaktionen aufrecht erhalten werden müssen. *Gesundheit* ist eine Balance zwischen Ordnung und Chaos. Starre Regulation würde verhindern, auf Störungen flexibel zu reagieren. So funktioniert unser Herz nicht wie eine ideale Pendeluhr. Wenn Herzschläge pro Minute oder Stunde untersucht werden, so schwankt ihre Frequenz nach einem ähnlichen irregulären Muster. Kardiologen vermuten daher fraktale Strukturen. Könnte man sie eindeutig in EKG-Kurven bestimmen und deuten, wären Risikopatienten besser zu behandeln. Jedenfalls spricht man in der Medizin bereits von dynamischen Systemerkrankungen. Bei solchen Patienten ist der Körper nicht mehr in der Lage, physiologische Gleichgewichte selbständig auszubalancieren und weitvernetzte Koordinationen zu übernehmen.

Eine der aufregendsten fachübergreifenden Anwendungen komplexer Systeme ist das menschliche Gehirn. Dazu wird das Gehirn als ein *komplexes System von Nervenzellen* (Neuronen) aufgefaßt, die über Synapsen elektrisch oder neurochemisch wechselwirken. In ihren Wellenmustern vermuten einige Forscher fraktale und chaotische Strukturen, die der nichtlinearen Dynamik unseres Wahrnehmens, Fühlens und Denkens zugrunde liegen. Die biologische Evolution hat im Laufe von Millionen von Jahren unterschiedlich komplexe neuronale Netzwerke und Lernverfahren entwickelt und ausgetestet. Seit wenigen Jahren untersucht die Neuroinformatik diese Bau- und Lernverfahren der Natur, um sie als „Blaupausen" für *lernfähige technische neuronale Netze* zu nutzen. Dabei ist zu beachten, daß das Gehirn als lebendes System seine Ordnungszustände nicht wie z.B. ein Kristall nahe dem thermischen Gleichgewicht „ausfriert". Es ist ein offenes System fern dem thermischen Gleichgewicht, das empfindlich reagieren, kreativ sein, aber auch abstürzen kann.

21.3
Komplexität in Wirtschaft und Gesellschaft

Mit Blick auf die Kulturgeschichte ist es naheliegend, die *Entwicklung menschlicher Gesellschaften* als Dynamik komplexer Systeme zu verstehen. Jäger-, Bauern- und Industriegesellschaften breiteten sich wie Wetterfronten auf geographischen Karten aus. Schon bei der Industrialisierung des 19. Jahrhunderts bildeten Straßen- und Eisenbahnnetze das Nervensystem der sich ausbreitenden Nationalstaaten. So gibt es heute Computermodelle von Stadtentwicklungen, deren nichtlineare Dynamik der Besiedlung mit möglichen Stadtzentren, Industriegebieten, Ballungszonen und Veränderungen des Verkehrsnetzes simuliert wird.

Ein spannendes Anwendungsgebiet der Komplexitätsforschung ist die *nichtlineare Verkehrsdynamik*. Bereits bei Fußgängerströmen auf einem Gehweg oder in einer Fußgängerzone läßt sich beobachten, wie sich kollektive Bewegungsmuster der einzelnen Fußgänger von selbst organisieren. So kann sich z.B. an Kreuzungen wie von selbst ein kurzfristiger Kreisverkehr der Fußgänger herausbilden, ohne daß ein Polizist eingreift. Wie in der Systemforschung üblich, unterscheiden wir bei Verkehrsmodellen die Mikroebene einzelner wechselwirkender Fahrer-Fahrzeug-Einheiten von der Makroebene, auf der die kollektive Gesamtdynamik für aggregierte Größen wie Fahrzeugdichte, mittlere Geschwindigkeiten etc. wie in einem Flußmodell untersucht wird.

Ziel komplexer Verkehrsmodelle ist die Erklärung von Stop-and-Go-Wellen, Instabilitäten, Staus aus dem Nichts und Verkehrschaos als Selbstorganisationsphänomene nichtlinearer Dynamik. Bereits das Fehlverhalten einzelner Autofahrer durch starke Bremsmanöver, falsche Abstände oder erzwungenen Spurwechsel kann sich in einer fragilen Verkehrslage zu den berüchtigten Stop-and-Go-Wellen aufschaukeln oder einen kollektiven Stau auslösen, von dem hinterher niemand mehr die Ursache kennt: Der Stau aus dem Nichts als Schmetterlingseffekt einer chaotischen Verkehrsdynamik. Intelligente Verkehrssysteme versuchen daher, aus den Meßdaten des Verkehrs frühzeitig Grade der Chaotizität zu erkennen, um den Verkehrsfluß durch Geschwindigkeits- und Abstandsangaben, Umleitungen und Ampelschaltungen zu homogenisieren.

Auch die *Wirtschaft* läßt sich als komplexes System auffassen, auf dessen Mikroebene die Wirtschaftsagenten, Unternehmen und Firmen wechselwirken, um auf der Makroebene eine globale Dynamik zu erzeugen, die z.B. in Konjunkturzyklen und Börsendaten beobachtet wird. Die Systemumwelt der Wirtschaft wird z.B. durch politische, soziale und ökologische Rahmenbedingungen bestimmt.

Bereits Adam Smith (1723-1790), der Vater der *Marktwirtschaft*, ging vom Selbstorganisationsprozeß eines komplexen Wirtschaftssystems aus, in dem Angebot und Nachfrage von Produkten zwischen Firmen und Konsumenten die wirtschaftliche Dynamik bestimmen. Dazu unterstellt er eine Art Selbstorganisation, durch die sich im ökonomischen Gleichgewicht der soziale Ordnungszustand einer Gesellschaft („Wealth of Nation") von selbst wie durch eine unsichtbare Hand („invisible hand") gelenkt einstellt. Tatsächlich lassen sich aber ökonomische Systeme nicht mit der Selbstorganisation von Kristallen und Festkörpern nahe dem thermischen Gleichgewicht vergleichen. Analog wie ein biologisches Ökosystem werden sie in ständiger Veränderung begriffen sein und empfindlich auf geringste Veränderungen der Randbedingungen reagieren. Zudem sind die Agenten eines Wirtschaftssystems *lernfähige Menschen*. Kurzfristige Schwankungen von Konsumentenpräferenzen, unflexibles Reagieren im Produktionsverhalten, aber auch Spekulationen auf Rohstoff- und Grundstücksmärkten liefern Beispiele für sensible Reaktionen im Wirtschaftssystem.

Daß Fluktuationen im kleinen sich zu Wachstumsschüben im großen selbst organisieren können (z.B. technische Innovationen wie Webstuhl und Dampfmaschine in der industriellen Revolution), andererseits aber zu chaotischem und unkontrollierbarem Verhalten aufschaukeln können (z.B. Börsenkrach, Massenverelendung, Arbeitslosigkeit), ist eine historische Erfahrung der Jahrhunderte nach Adam Smith.

Erst allmählich setzt „nichtlineares Denken" auch bei Ökonomen ein. Man hofft, durch Computermodelle mögliche ökonomische Szenarien unter veränderten Bedingungen simulieren zu können, um Informationen z.B. für geeignete wirtschaftspolitische Entscheidungen zu erhalten und Abstürze zu vermeiden. *Wohlfahrt, Arbeitsplätze* und *gesunde Umwelt* sind *soziale Ordnungszustände,* die sich nicht von selbst einstellen. Wir müssen sie zunächst wollen und die geeigneten Nebenbedingungen kennen, damit eine entsprechende Entwicklung der Gesellschaft möglich wird. In einem komplexen sensiblen System lassen sie sich jedoch nicht durch Zentralsteuerung programmieren. Das haben uns historische Beispiele mit Kommandowirtschaft gezeigt.

Wirtschaftstheoretiker bemühen sich daher um nichtlineare Gleichungssysteme, mit denen z.B. beobachtbare Konjunkturzyklen, Arbeitslosenzahlen oder Börsenentwicklungen erzeugt werden können. Langfristige Prognosen *nichtlinearer Systemdynamik* sind zwar ausgeschlossen. Andererseits sind Prognosen über das Systemverhalten in der Nähe von Attraktoren, Instabilitätspunkten und lokalen Gleichgewichten möglich. Welche Art und ob überhaupt ein Attraktor (z.B. Oszillation oder Chaos) vorliegt, kann nur durch empirische Analyse ökonomischer Zeitreihen untersucht werden. Um z.B. ökonomisches Chaos zu diagnostizieren, müssen fraktale Zeitreihenstrukturen (z.B. im Phasenraum) nachgewiesen und von bloßem Datenrauschen unterschieden werden. Dazu sind aufwendige mathematische Filtermethoden, numerische Approximation von nichtlinearen Differentialgleichungen und digitale Computersimulationen notwendig. Analog zur Erdbebenforschung, Kardiologie oder Verkehrsdynamik könnten so *Vorwarnsysteme für den ökonomischen Infarkt* entwickelt werden.

mathematische Vorwarnsysteme für nichtlineare Wirtschaftsentwicklung?

21.4
Qualitätssicherung in Unternehmen und virtuellen Märkten

Schließlich läßt sich auch ein *Unternehmen als komplexes System* auffassen. Die strukturelle Komplexität eines Unternehmens hängt von der Anzahl seiner Hierarchieebenen, der Schnittstellendichte seiner Abteilungen, der Länge von Entscheidungsprozessen oder der Anzahl von Kontrollinstanzen ab. Zentral ist heute auch die informatorische Komplexität mit z.B. der Transparenz der Informationsläufe und einem effektiven Wissensmanagement. Hinzu

Unternehmen als komplexe Systeme

kommt die individuelle Komplexität der Mitarbeiter, die als zentrale Ressource von Knowhow und Wissen erkannt und eingesetzt werden sollte. Die Unternehmensumwelt ist durch die Globalisierung und Dynamik der Märkte, Nachfrageschwankungen, Kundenprofile u.ä. bestimmt. Im Sinne der Komplexitätsforschung besteht die Kunst des Managements darin, das Unternehmen kreativ, innovativ und damit produktiv, fern von erstarrten Regulationen, aber am Rande des chaotischen Kompetenzwirrwarrs zu halten.

Nur so ist auch *Qualitätssicherung der Produktion* möglich. Starre und zentral kontrollierte Vorgaben von technologischen und logistischen Produktionsschritten werden unvorhersehbaren Störungen und Datenschwankungen nicht gerecht. Daher ist die Prozeßdynamik in offenen und komplexen Systemen wie der Produktion nur kurzfristig vorhersagbar und nur bedingt kontrollierbar. Um eine effektive Kontrolle zu erreichen, ist es notwendig, Kompetenzen zunehmend von der zentralen Managementebene in die operativen Einheiten zu verlegen, die unmittelbar an den Produktionsabläufen beteiligt sind. Sie verfügen über das erforderliche Wissen vor Ort, um als selbststeuernde Einheiten eine Vielzahl von Störungen und Schwankungen bereits lokal zu regulieren und die komplexe Gesamtdynamik vor Qualitätsverlust und Absturz zu bewahren. Indem Mitarbeiter mit Graden der Selbstregulation und Autonomie an den globalen Unternehmenszielen mitarbeiten, vermag sich das Unternehmen schneller und flexibler auf unvorhersehbare Situationen ohne Qualitätsverlust einzustellen. Aus dem Unternehmen wird eine *lernende Organisation*, die ihr Humanpotential ausschöpft, um mit der wachsenden Komplexität ihrer Anforderungen fertig zu werden.

Komplexitätsmanagement durch lernende Organisationen wird um so notwendiger, je mehr Produktion und Produkte eines Unternehmens mit Information und Wissen zu tun haben. Im Zeitalter der Globalisierung ist das Thema der Wissensgesellschaft in aller Munde. Sie scheint sich zunehmend wie ein globales Gehirn zu entwickeln, dessen Akteure über Computernetze wie Nervenzellen über Nervennetze kommunizieren. Die Computernetze der Wissensgesellschaft erzeugen eine virtuelle Realität, die an die Vorstellungen und Gedanken biologischer Gehirne erinnert. Mit Blick auf die biologische Evolution sprechen einige bereits von einem neuen Superorganismus, in dem technische Artefakte über Computernetze mit Menschen und ihren Gehirnen zusammenwachsen.

Mit ihren multimedialen Informations- und Kommunikationsnetzen erschafft die menschliche Gesellschaft neue Formen kollektiven Wissens und virtueller Erlebniswelten. In der traditionellen Industriegesellschaft bestimmten Rohstoffe, Fabriken, Waren und

Märkte den Wirtschaftsprozeß. In einem Unternehmen mußte die *physische Wertschöpfungskette* von der Innovation über Produktionsabläufe und Marketing bis zum Verkauf und Kunden effektiv gestaltet werden. Mit Hilfe leistungsstarker Computer- und Informationssysteme lassen sich die komplexen Organisations-, Beschaffungs- und Verteilungsprobleme nicht nur besser überschauen, sondern die Informationsverarbeitung dieses Wissens erzeugt auch einen zusätzlichen Wert. Beispiele sind Auto- und Flugzeugunternehmen, die ihre Produktionsentwicklung an virtuellen Prototypen in Computernetzen mit weltweit verstreuten Konstrukteuren und Marketingexperten betreiben.

Softwarehäuser, Direct Marketeers, Finanzdienstleister und Versicherer kommunizieren mit ihren Kunden im Netz und schaffen mit ihren Datenbanken immer neue Produkte und Leistungen. In der Wissensgesellschaft sind die physischen Wertschöpfungsketten zusätzlich mit *virtuellen Wertschöpfungsketten* vernetzt. Knowhow und Beratung werden als *Wissensprodukte im Netz* angeboten. Im *Electronic Commerce* werden Anbahnung, Aushandlung und Abwicklung von Geschäftstransaktionen virtuell realisiert. Im Wirtschaftsleben der Wissensgesellschaft werden Teleworking, Telebanking und Teleshopping alltäglich sein.

Die Daten- und Informationsflut in diesen komplexen Netzwelten kann allerdings von einem einzelnen Nutzer nicht mehr kontrolliert werden. Die Eigendynamik der Netze führt heute bereits zu Informationsüberflutung, Sicherheitsproblemen (z.B. Computerviren) und Desorientierung. Wie läßt sich der Absturz ins *Netz- und Informationschaos* (‚Lost in the Net‘) vermeiden? Wie ist *Qualitätssicherung von Informationsprodukten in der Wissensgesellschaft möglich*?

Konventionelle *Suchmaschinen* reichen nicht aus, um aus den Daten- und Informationsmassen das Wissen herauszufiltern, das für Problemlösungen und Handlungsentscheidungen notwendig ist. Zur Unterstützung werden mehr oder weniger anpassungs- und lernfähige Softwareprogramme (‚*Agenten*‘) eingesetzt, die selbständig (‚*autonom*‘) sich Wünschen und Zielen des menschlichen Nutzers z.B. bei der Auswahl von Netzinformationen anpassen. Da diese virtuellen Agenten mit simulierten Eigenschaften lebender Systeme ausgestattet werden, verbindet sich an dieser Stelle die Forschungsrichtung der ‚*Verteilten Künstlichen Intellige*‘ mit ‚*Künstlichem Leben*‘. Analog zur *virtuellen Evolution* einer Automatenpopulation könnte eine *Population von Softwareagenten* ihre Fitnessgrade verbessern oder selektiert werden, je nachdem wie erfolgreich sie die gestellten Aufgaben löst oder sich einer ständig verändernden Netzumwelt anpassen kann.

virtuelle Wertschöpfungsketten

Qualitätssicherung von Informationsprodukten

verteilte künstliche Intelligenz im Netz

Virtuelle Agenten können *stationär* am Arbeitsplatz des menschlichen Nutzers wie persönliche Assistenten wirken und selbständig z.B. die E-Mail nach den gelernten Nutzerwünschen auswählen. Sie können aber auch als *mobile Agenten* ins World Wide Web geschickt werden, um an verschiedenen Orten selbständig z.B. Informationsrecherchen vorzunehmen. Ein praktischer Vorteil mobiler Agenten ist die Minimierung von Online-Zeit und damit von Kosten. Als ‚*geklonte‘ Softwarewesen* können sie zudem in beliebiger Vielzahl an verschiedenen Orten gleichzeitig arbeiten.

In einem offenen *elektronischen Dienstleistungsmarkt* können auch stationäre mit mobilen Agenten verbunden werden. Der Anbieter einer Dienstleistung (z.B. Datenbank) stellt einen stationären Agenten quasi wie einen elektronischen Bibliothekar zur Verfügung, der auf die Wünsche des geschickten mobilen Agenten eingeht. Der mobile Agent könnte z.B. bei erfolgloser Suche nach einer bestimmten Information vor Ort selbständig entscheiden, eine damit zusammenhängende Information zu suchen, auf die ihn vielleicht der Anbieteragent aufmerksam gemacht hat. Die Reaktionen und Kommunikationen der Agenten erfolgen häufig in der *Programmiersprache Java*. Mit wachsender Komplexität der Computer- und Kommunikationssysteme werden *virtuelle Agenten* für das *Wissensmanagement* ebenso unverzichtbar sein wie mikrobiologische Organismen für die Lebensfähigkeit des menschlichen Körpers. Bei ungelösten Sicherheitsproblemen könnten sie sich leider auch als gefährliche Computerviren verselbständigen.

Je nach Aufgabenstellung sind virtuelle Agenten unterschiedlich *spezialisiert*. Neben den persönlichen elektronischen Assistenten, die sich autonom den veränderten Wünschen der Nutzer anpassen, wird es Netzagenten geben, die in den heterogenen Multimedia-Systemen des Netzes (Datenbanken, Textsysteme, Grafiksysteme etc.) Informationen sammeln. *Wissensagenten* werden sie filtern und integrieren, andere weiterleiten und speichern. *Sicherheitsagenten* im Sinne eines *virtuellen Immunsystems* werden System und Information schützen. Prinzipiell könnten virtuelle Agenten mit einer Skala von mehr oder weniger starken Fähigkeiten ausgestattet werden. In der bisher realisierten *schwachen Agententechnologie* entscheiden stationäre oder mobile Softwareprogramme autonom über vorgegebene Ziele, reagieren auf veränderte Netzsituationen und tauschen Informationen aus. Ein wirtschaftliches Beispiel sind *Investoragenten*, die aufgrund von Entscheidungsregeln über gute oder schlechte Börsennachrichten den An- und Verkauf von Wertpapieren zur Zusammensetzung eines günstigen Portfolio vorschlagen. Diese Agententechnologie läßt sich als Erweiterung *aktiver Datenbanken* verstehen, die bereits autonom mit regelbasierten Programmen durch die Anwendung von Geschäftsregeln (z.B. Benutzungsrechte) über laufende Informationserweiterung oder Informationssicherung entscheiden können.

Es zeichnet sich bereits ein *agentenbasierter Electronic Commerce* ab, um Geschäfte im World Wide Web durch Agentenservice anzubahnen, beraten und ausführen zu können. Virtuelle Agenten treten z.B. als Wissensbroker auf, um passend spezialisierte Agenten für Problemlösungen an Requester zu vermitteln. Ziel wäre eine *agentenbasierte Qualitätsicherung* in der komplexen Netzwelt des Electronic Commerce. Davon sind wir allerdings noch entfernt.

Das Leben in komplexen Netzwelten will also gelernt sein. In der digitalen Globalisierung könnten sich virtuelle Netzwelten herausbilden, deren Eigendynamik trotz Einsatz von virtuellen Wissensagenten nicht mehr beherrschbar ist. *Wissensmanagement* in Computernetzen erfordert nicht nur *technische Kompetenz*. Wir Menschen müssen nach wie vor *strategisch die Ziele* vorgeben, auf die sich unsere Informations-, Wissens- und Kommunikationsnetze hin entwickeln sollen.

Damit stellt sich die Frage der *Verantwortung in komplexen Systemen* neu, in denen geringste lokale Fehler globale Risiken und Gefahren heraufbeschwören. Ein Softwarefehler in einem komplexen Informationsnetz zur Verkehrsleitung kann Ketten von schweren Unfällen auslösen. Betriebswirtschaftliches Versagen einzelner Manager kann Tausende von Arbeitsplätzen kosten. Unsere Konsumentenwünsche können sich über landwirtschaftliche und industrielle Produktionsprozesse zu Umweltschäden aufschaukeln. Ein Arzt sollte den Menschen als komplexen Organismus mit vielen zusammenhängenden labilen Gleichgewichten auffassen und nicht als auseinander- und zusammensetzbare Maschine nach dem Vorbild der klassischen Mechanik. Das Studium nichtlinearer Dynamik sollte uns daher sensibel machen für die empfindlichen Gleichgewichte in Natur und Gesellschaft. Wer aber aus Angst vor Chaos im Nichtstun verharrt, wird von der Eigendynamik komplexer Systeme überrollt. Am Rande des Chaos sind zwar Sensibilität, aber auch Mut und Kreativität zur Problemlösung gefragt.

[21.1]   K. Mainzer, Thinking in Complexity. The Complex Dynamics of Matter, Mind, and Mankind, Springer: 3. erweiterte Aufl. 1997 (japan. Übersetzung 1997).

[21.2]   K. Mainzer, Computer – Neue Flügel des Geistes? DeGruyter: 2. Aufl. 1995.

[21.3]   K. Mainzer, Gehirn, Computer, Komplexität, Springer: 1997.

[21.4]   K. Mainzer, Computernetze und virtuelle Realität. Leben in der Wissensgesellschaft, Springer: 1999.

[21.5]   K. Mainzer (Hrsg.), Komplexität und Nichtlineare Dynamik in Natur und Gesellschaft, Springer: 1999.

22 Redesign 2.0 – Warum und wie sich Entscheider für die Zukunft wappnen müssen

Prof. Peter F. Stephan, Kunsthochschule Köln, interviewt Andreas Vichr, vi&p;

P.S: *Herr Vichr, ich habe von Ihnen neulich folgendes Statement gelesen: „Die Qualität des Multimedia-Projektmanagements ist nicht gut genug und muß dringend verbessert werden. Für ein zukunftsorientiertes Projektmanagement müssen wir aus Projektmanagern „New-Media-Producer" machen. Wir brauchen spezialisiere Unternehmensberatungen und mutige Kunden. Dann kann das p@werGOLD-Zeitalter beginnen." Können Sie das erläutern?*

A.V: Um es auf den Punkt zu bringen. Die Qualität des Multimedia-Projektmanagements in Deutschland ist im Branchenvergleich nicht gut genug. Die Komplexität einer großen Multimedia-Produktion ist zu vergleichen mit der Komplexität einer Werbefilm-Produktion. Trotzdem können sich Werbeagenturen auf die Projektmanagement-Qualität ihrer Filmproduktions-Dienstleister verlassen – auf die der Multimedia-Agenturen nicht immer. Selbst bei den ganz Großen gibt es bemerkenswerte Schwachstellen.

P.S: *Können Sie für diese Schwachstellen Beispiele bringen?*

A.V: Jede Menge. Warum glauben Sie rotieren Multimedia-Etats viel schneller als klassische Werbe-Etats? Weil die Qualität und dadurch die Kundenzufriedenheit zu schnell absinkt. Meist bemängeln Kunden an Multimedia-Dienstleistern nicht die Kreativität sondern inkonsequentes und zielloses Projektmanagement. Warum kommt es zu solchen Defiziten, werden Sie sich fragen. Meistens fehlt es in der Geschäftsführung an einem Verständnis und Feingefühl für Qualität, Kundenzufriedenheit und Projektmanagement. Das führt dann dazu, daß manche Firmen immer noch

keine expliziten Projektmanager einstellen – oder das Projektmanagement eines Kunden von unterschiedlichen Mitarbeitern im
fliegenden Wechsel durchgeführt wird – oder daß Projektmanager
viel zu wenig für Ihren Job ausgebildet wurden. Weder durch die
ursprüngliche Fachausbildung noch durch Zusatzqualifikation.
Dabei sind gute Projektmanager in Multimediaagenturen an der
direkten Vertrauensschaltstelle zum Kunden und damit für das
Unternehmen sehr wichtig.

P.S: Wie entstehen solche Schwachstellen?

A.V: Da sind viele Gründe dafür verantwortlich aber meistens sind
es Fehlentscheidungen in der Führung. Hier einige, die besonders
ins Auge springen. Viele Mitarbeiter in Multimedia-Agenturen erhoffen und bekommen auch immer noch Jobs, bei denen sie „ein
bißchen von Allem" machen können. Das ist gefährlich. Die Geschäftsleitung erkennt oft nicht, daß das zu einer Flucht aus der
Leistung und aus der Verantwortung führt.

Gerade weil Multimedia chaotisch ist, muß vermeidbares Chaos
unbedingt vermieden werden. Und das geht nicht, wenn man die
Einstellung hat, Multimediaprojekte managen sich von selbst. Oder
man kapituliert vor dem Chaos und proklamiert sogar öffentlich
„es gäbe keine Regeln" – wie es manche Referenten tun.

*P.S: Wollen Sie sagen, daß viele Multimedia-Dienstleister gar kein
Projektmanagement betreiben?*

A.V: Ich wollte es zuerst auch nicht glauben; da ich als Geschäftsführer bei Medialab von Anfang an auf professionelles Projektmanagement Wert gelegt habe. Ich dachte, die meisten Agenturen haben Projektmanager angestellt – insbesondere weil Projektmanagement-Seminare derart nachgefragt werden. Das bemerke ich
auch immer wieder an den Reaktionen und Bewertungen auf vi&p
Projektmanagementseminaren. Aber nach Gesprächen mit maßgeblichen Werbeagentur-Chefs wurde mir klar, daß nicht nur kleine sondern auch mittelgroße Agenturen die Position des Projektmanagers gar nicht besetzt haben. Und wenn, dann nicht mit spezifisch ausgebildeten, festangestellen Mitarbeitern.

*P.S: Werbeagenturen stört also schlechtes Projektmanagement ganz
besonders.*

A.V: Zunächst stört es immer den Kunden – und das läßt er sich auch
nicht lange gefallen. Aber Werbeagenturen nervt das ganz besonders.

Denn sie sind von anderen Partnern besseres gewöhnt. Beispielsweise von Filmproduktionsfirmen, die millionenschwere Werbefilm-Budgets verwalten. Jeder Tag, an dem nicht produziert werden kann, kostet ein Vermögen. Deshalb beschäftigen diese Unternehmen wie selbstverständlich eine Reihe professioneller Projektmanagement-Spezialisten. Und über allen steht ein Producer. Der für die „Produktion" komplett verantwortlich ist und alle Fäden in der Hand hält. So ähnliche Strukturen und vor allem so ein Selbstverständis, braucht die Multimedia-Branche auch.

P.S: Schlechtes Projektmanagement hat ja oft ganz fatale Folgen.

A.V: Davon können wohl viele Agenturchefs ein Lied singen. Der Weggang eines großen Kundenetats hat schon manche Agentur ins Wanken gebracht. Und das ist die finale Folge von schlechtem Projektmanagement. Deshalb können sich klassische Werbeagenturen unprofessionelles Projektmanagement gar nicht erlauben. Da steht bei großen Millionenbudgets zu viel Geld und Personal auf dem Spiel. Darum haben sich in dieser Branche hervorragende Projektmanagement-Strukturen entwickelt. Sowohl zwischen Kunde und Werbeagentur als auch zwischen Werbeagentur und Sub-Dienstleister.

Die Beziehung und die Betreuung des Kunden sind neben dem eigentlichen Produkt die wichtigsten Säulen für einen dauerhaften Erfolg – und das haben Werbeagenturen schon viel früher erkannt und entsprechende Maßnahmen ergriffen.

P.S: Wie kann man die Qualität im Multimediabereich verbessern?

A.V: Zunächst muß die Geschäftsführung auf Agenturseite ein Verständnis für Qualität entwickeln und lernen, die richtigen Entscheidungen zu treffen. Insbesondere muß die Qualifikation der Mitarbeiter durch gezielte Fortbildungsmaßnahmen optimiert werden. Und insgesamt muß die Grundausbildung des Multimedianachwuchses besser werden. Vor allem aber ist eine umfassende Entwicklung und Förderung künftiger Multimediaführungskräfte dringend von Nöten. Dafür fehlen erfahrene Trainer, die potentielle Führungskräfte entsprechend coachen können.

P.S: Weil das Vertrauen zwischen Trainer und Trainee genauso hoch sein muß wie zwischen Kunden und Agentur.

A.V: Ja, und weil es überhaupt zu wenige erfahrene und aufgeschlossene Senior-Trainer gibt. Bedenken Sie – Multimedia ist ein

„*People Business*". Ähnlich wie das der Werbeagenturen. Deshalb ist es so wichtig, daß man selektierte Projektmanager für jeden Kunden einsetzt. Bei Werbeagenturen gibt es darüber hinaus Etat-Direktoren, die für die langfristige Kundenzufriedenheit ganz entscheidend sind. Diese hohe Betreuungsqualität ist für Agenturen sehr aufwendig und wird vom Kunden auch erwartet.

In der Multimedia-Branche ist das bei weitem nicht so. Mir sagte mal ein Kunde allen Ernstes, daß wir ihn doch eigentlich dafür bezahlen müßten, daß Multimedia so viel Spaß macht. Man könnte fast meinen, Qualität wird vom Kunden gegenüber Multimedia-Agenturen gar nicht ernsthaft erwartet.

P.S: Dieser hohe finanzielle Einsatz fällt manchen Agenturen aber sicherlich schwer.

A.V: Qualität zu erreichen erfordert Investitionen – in Zeit und in Ressourcen. Aber dafür hat man einen Einsatz zum Gewinnen gesetzt. Die Chance ist da – man muß Sie nur umsetzen. Wenn man aber zusammenrechnet was Nachbesserung und der Verlust von Kunden kosten kann, erkennt man den Nutzen sofort.

Für die kommenden Aufgaben im Multimedia-Business müssen die Dienstleister in dieser Branche qualitativ besser werden. Die Komplexität der Multimediaprojekte wird immer größer und die Lösungen werden für den Kunden strategisch immer wichtiger. Aber das sind auch die wirklich interessanten Kunden.

P.S: Das klingt überzeugend, aber sind IT-Spezialisten nicht die besseren Dienstleister für die Erstellung von komplexen E-Commerce-Anwendungen?

A.V: Das kann man pauschal nicht beantworten. Aber clevere und potente Agenturen die besseren Partner. Aber sie müssen noch lernen. Denn Agenturen müssen die Zielgruppe des Kunden im Blick haben – nicht die Technik. Technische Probleme sind lösbar. Dazu braucht man Spezialisten. Aber man überträgt Technikern nicht die Projektverantwortung – das wollen Sie auch gar nicht. Viel wichtiger ist Einfühlungsvermögen und Weitblick bei der Konzeption. Ist Kreativität mit Logik gepaart und sind die richtigen Techniker und Berater an Bord, ist Qualität möglich.

P.S: Die Entwicklung des E-Commerce steht ja erst am Anfang. Wie sehen Sie die weitere Entwicklung?

A.V: E-Commerce beschränkt sich nicht auf die Digitalisierung analoger Geschäftsprozesse. Das Übertragen von Gelerntem führt in die falsche Richtung. Wir müssen neue, digitale Kauf-Bedürfnisse wecken. Dabei ist E-Commerce nur der Anfang. Die wahre Killer-Applikation ist die Kombination von E-Commerce, Community und Knowledge-Management. Ich nenne das „ECK-Business".

Sie werden sich fragen wie man sich das vorstellen soll. Nun, wir brauchen dazu drei Elemente – erstens: E-Commerce ist die technische Plattform und der digitale Verkaufsraum, also der Handel. Zweitens: Die Community macht Interessenten und Käufer füreinander sichtbar und verstärkt den Verkaufsprozeß – das ist die Kommunikation. Drittens: Das Knowledge-Management hilft uns Dinge aufspüren, von denen wir gar nicht wissen, daß sie uns nützlich sein können. Das heißt: Handel, Kommunikation und Wissen sind drei der Turbos des Internets.

P.S: Viele E-Commerce-Shops oder Portale glänzen nicht gerade durch Kreativität? Liegt das nur an den langsamen Leitungen?

A.V: Das ist momentan die Ausrede. Solange 9600 Baud als kleinster gemeinsamer Nenner genommen werden, ist das ein verständlicher Trick. Allerdings sollte man daraus kein Dogma machen. Die Leitungssituation wird sich schnell ändern und dann können Internet-Auftritte endlich die gestalterische Höhe erreichen, die man schon vor Jahren bei CD-ROM-Produktionen erreicht hat.

Außerdem müssen Internet-Lösungen wie *Überraschungseier* konzipiert sein. Mit *Spaß, Nutzen* und *Spannung*: Die Bedienung macht Spaß, wenn sie logisch, schnell und einfach zum Ziel führt – mit einer Prise Raffinesse. Nutzen entsteht wenn man einen Wissensvorsprung erzielt bzw. Geld und Zeit spart. Spannend ist Internet, wenn man Unerwartetes aufspürt, bei Schnäppchen zugreift und überraschende Sozialkontakte macht – virtuell und real.

P.S: Wer sind nun die richtigen Dienstleister für erfolgreiche Multimediaumsetzungen?

A.V: Langfristig werden sich auf der einen Seite nur echte Fullservice-Anbieter durchsetzen und auf der anderen Seite Spezialisten und Nischenanbieter. Wichtig ist dabei, daß man den Begriff „Fullservice" nicht so inflationär einsetzt wie das derzeit in der Multimedia-Branche üblich ist. Die Frage, welchen Service die Kunden erwarten, muß sich die Geschäftsleitung regelmäßig stellen. Und diese Serviceerwartung ist enorm gestiegen. Das Spektrum des notwendigen Know-Hows – quasi der Fächer der erforderlichen „Qualitäten“ – hat sich für Multimedia-Agenturen enorm erweitert. Das sind die Qualitäten, die von konkurrenzfähigen Multimedia-Agenturen jetzt gefordert werden.

P.S: Qualitäten? Was verstehen Sie darunter im Zusammenhang mit Multimedia-Dienstleistern?

A.V: Betrachten Sie mal den Begriff „Qualität“ genau: Auf der einen Seite wird mit Qualität die Beschaffenheit eines Produkts beschrieben – mit Begriffen wie Brauchbarkeit, Vorzüge, Wert, Zustand und Eigenart. Auf der anderen Seite sind die Eigenschaften oder die „Qualitäten“ von Personen gemeint wie Fähigkeiten, Begabung, Stärken, Talente und Ausbildung.

Der Fächer, der von den Kunden geforderten Qualitäten, ist im Multimedia-Business sehr breit geworden: *Marketing-*, *Multimedia-*, *Software-* und *Consulting* – ich nenne das die *„MaMuSoCo-Qualitäten“.* Genau dieses gebündelte Spezial-Know-How ist für große Multimediaprojekte notwendig. Früher genügte Multimedia-Know-How mit einer Prise Marketingverständnis. Die kommenden Schwachstellen vieler Multimedia-Agenturen sind die Qualitäten „Software“ und „Consulting“ – neben der schon vorhandenen Schwachstelle Projektmanagement.

P.S: Können Multimedia-Dienstleister diesem gesteigerten Qualitätsanspruch gerecht werden?

A.V: Besonders clevere Agenturen haben das bereits erkannt und die ganz großen setzen dies bereits mehr oder weniger erfolgreich um. Diejenigen, die sich bis jetzt nur auf Marketing- und Multimedia-Know-How konzentrierten, müssen sich entweder auf diese Nische konzentrieren oder das Know-How erweitern.

Man erkennt bei der Unterscheidung der Qualitäten auch die wichtigsten Dienstleister im Multimediageschäft: Das sind Werbeagenturen, Multimediafirmen, Software-Spezialisten und Unternehmensberater. An alle vergeben Kunden Ihre Multimedia-Etats. Teilweise jeweils an einen. In der Hoffnung, daß das andere Know-How auch vorhanden ist. Oder an eine Werbeagentur/Consultant, die sich die besten Sub-Dienstleister dann selbst aussuchen. Jetzt erkennt man auch, warum der Fullservice-Anspruch so schwierig zu erfüllen ist. Genau hier setzt vi&p an und hilft Agenturen und Kunden dabei, dieses Ziel mit professionellem Consulting zu erreichen.

P.S: Ist denn der Fullservice-Agentur-Ansatz immer der richtige Weg?

A.V: Das muß man je nach Projekt unterscheiden. Ich rede hier von großen Projekten mit der vollen Bandbreite an neuen Medien wie Internet, Intranet, Extranet, E-Commerce und CD-ROM. Und von Multimediaprojekten, die strategische Bedeutung für das Unternehmen haben. Bei diesen Projekten hat der Kunde nur zwei Möglichkeiten. Entweder er wendet sich an eine Fullservice-Agentur, die alle Qualitäten aufweist oder er wendet sich an ein spezialisiertes Beratungsunternehmen. Bei kleineren Budgets sind spezialisierte Multimedia-Agenturen sicherlich weiterhin die richtigen Partner. Aber dieser Markt bricht zusammen. Die Konkurrenz und der Verdrängungswettbewerb ist gnadenlos.

P.S: Wie ist Ihre Erfahrung mit Inhouse-Multimediaabteilungen auf Kundenseite?

A.V: Das funktioniert manchmal sehr gut. Wenn sich die externen Spezialisten auf ihre Stärken konzentrieren können und die Inhouse-Abteilung die Routinearbeiten übernimmt. Aber auch Inhouse-Multimediaabteilung stehen vor den selben Qualifizierungsproblemen wie externe Dienstleister. Zumal es viel zu wenig qualifizierten, gut ausgebildeten Nachwuchs an Multimediaführungskräften gibt.

P.S: Ist die Zusammenarbeit mit Unternehmensberatungen für Multimediafirmen nicht oft recht kritisch?

A.V: Ja, das kann ich aus meiner langjährigen Erfahrung bestätigen. Zum einen benötigen Multimediafirmen ja selbst Beratung bezüglich Ihres Unternehmens. Wenn ich mit Agenturchefs spreche, höre ich immer wieder, daß viel Geld für Beratung ausgegeben wurde, aber oft keine Verbesserung eintritt. Das liegt nur zum Teil an der mangelnden Umsetzungsfähigkeit der Unternehmen selbst. Was fehlt sind maßgeschneiderte Beratungspakete, die sich auf die drängensten Fragen von Multimedia-Agenturen konzentrieren. Fragen wie Strategie und Ausrichtung, Personalmanagement, Kosten-Controlling, Qualitäts- und Projektmanagement. Durch das schnelle Wachstum der Branche und durch die enorme Innovationsrate stehen Multimedia-Agenturchefs unter einem enormen Qualifizierungsdruck. Von der Garagenfirma zum börsennotierten Unternehmen mit 50 Mitarbeitern, vergeht oft nicht mal 1 Jahr. Ich selbst habe zweimal bei Medialab Unternehmensberater am Werk

gesehen. Und ich war jedes mal mit dem Kosten-Nutzen-Verhältnis
nicht zufrieden. Und zum anderen treten Berater als Auftraggeber
für Multimedia-Agenturen auf.

*P.S: Sie meinen den Fall, daß der Consultant der Kunde der Multi-
mediaagentur ist? Die Agentur mit dem Auftraggeber also keinen
direkten Kontakt hat?*

A.V: Ja genau. Da habe ich auch schon schlimme Dinge erlebt.
Entweder hat der Consultant von Multimedia keine Ahnung – entwickelt aber trotzdem Konzepte, die ohne gravierende Änderungen
nicht umgesetzt werden können. Oder der Consultant erstellt hervorragende Konzepte, die auch realisiert werden können, kompliziert und verteuert aber die Kommunikation. Viel besser wäre es,
wenn der Consultant sowohl Partner des Kunden als auch Partner
der Agenturen ist. Wenn er sich als Integrator versteht, der genügend Praxiserfahrung und Visionsfähigkeit mitbringt. Wenn er die
Kosten im Griff hat – zum Wohle des Kunden als auch der Agentur. Wenn er nicht parteiisch ist und sich auch mal Argumente der
Agentur anhört und diese dem Kunden verkauft. Nach einer solchen Konstellation habe ich mich bereits als Agenturchef bei Medialab leider vergeblich gesehnt.

*P.S: Welche Qualitätsziele sind denn für Kunden und Agenturen
wichtig?*

A.V: Es fängt schon damit an, daß man ein Ziel richtig definieren
muß. Ein Ziel ist etwas, was erreichbar ist. Was mit großer An-
strengung gerade noch erreichbar ist. Und nur dann, wenn einem
sämtliche externen und internen Voraussetzungen und Gegeben-
heiten optimal zuarbeiten. Die Latte muß also hoch sein – aber
nicht unerreichbar. Anders formuliert. Ein Ziel wird nur dann erreicht, wenn man die größten Anstrengungen unternimmt und
wenn man dafür sorgt, daß sämtliche externe und interne Voraussetzungen optimal sind. Dann sind 100 Punkte möglich. Als nächstes definiert man eine Punktzahl, ab welcher das Ziel nicht mehr
als erreicht gilt. Das ist ganz wichtig, denn man kann nicht immer
100% ins Schwarze treffen. Aber man muß es anstreben. Also z.B.
Zielsicherheit, optimale Betreuung und Beratung. Das sind die
wichtigsten Qualitätsziele auf Kundenseite. Oder lukrativere Auf-
träge, qualifizierte Mitarbeiter und damit eine bessere Ertragslage.
Das sind die Qualitätsziele auf Agenturseite.

P.S: *Wenn dieser hohe Qualitätsstandard dann noch mit cleveren Internet-Börsenideen zusammtrifft, sind wir wirklich vor goldenen Zeiten. Meinen Sie das wenn Sie vom p@werGOLD-Zeitalter sprechen?*

A.V: Durchaus. Und ich denke dabei oft an die apokalyptische Botschaft von Prince in seinem Megahit „1999". „Two thousand zero zero / Party over oops / Out of time".

Jetzt – 17 Jahre später – ist das wirtschaftliche Zeitgefühl von ganz anderen Euphorien geprägt: Goldgräberstimmung im Internetzeitalter. Oder hat sich Prince nur in der Zeit verschätzt? Das Zeitalter von p@werGOLD ist angebrochen. Endlich können Multimediafrüchte geerntet werden, die in den letzten 10 Jahren von Pionieren und Vordenkern mühsam gesät – aber teilweise falsch gedüngt wurden. Das Internet ist dabei der Turbo, der die Entwicklung extrem beschleunigen wird.

Ich frage mich oft, ob sich clevere Internet-Geschäftsideen zu wirtschaftlichen Perpetuum-Mobiles entwickeln werden? Die astronomischen KGVs von Aktien wie amazon.com und ebay.com, und die beinahe schon obszönen Unternehmensgewinne von Microsoft, legen diesen Schluß nahe. Und daß wir uns in der p@werGOLD-Phase befinden erkennt man auch unweigerlich am fundierten und nachhaltigen Wachstum des Neuen Markt. Die Börse nimmt sehr zielsicher erfolgreiche Zukunftsentwicklungen vorweg. Wie hat neulich ein Moderater auf n-tv kommentiert: „Die Worte Internet und E-Commerce wirken bei Neu-Emmissionen wie purer Sex an der Börse."

Den Reiz von Erotik, Glücksspiel und Technik haben inzwischen auch die größten der deutschen Multimedia-Agenturen bemerkt – denn viele zieht es in Richtung Neuen Markt. Jetzt geht es darum die Professionalisierung voranzutreiben und die Qualität der Anwendungen zu steigern. Denn daran mangelt es in vielen Bereichen des Multimediageschäfts ganz erheblich. Das sind die Bremsen im p@werGOLD-Zeitalter. Aber es gibt nicht nur Bremsen. Es gibt auch Turbos. Und mit so einer Sichtweise kann man klar definierte Ziele erreichen.

23 Evit@ – Evaluation elektronischer Informationsmittel

Prof. Dr. Hermann Rösch und Dipl. Bibl. Peter Sleegers, FH-Köln

23.1
Einleitung

Ist das Adjektiv „konventionell" noch adäquat, um einen Unterschied zwischen gedruckten und elektronischen Informationsmitteln widerzuspiegeln?

Für Informationsspezialisten gehören CD-ROMs und Online-Dienste zum täglichen Handwerkszeug, in Wissenschaft und Forschung spielen sie als Quellen und Publikationsforen eine zentrale Rolle und mit steigenden Stückzahlen sowie sinkenden Preisen nimmt die Verbreitung elektronischer Informationsmittel bis hin zum Privatanwender immer mehr zu. Doch wie ist es um die Qualität der Produkte bestellt?

Gedruckte Informationsmittel können anhand fundierter Methoden, die von Informationsspezialisten in der Vergangenheit entwickelt wurden, bewertet werden. Für elektronische Informationsmittel hingegen wurden von seiten der professionellen Anwender – insbesondere im deutschsprachigen Raum – bis dato kaum adäquate Methoden zur seriösen Evaluation entwickelt.

Auf diesem Sektor bemühen sich andere – mehr oder minder erfolgreich – um Kompetenz. So findet man in EDV-Zeitschriften, Zeitungsfeuilletons, Buchhandelskatalogen und -prospekten sowie im Internet zahlreiche Bewertungen von CD-ROM-Produkten und anderen elektronischen Informationsmitteln. Transparenz der Bewertungsmethoden und Objektivität lassen hier aber zu wünschen übrig; an ihre Stelle tritt oft eine aus Expertensicht völlig unangebrachte Euphorie, die angesichts bunter, bewegter Pseudo-Informationen oft bereits vielen minderwertigen Produkten Qualität bescheinigt.

Unterschiede von Informationsmitteln

unterschiedliche Maßstäbe für die Bewertung

häufig Defizite bei der Transparenz

Evit@, das Projekt des Fachbereich Bibliotheks- und Informationswesen der FH-Köln, reagiert auf diese Defizite im Bereich „Evaluation elektronischer Informationsmittel" und liefert eine Bewertungsmethode von Informationsprofis für alle Anwender elektronischer Informationsmittel.

Die erste Projektphase von Evit@ dauerte von Juli 1998 bis März 1999. Gegenstand dieses Projektes war die Entwicklung eines Bewertungsinstruments, das Aussagen über die Qualität der Produkte durch ein quantifizierendes Verfahren erlaubt. Den Ausgangspunkt des Projektes Evit@ bildete eine umfassende Analyse der insbesondere im anglo-amerikanischen Raum existierenden Literatur über Evaluationsverfahren von CD-ROM-Produkten. Hieraus resultierte ein detaillierter Kriterienkatalog. Dieser Kriterienkatalog ist hierarchisch aufgebaut und verfügt über maximal fünf Ebenen. Prinzipiell kann die Bewertung auf jeder hierarchischen Ebene quantifiziert erfolgen. Aus Gründen der Praktikabilität und Übersichtlichkeit wird im hier entwickelten Verfahren die Quantifizierung nur auf der ersten und zweiten Ebene vorgenommen. Alle hierarchisch untergeordneten Kriterien tragen zur Quantifizierung auf den jeweils darüber liegenden Ebenen bei.

Das Ergebnis der Bewertung wird über gewichtete Summenformeln ermittelt. Hierfür wurde eine softwaregestützte Lösung entwickelt. Die Gewichtungsfaktoren können je nach Produkttyp und Anwendungszusammenhang festgelegt werden.

Evit@ konzentrierte sich in der ersten Projektphase auf das Medium CD-ROM. In der zweiten Phase wird eine Ausweitung auf Online-Informationsmittel erfolgen. Darüber hinaus sollen adäquate Methoden zur Bewertung des Inhaltes von Informationsmitteln entwickelt werden. Die ständige Erweiterbarkeit von Evit@ in die genannten und mögliche weitere Richtungen ist durch einen modularen Aufbau gewährleistet.

Ziel der zweiten Phase wird es auch sein, Raster für typenspezifische Gewichtungen zu entwickeln. Zur Überprüfung und Weiterentwicklung des Verfahrens werden parallel ständig einzelne CD-ROM-Produkte evaluiert.

23.2
Ergebnisse der ersten Projektphase

Es ist ein detailliertes, hierarchisches Kriterienschema mit ca. 450 Einzelkriterien inklusive Erläuterungen und Verweisungen entstanden. Hierauf basierend wurde ein Bewertungsverfahren mit derzeit 31 Bewertungsrubriken, die in sechs Gruppen unterteilt sind, entwickelt.

Grafik: Bewertungsrubriken von Evit@

0. GRUNDDATEN - BASISDATEN
1. BENUTZUNGSOBERFLÄCHE
1.01 Optische Konzeption
1.02 Interne Konsistenz
1.03 Externe Konsistenz
1.04 Transparente und selbsterklärende Konzeption
1.05 Fehlermanagement
1.06 Benutzungsunterstützung (Hilfen)
2. RETRIEVAL / SUCHE / NAVIGATION
2.01 Suchfeatures und -typen
2.02 Operatoren / Trunkierungen / Verknüpfungen
2.03 Indizes / Register
2.04 Suchfeedback und -performanz
2.05 Hyperlinks
3. DATENAUSTAUSCH
3.01 Bildschirmanzeige
3.02 Druckausgabe
3.03 Datenspeicherung und -weiterverarbeitung
3.04 Sonstige Datenausgabe
3.05 Dateneingang

4. ALLGEMEINE HANDHABUNG
4.01 Installation / Stepp
4.02 Bedienung / Steuerbarkeit
4.03 Verständlichkeit / Einfachheit
4.04 Stabilität / Fehlertoleranz
5. MULTIMEDIA
5.01 Multimediafunktionalität
5.02 Fotografien
5.03 Zeichnungen und grafische Darstellungen
5.04 Karten
5.05 3-D-Darstellungen
5.06 Animationen
5.07 Videosequenzen
5.08 Ton
6. INHALT
6.01 Daten
6.02 Umfang / Abdeckung / Vollständigkeit
6.03 Inhalt / Aufbau / Layout der Datensätze

Innerhalb der Evit@-Methode müssen Rezensenten für die 31 Rubriken Noten aus folgendem Spektrum vergeben:

BEWERTUNGSNOTEN (Vorläufige Übersetzung der Benotungen):
0 = Funktion nicht realisiert
1 = Funktion nur in Ansätzen realisiert
    (Defizite, Mängel, Lücken überwiegen)
2 = Funktion eingeschränkt realisiert
    (Einzelne Defizite, Mängel, Lücken erkennbar)
3 = Funktion realisiert
    (sinnvolle und wünschenswerte Erweiterungen fehlen)
4 = Funktion mit einigen sinnvollen und wünschenswerten Erweiterungen
    realisiert
5 = Realisierung der Funktion läßt keine Wünsche offen

Anhand von festgelegten typenspezifischen Gewichtungsrastern *Gewichtungsraster* ermittelt eine Software Resultate für die sechs Rubrikengruppen, die dann zu einem Produktgesamtresultat zusammengeführt werden. Mittels der Gewichtungsraster ist es möglich, auf bestimmte Produkttypen einzugehen. So können einzelne Rubriken oder Gruppen spezifisch gewichtet oder ganz ausgeblendet werden. Bei der Evaluation von Bibliographien oder Telefonverzeichnissen auf reiner Textbasis kann beispielsweise der gesamte Bereich Multimedia problemlos aus der Bewertung ausgeblendet werden. Das Raster ermöglicht ferner, Produkte im Hinblick auf bestimmte Anwendungs- und Aufgabengebiete zu untersuchen.

Die besondere Stärke von Evit@ liegt in der vergleichenden Analyse von Produkten gleichen Typs. Dadurch werden die validen Informationen gewonnen, die sachgerechte Kaufentscheidungen für Wissenschaftler, Privatverbraucher oder Informationsspezialisten auf seriöser Grundlage ermöglichen.

Darüber hinaus steigert die Anwendung von Evit@ und das Wissen um die darin entwickelten Bewertungsmaßstäbe die spezifische Medienkompetenz der Verbraucher. Evit@ ist somit zugleich ein Instrument, um Verbrauchererwartungen an Produkte zu artikulieren und im Umkehrschluß detaillierte Anforderungen an die Produzenten von elektronischen Informationsmitteln zu formulieren.

Weitere Informationen unter:
http://www.fbi.fh-koeln.de/projekte/evit@/evit@001.htm

24 „Made in Germany" – Brauchen wir für die neuen Informations- und Kommunikationstechnologien ein neues Qualitätssiegel?

Hans-Joachim Heusler, Bayerische Staatskanzlei

24.1 Einleitung

Eine gewisse Umstellung wurde mir schon abverlangt, seit ich meinen ersten PC mein Eigen nennen konnte. Stolz lud ich die Kartons in mein Auto, drehte den Zündschlüssel, der Motor sprang wie gewohnt an, und ich fuhr nach Hause. Nach dem Auspacken hatte ich neben dem erwarteten Bildschirm, der Tastatur und dem Turm einen Berg von Handbüchern und Gebrauchsanweisungen mit kryptischen Bezeichnungen, diverse Kabel mit unterschiedlichsten Steckern und Enden sowie einen Stapel Disketten. „Plug and pray" statt „plug and play". Kurz bevor ich entnervt alles wieder zurückgeben wollte, kam ein in Sachen PC routinierter Bekannter vorbei und brachte meine Gerätschaften zum Laufen. Ob Hardware oder Software oder gar die Netzanbindung; ich hatte seither leider nur sehr wenige Glücksmomente, in denen der PC mit allen seinen Teilen ebenso problemlos in Bewegung gesetzt werden konnte wie mein technologisch durchaus nicht anspruchsloses Automobil.

Die Mission von BayernOnline lautet: Bayern soll online sein, im Beruf und in der Freizeit; jeder soll die neuen IuK-Technologien so selbstverständlich einsetzen können, wie das Telefon. Aber hiervon sind wir auch fünf Jahre nach dem Start von BayernOnline immer noch weit entfernt. Denn immer noch ist es eine Minderheit, die sich die modernen IuK-Technologien zunutze macht. Dies liegt daran, daß ein wesentlicher Schritt noch nicht vollzogen wurde: Wer sich heute ein Auto kauft, kann sich dabei sehr sicher sein,

Qualität heißt zufriedene Nutzer

Chancen erkennen und nützen können

daß alles funktioniert, vor allem aber kann er ohne Gebrauchsanweisung einsteigen und losfahren. Wer heute IuK-Produkte erwirbt, Hardware oder Software, befindet sich nicht in dieser komfortablen Situation. Und daher haben viele Menschen immer noch nicht unbegründete Hemmungen, in diese Technik einzusteigen. Qualitätssicherung und Qualitätsmanagement sind daher auf dem Weg in die Wissensgesellschaft unverzichtbar; denn Qualität bedeutet dabei nicht nur, daß Hard- und Software funktionieren, sondern gerade auch, daß sie funktionabel sind. Eine Technik, die nicht nur vom Spezialisten, sondern von jedermann genutzt werden soll, muß auch von jedermann einfach und komfortabel bedient werden können. Doch der Reihe nach.

24.2
„BayernOnline" – Bayerns Weg in die Wissensgesellschaft

Natürlich steckt mehr als Idealismus dahinter, wenn die Bayerische Staatsregierung erheblichen Aufwand betreibt, damit in Bayern möglichst schnell möglichst viele Menschen in der Ausbildung, im Beruf und in der Freizeit die neuen IuK-Technologien einsetzen; denn diesen Technologien kommt eine Schlüsselrolle zu:

- Auf sozialer Ebene besteht jetzt die Chance, die Vision von einer informierten und kommunikativen Gesellschaft Realität werden zu lassen.

- Darüber hinaus eröffnen die IuK-Technologien unserer Wirtschaft ein enormes Wachstumspotential. Weltweit wurden in der IuK-Branche 1998 2,5 Billionen DM umgesetzt. Überdurchschnittliches Wachstum wird vor allem in den Sparten Mikroelektronik, Telekommunikation und Informationstechnik, kurz der Welt der digitalen Technik erwartet.

Deutschland ist der drittgrößte Ländermarkt hinter den USA und Japan: Im Jahr 1998 belief sich das Marktvolumen für Informations- und Kommunikationstechnik auf über 190 Mrd. DM. 1999 wird voraussichtlich die 200 Mrd. DM-Grenze deutlich überschritten.

neue Arbeitsplätze
Vor allem aber birgt diese Branche ein immenses Beschäftigungspotential. So verzeichnete z. B. die Informationstechnik in den letzten 3 Jahren jeweils zweistellige Arbeitsplatzzuwächse. Hier sind in nur 3 Jahren 117.000 zusätzliche Arbeitsplätze entstanden. Allein in der deutschen Informationswirtschaft gibt es nach Schätzungen derzeit rd. 75.000 unbesetzte Stellen.

Bayern ist nach einer Erhebung von McKinsey heute mit Abstand die bedeutendste IuK-Region in Deutschland. Allein der Raum München ist mit über 70.000 Beschäftigten nach Greater London mit rd. 80.000 Beschäftigten der zweitgrößte IuK-Standort in Europa. Im Radius einer Autostunde befinden sich die nach europäischem Maßstab bedeutenden „IuK-Cluster" Aschaffenburg, Augsburg, Landshut, München, Nürnberg/Erlangen/Fürth und Würzburg. Zusammengenommen arbeiten in diesen sechs High-Tech-Zentren über 100.000 IuK-Arbeitskräfte. 35 Prozent aller deutschen Arbeitsplätze der Computerindustrie sind in Bayern; im Bereich der elektronischen Medien sind es sogar 40 Prozent. Nach einem aktuellen Länder-Ranking eines unabhängigen Informationsdienstes belegt Bayern in den Kategorien „Unternehmensanzahl", „Unternehmenswachstum" und „Mitarbeiterproduktivität" im Gesamtbereich „Multimedia" im deutschsprachigen Raum Platz 1.

Bayern ist führend

24.2.1
Ziele von BayernOnline

Das Internet war im Jahr 1994 in Deutschland ein weitestgehend unbekanntes, nicht-kommerzielles Netz zum Austausch von Daten zwischen Hochschulen und Forschungseinrichtungen. Einwählmöglichkeiten gab es nur in wenigen Ballungsräumen. Das westdeutsche Telekommunikationsnetz basierte auf Kupferkabeln. Die Hochschulen waren mit Anschlüssen bis zu 2 Mbit/s ausgestattet, meist jedoch lediglich mit ISDN (64 kbit/s).

die Ausgangslage 1994

Die bereits 1994 gestartete Initiative „BayernOnline" sollte den Vorsprung der englischsprachigen Welt aufholen. Heute ist der Umschwung geschafft.

Es kommt nun weiter darauf an, den Menschen den Nutzen und die Vorteile der modernen IuK-Technologien im täglichen Leben deutlich zu machen, in der Ausbildung, im Beruf und in der Freizeit. Dies erfolgt im Rahmen von BayernOnline im Wege einer Public-Private-Partnership zwischen Öffentlicher Hand, Bürgern und Unternehmen, die gegenseitig befruchtend wirkt. Durch mehr Aufgeschlossenheit und Akzeptanz der Bürger gegenüber den neuen Technologien wird die in Bayern ansässige IuK-Wirtschaft gestärkt, werden die Unternehmen aller Branchen wettbewerbsfähiger, wird die öffentliche Verwaltung schlanker und dennoch leistungsfähiger und wird die Lebensqualität der Menschen im Freistaat gesteigert. BayernOnline wird nun ergänzt durch Maßnahmen der 1998 angekündigten High-Tech-Initiative, wie insbesondere durch die inzwischen angelaufene Softwareoffensive.

notwendige Impulse
der Öffentlichen Hand

Durch eine Anschubfinanzierung i.H.v. 148 Millionen DM aus Privatisierungserlösen für insgesamt 53 Pilotprojekte wurde im Rahmen von BayernOnline ein Projektvolumen von über 500 Millionen DM ausgelöst. Darüber hinaus entstanden und entstehen im Umfeld dieser Projekte in allen Landkreisen weiterführende Initiativen und Projekte, die teils von Kommunen, teils von der Wirtschaft getragen werden.

24.2.2
Die Aktionsbereiche von BayernOnline

- Als Basis für den Einsatz der modernsten IuK-Technologien durch die staatlichen Institutionen wurde ein höchsten Ansprüchen genügendes Telekommunikationsnetz (BAYERNNETZ) eingerichtet, das seither dem wachsenden Bedarf angepaßt wird. Hierdurch erhielt Bayern bereits im Frühjahr 1996 ein in alle Regierungsbezirke reichendes Glasfaserbackbone.

- Um den Menschen Einsatzmöglichkeiten der IuK-Technik in wichtigen Lebensbereichen aufzuzeigen und den IuK-Unternehmen eine Plattform für innovative Anwendungen zu geben, werden Pilotprojekte gefördert und wird das Bayernnetz zur Verfügung gestellt. Bayern gilt heute als Speerspitze im Einsatz der neuen IuK-Technologien.

- In einer ersten Anschubphase bis Ende 1998 erlaubte die Staatsregierung den Bürgern sowie den mittelständischen Unternehmen unentgeltlich die nicht-kommerzielle Nutzung des Bayernnetzes (Bayerisches Bürgernetz). Sie regte die Gründung von Bürgernetz-Vereinen an, die wohnortnahe Zugänge zum Bayernnetz errichteten und betreiben, örtliche und regionale Informationen in das Internet einbringen und die Menschen im Umgang mit dem Internet schulen sollten. Der extrem preiswerte Internetzugang und die deutschsprachigen Informationsangebote sollten zur Nutzung des Internet anregen und eine Nachfrage nach immer neuen Telekommunikationsdienstleistungen erzeugen. Rund 60 (über 20 %) der bundesweit rund 290 Internet-Provider sind in Bayern ansässig, wobei die 81 nicht-kommerziellen Bürgernetze mit ihren 108 Einwählknoten nicht berücksichtigt sind. Bayern hat innerhalb Deutschlands eine weit überdurchschnittliche Online-Anschlußdichte.

- Um auch die Telekommunikationskosten zu senken und die Entwicklung immer neuer Telekommunikationsdienstleistungen zu fördern, unterstützte die Staatsregierung von Anfang an das

Entstehen von Wettbewerb. 1998 gab es in Bayern bereits 156 Anbieter von anzeige- oder lizenzpflichtigen Telekommunikationsdienstleistungen. 17 Stadtnetzbetreiber mit eigenen Stadtnetzen nach dem Vorbild der aus BayernOnline geförderten Stadtnetze München und Nürnberg befanden sich 1998 in Betrieb, teilweise noch im Aufbau. Weitere Kommunen planen die Errichtung von Stadtnetzen. Bayern ist damit das Land mit der größten Dichte an Stadtnetzen.

24.3
Schritt für Schritt – die Relevanz der Qualität

Die Qualitätsorientierung ist für BayernOnline ein wichtiges Ziel. Aber zunächst ging es darum, einen Markt aufzubauen. Dabei spielten die „Technologieenthusiasten" und Visionäre in der Bevölkerung eine Schlüsselrolle: Sie sollten überall im Land die nötige Aufbruchsstimmung erzeugen und den Einstiegsmarkt für die modernen IuK-Technologien schaffen. Der Massenmarkt kann dagegen mit Aufbruchsstimmung allein nicht erschlossen werden. Hier ist Qualität gefragt. Die vier Schritte auf dem Weg zum Mainstream-Markt, wie wir sie in Bayern gehen, möchte ich im folgenden darstellen:

vier Schritte zum Mainstream-Markt

24.3.1
Erster Schritt: Aufbau von Bürgernetzen

In Bayern haben wir im Jahr 1995 mit dem Aufbau von Bürgernetz-Vereinen begonnen, die mehrere Funktionen erfüllen sollten:

Funktionen der Bürgernetze

- Sie sollten flächendeckend zum Telefonortstarif erreichbare Einwählknoten zum Internet aufbauen.

- Sie sollten für ihren jeweiligen Einzugsbereich lokale und regionale Informationssysteme für die Bürger schaffen.

- Sie sollten die Bevölkerung in der Nutzung des Internets qualifizieren.

Die Bayerische Staatsregierung gewährte im Rahmen des Bayern-Online-Projektes „Bayerisches Innovationsnetz" für den Aufbau von Muster-Bürgernetzen an den Universitätsstandorten Bamberg, Bayreuth, Erlangen, Nürnberg und Würzburg bis Ende 1997 eine finanzielle Unterstützung. Alle Bürgernetze in Bayern durften darüber hinaus bis Ende 1998 für ihre Mitglieder den offenen Teil des staatlichen Bayernnetzes, das Hochschulnetz, einschließlich Internetzugang für nicht-kommerzielle Verkehre unentgeltlich nutzen unter der Bedingung, daß sie den Bürgern den Zugang zum Bayernnetz ebenfalls unentgeltlich zur Verfügung stellten.

Bereits Ende 1997 waren in Bayern flächendeckend Bürgernetz-Vereine etabliert, Ende 1998 konnten über 99 Prozent der Bevölkerung das Internet durch mehr als 100 Bürgernetz-Einwählknoten zum Telefonortstarif erreichen. Die 81 Bürgernetz-Vereine hatten flächendeckend WWW-Server mit lokalen und regionalen Informationssystemen aufgebaut und Internet-Schulungen für die Bürger organisiert.

Im Zuge ihrer Mitgliederwerbung – zum Jahresende 1998 waren rund 130.000 Mitglieder eingeschrieben – erzeugten sie Nachfrage auch nach kommerzieller Nutzung des Internets und so wurde der Boden dafür bereitet, daß in Bayern heute neben den nicht-kommerziellen Bürgernetzen ein, zwei und mehr kommerzielle Internet-Serviceprovider und Online-Dienste flächendeckend zum Telefonortstarif erreichbare Internet-Einwählknoten eingerichtet haben.

24.3.2
Zweiter Schritt: Errichtung von Telezentren

Um den Aufbau von Telezentren auch im ländlichen Raum zu forcieren, wurde 1997 im Rahmen von BayernOnline II das Förderprogramm „top elf" aufgelegt. Kennzeichnend für ein typisches Telezentrum ist ein leistungsfähiger Anschluß an das Internet, den sich die Nutzer des Telezentrums teilen. Das Telezentrum beherbergt ein lokales Informationssystem (LIS), eine Qualifizierungseinrichtung für Multimedia-Tätigkeiten sowie Telearbeitsplätze. Hinzu kommen je nach den Möglichkeiten vor Ort alle Arten von Unternehmen, die einen leistungsfähigen Internetzugang benötigen, insbesondere auch E-commerce-Unternehmen.

In Landkreisen Cham, Neuburg-Schrobenhausen, Gunzenhausen, Weißenburg, Coburg, Wunsiedel, Bayreuth und Nördlingen haben die Telezentren ihren Geschäftsbetrieb bis Anfang 1999 bereits aufgenommen. Demnächst soll das Telezentrum im Landkreis Oberallgäu starten. Noch in diesem Jahr werden aller Voraussicht nach auch in den Landkreisen Neumarkt, Schwandorf, Main-Spessart, Forchheim, Kulmbach, Hof, Ansbach, Rottal-Inn, Passau sowie Freyung-Grafenau in Betrieb gehen.

24.3.3
Dritter Schritt: Aufbau virtueller Marktplätze

Ziel ist es nun, in allen bayerischen Landkreisen virtuelle Marktplätze zu errichten, die auf die jeweilige Region zugeschnitten sind.
Dieses Ziel resultiert aus der Erfahrung, daß der ganz überwiegende Teil der täglichen Bedürfnisse der Bürger örtlicher und regio-
naler Natur sind und demnach regionsspezifisch befriedigt werden
müssen. Die Bürgernetz-Vereine und die Telezentren sind hierfür
eine vortreffliche Basis. Darüber hinaus soll aber auch ein bayern-
weiter virtueller Marktplatz errichtet werden, über den die bayerischen Marktteilnehmer überregionale Angebote abgeben können.

regionalsspezifisch und landesweit

Dabei ist an Marktplätze im klassischen Sinn gedacht; e-
commerce ist daher nur ein wenn auch nicht unwesentlicher Teil
dieser virtuellen Marktplätze. Hinzu kommen die schon heute seitens der Bürgernetz-Vereine und Telezentren eingespeisten, vorwiegend nicht-kommerziellen Angebote.

Für die Bevölkerung und die Unternehmen wird eine Einrichtung der Marktplätze von besonderer Bedeutung sein: der elektronische Behördenwegweiser. Er wird den Kunden der öffentlichen
Verwaltung nicht nur die richtige Behörde für ihre Anliegen aufzeigen und die notwendigen sonstigen zielführenden Informationen geben, sondern darüber hinaus auch die Möglichkeit eröffnen,
Behördengänge online abzuwickeln.

Bedeutung für Bevölkerung und Unternehmen

24.3.4
Vierter Schritt: Qualität als Vertrauensbasis

Die neue Technik kann jedem Einzelnen, ob jung oder alt, im Alltag
helfen, sie kann unsere heimischen Unternehmen im internationalen Wettbewerb stärken und dadurch zukunftssichere Arbeitsplätze
schaffen; sie erlaubt es der Verwaltung, effizienter und bürgernäher
zu agieren, sie kann die peripheren Gebiete beleben und die Umwelt
entlasten; kurz: sie kann die Attraktivität unseres Lebens- und Wirt-
schaftsraumes noch weiter erhöhen. Die neuen IuK-Technologien
werden aber nur dann keine Zwei-Klassengesellschaft erzeugen,
wenn ihre Nutzung so einfach ist wie der Griff zum Telefon und so
zuverlässig, wie es der Begriff „Made in Germany" aussagt.

einfach und zuverlässig

Hard- und Software sowie Netznutzung wurden und werden
zwar von Wissenschaftlern und Technikern erdacht. Sie sollten
aber nicht nur für diesen elitären Kundenkreis entwickelt werden,
sondern zum Gebrauch für jedermann. Die Produkte sind daher
kundengerecht in einem Sinne weiterzuentwickeln – ich benütze

Gebrauch für jedermann

das Wort „weiter" bewußt – , daß jedermann damit zufrieden ist. Davon sind wir noch weit entfernt. Qualität liegt erst dann vor, wenn der Endkunde, also der Nutzer zufrieden ist. Zufrieden ist er nicht, wenn das Produkt zwar fehlerlos arbeitet, von ihm aber nicht ohne Probleme bedient werden kann.

Alle unsere Bemühungen werden nur dann von Erfolg gekrönt sein, wenn dieses Element der Qualität stimmt und innerhalb möglichst kurzer Zeiträume erzielt werden kann. Quick & quality erfordert allerdings ein perfektes Qualitätsmanagement.

Für den Endkunden ist dieses Qualitätsmanagement in der Regel nicht sichtbar. Er kauft im IuK- und speziell im Multimedia-Bereich meist „die Katze im Sack". Dies gilt vor allem für den kontinuierlich an Bedeutung gewinnenden E-Commerce. Was wir brauchen, ist ein aussagekräftiges und vertrauenswürdiges Gütesiegel, das dem Nutzer die Benutzerfreundlichkeit einer Anwendung garantiert und damit die Angst vor der bösen Überraschung nimmt. Das tatsächliche Vertrauen der Endkunden in eine für sie unverständliche Technik ist schließlich die wichtigste Voraussetzung dafür, daß konservative Menschen, die im Markt die Mehrheit darstellen, und insbesondere viele kleinere und mittlere Unternehmen den Schritt in den E-Commerce unternehmen.

Die Schaffung eines neuen Gütesiegels dient deshalb allen beiden: Den Käufern und Verkäufern. Es dient den Privatkunden ebenso wie den Unternehmen – den großen wie den kleinen!

24.4
Was ist zu tun?

Die Schaffung eines neuen Qualitäts-Gütesiegels beinhaltet zweierlei Aufgaben, die im Zusammenwirken bewältigt werden müssen:

- Erstens: Ein professionelles Qualitätsmanagement der Multimedia-Schaffenden muß gewährleistet werden.

- Zweitens: Benutzerfreundliche Multimedia-Produkte müssen an einem Siegel erkennbar sein.

Die 80er Jahre waren die Jahre der japanischen Mikroelektronik, die 90er Jahre die der amerikanischen Basissoftware. Wir haben die Chance, die nächsten 10 Jahre zur Dekade deutscher IuK-Anwendungen mit Qualitätssiegel zu machen: Einfach und zuverlässig im Gebrauch und dennoch an der Spitze der Innovation. Ergreifen wir die Chance!

25 Ratgeber zur aktiven Umsetzung

Qualitätssicherung und Qualitätsmanagement sind keine akademischen Disziplinen, sondern praktische Tätigkeiten. Nachfolgend werden dementsprechende Anregungen zur Umsetzung der Buchbeiträge innerhalb eines bestimmten Projekts bzw. innerhalb eines Unternehmens gegeben.

Der nachfolgende Umsetzungs-Ratgeber gliedert sich in vier Bereiche:

- Subjektive Relevanz der Qualität bestimmen.

- Interne Abläufe durchleuchten.

- Pilotprojekt durchführen.

- Darüber berichten.

25.1
Subjektive Relevanz der Qualität bestimmen

Von zentraler Bedeutung für die erfolgreiche Qualitätssicherung ist zunächst die Findung einer eigenen Antwort auf die Frage, welche Relevanz die in diesem Buch vorgeschlagene Qualitätsorientierung für das eigene Unternehmen bzw. die eigenen Projekte hat. Ist diese Frage noch offen, sollten Sie folgendermaßen vorgehen:

- Versuchen Sie genau zu bestimmen, welche Relevanz die Thematik aus Sicht Ihrer Mitarbeiter und Kunden besitzt!

- Überlegen Sie, wie Ihre Mitbewerber am Markt (und deren Mitarbeiter und Kunden) darüber denken!

- Setzen Sie sich noch einmal intensiv mit den Statements in Abschnitt 3 des Buches auseinander (ab Kapitel 18)!

- Bilden Sie einen internen Workshop und diskutieren Sie die internen und externen Statements zum Thema im kleinen Kreis.

- Regeln Sie grundlegende Zuständigkeiten für eine Umsetzung des Themas im eigenen Unternehmen. Beauftragen Sie solche Mitarbeiter mit der Umsetzung, die echtes Interesse an qualitätsrelevanten Fragestellungen haben.

- Vergewissern Sie sich, daß die Grundbegriffe der Qualitätsorientierung (wie Anforderungen und Leistung) bei den Mitarbeitern Ihres des Unternehmens geläufig sind. Führen Sie ggf. eine Grundlagenschulung im Unternehmen durch.

- Formulieren Sie im kleinen Kreis eine qualitätsorientierte Führungsstrategie, schreiben Sie diese nieder und machen Sie sie innerhalb des Unternehmens bekannt!

- Geben Sie sich und Ihren Mitarbeitern vor weitergehenden Maßnahmen erst einmal ausreichend Zeit, um sich mit dieser Führungsstrategie innerlich vertraut zu machen.

25.2
Interne Abläufe durchleuchten

Projektabläufe untersuchen

Ein wichtiger Zweck der Qualitätssicherung ist die Optimierung von Prozessen durch Standardisierung und Effizienzierung. Dies bedeutet aber gerade nicht, das alle Unternehmen immer und gleich arbeiten müßten. Jedes Unternehmen hat auch in Zukunft Eigenheiten, es kann aber ad hoc damit beginnen, interne Standards zu definieren. Dazu müssen bisherige Projekte mit ihren Abläufen analysiert werden.

Folgendermaßen kann beim Durchleuchten der eigenen Abläufe vorgegangen werden:

- Vorab: Wer dieses Ziel nur intern und unverbindlich formuliert, wird nur selten erfolgreich sein – dieses Vorgehen („Schaun wir mal") kostet unterm Strich meist nur Zeit und Geld.

- Die verbindliche Formulierung des Ziels gegenüber Dritten (z.B. Kunden und Kollegen) ist hingegen eine gute Voraussetzung dafür, um in angemessenem Zeitraum tatsächlich handgreifliche Erfolge bei der Qualitätssicherung zu erzielen.

- Kontaktieren Sie darüber hinaus am besten ein befreundetes Unternehmen, das sich ebenfalls dafür entschieden hat, die eigenen Abläufe zu durchleuchten. Arbeiten Sie koordiniert zusammen!

- Führen Sie mit diesem Unternehmen vielleicht sogar einen kleinen „Wettbewerb" durch. Das spornt die Mitarbeiter an, zudem ist die Auswertung der Ergebnisse im Vergleich wesentlich aufschlußreicher.

- Prüfen Sie nun, welche Projektfallgruppen (Internet, CBT etc.) in absehbarer Zeit von Relevanz für Ihr Unternehmen sind bzw. welche dies nicht sein werden.

- Reduzieren Sie sich bei der Analyse der Projektabläufe zunächst auf die beiden wichtigsten Projektarten, damit der Aufwand bei Erstellung und Auswertung kalkulierbar bleibt.

- Starten Sie nun eine interne Umfrage: Fragen Sie, ob und mit welchem System und welchen Methoden diese Projektfallgruppen bislang durchgeführt wurden.

- Verwenden Sie als Grundlage für die Durchführung der Umfrage das QS-Modell von Kapitel 2. Fragen Sie gezielt danach, in welchen Projektabschnitten welche Mitarbeiter mit welchen Methoden arbeiten bzw. arbeiten wollen.

- Schreiben Sie die Ergebnisse dieser Umfrage entsprechend dem Aufbau des QS-Modells nieder, und diskutieren Sie anschließend Vor- und Nachteile des bisherigen Vorgehens.

- Vergleichen Sie die in Ihrem Unternehmen festgestellten Ergebnisse mit den Ergebnissen der projektbezogenen Kapitel im Zweiten Abschnitt des Buches (Kapitel 5 bis 17).

- Vergleichen Sie die eigenen Ergebnisse ggf. mit den Ergebnissen desjenigen Unternehmens, mit dem Sie den „Wettbewerb" durchgeführt haben.

- Formulieren Sie auf Grundlage dieser Erkenntnisse, was an welchen Stellen bei der bisherigen Projektarbeit verbessert werden könnte.

25.3
Pilotprojekt durchführen

Nachdem Sie sich den Überblick über den „Ideal-Prozeß" eines bestimmten Projekts verschafft haben, kommt es darauf an, diese Erkenntnisse in die Praxis umzusetzen. Dies gelingt am besten, in dem ein entsprechendes Pilotprojekt mit begrenztem Rahmen durchgeführt wird.

- Führen Sie auch in diesem Fall den Piloten am besten „im Duett" mit einem befreundeten Unternehmen durch. Dies fördert den Sportsgeist und steigert das Durchhaltevermögen.

- Machen Sie genaue Vorgaben für das Pilotprojekt (Zeit, Inhalt, Mitarbeiter etc), denn ein wichtiges Ziel ist der Soll/Ist-Vergleich.

- Fertigen Sie verbindliche Unterlagen an, auf deren Grundlage das Projekt abgewickelt und ausgewertet werden soll (Checklisten, Beratungsunterlagen, Fehlersammellisten).

- Erstellen Sie vor der Konzeption eine interne Checkliste für Leistungsmerkmale (vgl. dazu Kapitel 5). Beachten Sie dabei die Besonderheiten, die typisch für Ihre Projekte sind und deren Stärke ausmachen. Formulieren Sie diese Aspekte als Frage!

- Schaffen Sie interne Standards im Hinblick auf die zielgruppengerechte Information! Adaptieren Sie den Qualitätsradar (Kapitel 6) für Projekte Ihres Unternehmens. Messen Sie darauf aufbauend das erzielte Ergebnis mit den ursprünglichen Vorgaben. Bewerten Sie damit ggf. auch die Arbeit Ihres „Duett-Partners"!

- Entwickeln Sie eine Beratungsstrategie, die Ihre Kompetenzen widerspiegelt (vgl. Kapitel 7 und 8). Prüfen Sie, in welchen Branchen Sie besondere Kompetenz oder besonderes Interesse haben. Prüfen Sie bei ihren Projektteams die notwendigen Skills!

- Führen Sie vor Durchführung des Projekts eine zielgruppengerechte Marktforschung als Basis für die Konzeption durch (vgl. Kapitel 9).

- Erstellen Sie je nach gewählter Projektart einen spezifischen Konzeptionskatalog (wie er z.B. mit den zehn Thesen in Kapitel 10 aufgestellt wurde). Formulieren Sie für sich und ihre Projekte Ihre Überzeugung von einer „best practice"!

- Achten Sie je nach Projektart auf die Besonderheiten der einzelnen Varianten. Orientieren Sie sich dabei besonders an den Expertentips in Kapitel 10 bis 15.

- Führen Sie im Hinblick auf Kapitel 10 bis 15 ggf. einen Quervergleich durch: Welche Techniken sind davon projektspezifisch, welche projektübergreifend gültig?

- Wenn es sich um ein Projekt mit intensiver und langfristiger Betreuung handelt: Treffen Sie von Beginn an Vorkehrungen für diesen Fall. Beachten Sie dazu die Hinweise in Kapitel 16 und 17!

■ Setzen Sie das Projekt mit Werkzeugen der operativen Qualitätssicherung (Beispiele in Kapitel 3 und 4) bestmöglich um!

25.4
Darüber berichten!

Beachten Sie stets, daß die seriöse Qualitätsorientierung ein mächtiges Instrument des Wettbewerbs ist. Es entwickelt seine positive Wirkung allerdings nur dann, wenn der Kunde davon erfährt! Es gilt deshalb auch hier das alte Sprichwort: „Tu Gutes und rede darüber!"

Seriosität heißt im Kontext der Qualitätssicherung und Qualitätsmanagement keinesfalls, daß man über sein diesbezügliches Engagement oder seine Aktivitäten nur mit Zurückhaltung sprechen dürfte. Seriös ist eine diesbezügliche Orientierung vielmehr dann, wenn sie nachweisbar, meßbar und vor allem in Zukunft glaubhaft beständig und wiederholbar ist.

Berichten Sie also über Ihre Erfolge – und seien diese am Anfang noch so klein. Geben Sie Ihren Aktivitäten gezielt Außenwirkung! Suchen Sie aktiv den Erfahrungsaustausch mit anderen! Lassen Sie sich an Ihren Verlautbarungen messen!

■ Integrieren Sie z.B. auf Ihrer Web-Site einen Themenpunkt, der Ihre seriöse Qualitätsorientierung genau erkennen läßt.

■ Schreiben Sie dort nicht über „irgendwas"! Formulieren Sie vielmehr Ihre konkreten Q-Ziele und berichten Sie in regelmäßigen Abständen darüber, welche Fortschritte Sie machen bzw. gemacht haben.

■ Bezeichnen Sie Ihre Q-Aktivitäten möglichst genau. Welche Firmen haben z.B. an einem Pilotprojekt mitgewirkt. Welche Mitarbeiter waren beteiligt. Was wurde untersucht, welche Ergebnisse konnten erzielt werden. Wie geht es weiter?

■ Neutrale Bewertungen der eigenen Leistung sind oft hilfreicher als die ständige Wiederholung von Eigenlob! Besonders hilfreich ist das ausdrückliche und nachprüfbare Lob des Kunden, eines anerkannten Fachmanns oder einer autorisierten Institution (z.B. Zertifizierer).

■ Berichten Sie über Ihre Pilotprojekte auch in der Fachpresse oder in einem Diskussionsforum im Internet. Nicht das „Für-sich-behalten", sondern das aktiv „Mitteilen" bringt Erfolge!

- Überlassen Sie es jedenfalls nicht dem Zufall, ob Ihr Engagement auf dem Weg zu Business Excellence im Wettbewerb mit anderen erfolgreich ist.

Autorenverzeichnis

Oliver Merx – Kapitel 1, 2, 3, 4 u. 25

ist im Bereich der Neuen Medien als freiberuflicher Consultant, Projektmanager und Dozent tätig. Zuvor arbeitete der ausgebildete Volljurist im Dienstleistungsmanagement sowie als Verlagsleiter und Repetitor. Seit 1996 widmet er sich intensiv dem Bereich der Qualitätssicherung bei Planung, Organisation und Programmierung von Multimedia-Projekten. In Kooperation mit Hochschulen, Unternehmen, Hoheitsträgern und dem dmmv untersucht er Möglichkeiten und Grenzen von Zertifizierungsmodellen und Gütesiegeln in der Informationsgesellschaft.
Email: oliver.merx@t-online.de

Alexander Felsenberg – Kapitel 5

ist seit 1995 Präsidiumsmitglied und Geschäftsführer vom Deutschen Multimedia Verband (dmmv). Nach Abschluß des Studiums der Kommunikationswissenschaften an der Universität München sammelte er Erfahrungen als Regisseur, Producer und Projektleiter. Er ist Lehrbeauftragter der Universität Siegen im Studiengang Medienplanung und Mitglied der Society of Motion Pictures and Television Engineers (SMPTE) sowie Vizepräsident der European Multimedia Federation (EIMF) in Brüssel und Vorstandsmitglied der Freiwilligen Selbstkontrolle Multimedia (FSM) in Bonn.
Email: felsenberg@dmmv.de; Internet: http://www.dmmv.de

Dr. Martin J. Eppler – Kapitel 6

studierte Communications, Betriebswirtschaftslehre und Sozialwissenschaften an den Universitäten Boston und St. Gallen sowie an der Paris Graduate School of Management. Er arbeitete in der Medienbranche und der Unternehmensberatung. An der Universität Genf führte er ein Nationalfondsprojekt zu den Themen "Wissensorientierte Geschäftsführung" und "Information Overload" durch. Seit 1998 ist er Projektleiter und Dozent am Kompetenzzentrum Enterprise Knowledge Medium des Instituts für Medien- und Kommunikationsmanagement der Universität St. Gallen (HSG).
Email: martin.eppler@unisg.ch; Internet: http://www.mcm.unisg.ch

Dr. Peter H. Weidermann – Kapitel 7

ist seit 1998 International Partner von Andersen Consulting, mit den Schwerpunkten Media & Entertainment, Retailing und eCommerce. Nach Studium der BWL, wissenschaftlicher Assistenz und Promotion an der Ludwig-Maximilians-Universität München begann er seine berufliche Karriere 1984 als Unternehmensberater bei McKinsey. In den Jahren 1990-1995 gestaltete er als Geschäftsführer der Burda GmbH den Medienkonzern in flexible und marktnahe Profit-Centers um. Als Vorstand der Burda Holding sorgte er ab 1996 für die Überführung der diversen New Media Aktivitäten in ein profitables und zukunftsorientiertes Geschäftsfeld.
Email: peter.weidermann@ac.com; Internet: http://www.ac.com

Dr. Florian Korff – Kapitel 8

ist seit 1995 Geschäftsführender Gesellschafter der Galileo-GmbH und Berater der Pharmaindustrie zu Fragen der strategischen Positionierung mittels Online-Medien. 1996 veröffentlichte er das Buch „Internet für Mediziner" (Springer-Verlag). Mit dem Deutschen Medizinindex (medizin.de) gelang es dem promovierten Mediziner, eines der führenden branchenspezifischen Internet-Angebote zu etablieren. Dr. Korff ist Gründer des Deutschen Multimedia Verbandes (dmmv) und dort seit 1995 Präsidiumsmitglied.
Email: korff@dmmv.de; Internet: http://www.dmmv.de

Dr. Helmut Degen – Kapitel 9

ist wissenschaftlicher Mitarbeiter an der Freien Universität Berlin, Arbeitsbereich Informationswissenschaft. Er beschäftigt sich mit der Frage, wie Softwareprodukte kundengerecht und unter Verwendung von Designstilen konzipiert werden können. Seit 1993 hat er hierzu Erfahrungen in interdisziplinären Projekten (Hochschule der Künste Berlin, Freie Universität Berlin, Multimedia-Agentur Pixelpark, Kunsthochschule Berlin-Weißensee) gesammelt. In seiner Dissertation hat er ein Softwareprodukt-Modell unter Berücksichtigung marktrelevanter Leistungen entwickelt.
Email: degen@zedat.fu-berlin.de

Anna Stylianakis – Kapitel 10

studierte Architektur an der Technischen Universität Berlin. Seit mehr als drei Jahren arbeitet sie als freie Konzepterin für Pixelpark. Dort entwickelt sie vorwiegend Konzepte für Image-Auftritte und Online-Kampagnen internationaler Unternehmen wie z.B. adidas, Allianz, Siemens und Nestlé. Ihre Arbeitsschwerpunkte liegen in der Forschung und Entwicklung neuer Darstellungsformen der Online-Kommunikation. Parallel dazu ist sie seit 1999 als Dozentin für Multimedia-Konzeption am Berliner Trainingscenter TrainD tätig.
Email: stylianakis@pixelpark.com; Internet: http://pixelpark.com

Uwe Greunke – Kapitel 10

ist studierter Medientechniker (Dipl-Ing. FH). Seit Anfang 1999 ist er Key Accounter und Quality Manager bei der Pixelpark GmbH, Berlin, mit den Schwerpunkten Qualitätsmanagement/Unternehmensweite Optimierung und Standardisierung. Zuvor war er u.a. Key Account Manager bei CKS digital world, Hamburg. Uwe Greunke ist als Dozent für Projektmanagement an der Universität Lüneburg tätig und Seminarleiter am Mountain Media-Institut (Schweiz). Mitte 1999 erscheint sein Buch „Erfolgreiches Projektmanagement in den Neuen Medien" in der HORIZONT-Reihe.
Email: greunke@pixelpark.com; Internet: http://pixelpark.com

Carsten Dierks – Kapitel 11

absolvierte 1990 seinen Studienabschluß an der Wissenschaftlichen Hochschule für Unternehmensführung in Koblenz/Vallendar; zwischenzeitlich erfolgten Studienaufenthalte in Frankreich und den USA. Danach war er kaufmännischer Leiter und Geschäftsführer bei der Bertelsmann AG, seit 1996 Geschäftsführender Gesellschafter der Mindways Multimedia GmbH in Hamburg. Darüber hinaus ist er im Deutschen Multimedia Verband Leiter des Arbeitskreises Electronic Commerce und Vorstand Neue Medien und Online Services bei der Deutschen Werbewirtschaftlichen Gesellschaft.
Email: carsten.dierks@mindways.de; Internet: http://www.mindways.de

Professor Dr. Norbert Drees – Kapitel 11

studierte Betriebswirtschaftslehre in Münster und München mit dem Abschluß als Diplomkaufmann. Nach der Promotion zum Dr. rer pol. arbeitete er als Consultant in der GK Unternehmensberatung, München, bei Gruber, Titze & Partner bzw. bei Gemini Consulting, Bad Homburg. Seit 1993 ist er Professor für Marketingmanagement und Kommunikation an der Fachhochschule Erfurt (Fachbereich Wirtschaftswissenschaft). Professor Drees ist seit 1997 Vizepräsident der Deutschen Werbewissenschaftlichen Gesellschaft (DWG); zum Thema E-Commerce hat er mehrere Beiträge veröffentlicht.
Email: drees@wirt.fh-erfurt.de; Internet: http://www.fh-erfurt.de

Kevin Brian Moore – Kapitel 12

ist Agenturleiter der dateam InterMedia Breidenstein GmbH, Frankfurt. Der gebürtige Amerikaner studierte Betriebswirtschaft am Ventura College in Kalifornien. Er war bei IBM Deutschland Direktvertrieb als Leiter des Direkt Personal Systems, bei Dell Computer GmbH als Business Manager sowie bei der Harris/Lanier GmbH als Marketing Manager tätig. K.B. Moore ist Referent der Deutschen Fachpresse zur Frankfurter Buchmesse sowie Dozent der Fachhochschule Köln. Er ist Boardmitglied im dmmv und dort Leiter des Arbeitskreises Informationswirtschaft.
Email: info@dateam.de; Internet: http://www.dateam.de

Eckhard Reimann – Kapitel 13

studierte Volkswirtschaft mit dem Abschluß zum Diplom-Volkswirt. Bis 1997 war er in den Bereichen Marketing, Vertrieb, Controlling sowie Geschäftsleitung des US-Computerkonzerns Unisys, in Sulzbach / Ts, zuletzt als Marketing Manager für Retail Banking / Retail Delivery / Financial Products, tätig. Seit Ende 1997 ist Herr Eckhard Reimann als Marketing Consultant für Interaktives & Database Marketing unter CUSTOMERIZED M@RKTING tätig und in dieser Eigenschaft Sprecher des dmmv-Arbeitskreises POI/POS.
Email: eckreimann@aol.com; Internet: http://www.ercm.ecoteam.net

Heinz Peters – Kapitel 14

beendete seine berufliche Ausbildung mit dem Abschluß des Studiums der Informatik als Diplom Informatiker. Danach arbeitete er im Bereich der Ausbildung und Auswahl von Führungsnachwuchs, der Software- und Systementwicklung und dem Vertrieb von EDV-Produkten. Seit 1990 ist er im Management von Multimedia-Unternehmen tätig, seit 1997 als Leiter der Niederlassung München von HQ-Blessing/White. Kunden u.a. Dresdner Bank, Commerz Bank, HypoVereinsbank, UBS, Deutsche Telekom, Swisscom, Die Post (CH), OBI, Lidl&Schwarz, Spar Österreich, Porsche, General Motors.
Email: hp@hq.de; Internet: http://www.hq-multimedia.com

Anja Bauer – Kapitel 15

arbeitete nach dem Studium der physischen Geographie (Diplom) zunächst bei einer Lokalisierungfirma als Tester von Atlanten auf CD-ROM. Dort übernahm Sie die Organisation von entsprechenden Tests und übergreifenden Softwareengineering. Seit 1998 ist Anja Bauer als Quality Assurance Manager beim Münchener Spielehersteller discreet monsters tätig. Das Unternehmen discreet monsters gehört zu den international führenden Herstellern von interaktiven 3-D-Computerspielen.
Email:an.bauer@discreetmonsters.com; Internet: http://discreetmonsters.com

Tanja Wallrabenstein – Kapitel 16

studierte Gesellschafts- und Wirtschaftskommunikation an der Hochschule der Künste Berlin. Für Medialab betreute sie im letzten Jahr als Projektmanagerin vor allem die Audi AG. Inzwischen ist sie für den Bereich Konzeption zuständig und widmet sich hier schwerpunktmäßig dem Thema Online-Marketing. Darüber hinaus betreut sie die interne Know-how-Entwicklung. Vor ihrem Einstieg in die Online-Branche arbeitete Tanja Wallrabenstein unter anderem für eine Werbeagentur und eine TV-Produktionsfirma.
Email: tw@medialab.de; Internet: http://www.medialab.de

Thomas Rosenstiel – Kapitel 16

studierte Medieninformatik an der Fachhochschule Furtwangen. Er arbeitet seit 1996 bei der Medialab GmbH in München und konzeptionierte und betreute als Projektmanager Kunden wie z.B. Viag Interkom, BMG Entertainment und die Direktanlage Bank. Seit Mitte 1998 ist Thomas Rosenstiel Manager New Business Developement bei Medialab, mit den Schwerpunkten Strategische Geschäftsentwicklung und Consulting. Er ist darüber hinaus Dozent für Projektmanagement und Online-Marketing am „institut für neue medien" in Rostock.
Email: trosenstiel@medialab.de: Internet: http://www.medialab.de

Dr. Christian Bachem – Kapitel 17

studierte Publizistik, Soziologie, Cognitive Science und VWL in Mainz, Bloomington und Berlin, wo er 1994 über amerikanische Fernsehwerbung promovierte. Er begann seine berufliche Laufbahn 1991 bei der Werbeagentur Venus & Klein. 1994 war er für Communication House Intl. in New York tätig, bevor er 1995 zu Pixelpark wechselte, wo er die Bereiche Strategische Planung, Marketing Services und Online-Werbung aufbaute. Er ist Autor zahlreicher Fachbeiträge über Online Marketing und seit 1996 Lehrbeauftragter an der FU bzw. der HdK Berlin.
Email: bachem@pixelpark.com; Internet: http://www.pixelpark.com

Dirk Buddensiek – Kapitel 18

ist geschäftsführender Gesellschafter der 1995 gegründeten Aperto Multimedia GmbH, Berlin. Als Full-Service-Unternehmen entwickelt und realisiert Aperto Lösungen für interne und externe Kommunikation. Seit 1997 entwickelt Aperto erfolgreich eigene Software. Anfang 1999 betreute das Unternehmen mit über 40 Mitarbeitern unter anderem Coca-Cola, Dussmann Unternehmensgruppe, FAZ, Landtag Sachsen, Siemens Hausgeräte und Sony Music Entertainment Deutschland.
Email: d.buddensiek@aperto.de; Internet:http://www.aperto.de

Jean Paul Schmetz – Kapitel 19

stammt ursprünglich aus Belgien und lebte lange Zeit in Boston, MA, USA. Er hat seit 20 Jahren Erfahrung mit Interactive Media. Er programmierte Spiele während der 70er Jahre und Business Applications mit Multimedia-Interfaces während der 80er und 90er Jahre. Er besitzt das Master's Degree in Economics/Econometrics und in Philosophie (Phenomenologie). Er leitete Cyberlab seit Januar '96 und ist der Geschäftsführer der CyberLab Interactive Productions GmbH seit 1. Januar 1998. Er ist gleichzeitig Chief Technology Officer von Burda New Media.
Email: jps@cyberlab.de; Internet: http://www.cyberlab.de

Dr. Hans Jürgen Croissant – Kapitel 19

promovierter Dr. Phil., studierte die Fächer Publizistik, Politikwissenschaft und Rechtswissenschaft an der Johannes-Gutenberg-Universität in Mainz. Er ist seit 1998 Director Business Development der CYBERLAB Interactive Productions GmbH (Burda Verlag) in München. Zuvor war er von1996 bis 1997 Leiter des Stabes von Dr. Hubert Burda, Burda Medien und von 1995 bis 1996 NBC Europe, PR- und Marketing-Manager German speaking territories, Frankfurt/München. Seit 1995 ist er Lehrbeauftragter der Johannes-Gutenberg-Universität Mainz am Institut für Publizistik.
Email: hjc@cyberlab.de; Internet: http://www.cyberlab.de

Dr. Gernot Eckel – Kapitel 20

studierte nach seinem Maschinenbaustudium an der HTL an der Uni Graz Mathematik und Philosophie und schloß mit Dr. phil. Ab. Danach war er bei der Daimler- Benz AG in der Nutzfahrzeugentwicklung auf den Gebieten der Festigkeitsberechnung und Zuverlässigkeit tätig. Ab 1976 war er in der Qualitätssicherung bei der BMW AG für verschiedene Aufgaben (Zuverlässigkeit, Qualitätstechnik, Qualitätsförderung) verantwortlich. Heute ist er TQM-Beauftragter für den gesamten BMW Konzern.
Email: gernot.eckel@bmw.de; Internet: http://www.bmw.de

Professor Dr. Klaus Mainzer – Kapitel 21

studierte Mathematik, Physik und Philosophie. Es folgten Promotion und Habilitation für Philosophie. Seit 1988 ist er Inhaber des Lehrstuhls für Philosophie und Wissenschaftstheorie. Er ist Direktor des Instituts für Interdisziplinäre Informatik an der Universität Ausgburg sowie Dozent der Bayerischen Elite-Akademie und Vorsitzender der Gesellschaft für Komplexe Systeme und Nichtlineare Dynamik. Professor Dr. Mainzer hat sich auch als international erfolgreicher Autor einen Namen gemacht.
Email: klaus.mainzer@phil.uni-augsburg.de; Internet: http://www.phil.uni-augsburg.de

Andreas Vichr – Kapitel 22

berät als Geschäftsführer von vi&p, München, Finanzdienstleistungs-Unternehmen, Unternehmensberatungen und Multimedia-Agenturen. Das zentrale Thema ist die qualitativ hochwertige und erfolgreiche Umsetzung von Multimedia-Projekten mit Vision, Integration und Praxiserfahrung. Vichr war bis 1998 einer der geschäftsführenden Gesellschafter der erfolgreichen Multimedia-Agentur Medialab. Er ist Board-Mitglied im dmmv und leitet dort die Arbeitsgruppe Projektmanagement.
Email:vichr@mail.com; Internet: http://come.to/andreasvichrundpartner

Professor Peter Stephan – Kapitel 22

lehrt an der Kunsthochschule für Medien in Köln im Bereich Elektronisches Publizieren, Multimedia und Netzwerke. Nach Studien in Design, Marketing und Wirtschafts- und Gesellschaftskommunikation in Berlin, Hamburg und New York arbeitete er als Berater, Gestalter und Produzent für namhafte Unternehmen und Agenturen. Schwerpunkte der Forschungs- und Beratungstätigkeit sind zur Zeit Wissensmanagement und Wissensdesign sowie die Kundenbindung und Markenführung im Internet.
Email: pstephan@khm.de; Internet: http://www.khm.de

Professor Dr. Hermann Rösch – Kapitel 23

studierte von 1972 bis 1982 Germanistik, Sozialwissenschaften, Pädagogik und Philosophie. 1982 promovierte er im Fach Germanistik. 1982-1984 folgte die Ausbildung zum höheren Bibliotheksdienst. Von 1984-1997 war er zunächst Mitarbeiter, dann stellvertretender Leiter der Bibliothek der Friedrich-Ebert-Stiftung. Seit 1997 ist er Dozent am Fachbereich Bibliotheks- und Informationswesen der FH Köln mit dem Berufungsgebiet Informationsmittel und Informationsdienstleistungen.
Email: Hermann.Roesch@fh-koeln.de; Internet: http://www.fbi.fh-koeln.de

Peter Sleegers – Kapitel 23

ist gelernter Radio- und Fernsehtechniker. Von 1993-1996 absolvierte er das Studium zum Dipl. Bibliothekar an der FH Köln. Von 1996-1998 war er Leiter der Stadtteilbibliothek Viersen-Dülken. Im Zeitraum von Anfang 1998 bis Anfang 1999 arbeitete er als Projektmitarbeiter von Evit@. Seit April 1999 ist Peter Sleegers Mitarbeiter in Lehre und Forschung im Fachbereich Bibliotheks- und Informationswesen der FH Köln.
Email: Peter.Sleegers@fh-koeln.de; Internet: http://www.fbi.fh-koeln.de

Hans-Joachim Heusler – Kapitel 24

studierte Rechtswissenschaft an der Universität Regensburg. Nach dem Referendariat arbeitet er zunächst im Bayerischen Staatsministerium für Wirtschaft und Verkehr, dann bei der Regierung der Oberpfalz und anschließend als persönlicher Referent des Bayerischen Ministerpräsidenten. 1992 - 1993 war er bei der Bayernwerk AG tätig. Seit 1993 ist er in der Bayerischen Staatskanzlei Leiter des Referats IuK-Politik und der Geschäftsstelle der Initiative „BayernOnline".
Email:hans-joachim.heusler@stk.bayern.de; Internet: http://www.bayern.de

Index